江西财经大学资助出版
江西财经大学人文学院经费支持

中国文化导论

龚贤 编著

九州出版社
JIUZHOUPRESS

图书在版编目（CIP）数据

中国文化导论 / 龚贤编著. —北京：九州出版社，2018.5

ISBN 978-7-5108-7100-9

Ⅰ. ①中… Ⅱ. ①龚… Ⅲ. ①中华文化 - 研究 Ⅳ. ①K203

中国版本图书馆CIP数据核字（2018）第114038号

中国文化导论

作　　者	龚贤　编著
出版发行	九州出版社
地　　址	北京市西城区阜外大街甲35号（100037）
发行电话	（010）68992190/3/5/6
网　　址	www.jiuzhoupress.com
电子信箱	jiuzhou@jiuzhoupress.com
印　　刷	北京盛彩捷印刷有限公司
开　　本	710毫米×1000毫米　16开
印　　张	23
字　　数	370千字
版　　次	2018年7月第1版
印　　次	2018年7月第1次印刷
书　　号	ISBN 978-7-5108-7100-9
定　　价	72.00元

序 言

中国传统文化源远流长，博大精深，流派繁多，品类繁富，具有兼容并蓄，和而不同等品格。其内涵之丰富，历史之悠久，发展之强盛，曾长期居于世界文化的领先位置，尤其以孔孟为代表的儒家学说和以老庄为代表的道家学说对之后中国两千多年的发展产生了深远的影响。以天下为己任，天下为公的社会理想；尚德重义，仁者爱人的道德情怀；持中贵和，收发自如的处世哲学；自强不息，厚德载物的奋斗精神，等等。历数千年，沉淀为中国传统文化的精华，代代相承，使中华民族在不同的历史进程中不断的焕发出新的生机和景象。上世纪末期，人类已经步入了全球化和地球村时代。今天，随着中国综合国力和世界影响力的日益提升，中国传统文化更显示出其他文化无法比拟的价值和生命力，并受到人们的高度重视。因此，学习和研究中国传统文化不仅有助于我们更好、更全面地把握传统文化的内涵和本质，提高我们的人文素养和创新能力，增强我们的文化自信，而且有助于发扬中华文化精神，弘扬爱国主义，维护世界和平，推动人类进步。

目录

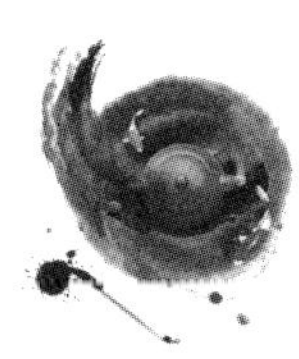

第一章　绪　论

第一节　文化与中国传统文化释义

什么是文化？什么是中国传统文化？这是学习和研究中国传统文化首先要解决的重要问题。

一、文化释义

自古至今，中外学者对“文化”一词的解释和界定从来就没有停息，到目前为止，世界上对“文化”的定义约有三百种之多。如果对“文化”进行恰当、科学的定义，必须要从词源学的角度和探寻“文化”的原初意义，才能准确把握文化的含义。

“文化”这个概念是今天使用频率非常高的词汇，我们经常看到一些文章在谈论各种文化，或听到评论某人的文化水平如何，或我们填写的各种表格中会遇到叫“文化程度”的一栏。从不同地域范围上看，如东方文化、西方文化、殷墟文化、龙山文化、玛雅文化；从不同领域上看，如饮食文化、酒文化、服饰文化、企业文化等。“文化”一词汇如此被广泛使用，众说纷纭，是极其正常的。因为，文化是由人类创造的，人类创造的一切皆为文化，文化是一个具有多种含义的概念。

1. 中西语系“文化”一词的渊源

从中国语系看，“文化”一词古已有之。“文化”中的“文”本义是指自然的斑纹、花纹、纹理，引申为“文饰”“文采”“文章”等意义。“化”本义指“变化”“转化”，引申为“教化”“培育”的意义。“文”与“化”并用，最早见于《周易·贲卦·彖传》：“刚柔交错，天文也。文明以止，人文也。观乎天文，以察时变；观乎人文，以化成天下。”这段话的意思是，日月往来交错文饰于天，即“天文”，也就是天道自然的规律；社会生活中人与人之间的纵横交织的关系，诸如君臣、父子、夫妇、兄弟、朋友等构成复杂的网络，这些复杂的关系能遵从文明礼仪就是“人文”。这样，观察天道自然的规律，可以察觉四季时序的变化；观察人文就可以用文明指导人们行为而成就化导天下。在这里，“人文”与“化成天下”紧密联系，“文明教化”或“人文教化”的思想十分明确。“文”与“化”合成一词始见于西汉刘向的《说苑·指武》：“圣人之治天下也，先文德而后武力。凡武之兴，为不服也，文化不改，然后加诛。”西晋束晳《文选·补亡诗》：“文化内辑，武力外悠。”南朝萧代王融的《三月三日曲水诗序》：“设神理以景俗，敷文化以柔远。”此处的“文化”取其文明、文雅、文治、教化的意义，也是指以文化人用文来教化人。可见，“文”的内容包括了道德、风尚、习俗、教育等人文形态，文是用来教化人、教育人的手段和工具；“化”成为动词，包含了教育、影响、变化等动态的发展表现。古代中国人由自然之物的纹理，推及天地宇宙、天文、地文，进而扩展到人伦社会、人文规范，虽然与现代意义上的文化并不完全相合，但却隐含着一种极为可贵的文化通观。

在西方，“文化”一词英语是Culture，德语是Kultur，西方各民族语言系统中的“文化”一词都源于拉丁文Cultura，其原意指耕种、植物培植、居住、修炼等与物质生活相关的意义。在英语中“农业”（agriculture）和“园艺”（horiticulture）中依然保存着Culture。从十六世纪开始，英语中的Culture在其原有栽培、种植的意义上逐步引申出开拓、教化、培养、修炼、道德、法律等意义，以及对人的性情的陶冶、品德的培养等意义；十八纪欧洲启蒙运动兴起，“文化”（culture）一词是专指个体、个人的知识水平。

2. 中西语系中“文化”的异同

西方语系中的 Culture 最早表示栽培、种植。由此引申为对人的性情的陶冶、品德的教养。这与中国古代“文化”一词的“文治教化”内涵较为接近，都有文化、培养等意。

但是，中西语系中“文化”一词又有所不同，中国的“文化”从开始就是专注于精神领域，是以文化人；而西方语系中的 Culture 却是从物质生产活动中发生，继而才引申到精神领域。其中的一个方面，就是中国与西方对“文化”的解释形成了中国文化是从精神到物质，而西方文化是从物质到精神的两种互为起点和终点的现象。从对“文化”一词起源的不同，埋下了中国与西方文化差异的种子，造就了中西方思想观念、行为等方面的不同。

3. 文化的界定

“文化”是一个极为复杂的概念，中西方有着不同的理解和概括，因此对文化的界定也不同。最早给“文化”一词下定义，同时做出最经典论述的是十八世纪末期英国杰出的人类学家，被尊为“人类学之父”的泰勒，他认为：“文化，或文明，就其广泛的民族学意义来说，是包括全部的知识、信仰、艺术、道德、法律、风俗以及作为社会成员的人所掌握和接受的任何其他的才能和习惯的复合体。”[①] 在实际社会中，人们对“文化”的理解非常复杂、广泛，如有知识被称为有文化，有修养被称为有文化，有道德被称为有文化，等等，那么到底如何界定“文化”呢？

我国的权威辞书《辞海》中，把文化界定为广义和狭义两种。这是因为长期以来人们使用“文化”这一概念时，其内涵、外延差异很大，所以把文化区分为广义和狭义两种。

广义文化又被称为“大文化”，是指人类在社会实践过程中所创造的物质财富、精神财富的总和。指的是每个民族为了生存和发展所创造的一切文明成果，也就是说，凡是人创造的一切都是文化。广义文化，着眼于人类独特的生存方式与发展的本质。它与动物界，与自然界有着本质的区别，文化从

---

① （英）泰勒 著，连树声 译《原始文化》，上海文艺出版社，1992 年版，第 1 页。

一开始就是属于人的，是人类全部创造活动的结果。因此，广义文化涵盖面是非常广泛的。文化哲学、文化人类学等学科都强调：由于文化的出现才将动物的人变为创造的人、组织的人、思想的人、说话的人以及计划的人。将人类社会和一切历史生活的全部内容统统划入“文化”的定义域中。

狭义文化又称为“小文化”，是指社会意识形态以及与之相适应的制度和组织机构。它包括社会伦理道德、政治思想、文学艺术、哲学宗教、科学技术、民情风俗、民族心理、思维方式等。狭义文化，主要是涉及精神领域的文化现象。

总的来说，广义的文化是人类生活的总和，它包括了精神生活、物质生活和社会生活等极其广泛的方面；狭义的文化则是人的全部精神创造活动的总和，它包括了意识、观念、心理和习俗等内容。① 从某种意义上说，西方语义中的“文化”指的是广义文化，而中国语义的“文化”则是指狭义文化。我们主要是从大文化的视野对中国传统文化进行概述。

学界还有人提出第三种文化，即“深义文化”。深义文化就是在狭义文化的某几个不同领域，或在狭义和广义文化的某些互不相干的领域中，进一步综合、概括、集中、提炼、升华得出一种较为普遍存在于这许多领域中的共同东西，这个东西就是深义文化。大体是指一个民族文化中最为本质、最具有特征的心理状态、心理素质、生活情趣等东西。这是北京大学周一良教授早在 1987 年提出的观点，其《中外文化交流史》云：“深义文化，亦即一个民族文化中最为本质或最具特征的东西。”② 事实上，被周一良先生称为“深义文化”的内容，可以被看成一个民族在长期历史发展中积淀而成的悠久的文化现象，这种文化现象足以影响这个民族的社会发展，这种文化现象是一个民族的共同精神、思维方式、心理状态、伦理道德以及价值取向等，实际上，“深义文化”就是传统文化的核心部分。

① 中国当代著名学者冯天瑜教授认为：文化的本质内涵是自然的人化，是人的价值观念在社会实践中对象化的过程和结果，包括外在文化产品的创制和内在心智、德性的塑造。冯教授所说的实际上是广义文化。冯天瑜 等 著《中华文化史》，上海人民出版社 2005 年版，第 14 — 15 页。

② 周一良 著《中外文化交流史》，河南人民出版社 1987 年版，第 2 页。

传统文化不仅是一个民族代代相传的历史遗产，是具有顽强生命力的宝贵财富，也是一个民族的主导文化与核心文化。它既是历史的，又是现实的，因为传统文化对现实有着巨大的影响，传统文化在过去、现在和将来无时不有，无处不在。因为传统文化虽然发生、开始于过去，但是却贯通于现代，也必将影响未来。

二、中国传统文化释义

根据于省吾《释中国》论证，“中国”一词至迟出现在西周初年，目前所见到的最早的证据是 1963 年在陕西鸡贾村出土的一口“何尊”（尊为古代的酒器，用青铜制成）上的铭文。铭文写道“惟武王既克大邑商，则迁告于上天曰：‘余其宅兹中国，自之辟民’”（周武王在攻克了商的王都以后，就举行了一个庄严的仪式报告上天：“我已经据有中国，自己统治了这些百姓。”）铭文的前面还提到“惟王初迁，宅于成周，复禀武王礼”；可见是周成王时的记录。在《尚书》的《梓材》一篇中，也记载了周成王追述往事的话：“皇大既会中国民越厥疆于先王。”由于《尚书》中不少内容是出于后人的追记，又经过很多人的整理甚至篡改，往往被弄得真假参半。有了何尊铭文这件物证，《梓材》上的话就完全得到了证实。可见在周武王和他的儿子周成王时的确已经使用“中国”一词了。

学界一般认为周武王公元前十一世纪灭商，这样看来，“中国”一词有三千年的历史了。当然，可能在周武王之前就已经有人用过，或者已经出现了，但即使有，也不会太久，因为在商人使用的甲骨文中还没有发现过“国”或“或”二字。

“中国”的“国”与“或”字相通，原意是指城、邑。当先民因农业发展而定居下来以后，以部落首领居住地为中心，逐渐形成了初期的居民点和城市，城里称为国，城外近处就叫作郊人。开始时，国的差别并不大，但以后有的国发展较快，有的则已经扩展到原来几个国的范围。于是大的单位就被称为“邦”，小的单位还称“国”。再后来由于一位首领或一个宗族已经拥有不止一个城、邑，即不止一个“国”，因而就将其主要的、或首领居住的城邑称为“国”；这也就是以后将都城称为“国”的来历。

正因为一个“国”不过是一个部落或一个宗族的聚居地，所以一般范围很小，大的也不过相当于今天一个小县城，小的大概只等于一个“三家村”。由于绝大部分国人也得从事农耕，国中也包括大片农田，所以一个国的范围比单纯的居民点还是要大些，可以想象这样的国的数量必定很多。相传大禹召集各国在涂山（今说法不一，以在安徽蚌埠市西淮河南岸一说较早）聚会，据说参加并表示接受大禹领导的有“万国”之多。当然，“万”并不是实数，但数量一定也不少。到商朝第一位君主汤的时代，已经减少到三千多个。周武王出兵攻打商纣王，到达盟津（一作孟津，今河南孟津县西南黄河上）时，原来归属于商的国（史称诸侯，实际是用了以后的名称）有八百个投向周王。到周武王姬发灭商后，据说还有诸侯 1773 个。周武王分封姬姓宗室子弟和功臣为共 71 诸侯国，为公、侯、伯、子、男五等，其不及五等者为附庸。其中姬姓子孙的封国有 53 个，这就是中国封诸侯建同姓的“封建”的由来。

西周时，周王被称为天子，由他分封或得到他承认的国称为诸侯；但无论天子还是诸侯，他们居住的城邑都是“国”。既然同时存在那么多的国，在名称上就渐渐产生了区别。天子所住的“国”（京师）处于中心、中枢地位，理所当然地被称为“中国”。前面提到，周武王在灭商后，认为上天将“中国”交付给了他，就是因为已经占有了商的京师。《诗经·大雅·民劳》云：“惠此中国，以绥四方”“惠此京师，以绥四国。”清楚说明所谓“中国”就是指京师。

最初的“中国”只指周王所在的丰（在今陕西长安县西南沣河以西）和镐（在今陕西长安县西北丰镐村一带）及其周围地区。灭商以后，依据周人的习惯，将原来商的京师（殷，今河南安阳市）一带也属“中国”。到周成王时，武王的弟弟周公旦主持扩建了洛邑（在今河南洛阳市东北白马寺一带），称成周，将商的遗民迁来集中居住于此，又在附近筑王城（在今河南洛阳市王城公园一带），迁来周人居住，作为周的陪都，用以控制东方。洛邑既居陪都的重要地位，又位于“天下之中”的交通枢纽，也被称为“中国”。这说明，“中国”的概念开始由唯一的政治中心扩大到了地理中心。

公元前771年（周幽王十一年），犬戎（关中西部戎人的一支）攻入镐京，杀了周幽王。犬戎虽然暂时退出了镐京，但随时威胁着周人。第二年，幽王之子平王迁都洛邑。周人大多随平王东迁，丰镐一带都给戎人占了，自然就丧失了“中国”的地位，而洛邑及其周围地区就成为名副其实的“中国”。当时秦人的首领襄公曾出兵救周，又护送平王东迁，被平王封为诸侯，平王还将已被戎人占领的岐（今陕西岐山县东北）以西的地方封给了秦襄公，让他们自己从戎人手中夺取；还答应只要秦人能夺回丰、镐，也归秦国所有。以后秦国果然夺取了关中，但却并没有随之成为“中国”。

东迁以后的周天子已经丧失了往年的权威，政讼所及不出王畿范围，不久就到了名存实亡的地步，不得不依靠有实力的诸侯来扶持了。与此同时，几个周王近支宗族的诸侯和地理位置居于中心的诸侯国凭借有利条件迅速强大起来，它们吞并了周围的小国，成为拥有十几个至几十个城邑的大国。如郑国，始封的国君是周宣王的同父异母弟，当时只有一个郑邑（在今陕西华县）。三十多年后郑桓公东迁至今河南新郑、荥阳之间。三年后（周平王二年，前769年）灭了郐国（在今新郑县西北），在新郑（今新郑县）建都。二年后，又灭了东虢（在今荥阳县东北）；很快就成为最强大的诸侯国之一。这些大诸侯国实际上已经取得了与周天子平起平坐的地位，它们的国就也称“中国”了。在诸侯国内部，国都就等于周天子的京师，俨然就是国中的“中国”。就这样，春秋时期的“中国”已经扩大到周天子的直属区和晋、郑、宋、鲁、卫等国，大致相当于当今河南大部、山西南部、山东西部的黄河中下游地区。“中国”的范围不断扩大。如齐国虽是大国，地理位置却并不在中心。齐桓公时取得了霸主的地位，打出“尊王攘夷”的旗号，多次出兵维护周天子的利益和诸侯国间的秩序。这样一个举足轻重的大国，自然应该进入“中国”的行列了。

春秋时的“中国”还具有民族意义。如秦国，不仅已经从戎人手中夺取了丰、镐和周人的发祥地周原，而且向西征服了戎人各部，其势力已足以与晋、郑等国抗衡。这样一个大国，又占有原来的“中国”，照理可以名正言顺地称“中国”，但由于秦人出于东夷，又长期处于戎狄之间，因此在春秋时代始终被“中国”的诸侯看作“夷狄”，挤不进“中国”诸侯会盟的圈子。又如楚国，在西周初就被封在荆蛮地区，与中原交往不多，自己也以“蛮夷”自居。春秋时，楚国已非常强大，攻灭了周围不少小国，还多次出兵中原，威胁郑、蔡等国。但楚国非但没有因为实力强大而被承认为“中国”，还被认为与北方的狄一样危害“中国”的南夷，楚国灭邓、谷，伐郑、蔡的行动被看成是与狄人灭邢、卫相呼应。对这样的形势，《春秋公羊传》的作者惊呼：“夷狄也亟病中国，南夷与北狄交，中国不绝若线。”（夷和狄严重地危害中国，北边的狄人与南边的夷人相呼应，中国的命运就像一根线一样维持着。）齐桓公救助邢、卫、郑、蔡的行动被称为“救中国”的“王者之师”，受到高度赞扬。孔子提到辅佐齐桓公的管仲时，也称颂他的“仁”说：“微管仲，吾其被发左衽矣！”（要没有管仲，我就得披着头发，袒露左臂，作夷狄的服饰了）可见“中国”的标准有极强的民族界限。

在民族标准中，文化比血缘具有更重要的作用。如吴国的国君出于太（泰）伯，而太伯是周武王的先人古公的长子，论血统是最高贵的。但太伯到了江南后“文身断发”，完全服从当地荆蛮的习俗，当了荆蛮首领。燕国始祖召公与周同属姬姓，在周成王时曾与周公享有同样地位，以陕（今河南陕县）为界划分两人治理的范围。但燕国四周也是戎狄的天下，其臣民中可能也有不少戎狄成分。所以在春秋时，吴国和燕国都被排除在“中国”之外。

到了战国，小国已被灭得差不多了。余下的七雄中，齐国本来就是“中国”；韩、赵、魏是从晋国分出来的，自然继续为“中国”；秦、楚、燕三国也被承认为“中国”了。随着这些诸侯国疆域的扩展，“中国”的范围也越来越大。例如秦国灭了巴、蜀，疆域向南扩大至四川盆地，秦国还向蜀地大量移民。巴蜀成了秦国的一部分，又有来自秦国的移民居住，就取得了与秦国一样的“中国”地位。到战国后期，“中国”的范围向南已到达长江中下游，往北已接近阴山、燕山，西面延伸到陇山、四川盆地的西缘。秦汉时代，原来的诸侯国都已包括在统一国家的疆域之内，秦国的旧地不仅已是中国的一部分，而且渭河流域的关中平原是首都所在，更是“中国”中的“中国”。而且从理论上说，秦汉疆域中的大部分都可以算“中国”，显然，随着统一国家的形成、疆域的扩大和经济文化的发展，“中国”的概念是在不断变化和扩大的。一般说来，一个中原王朝建立后，它的主要统治区就可以被称为“中国”，而它所统治的边远地区以及统治范围之外就是夷、狄、蛮，就不是“中国”。

正因为“中国”的概念是变化的，范围是不固定的，所以经络是模糊、不确切的。即使在中原王朝内部，人们也可以把其中比较边远偏僻的地区看成为非“中国”。由于没有明确的标准，人们往往只是根据习惯，所以不仅不同时期有不同的说法，就是在同一时代，说法也会不一样。有些地区已经归入中原王朝的版图，经济文化有了一定的提高，自以为可以跻身“中国”了，可是在老牌的“中国”看来，它们还没有称“中国”的资格。以后它们被承认为“中国”了，又有相对落后的地区被看作非“中国”。

在西汉时代，今天四川盆地的汉人聚居区对周围少数民族地区早已以“中国”自居了，因为从战国后期归入秦国至此已有百余年时间了，这些汉人又大多是关中移民或其后裔。可是在关中平原中下游地区的人们的眼中，四川或许还没有称“中国”的资格。今天的江西，那时已经正式设置了郡县，是汉朝疆域的一部分，却还没有被一般人当成“中国”。到了唐宋时代，江西、湖南的大部分早已被人们接受为“中国”了，但偏僻的山区和少数民族聚居区却未必能享受这一殊荣。“中国”也是一个文化概念，并且始终有强烈的民族含义，一般即指汉族文化区，所以不仅与地理概念不一定一致，而且与领土归属有时也有矛盾。一方面，即使是边远地区，只要聚居了大批汉人，或者汉族传统文化相当发达，就可以被认为是“中国”的一部分。另一方面，非汉族接受了汉族文化，发展到了一定程度，不仅这些人口会得到汉人的认同，他们聚居的地方也可能被承认为“中国”的组成部分。

河西走廊从公元前二世纪末归入汉朝以后，人口的主要来源是中原的贫民、戍卒和罪犯，以后又迁入了大批西北的少数民族，汉文化的水准很低，所以长期被排除在“中国”之外。但从西晋末年开始，中原文化层次高的移民不断迁入，在十六国时期的特殊条件下，河西走廊地区的汉文化迅速发展，到了北魏初期俨然成为正统的儒家文化基地、人才的渊薮，人们刮目相看，自然不再认为那里是非“中国”了。今天的福建，从公元前三世纪末就是秦朝的疆域，设有闽中郡。但汉武帝征服东瓯和闽越以后，将当地越人内迁，以后虽然恢复了若干县治，但汉人迟迟没有迁入。所以直到东汉末年，这里明明是汉朝会稽郡的属地，而从今浙江坐船由海路到达今越南北方的大学者许靖却说他一路过来“不见汉地”。福建连汉地都不被承认，当然更不是“中国”了。相反，从东汉后期开始，黄河流域的北部不少地方逐渐成为匈奴等少数民族的聚居区。到了北朝时，这些地方人口的民族成分并没有多大的变化，但由于他们已经变牧为农，接受了汉族文化，就从来没有人对那里是“中国”的一部分提出异议。可以说，广义的“中国”就等于中原王朝，凡是中原王朝的疆域范围都是“中国”。狭义的“中国”则只能是经济文化相对发达的汉族聚居区或汉文化区。两种标准同时并存，不仅引起了地区之间的“中国”之争，也引发了政权之间的“中国”之争。

在处于分裂的情况下，“中国”就成为王朝法统的同义词，在成为分裂的双方或各方争夺的主要目标。西晋灭亡以后，东晋和南朝政权虽然被迫离开了传统的中心地区，但都以西晋继承者自居，自认为只有它们才是真正的“中国”，而北方政权只是外来的“索虏”（扎着头发的下贱人），岂有称“中国”的资格？但北方政权却认为自己灭了西晋，夺取了这块传统的“中国”地区，当了“中国”的主人，当然就成了“中国”；而东晋和南朝政权只不过是偏于一隅的“岛夷”（海岛上的野蛮人），早已丧失了称“中国”的权利。这场双方都感到理直气壮的“中国”之争，到隋朝统一才得到解决。隋朝继承了北朝法统，当然承认北朝是“中国”；但它又不能否认南朝的“中国”地位，更何况南朝也已归入了自己的版图。所以隋朝给了双方以平等的地位，南北方都被承认为“中国”。继承北朝传统的唐朝也肯定了这一观点，唐初修前朝历史，南方、北方分别编纂。尽管由于作者个人的立场和感情，修成的史书实际并不会完全公正，但至少在政治上的地位是相同的，都被列为正史。类似的争论也出现在北宋、辽之间和南宁、金之间，兼有双方疆域的元朝也采取了五隋朝相同的办法，承认双方都是“中国”，同时修了《辽史》《宋史》

和《金史》。

在明朝以前，外国人如何称呼当时的中原王朝，我们还不大清楚，因为像《马可波罗游记》这样专门记载中国情况的著作毕竟不多，而东方的历史文献大多用汉文，与中国的没有什么区别，西方和阿拉伯的又很不一致。但从明朝后期开始，来中国的西方人一般都用中国或中华、中华帝国、中央帝国来称中国，而不是用明朝、清朝或大明、大清。鸦片战争以后，在国际交往中中国开始被作为国家或清朝的代名词。但是人们概念还是相当模糊的，甚至是自相矛盾的，就是著名的官员和学者也在所难免。像魏源（1794-1857）这样一位杰出的学者和思想家也是如此。在他的著作中，“中国”一词有时是指整个清朝，和今天的用法已经完全一样；但有时却只指传统的“中国”范围，即内地十八省，而不包括蒙古、西藏、青海、新疆、东北和台湾在内。十七世纪以来的西方著作中也往往将清朝建省的地区称为中国或中国本部、中国本土，而称其他地区为鞑靼、蒙古、西藏或新疆等。我们以前往往将这类称呼看得非常严重，认为这是别有用心。其实应该在时间和对象上加以区别，可以认为大多数西方人并无恶意，而只是概念上的不同。这种混淆连魏源这样一位爱国的杰出学者都未能避免，外国人这样用也就不心大惊小怪了。

早在康熙二十八年（1698）中俄订立《尼布楚条约》时，清朝提供的满文本和拉丁文本中已经使用了“中国”一词。以后在列强同清朝订立的一系列不平等条约中，清朝也使用了“中国”作为国家的名称。不过我们应该肯定，即使到了晚清，尽管中国作为国家的概念已经相当明确了，清朝的正式名称还是清、大清或大清国。我们还应该注意到，清朝在对外交往和正式条约中之所以愿意使用“中国”一词，实际上还包含着一种传统的心态，即着眼于“中国”二字的字面含义——中心、中央、天下之中的国家。同样一个名词，西方人的理解只是一个国家，即 China，并无特别尊崇的意思。就像我们称 The United States of America 为美国，并无称赞它美丽的意思；称 France 为法国，自然也毫无该国崇尚法律的含义。但在清朝却理解为 Central Empire（中央帝国），当成一个尊称而乐意接受。1912 年中华民国建立以后，中国才成为国家的正式简称，成了国家的代名词。中国也有了明确的地理范围，即中华民国所属的全部领土。

说到这里，道理就很清楚了。我们今天讲历史，讲历史上中国的统一和分裂，应该有我们的特定含义，而不是运用当时人那些模糊不清、前后不一致的概念。我们所说的中国，绝不应该等同于商、周、秦、汉、晋、隋、唐、宋、元、明这些中原王朝，也不应该等同于汉族聚居区或中原地区，而必须包括我们所明确规定的地理范围内的一切政权和民族。

那么能不能就用今天的中国即中华人民共和国的领土为范围呢？这自然是最简单的，但显然不妥当。因为晚清近代一百多年来列强的侵略掠夺，中国已有一百多万平方公里的土地被攫取了。今天的中国领土已经不能包括十八世纪中叶清朝的最大疆域，甚至不能包括中华民国立国之初的领土，无法反映当时的实际。所以讲历史上的中国，应该以中国历史演变成一个统一的、也是最后的封建帝国——清朝所达到的稳定的最大疆域为范围。具体地说，就是今天的中国领土加上巴尔喀什湖和帕米尔高原以东，蒙古高原和外兴安岭以南的地区。所谓昔日的天下，就指这一辽阔的地区。在这一范围内的地区，大多在历代中原王朝的直接统治之下；有的曾经归属中原王朝的管辖，有的曾由当地民族或非汉族建立过政权，而这些民族已经成了中华民族大家庭的一员。应该强调，选择这样一个范围并不仅仅是因为它的广大，而是由于它能比较全面反映中国疆域发展变化的结果，便于从整体上说明中国历史上分裂和统一，并能前后采用同一个标准。事实上，这一范围并不是中国历史上的最大疆域所至，例如唐朝的西界一度到过咸海之滨，元朝的北界远达北冰洋，朝鲜的北部曾经是汉朝的郡县，而越南曾是明朝初年的一个布政使司（行省）。

本书所说的中国文化主要是中国传统文化，指中华民族在古老的华夏大地上所创造出来的具有恒久生命力的文化，是中华文明演化而汇集成的一种反映民族特质和风貌的民族文化，是中华民族历史上各种思想文化、观念形态的总体表征，是居住在中国地域内的中华民族及其祖先所创造的、为后世继承和发展的、具有鲜明民族特色的传统优良的文化。中国传统文化历史悠久，内涵博大精深，是中华民族几千年文明的结晶，包括充满智慧的哲学宗教，完备深刻的道德伦理，独具特色的语言文字，异彩纷呈的文学艺术，经世致用的传统史学，嘉惠世界的科技之艺。这些共同构成了中国传统文化的基本内容。

第二节 中国传统文化的基本特征

不同民族的文化，产生并发展于不同的地理环境、经济土壤和社会结构之中，从而使不同民族的文化呈现出不同特征。中国传统文化同样有着自己的特点，概括起来主要有：人文性特征、包容性特征、伦理型特征、和谐型特征和务实性特征。

一、人文性特征

中国传统的文化的人文性，是中国传统文化绵延数千年而依然充满活力的重要因素。中国传统文化的人文性，也叫人本主义，是中国传统文化的重要特色，属于古典人文主义的范畴。古希腊哲人专注于自然哲学的探究，着意追寻宇宙的终极本质，把人与自然置于相互对立的两端，思考人怎样能去认识自然、战胜自然。中东至印度地区的古典文化对超自然的东西全神贯注，着力探求人与神的关系。中国传统文化与他们都不同，主要从思考人自身的存在为出发点，以人为中心，天地人合而为一。可以说，人文性的特征造就了中国传统文化。具体包括以下两个方面：

1. 中国传统文化具有鲜明的非宗教倾向

中国历史上自周代以来，神权从未占据统治地位，王权始终高于神权。周代统治者们鉴于殷商灭亡的历史教训，已经充分认识到民意的重要性，“重民轻神”的民本思想开始兴起，殷商时期颇为盛行的宗教意识受到很大程度的抑制，重民轻神的观念随着汉代以来儒学的勃兴又得到了进一步的发展。

作为中国传统思想长期居于主流的儒学，高度关注现世人生。《论语》中“敬鬼神而远之”“天道远，人道迩”“未能事人，焉能事鬼？……未知生，焉知死？”充分肯定人及其生命的重要性，在人与神之间以人为本。这种重人道轻神道的非宗教思想倾向，很好地体现了人文性的特征。

2. 中国传统文化体现在追求自我人生价值的实现

由于非宗教性的思想倾向，中国传统文化不刻意要求人们去追求灵魂的不朽，而是重视人们关注现世人生，把内在的道德修养和外在的道德实践结合起来，即“内圣”与“外王”结合起来，努力去立德、立功、立言，从而实现为天地立心，为生民立命，为往圣继绝学，为万世开太平的理想人格。

二、包容性特征

中国传统文化的包容性体现了中国文化具有强大的融合力和同化力。这种融合力、同化力使中国传统文化延绵坚韧。中国文化能够发展至今，这种顽强的延续力就在于它兼容并蓄的品格，在不同地区、不同民族文化的交汇融合顽强生存蓬勃发展。

十九世纪英国著名历史学家汤因比曾说：在近六千年的人类历史上，在世界文化之林中出现过二十六种文化形态，其中包括四大文明古国的文化体系，即古代中国文化、古印度文化、巴比伦文化、古埃及文化，等等。这些文化形态中，只有古代中国文化文化体系是长期延续发展而从未中断。[①] 其他如古希腊、罗马文化，因日耳曼人入侵而中断并沉睡了上千年；古印度文化因雅利安人的入侵而雅利安化；古埃及文化则先后因亚历山大大帝占领而希腊化，恺撒占领而罗马化，阿拉伯人移入又伊斯兰化。中国文化这种顽强的延续力的原因是多方面的。

1. 各地域、各民族文化的融合

中国大陆的特殊地理环境提供了中国文化相对比较独立和隔绝的生存状

① 张岱年、方克立主编《中国文化概论》，北京师范大学出版社 1994 年版，第 352 页。

态，这是地理前提。中国境内在汉民族以外的区域文化有黄河流域的中原文化，长江流域的巴蜀文化、楚文化和吴越文化等。早在秦朝统一之前，不同的区域文化之间就存在着密切的交流，民族间的文化在双向传播中博采众长。在中国文化的发展进程中，不同时期北方民族都很大程度地汉化，并将他们的畜牧业生产技术传入中原，同时北方民族也学习汉族的农耕技术。在不同民族的长期生活和交往中，中原地区各民族语言的差异慢慢消失，汉语逐渐成为通用语言，夷夏观念日益淡化。因此，中国传统文化并不单纯是汉民族的文化或黄河流域的文化，而是在汉民族文化的基础上兼容并包了中国境内各民族和不同地域的文化，形成了内涵丰富的中华文化。

2. 对境外不同文化的吸纳和消化

中国文化对外来文化能充分有效的采撷、吸纳和消化，使之成为中华文化的有机组成部分，从而使中国文化内涵更加丰富。在中国文化发展的历史进程中，虽然没有受到来自欧洲、西亚和南亚方面的威胁，但屡遭到北方游牧民族和南夷的军事冲击，如春秋以前的“南夷”与“北狄”的入侵，西晋后期的“五胡乱中华”，宋元时期党项、契丹、女真、蒙古人先后南侵，直至明朝末年满人入关，这些勇猛彪悍的游牧民族虽然在军事上占据优势，甚至多次建立强有力的统治政权，但是，他们在文化方面都自觉不自觉地被先进的华夏农耕文化所同化。这些游牧民族或半农耕半游牧的民族，在接触先进的中原农耕文化的过程中，不但没中断中原文化，相反，他们几乎都发生了由氏族部落社会向封建社会的过渡或飞跃。军事征服的结果，没有使被征服者的文化毁灭断绝，而是使征服者的文化改变和皈依，被中原文化融合同化。中国文化吸收了其他各少数民族的新鲜血液之后，进一步增加了新的生命力。

因此，外族文化进入中原地区，外域文化进入中国之后，都被中国文化强大的同化力和融合力逐步汉化和中国化，与原有的汉族文化、中国文化融为一体，如外族的楚文化、吴文化、巴蜀文化，以及西域文化、佛教文化等，都先后成为中国文化不可分割的有机组成部分。中国文化历数千年从未中断，表现了顽强的生命力，这虽然与中国农业——宗法社会所具有的顽强的延续力有关，与半封闭的大陆环境所形成的隔离机制有关，同时，中国文化本身所具有的包容性也是一个重要原因。

三、伦理型特征

中国传统文化具有伦理型的特征也使得中国文化具有强大的凝聚力。中国文化具有鲜明的伦理道德倾向，偏重的价值取向在中国传统文化中长期处于核心地位。崇尚伦理道德是中国封建社会调和人际关系的准则，更是维系整个社会大厦的精神支柱，以人为本的伦理道德受到历朝统治者大力倡扬，也得到民众的重视。伦理道德在中国的强大威力和深远影响，是其他民族文化所不能比拟的。如果说欧洲长期以来曾是神学统治天下，那么中国则是伦理道德主宰天下，伦理道德渗透于整个中国社会方方面面。中国文化的伦理道德正是为适应家国一体的宗法社会需要而形成。宗法制社会结构以血缘关系为宗法组织的基石，家族或宗族的存在与巩固，离不开以血缘关系为纽带的长幼尊卑秩序。传统伦理道德的一个重要功能就是维护这种尊卑秩序，以家族为本位的宗法集体主义文化是由家族走向国家，以血缘纽带维系奴隶制度或封建制度，形成一种“家国同构”“家国一体”的体制格局。

1. 重视道德感化是统治者们重要的政治手段

重视道德感化，是历朝历代的统治者们用以规范社会成员思想行为的重要政治手段，他们希望以此达到稳固政权的目的。西周时期的周公就已认识到“敬德”的重要性，他告诫人们：“惟不敬厥德，乃早坠厥命。”（《召诰》）孔子主张“治国以礼”“为政以德”；孟子主张统治者要行王道，施仁政；西汉武帝开始，“三纲五常”被统治者奉为“治国之道”，都将伦理道德与政治思想结合起来，这在中国历史上起到了驯化人心的重要作用。

2. 强调伦理义务，要求个人服从整体

家族本位，移孝于忠，家国一体是古代每个中国人都应遵守的伦理义务，在这个义务的规范下，个人利益要服从于家、宗族、国家的整体利益。中国传统伦理素有“五伦”之说：君臣、父子、夫妇、兄弟、朋友。这五种人际关

系中，父子、夫妇、兄弟关系都属于家族关系范畴，君臣关系、朋友关系是以上三种关系的延伸和扩展，君臣如父子，朋友如兄弟。中国传统文化中不主张个人的本性高扬，而是强调个体服务整体，个体与整体融合。在宗法制社会里，个人的利益必须服从家庭和家族，宗族则要服从国家。所谓“天下兴亡，匹夫有责”，治国、平天下是个人人生的最高目标。将国家和民族的利益放在首位，此为仁义道德之本。这种价值导向在实践中具有两重性：一方面，倡导的子孝父、妇顺夫、弟敬兄、弟子敬师长、臣民忠国君，增进了人与人之间的依存关系，在一定程度上强化了家庭、家族、国家的凝聚力。在中国传统文化系统中，孝被视为一切道德规范的核心，忠君、敬长、尊上等都是孝道的延伸。“百善孝为先”，教育感染了一代又一代的中国人，也成为中华民族最可贵的精神传统之一。另一方面，在强调个人责任和义务的同时，排斥了个人的权益，直接导致个人人格的独立与尊严的丧失。

中国传统文化中，臣对君要忠，子对父要孝，妇对夫要顺，弟对兄要恭，朋友之间要讲信义，伦理道德成为所有中国人安身立命的准则。修身作为立命的根本，仁人志士都要以修身、齐家、治国、平天下为己任，而修身必须从“正心”“诚意”做起。《大学》云：“欲修其身者，先正其心；欲正其心者，先诚其意。”认为只要端正认识，时时反省，就能趋善避恶。突出个人道德修养的自觉性和主动性，目的是要塑造“至善”的人格，培养具有理想品德的君子。《论语·子罕》云：“三军可夺帅也，匹夫不可夺志也。”《孟子》中更明确说：“富贵不能淫，贫贱不能移，威武不能屈，此之谓大丈夫。”这种即使身处逆境也决不动摇信念，保持浩然之气，坚守刚正不阿气节的精神境界，在铸造中华民族的精神品格方面有着持久的影响。

四、和谐型特征

李泽厚《中国古代思想史论》云：“以农业生产为基础的人们，长期习惯于‘顺天’，特别是合规律性的四季气候，昼夜寒暑，风调雨顺对生产和生活的巨大作用在人们观念中留有深刻的印痕，使人们对天、地、自然怀有和产生亲切的情感和观念。”中国地理环境虽然相对封闭，但腹地辽阔，气候适宜，雨量充沛，具有较为优越的农耕生产条件。生活在这片土地上的华夏民族，长期以来与天地自然和睦相处，天人合一的朴素愿望，随农业生产的发展而积淀为民族心理，造就了中国传统文化的和谐精神。汤一介先生《论中国传统哲学中的真善美问题》一文中把“天人合一”“知行合一”“情景合一”作为中国古代哲学的三个基本命题，认为“天人合一”是中华民族对“真”的深刻理解和追求，“知行合一”是中华民族对“善”的深刻理解和追求，“情景合一”是中华民族对“美”的深刻理解和追求。

1. “天人合一”强调人与自然和谐相处

首先，“天人合一”的思想肯定了天地、万物、人是齐同的，是同一成一个整体。《庄子》云：“天地与我并生，而万物与我为一。”其次，人是“天地之心”。中国传统文化以“人”为核心，它表现在哲学、史学、文学、教育、科学、艺术等各学科领域。人是万物的灵长，是宇宙的精华，所以人要爱万物。孟子主张“爱物”，惠施认为“泛爱万物，天地一体也”，张载认为万物都是人的朋友，都认为人要与自然亲和友善，宽厚容之。再次，人的活动要遵循自然法规，与自然环境和谐交融。《老子》提出“道法自然”，《易传》更明确了天人和谐的思想：“夫大人者，与天地合其德，与日月合其明，与四时合其序。”对人类赖以生存发展的自然环境的重视，与人类赖以生存发展的自然合而为一，体现了中国文化的鲜明特征。

2. “知行合一”追求道德觉悟

“知行合一”在古代哲学家和教育家的视野中，不仅是一个认识论的问题，更是一个伦理道德的问题，自然被人伦化，天人之间攀上了血亲关系，他们认为只有“知”（认识）与“行”（实践）统一，才能达到追求至善的目的。主要表现在两个方面：一是言行一致是做人的正确态度。不能只说不做，或言过其行，巧言令色，要提高对道德的认识，增强道德实践的自觉性。《论语》云：“君子耻其言而过其行”，“始吾于人也，听其言而信其行；今吾于人也，听其言而观其行”。二是只有对仁义道德有深入的体认，才能在实践上避恶趋善。知与行是相互依赖、相互促进的辩证关系。知行合一避免了偏执、盲动与狂热，在知与行的合一并进中努力达到至善的境界。

3. 创造美和审美追求“情景合一”的境界

“情景合一”深层的文化内核在于“天人合一”，要求在追求美、创造美的过程中，重视人的情感与自然、社会的“合一”；在审美过程中，要求把人与自然、社会联系起来，强调主体与客体的和谐交融。千百年来，无数文学家、艺术家围绕“情”与“境”和谐交融这一核心进行创造，留下了丰富的体现着东方艺术神情韵味的珍贵遗产。

五、务实性特征

中国传统文化是一种农业文化，几千年以来的中国人“日出而作，日入而息，凿井而饮，耕田而食”，世世代代，年复一年，周而复始地从事简单的农业生产，成为国家赋税的基本承担者。因此，中国人形成了独具一格的“实用——经验理性”思想和重农、尚农、重实际的务实精神。这种务实精神作为一种民族性格植根于农耕经济的厚实土壤，以农为本的中华民族在长期的社会生产实践中形成了“一分耕耘一分收获”的共识。这种务实精神也使传统文化的价值取向定位于立足现实，安土乐天的生活情趣，倡导惜天时，尽地力，重本务，远离玄虚，鄙夷机巧奸伪的思想观念。中国贤哲们也大力倡导“大人不华，君子务实”。正是这种民族性格使中国人发展了实用——经验理性的思想，而不太注重纯理论的玄思。亚里士多德式的那种不以实用为目的，而由探求自然奥秘的好奇心所驱使的文化人，在中国是比较少见的。

中国传统文化的务实精神，使之成为一种非宗教的注重现世的文化。人们不重视构建彼岸世界和灵魂永存的幻想，也不过分去深究世界的奥妙，而是立足现实，把立德、立功、立言“三不朽”作为实现人生的价值目标。在西方，从柏拉图到亚里士多德都将世界分为现实世界和超越本体的精神世界两个部分，他们的哲学关注的是纷纭复杂的事物背后不变的原则，目的是为了追求智慧，而不是解决现实的日用问题。中国则不同，中国传统文化走的是“经世致用”的路子，“用”就是参与社会生活和政治生活，学必有所用，儒家为人们提出了一条影响深远的人生公式——修身、齐家、治国、平天下。这是学习之后所应该走的道路。因此，中国古代的知识分子基本是入世型的。

入世思想成为中国人的主导思想，务实精神避免了中国人陷入宗教迷狂。由于中国文化中伦理型特征，所以在中国文化系统内宗教色彩比较淡薄。中国人虽然也崇拜鬼神，但远远没有希伯来人、印度人和阿拉伯人那样虔诚和狂热。先知耶稣受难曾激发起欧洲人的心灵震撼，而中国人悲伤至极的情感也只不过是“如丧考妣”。从这个意义上说，中国的伦理纲常观念如同一具庞大、严密的思想滤清器，阻挡、淡化了宗教精神对国民意识的深度渗透，同时，君王们高居宗教之上，政教分离，政在教上，很少有人能够成为纯粹的宗教徒。因此，尽管中国本土也产生过宗教，或者输入了一些外来的宗教，但历史上从未出现某种宗教成为国教。从西汉武帝开始，儒家学说占据了社会思想的主流地位，儒家基本上是反宗教、反出世的学说，入世精神是儒学的基本精神。中国文化不是把人生价值的实现寄托在天国或未来世界，而是建立在现世人生。实用理性的发达，曾使古代中国在天文、农学、医学、数学等应用学科长期居于世界领先地位；而忽视对理性的探讨和逻辑论证，则阻碍了传统科技的进一步发展。例如，火药是中国人在炼制长生不老的仙丹时偶然发明的，当时或稍后只限制作烟花爆竹。而传入西方后，西方人把它制成了各类武器，这是因为欧洲文化对于思辨与理论科学的发展，重视理性主义和实验主义的科学文化的结果。

第三节　中国传统文化的基本精神

文化的基本精神就是文化发展过程中的内在动力，也是指导民族文化不断前进的基本思想。这种能够作为文化发展内在动力的基本思想本身，也是文化发展的产物，并随不断文化的发展变化而发展变化。因此，一种文化的基本思想也一定是这种文化体系中起主导作用的中心思想，是该种文化体系中处于核心地位的基本观点。中国传统文化在悠久的历史发展进程中，积淀和形成了自己独特而伟大的民族性格和民族精神。中国文化的基本精神不是单纯的和简单的，而是一个包括很多要素的统一体系，概括起来主要有以下四个方面：天人合一、贵和持中、尊亲崇德、刚健自强。

一、天人合一

天人合一，所谓“合一”指对立统一，即对立的双方相互依存。中国传统文化中基本精神之一的“天人合一”，是中国人处理人与自然的关系时所秉持的基本思想，就是肯定人与自然相互统一。然而“天人合一”思想又不仅是一种人与自然关系理论，也是一种关于人、人生理想的最高觉悟与境界。天人合一的基本精神作为一种历史的积淀，早已深深地渗透到每个中国人的心灵之中。

1. 天人合一强调人是自然的一部分

天人合一思想在春秋时就已有之，《易传》中说太极生两仪是万物的根源，“有天地，然后有万物，然后有男女；有男女，然后有夫妇”（《序卦》），就是肯定了人类是自然界的产物，是自然界的一部分。西汉人儒董仲舒说：“天地人，万物之本也。天生之，地养之，人成之。天生之以孝悌，地养之以衣食，人成之以礼乐。三者相为手足，合一成体，不可一无也。”（《春秋繁露》）人与天地万物合成一个不可分割的整体。

2. 人要服从自然规律

宋代理学的创始人之一的张载云：“若阴阳之气，则循环迭至，聚散相荡，升降相求，絪緼相揉，盖相兼相制，欲一之而不能，此其所以屈伸无方，运行不息，莫或使之，不曰性命之理，谓之何哉？”又云：“一物而两体，其太极之谓与！阴阳天道，象之成也；刚柔地道，法之效也；仁仪人道，性之立也。三才两之，莫不有乾坤之道。”（《正蒙》）董仲舒《春秋繁露》又云：“天亦有喜怒之气、哀乐之心，与人相副，以类合之，天人一也。”所以，阴阳相互作用、相互推移的对立统一规律是贯穿自然界与人类的普遍法则。《老子》云：“人法地，地法天，天法道，道法自然。”进一步强调了人也要服从自然规律。

3. 道德原则与自然规律一致

孟子认为人性是天赋的，所以知性便能知天，他说："尽其心者，知其性也；知其性，则知天矣。"(《孟子·尽心上》) 张载也说："性与天道云者，易而已矣。"(《正蒙》) 性与天道具有同一内容同一法则。

4. 天人协调是人生的最高境界

张载接受了《易传》中的天人协调思想，认为"天能为（谓）性，人谋为（谓）能。大人尽性，不以天能为能而以人谋为能，故曰'天地设位，圣人成能'"(《正蒙》)。说明人不仅应该尽天性，还须尽人谋，以补自然之不足。张载还提出"天人合一"是"诚明"境界："所谓诚明者，性与天道不见乎小大之别也。义命合一存乎理，仁智合一存乎圣，动静合一存乎神，阴阳合一存乎道，性与天道合一存乎诚。天所以长久不已之道，乃所谓诚。……诚有是物，则有终有始；伪实不有，何终始之有！故曰'不诚无物'。'自明诚'，由穷理而尽性也；'自诚明'，由尽性而穷理也。"(《正蒙》)"诚"是最高的道德修养，"明"是最高的智慧。以天人合一为诚明，即以天人合一为最高觉悟。宋代哲人突出强调了天人合一是依靠道德修养和直觉达到的精神境界。所以天人合一不仅包括了人与万物的一体性，还包括了人与人的一体性。

二、贵和持中

中国传统文化的基本精神还包括了"贵和""持中"的思想。注重和谐，坚持中庸，和为贵，追求人自身、人与人、天与人的和谐，这种和合、持中的思想渗透到中华民族文化肌体内每一滴血液之中。中国文化是"和"的文化，坚持和谐和协调，不走极端。"中""和"思想在中国文化中占有重要地位，产生了巨大而深远的影响。

1. 和为贵

"和"的思想至迟在春秋时期就已产生，孔子对"和"给予很高的评价。他把对待"和"的态度作为区分"小人"与"君子"的标准："君子和而不同，小人同而不和。"(《论语》)"礼之用，和为贵"，把和作为处事、礼乐的最高境界。《老子》也提出："道生一，一生二，二生三，三生万物。万物负阴而抱阳，冲气以为和。"认为"道"蕴涵阴阳两个相反的方面，万物都包含着阴阳，阴阳相互作用而构成"和"。这是宇宙万物的本质，是天地万物生存的基础。在此基础上，先秦思想家们把"和"与"合"结合起来，"和"是和谐、和平、祥和，"合"是结合、合作、融合。随着"和合"观念的形成，中国文化经由春秋战国的"百家争鸣"，逐渐"和合"形成了儒家和道家两大学派。东汉至隋唐时期，又以"和"为贵的精神，接纳并改造了佛教。

中国是一个多民族的国家，在以"和为贵"精神的指导下，各民族和睦相处，求同存异，共同发展，并吸纳消化外来文化，将其汇入自己的文化体系中，体现了中国文化的包容性。

2. 中庸之道

与"贵和"思想联系在一起的是"尚中"，"和"是中国文化所追求的一种状态、一种理想境界。而达到"和"的手段与途径则是"持中"，这个"中"，一是指事物的"度"，是恰如其分，不偏不倚，即"中庸之道，不偏不倚"。中庸最初是孔子的一个哲学范畴，也是他的一个方法论原则。《论语》云："中庸之为德也，其至矣乎！民鲜久矣。"中庸是孔子的一种思维方法。《论语》又云："吾有知乎哉？无知也。有鄙夫问于我，空空如也。我扣其两端而竭焉。"也是孔子高一种理想，《论语》还云："质胜文则野，文胜质则史。文质彬彬，然后君子。""子贡曰'师与商也，孰贤？'子曰：'师也过，商也不及。'曰：'然则师逾与？'曰：'过犹不及。'"中庸的"中"又有中正、中和、不偏不倚等含义，"庸"是平常的意思，"中庸"就是中正平常、不走极端，即把两个极端统一起来，采取适度的中间立场。二是对事对人，都不能走极端，取其中和。中庸之道实质是坚守中正，寻求适度，不偏不倚，无过无不及。儒家极为重视"和"与"中"。《中庸》云："喜怒哀乐之未发，谓之中；发而皆中节，谓之和。中也者，天下之大本也；和也者，天下之达道也。""中"与"和"相辅相成，恰当运用，就能达到万事万物的理想状态。所以，守中，不走极端，成为中国人固守的人生信条。

中庸之道被后世儒家进一步概括为世界的普遍规律，成为一种基本的处世之道。认为它不但体现了事物发展运行的规律，也是人们社会实践所应当遵循的普遍原则。因此，中庸之道成了封建社会重要的教化内容，被视为做人所必须要达到的一种境界，“极高明而道中庸”（《礼记》）。要达到这一境界，必须经过五个步骤：“博学之，审问之，慎思之，明辨之，笃行之。”（《中庸》）这对古代知识分子安身立命和为人处世产生了极为重要的影响。

三、尊亲崇德

中国传统文化是农耕文化，具有伦理型的特征。中国幅员辽阔，民族众多，尊亲崇德是维系国家内部各阶层成员和谐关系的主要精神纽带。中国人的宗法血亲观念，有效地把人们固定在家、宗族之中，并移孝于忠，家国一体，使宗法制度把中国政治权力统治与血亲道德制约紧密结合起来。

1. 尊亲本于孝悌

尊亲本于孝悌，“百善孝为先”。孝是“善事父母”；悌指“敬爱兄长”，孝悌之心可以推而广之，由尽孝而尽忠，由事兄而敬长。家庭血缘亲情的进一步放大，可以作为社会一般成员之间的和睦相处的伦理准则。“夫孝，始于事亲，中于事君，终于立身。”（《孝经》）在中国封建社会，“孝”不仅是家的核心，同时，“孝”与“忠”紧密联系，高度统一。在维护宗法制度方面，“家”与“国”，“孝”与“忠”看似不同层次、不同概念的两对范畴，却绝对地统一起来，绝对的一致：因为“家”是“国”的基础，有小家才有国家，“国”是“家”的延伸，国家稳固小家才可能安稳。所以，对父祖孝敬的家庭成员，作为社会的一般成员，就不可能对君上不忠。中国传统文化中把道德理想的实现，看作是人生最高需要。

2. 崇德追求“三不朽”

中国文化中，“德”的内涵十分丰富，如仁义礼智信，温良恭俭让；礼义廉耻，忠孝节义，等等。孟子云：“富贵不能淫，贫贱不能移，威武不能屈。”道德升华和人格的完善必须通过“正心”和“修身”来实现。传为孔子弟子曾参所作的《大学》云：“欲治其国者，先齐其家；欲齐其家者，先修其身；欲修其身者，先正其心。”只有做到这些，才能“太上有立德，其次有立功，其次有立言。虽久不废，此之谓不朽”（《左传》）。因此，立德成为中国人超越生命价值的永恒追求，也是成就中国人高尚人格的根本所在。在“三不朽”中，以“立德”最难能可贵，要建功立业，就必须加强道德修养，具备世人推崇的高风亮节。在社会利益与个人利益面前，要以“舍生取义”“杀身成仁”为原则。要做到“先天下之忧而忧，后天下之乐而乐”，“天下兴亡，匹夫有责”，立功扬名与光宗耀祖直接联系。在这种思想影响下，中国历史上涌现出了许许多多的英豪楷模。

四、刚健自强

《周易》云：“天行健，君子以自强不息。”健，是刚健、刚强不屈的意思；自强不息，是积极向上、永不停止的意思。日月星辰，运行不已，从不间断，刚强自健，人应该效法天的运行，自强不息。刚健有为、自强不息的精神贯穿了整个中国历史的进程。

1. 志存高远

《论语》云：“三军可夺帅也，匹夫不可夺其志也。”王阳明云：“志不立，天下无可成之事。”（《教条示龙场诸生》）“志”，即崇高理想，是人自强不息的精神动力，没有远大理想和奋斗目标，不可能成为有作为的人。

2. 刻苦坚韧

立定高远之志后，贵在刻苦努力、坚持不懈，所谓“天将降大任于斯人也，必先苦其心志，劳其筋骨，饿其体肤，空乏其身，行拂乱其所为”（《孟子》）。锲而不舍、金石可镂，水滴石穿、绳锯木断，鞭策人们艰苦努力，自强不息。只有付出超乎常人想象和承受的辛劳，才能成就非凡之事业，实现人生的理想目标，达到人生的理想境界。

3. 逆境奋斗

唐代哲学家刘禹锡《浪淘沙》云：“千淘万漉虽辛苦，吹尽狂沙始到金。”追求成功，必须具备在逆境中依然奋斗不止的精神。中国历史上，诸如文王拘而演《周易》、仲尼厄而作《春秋》、屈原放逐赋《离骚》、孙子膑脚《兵法》修列，司马迁遭腐刑著《史记》，等等，都体现出逆境中自强不息的精神。

第四节　学习中国传统文化的方法

中国传统文化不仅对中华民族的形成、发展、统一和稳定起了不可估量的巨大作用，而且远播海外，构成整个东亚文明的内核，成为世界文化的重要组成部分，对人类文明的发展产生了重大而深远的影响。今天，中国文化的许多思想精神已经超越了时代和民族的限制，而成为人类走向未来的极为宝贵的财富。随着经济全球化和文化多元化的日趋加强，继承和弘扬中国优秀的传统文化，是建设面向现代化、面向世界、面向未来的新民族文化的重要内容，也是当代大学生的重要历史使命。不同的研习者学习和研究中国传统文化的方法会不一样，兹述数种，供做参考。

一、精读经典，覃思切悟

清代江藩的《国朝汉学师承记》记述戴震读书之法，云："君（戴震）年十岁乃能言。就传读书，过目成诵。塾师授以《大学章句》右经一章，问其师曰：'此何以知为孔子之言而曾子述之？又何以知为曾子之意而门人记之？'师曰：'此子朱子云尔。'又问：'子朱子何时人？'曰：'南宋。'又问：'曾子何时人？'曰：'东周。'又问：'周去宋几何时？'曰：'几二千年。'曰：'然则子朱子何以知其然？'师不能答。读书一字必求其义，塾师略举传注训解之，意不释。师恶其烦，乃取许氏《说文解字》，令检阅之。学之三年，通其义，于是十三经尽通矣。"[①] 这种读书方法先从《说文解字》读起，先熟悉汉语

① （清）江藩著《国朝汉学师承记》，中华书局1983年版，第85页。

训诂音韵，然后读“前四史”“十三经”[①] 等文化经典。王国维研究殷墟甲骨文，就是用这种方法。

《八十忆双亲·师友杂忆》钱穆自述云：“余自幼为学，最好唐宋古文，上自韩欧，下迄姚曾，寝馈梦寐，尽在是。其次则治乾嘉考据训诂，借是以辅攻读古书之用。所谓辞章考据训诂，余之能尽力者止是矣。”[②] 这是从对唐宋经典诗文的兴趣出发，通过乾嘉考据训诂之学，再精读“前四史”“十三经”等经典。

王国维学贯中西、汇通中外，认为读书必须精熟中国传统经典，还要兼通西方之科学。王国维《观堂别集》之《〈国学丛刊〉序》云：“学之义不明于天下久矣。今之言学者，有新旧之争，有中西之争，有有用之学与无用之学之争。余正告天下曰：‘学无新旧矣，无中西也，无有用无用也。凡立此名者，均不学之徒即学焉，而未尝知学者也。”“学之义广矣，古人所谓学兼知行言之，今专以知言。则学有三大类：曰科学也、史学也、文学也。凡记述事物而求其原因、定其理法者，谓之科学。求事物变迁之迹而明其因果者，谓之史学。至出入二者间而兼有玩物适情之效者，谓之文学。”“世界学问，不出科学、史学、文学，故中国之学，西国类皆有之；西国之学，我国亦类皆有之；所异者，广狭疏密耳。”“治《毛诗》、《尔雅》者，不能不通天文、博物诸学，而治博物学者，苟质之《诗》、《骚》草木之名状而不知焉，则于此学固未为善。必如西人之推算日食证梁虞广、唐一行之说，以明《竹书纪年》之非伪，由《大唐西域记》以发见释迦之支墓，斯为得矣。”[③] 这就是学贯中西、会通中外的王国维读书之法。

---

① “前四史”：即《史记》《汉书》《后汉书》和《三国志》，属于二十四正史中的前四部，是中国历史上的史学巨著。“十三经”即儒家的十三部经书，包括《易》《书》《诗》《周礼》《仪礼》《礼记》《左传》《公羊传》《谷梁传》《论语》《孝经》《尔雅》《孟子》。

② 钱穆著《八十忆双亲·师友杂忆》，三联书店 1998 年版，第 349 页。

③ 王国维著《观堂集林（外二种）》，河北教育出版社 2003 年版，第 700 — 702 页

二、坚持历史的辩证的观点

中国传统文化历史悠久，博大精深。先秦诸子的儒家、墨家、道家、法家等思想起源并活跃于春秋战国时期，其时中国社会正经历着划时代的变革，正处在封建制生产关系即将取代奴隶制生产关系的过程中。周室衰微，礼崩乐坏，社会动荡，诸侯蜂起，士阶层兴起并成为一支重要的社会力量登上历史舞台。他们纷纷著书立说、广收门徒，提出救治当时社会弊病的各种方法。诸侯割据的政治局面，诸侯各国对人才的重视和争夺，形成了比较宽松的文化氛围，促成了百家争鸣的活跃局面。当时诸子百家中影响较大的是儒家、道家、墨家和法家，他们各自为其代表的阶级设计了一整套治国方略。孔子为代表的儒家思想体系，政治方面维护“礼”，主张“为政以德”“谨权量，审法度”“法先王”“正名”等；个人修养方面，为人应该“首孝悌”“温、良、恭、俭、让”“仁、义、礼、智、信”“仁者爱人”“先行后言”，等；经济方面，提倡重义轻利，见利思义，等。虽然其目的是维护日趋崩溃的周代奴隶制等级秩序，随着历史的进步，部分主张已经不适合社会发展的需要，但其主体思想精神依然具有强大而旺盛的生命力。以墨子代表墨家，代表了下层劳苦大众的利益，主张兼爱、非攻、尚贤、尚同、天志、非命、非乐、节用等，有其进步一面。如《墨子》云：“虽在农与工肆之人，有能则举之，必高予之爵，重予之禄。”虽然墨子的目的是为了提高下层民众的社会地位，也包含了重视人才的思想。因此，学习中国传统文化应该坚持历史的方法，弄清其产生的历史背景，找准其产生的历史渊源，准确把握其思想精要。避免断章取义，不求甚解，歪曲古人；或全盘接受，食古不化。

中国传统文化的不同内容，在不同的时代具有不同的价值，会产生不同的现实效果，不能简单、笼统地妄下定语。所以，对待中国文化的每一个内容，都必须用辩证、理智的眼光来看待。在历史上，传统文化不仅推动了中国社会的发展进步，创造了领先世界的辉煌成就，成为中华民族自信性和自豪感的重要源泉，但是，其中也有许多内容确实是封建地主阶级用来实现其统治的手段。因此，我们学习传统文化必须坚持辩证的思想方法，不能简单肯定，也不完全否定，要深入考察，认真探究，把握本质，学习那些适应时代发展需要的部分，而摒弃不适应时代需要的部分。

三、与时代发展相结合，做到创新发展

文化的产生、存在和发展从来就不是孤立的，而是与所处时代的政治、经济、军事等社会诸方面紧密联系。任何一种文化的发展都要适应当时社的需要，否则就难以为继，中国传统文化也不例外。居于主流地位两千多年的儒家思想，也因时代的变迁起起伏伏。春秋时，周王朝统治者以“天”“礼”“孝”思想为核心的“德治”严重动摇，孔子为维护这一统治秩序，始提“仁治”，因其代表了部分统治者的意志，故儒学开始兴起。战国时期，社会急激变革，诸侯列强实行图富国强兵，企图在诸侯争霸的斗争中立于不败之地，进而一统天下，新兴地主阶级思想的代表商鞅主张推行变法，实行“法治”，帮助秦国一统天下。秦国统一后，面对原诸侯各国旧贵族的分裂势力，秦始皇、李斯认识到儒家“仁爱”思想不合时宜，推行“焚书坑儒”。到西汉武帝时，封建地主阶级专政社会渐趋稳定，统治者地位已牢，为使这家天下的封建制传留万代，便又“罢黜百家，独尊儒术”，儒学再兴。此后，儒家思想便成为居于统治地位的主导思想，盛唐时期远播海外，影响深远，儒学大有成儒教之势。但是，到了新文化运动时期，中国许多受西方社会思潮影响的现代知识分子把国弱民穷的根源归罪于传统文化，便有了“打倒孔家店”的呐喊，严重冲击了中国传统文化。“文化大革命”时期，毛泽东认为林彪集团“尊孔犯法”，开展“批林批孔”运动，指示许多对传统文化的无知政治青年打击破坏儒家文化，更使儒家思想跌入深渊。可见，文化的产生、存在和发展，深受政治、经济、军事等方面因素的制约，具有鲜明的时代性。

二十世纪八十年代以来，伴随着改革开放的深入发展，中国国势日趋强盛。在当今思想解放的视野中，许多人猛然发现传统文化不仅不“腐朽、没

落、反动”，反而有极其强大的生命力。事实上，从上世纪六七十年代以来，韩国、日本、新加坡，包括台湾地区，这些认同中国传统儒家文化为其文化根源的国家和地区，都没摒弃传统，而是坚持创新发展。例如，日本将传统儒家思想渗透到企业的经营管理之中，助推经济迅速腾飞；新加坡社会的共同价值观具有鲜明的儒家特色。中国共产党十七大报告明确要求：“建设社会主义核心价值体系，增强社会主义意识形态的吸引力和凝聚力。”在上下五千多年的文化史中，中华民族形成了和而不同、厚德载物，爱好和平、团结统一，勤劳勇敢、自强不息，与时俱进、开拓创新，诚信于人、互助互爱，实事求是、勇于担当，爱国爱家等民族精神，是社会主义核心价值体系的重要内容。而体现了中华民族传统美德，以“八荣八耻”为主要内容的社会主义荣辱观，是社会主义核心价值体系的重要基础，表明传统文化的创新发展是中华民族实现民富国强、国运永昌的现实需要。

四、把握传统文化的现实意义，学以致用

首先，学习中国传统文化的一个重要目的，是学以致用。学以致用是传统文化现代化的必由之途。许多事物都具有排他性，文化的许多方面也具有排他性。但文化的排他性越强，则越不能长久。中国传统文化的现代化指中国文化适应现代中国社会的需要，与世界上其他民族优秀文化相互交流、互补、融合，求同存异，和谐发展。传统儒家文化重视人的心性修养和社会价值，所以儒家以“格物，致知，诚意，正心，修身”为内圣，以“齐家、治国、平天下”为外王。重“仁”，昌“礼”，讲“等级秩序”，反对严刑峻法，蔑视体力劳动，轻视科技工艺。中国古代的许多发明创造，都来自没有文化或文化程度较低的体力劳动者。技术、工艺也大多是师徒相承，口手相传。西方基督教文化以人性本恶为前提，为限制人类的原恶，讲究外在的约束，故西方实行法治，讲究平等，推行民主，重视科技。可见，中西文化有着天然的互补性。在经济全球化、文化多元化深入发展的今天，我们应当坚持“国学为本，兼容他学”的宗旨，促进中国传统文化与世界其他民族优秀文化

的交流、对话和融合，维护世界和平，推动人类进步。

其次，大众化是传统文化能够经世致用最为重要的途经。西周时期“学在官府”，教育为奴隶主贵族阶层所垄断，当时的文化官吏对图书典籍是“谨守其数，慎不敢损益也”，目的是“父子相传，以持王公。”（《荀子》）春秋时期，孔子始办私学，提倡“有教无类”，但他是轻视体力劳动的，当其弟子樊迟要去学种田和种菜，他生气地说：“小人哉，樊须也。”（《论语》）可见，秦代之前，文化高高在上，几与劳动者不沾边。两千余年的封建社会，有文化的知识分子亦游离于劳动人民之上。新文化运动和“文化大革命”期间，传统文化更是遭受重创，被剥离人民大众视野。因此，大众化是传统文化能够经世致用一个尤为重要的途经。因为一方面，要有一批精英学者，对传统文化进行深度研究，准确把握其实质内涵，然后进行当代阐释，正确做好引导大众的工作；另一方面，传统文化要普及，不仅在广大民众中普及，而且更重要的是要在当代大学生当中普及，让他们充分汲取传统文化的各种养素，培育和提高他们的创新能力。只有做好上述两个方面，才能更好地将中国传统文化发扬光大。

第三，生活化增添传统文化经世致用的生命力。传统文化融入广大民众的生活中，发挥其规范人们日常言行举止和思想情感地的作用。中国之所以被誉为礼仪之邦，就是因为传统文化有效地规范了广大民众的言语行动。受中国传统文化重要影响的新加坡，将儒家文化融入国家、社会、家庭和个人生活中，提升了整个社会的精神文明程度。日本将中国文化精神导入企业管理系统，创造了高度的物质文明。可见，传统文化某一方面一旦被广大群众普遍接受、理解和掌握，并自觉遵守和奉行，就会转化为一种社会群体意识，这样不仅可以推动精神文明建设，创造精神财富，也能促进物质文明，创造物质财富。因此，要充分调动各种资源和力量，如影视、文艺作品、网络等，使中国文化真正融入人民的生活中。

五、在世界视野中看待中国传统文化

在世界多极化、经济全球化趋势继续发展的今天，东西方各种思想文化相互激荡。在这种态势下，我们应当注意保持并努力发展中国文化的民族性，尊重中华民族的传统文化，有效利用这个重要资源。目前，一些人认为全球化就是一体化，民族文化将不复存在、民族精神将逐渐消解。这种说法，要么是缺乏常识和情绪化，要么别有用心。因此，学习和建设中国特色社会主义先进文化应当正确对待传统文化，坚持中华文化的民族性，发扬“中国作风”“中国气派”和“中国特色”，并加强文化安全，防范一切西化、分化图谋。与此同时，也应当坚决反对狭隘的民族主义、文化割据主义和保守主义，积极参与全球化的进程，增强民族文化的世界性及其影响。

当然，弘扬优秀传统文化，不应妄自尊大和盲目排外，而应把弘扬优秀传统文化与学习世界先进文化结合起来，把继承与创新结合起来，这样才能永葆优秀传统文化在新的时代新的环境里生生不息，才能真正实现中华民族的伟大复兴。

第二章 中国传统文化的生存环境

文化在自然中创造，文化的生成离不开自然环境，即离不开地理环境。文化又是社会实践的产物，其生成植根于社会环境，包括经济土壤和社会结构两个层面。因此，考察中国传统文化的生态环境，应从地理环境、经济土壤、社会结构三个方面展开。

第一节 中国传统文化生存的地理环境

地理环境，指人类生存和发展所依赖的各种自然地理条件的总和，主要包括地形、地貌、土壤、气候、水文、植被、山川、草原、海洋、陆地等直接影响人类生活的地理区域空间及地理生态环境。

一、文化与地理环境之关系

在有关文化的研究中，自然地理环境与文化的关系长期以来都是人们关注的重点。近代地理学奠基人之一，德国地理学家卡尔·李特尔在他的地理学巨著《地学通论》中多次强调："土地影响着人类，而人类亦影响着土地。"从人与地关系出发，文化的地理起源、文化现象的空间差异以及文化的分布、变动同地理环境的关系等，围绕这一系列问题的探究，二十世纪初在国际学术界专门创生出一门新的学科，即文化地理学。大致说来，文化地理学所涉及的文化与地理环境的关系，主要有以下一些基本认识：

1．文化是人类从适应自然到征服、改造、利用自然的过程中形成、发展的，因此，地理、文化、人三者之间从一开始就存在着不可分割的密切关系。

2．文化必须产生、发展于一定的地理空间范围，特定的文化和特定地理环境密切关联，文化必然要打上地理环境因素的深刻印痕。

3．任何一种文化都有其发源地，文化发源地的自然特征与生态环境，往往构成了不同空间文化现象的重大差别。地理空间上的文化分异，源于自然环境所形成的地域分隔；特定的地理环境不仅导致特定文化的产生，而且对于文化的发展演变具有极为重要的制约作用。

4．文化的本质内涵是自然的人化，人类作用于自然环境的各种文化活动，实际上都是把自然环境中各个原始景观转变成为文化景观的过程。所谓文化景观，就是人类劳动给大自然留下的痕迹，如房舍、耕地、道路、村庄等。自然景观通过人类劳动转变成为文化景观，是人类创造性智慧最直观，也是最普遍的文化成果。

二、文化产生、形成和发展的地理环境因素

基于人类社会物质生产生活与自然界密切关系的认识，依据文化地理学的基本观点，就文化的产生、形成及发展变化过程中的自然地理环境因素，分析如下。

1．地理环境制约人的活动，通过影响人类的生存方式而影响文化

人类与自然相互制约的关系具有一条共性规律：生产力水平越低，人类受地理环境的制约就越大；反之，生产力水平越高，受环境的制约也就越小。从这一规律出发，人类早期处于低级的原始群团阶段，生产力水平极其低下，对抗自然界的能力根本没有，连人类本身，也只能是自然界中自生自灭、微不足道的一分子，其活动完全受自然界制约。马克思指出：“自然界起初是作为一种完全异己的，有无限威力和不可制服的力量与人们对立的，人们同它

的关系完全像动物同它的关系一样。”（《马克思恩格斯选集》第1卷）这告诉我们，早期人类面对自然完全被动，完全受自然制约摆布。这种受自然条件制约摆布的力度非常大，大到直接影响人类的起源。从进化论的观点看，人是由猿进化而来的，而从猿到人的进化只能发生在气候比较温暖，动植物资源比较丰富的地区，不可能发生在北极冰天雪地或西亚的大沙漠之中。

当人类在与之相适宜的自然环境中起源以后，自然地理环境继续对人类的生存活动起着决定性作用。这种作用直接反映在人类群体的谋生方式中。比如，有的地区土地肥沃，雨水充足，各种植物资源非常丰富，这种自然地理的生态条件把原始人寻找食物的方式引向植物采摘。人类在采摘谋生的漫长岁月中，逐渐熟悉了野生植物从开花到结籽的生长规律，开始人工栽种某些植物，于是产生了原始种植业，再由种植业发展到农业，便产生了农耕文化。而另外一些高原、草原地区，有着飞铲丰富的动物资源，便把原始人类取食谋生的活动引向狩猎。他们在漫长的狩猎岁月中，熟悉了动物的繁衍规律，于是捕获小动物进行人工驯养，再由人工驯养发展到规模较大的畜牧业活动，于是产生了游牧文化。其他如渔业文化只能产生于原始人类捕鱼捞虾的生产活动中，而捕鱼捞虾这种生产活动，只能出现在有江河湖海的地区。因此，农耕文化、游牧文化、渔业文化的产生、形成，是由人类不同的生存方式或群体劳动所决定的，而这类不同的生存方式和劳动又受到地理环境的制约。地理环境对文化的影响，在这里通过制约人的活动，通过影响人类的生存方式来实现。可见，地理环境通过制约人类的经济活动或生存方式，进而制约着各类文化现象的产生形成。

2. 地理环境提供了文化活动所必需的物质空间场所

人类物质生活离不开一定的地理空间，由人类物质生活所派生的各类文化现象也不可能离开一定的地理空间单独存在。从这个意义上，地理环境作为人类物质生活的必需条件，虽然它本身并不是文化，但却是文化赖以产生、存在、发展的基础。不同文化活动的产生，往往需要不同的自然地理环境，某一类文化现象如果没有与之相应的特殊地理环境条件，往往不能产生。比如悬棺葬作为一种丧葬民俗文化，它必须产生在具有高山悬崖的地区，平原和草原地区没有悬崖，就不可能产生悬棺葬俗。又如平坦开阔的草原地区或平坦的戈壁滩地貌，才有可能产生赛马这种体育文化活动，而崎岖险峻的山丘，通常没有赛马这样的体育文化活动产生。

3. 地理环境通过影响生产力而影响文化的发展变化

生产力由多种要素构成，其中，生产工具不仅是生产力的重要组成部分，生产工具本身也是物质文化的一种存在形式。人类在制造第一把石斧、摆脱动物状态之前，根本就没有什么生产力。第一把石斧制成，人有了生产工具、摆脱动物状态，也创造了物质文化。那么，制成第一把石斧的智慧从何而来？俄国早期马克思主义者普列汉洛夫这样说："只因为地理环境的某些特殊属性的荫赐，我们的人类祖先才能提高到转化为 tool making animals（制造工具的动物）所必要的智慧发展的度。"（《普列汉诺夫哲学著作选集》第 1 卷）特殊属性的荫赐，是指特殊的自然地理条件为人类制造生产工具提供的特殊原材料。比如，在没有金属矿藏的地方就不可能产生优于石器的金属工具，在没有海洋、河流的地方就不可能有木船的产生和行船技术的发展，在没有野生马、野生牛的地方就不可能有被驯服的马、牛作为运输工具和交通工具，而没有铀矿这种矿产资源，就不可能有以原子为能源的各种工具产生。

地理环境的不同和这种地理环境下自然资源的不同，还决定着生产力的发展方向和发展水平。比如，加拿大原始森林资源丰富，它的生产力的发展方向和发展水平，突出反映在木材加工工业方面；澳大利亚草原辽阔，生产力的发展方向和发展水平，突出表现在畜牧业方面；而日本国土狭小，自然资源非常短缺，它的生产力水平无论怎样先进，都不可能建设规模巨大的伐木业、畜牧业和采矿业。可见，地理环境对生产力的性质也具有非常重大的影响。地理环境影响文化的一个重要途就通过影响甚至决定生产力及其变革发展来间接实现的。

此外，科学技术尤其是新技术新发明作为生产力的重大要素，其推广和运用与地理环境的关系也非常密切。古代，地理环境制约着各地区人们的交往，高山、沙漠、大海成为古代人们交往的天然障碍，许多新技术新发明因此失传。马克思指出："某一个地方创造出来的生产力，特别是发明，在往后的发展中是否会失传，取决于交往扩展的情况。当交往只限于比邻地区的时候，每一种发明在每一个地方都必须重新开始。”（《马克思恩格斯全集》第3卷）。

4. 地理环境通过对人的性格、心理影响而影响社会文化

地理环境作为人类生产生活的客观外部世界，对人的主观世界有巨大的反作用力，对人类各种性格特点和心理气质的形成具有重大影响。不同地理环境中的居民，有的豪迈热情，有的温和谦恭，有的智慧善良，有的粗犷彪悍，有的拘谨胆小，有的敢于冒险，等等，这些不同的心理气质和性格特点，与地理自然环境关系非常密切。班固《汉书》云：“凡民禀五常之性而有刚柔缓急，声音不同，系水土之风气，故谓之风。”认为地理环境、水土风气对人的脾气、性格，以及说话发声都产生影响。

西方十七世纪曾经兴起一股强大的“地理环境决定论”思潮，其重要代表人物孟德斯鸠曾就天气对人的气质性格影响做出这样的论述：“热带民族像老人一样胆怯，寒带民族像青年一样勇敢。”（《论法的精神》）“地理环境决定论”的基本观点是：地理环境决定人们的思想气质和群体心态性格，而人们思想气质和心态性格，又影响决定着社会的意识形态、政治、法律等方方面面的社会制度。历史唯物主义认为：社会的发展，社会形态或国家制度，是由生产力或生产方式所决定的。比如，欧洲的地中海地区，在过去三千年内，它的自然地理环境变化非常微不足道，基本上没有什么变化，但在三千年内，欧洲经历了奴隶制、封建制和资本主义制度，东欧一些国家还经历了社会主义制度。从欧洲过去三千年社会形态和体制变化的历史来看，其内在的决定因素是生产方式，是生产力的变革和发展。因此，自然地理环境对社会发展具有重大影响，但在社会形态或国家根本政治体制方面，自然地理环境不是决定性因素。

三、中国传统文化的地理环境因素及其文化特征

中国自古以来疆域辽阔，国土面积广大，地形地貌复杂，气候类型多样，各不同区域地理条件差异明显，整体地理环境独立封闭，这是中国地理环境

的总体特征。

1. 地理环境的复杂性与差异性，形成中国传统文化的丰富性与多元性

从国土面积来看，中国拥有 960 万平方公里的陆上疆土，从最北的漠河以北的黑龙江江心到南海诸岛的曾母暗沙，南北相距 5500 多公里，纬度相差 49 度多；从最东的黑龙江与乌苏里江汇合处到最西的帕米尔高原，东西相距 5200 多公里，跨经度 61 度，跨 5 各时区，时差达 4 个多小时。

从地形地貌类型看，中国地形从东到西可划分为沿海低洼平原地带、平原向高原过渡地带、高原地带三种类型。地形地势西高东低，高度由西北向东南依次递降，呈现出三大阶梯式的地形地貌，从西部的高山到东部的沿海，海拔悬殊，差距达到 9000 多米。

从气候气温方面来看，我国气候带由北向南可分为亚寒带、寒温带、温带、暖温带、亚热带和热带六种类型。从北部的黑龙江流域到南部的南沙群岛，冬季气温差距可达 50 摄氏度以上，夏季的温差也可达 20 摄氏度至 30 摄氏度。年降雨量方面，由于受季风气候影响，我国的降雨量由东南向西北递减，多雨地区和干旱地区的降雨量差距巨大，相差 1500 毫米以上，多雨的地区年降雨量可达 1600 毫米以上，而某些干旱地区年降雨量不足 50 毫米。

地形地貌的差异，气候类型的差别，海拔高度以及降雨量的不同，等等，必然形成不同区域环境的不同地理气候，由此产生不同的经济类别区域，形成不同的生产方式和生活方式，从而形成中国传统文化丰富性与多元性格局。

中国传统文化的丰富性与多元性，与地理环境的差异性密切关联。比如，按我国地形地貌及气候差异区分的文化类型，有山岳型文化、草原型文化、河谷型文化、海洋型文化等。这些文化类型各有其特点，山岳型文化的特点是封闭性和排他性；草原型文化以畜牧业为主，特点是流动性和外向性；河谷型文化以农耕为主，特点是内聚力和容纳性强；而海洋型文化的特点则是开放性和冒险精神较强。这些不同的文化类别，以地理环境差异为特征，表现出不同的生产方式和生活方式，并最终形成不同地理区域人们在衣、食、住、行、风俗习惯、思维观念等方面的巨大差别。如果再从地理环境更小的区域出发，则可以把中华地理区域环境所涉及的、带有明显地方区域个性差异的文化，细分为齐鲁文化、吴越文化、荆楚文化、中原文化、巴蜀文化、西域文化、关东文化、岭南文化等。把诸多不同地理差异或地域特征的文化类别综合在一起，形成了中国传统文化的类别多样，多姿多彩，其内容博大精深，极其丰富。总之，中国传统文化的丰富性与多元性，是由文化扎根生存的地理环境的复杂性与差异性所决定的。

2. 地理环境与外部世界相对隔绝，形成中国传统文化的封闭性与独立性

中国传统文化生存发展地理环境，基本上与外部世界处于封闭隔绝的状态。从整体地理环境上看，环绕中国四周的地理格局是：东南面为茫茫大海，是一望无际、难以逾越的太平洋；西南面是不可跨越的世界屋脊青藏高原和艰险难行的横断山脉；西北面帕米尔高原以及高原外茫茫无际的沙漠戈壁；正北面是干旱的大草原和西伯利亚辽阔的针叶林地带。这些天然的地理屏障，把古代中国与外部世界隔离开来，形成相对封闭隔绝的自然环境，也使中国在世界范围内成为一个相对独立的地理单元。这些天然地理屏障，为板块状的中国大陆在空间上提供了一种天然的隔绝机制。作为一个相对独立封闭的地理单元，中国传统文化所处的地理环境和古代欧洲地中海文化所处的地理环境相比，形成了鲜明的对照。欧洲大陆被深入内地的地中海、黑海、波罗的海等内海所切割，形成由几个庞大半岛和众多小岛所组成的大陆板块，使欧洲大陆腹地距离海洋最多也不过三百至四百公里，呈现为海洋切割陆地，陆地向海洋开放的“陆海交错”型地理特征，从而使欧洲文化具有扩散性、开放性特点。中国则不然，虽然拥有漫长的海岸线，但海洋没有深入内地，陆地没有被内海切割，从而形成中国大陆腹地远离海洋的特点。距海洋超过八百百公里的陆地占全国版图的百分之七十以上，兰州、西宁、乌鲁木齐、拉萨等地距海洋甚至达数千公里，是世界上具有最典型的“大陆—海岸型”地理特征的国家。中国东南面漫长的海岸线，本可成为中外文化交流的顺畅通道。但是，古代航海技术的极端落后，加之太平洋实在太大，使这片大海基本上没有发挥航运功能，反倒成为中外文化交流不可逾越的天然屏障，阻碍了古代中国与外界的交往。

中国传统文化产生发展于这样一种四周封闭的“大陆—海岸型”地理环

境中，天然造成一种地理隔绝；特殊的地理条件阻断了中国同外部世界更多的交往，使中国传统文化形成一种与生俱来的封闭性。这种封闭性主要表现为文化的传播障碍和输入障碍：一方面，中国文化要比较完备地向四周传播辐射非常困难，阻碍很大；另一方面，外来文化由于地理条件的限制，很难传入中国，或者即便传入中国，也因地理环境因素的抵消耗损而量能不够，而缺乏巨大量能，外来文化对中国传统文化产生的影响就不是很大。如古代的西方文明，因与中国距离遥远，加之高山、沙漠、海洋等地理屏障的天然阻碍，即便有不少西方国家的使臣、商人、学者、宗教徒、旅行家、避难者等各类人员历尽艰辛来到中国，但他们输入的西方文明量能有限，在广大辽阔的中华大地上信息微弱，影响微乎其微。总之，在中国文化发展史上，因为地理环境相对封闭隔绝，传统文化的孕育、产生及生存状态或发展方向，都带有一种先天的封闭性。

但是，恰恰因为与外部世界处于封闭隔绝的状态，使中国在世界范围内成为一个相对独立的地理单元，并由此造成了中国传统文化的独立发展、自成体系，具有极强的独立性。特殊的地理环境使中国远离世界其他文明的中心，受外来文化的影响很小。这种状况决定了中国传统文化体系的孕育发展必须以自我为中心，独立完成。事实上，无论是中国的文字和文学，还是中国的哲学和科学技术，都是在与其他文明隔离的状况下独立发育完成的，都具有其他文明所不具备的明显特征。比如中国文字，从早期的甲骨文到金文再到篆体字，以及后来的隶书、楷书，在其诞生和发展成熟过程中，没有受到任何外来文字的影响。中国表意的方块字与世界上很多民族的字母文字截然不同，毫无共性之处，其重要原因之一，就是中国文字的诞生发育完全是在与外界文明缺乏联系的情况下独立完成的。

总之，中国传统文化的独立性，是由中国地理环境的封闭性决定的，而中国文化的封闭性，则是由中国地理环境的相对独立性所造成的。封闭性与独立性，既是中国地理环境的基本特点，同时也是中国传统文化的显著特征之一。

3. 地理环境的广阔性与完整独立性，形成中国传统文化的包容性和连续性

中国地理环境十分封闭，远离其他文明中心区域，是一个相对独立、自成体系的地理单元。由于这一地理单元自身幅员广大，内部疆域异常辽阔，对各种各样的地域文化，形成了极强的包容性。也就是说，广阔的中国地理空间环境，容易形成一种大肚能容、包罗万象的文化心胸，不仅可以容纳特性各异的多元本土文化，而且对周边传入的外来文化也能兼收并蓄，在相互之间的碰撞交汇中予以吸纳消化，具有开阔地理空间的强大融合力。地理环境广阔，对各种文化有着巨大的承载空间和容量，构成了中国传统文化包容性强的显著特点。换言之，空间的广阔性与文化的包容性，二者往往必不可分联系在一起。

另一方面，中国地理环境的完整性与独立性，则是中国传统文化得以保存和延续的先决条件。中国传统文化重大特征之一，就是文化传承发展的连续性与稳定性。为什么中国传统文化在数千年历史中能够毫无中断绵延发展？根本原因在于地理环境的完整独立与相对封闭。与世界其他几大文明古国的情况相比，古埃及文化因希腊亚力山大大帝占领埃及而被希腊化，古罗马文化因日耳曼族入侵而被中断，古印度文化因雅利安人入侵而被摧毁，只有中国传统文化，数千年来生生不息，绵延不绝，连续传承从未中断，显示出经久不衰的强大生命力和凝聚力。究其原因，不能不归结于中国地理环境的完整独立与相对封闭。上述几大世界古老文明被摧毁中断，都由异族大规模军事征服的战争造成。而中国在鸦片战争以前，由于受生产力发展水平限制，西方没有一次大规模的军事行动能够达到中国，中国传统文化也没有因对外战争的关系而遭受重创或停滞中断。这正是中国特殊的地理空间环境阻碍隔绝的结果，是东亚大陆相对独立封闭的地理板块，保护了中国传统文化从未中断地连续传承。

4. 优越的农耕地理环境，形成凸现农耕文明的传统主体文化

中国自古以来就是农业国，具有悠久历史的农耕文明。中国农耕文明发达的关键在于具有得天独厚的、优越的农耕地理环境。中国大部分地区为北

温带和暖温带气候，其次为亚热带气候，这种气候非常适合农业生产。中华文明最为重要的发源地黄河流域，地处北温带，土地肥沃而疏松，成为中国农耕文化发源地之一，黄河因此被称为中华民族的“母亲河”。中华文明另一个重要发源地的长江流域，气候温暖湿润，雨量充沛，土地肥沃，湖泊众多，为水田农耕文化的产生和发展提供了优越的自然条件，长江也成为中华民族的第二条“母亲河”。除上述两大流域之外，其他如珠江流域、淮河流域、关中平原、四川盆地等大面积地区，以至于整个长城以南的中华大地，都是以农耕经济为主的重要经济区。由于中国农耕文明最早起源于黄河流域，其次是长江流域，所以部分学者认为中国文化是河谷型文化，中华文明是大河文明。大河流域形成了广大的冲积平原，拥有得天独厚的自然条件和优越的地理生态环境，不仅使中国成为世界上农耕最早的国家之一，而且也是世界上少数几个农业文明中心之一，农业人口也因此成为中国社会人口构成的绝对主体。

中国古代农耕地理环境和农耕生产生活的社会历史环境，不仅形成了中华民族建立在农耕文明基础上的民族文化性格，而且必然使农耕文化成为中国传统文化的主体，构成中国传统文化形态延续传承的主流。同时，由于中国幅员辽阔，地理环境的复杂多样导致多元文化的共生共成，但在诸多文化类型共生共成的多元格局中，农耕文化又拥有绝对优势和主导地位，由此形成中国传统社会以农耕文化为主体的多元一体的文化格局。

四、农耕地理环境支配下的“天下中心”观

古代中国人生活在一个相对封闭独立并且以农耕生产为主的地理环境中，农耕生产安土定居，世世代代坚守一隅，决不轻易离开故土，由此导致古代中国人夜郎自大、故步自封，甚至极端狭隘的地理文化观念。这种地理文化观念的突出表现就是古代中国人的“天下中心”观。作为一个地理概念，“中国”一词的核心是“中”字，其含义不仅是大一统国家的正统名称，而且点明了中国自古以来就是“天下中心”。古代中国人建构的“天下中心”地理

观，包括以下含义：一是认为中国人自己所居住的地方是世界的中心，也是文化或文明的中心；二是认为地理空间越靠外缘，就越偏僻荒芜，住在那里的民族也就越野蛮蒙昧，文明的等级也就越低；三是认为野蛮而不开化的周边四夷必须向具有高度文明的中原王朝称臣纳贡，接受中原王朝（即中国）的制约、管辖。

通常认为，从西汉时期张骞出使西域开始，中国人对于周边世界的认识开始向中亚、西亚扩大。丝绸之路的打通，东汉甘英到达波斯湾海岸。佛教传入中国之后，玄奘西赴印度。明代宣扬国威，郑和七下西洋。随着不断有人跨出国门远赴外疆，中国人的地理空间认识范围已经远远超越中国本土很多倍。依照常理，古代中国人狭隘的“天下中心”地理文化观念应当以此为契机逐渐改变，遗憾的是所有这些对外地理空间的开拓壮举，并没有改变他们心灵深处的自我“天下中心”意识；所改变的只是把“四夷”的地理空间外延无限扩大延伸，西亚、南洋群岛、欧洲乃至所有海外国家，统统都被看作是中国这个地理中心之外的远“夷”。这样，传统的“华夷之辨”就扩展成古代中国人认识世界最简单的二元分类法，即以华夏为中心，按内夏外夷的原则，把华夏以外全世界范围的其他民族和国家，统统纳入“华夷之辨”系统。然后把中原汉族王朝的“礼乐教化”作为判断文明与野蛮的唯一标准，周边及海外的民族和国家统统因为缺乏“礼乐教化”而被划入蛮夷范畴。按儒家传统“吾闻用夏变夷者，未闻变于夷者也”(《孟子》)的惯例，只能“以华变夷”，即用中华“礼乐教化”去改造周边及海外的蛮夷诸国，决不能“以夷乱华”，用周边落后的蛮夷文化来影响和改造华夏文化。这样一种根深蒂固的“天下中心”地理观念意识，制约了古代中国人的思维视野，导致他们常常夜郎自大，故步自封，一定程度上阻碍了中国传统文化的开拓发展。

第一次对中国人“天下中心”观念带来震撼的是明朝末年来华的意大利传教士利玛窦。利玛窦带来了一张反映欧洲文艺复兴地理学成就的地图——《坤舆万国全图》。图上的中国并不处于世界中心，仅为其中一个洲，即亚洲的某一部分。对此，朝野上下议论纷纷，异常愤慨，说这张世界地图把中国画得这么小，是有意夸大外夷而丑化中国。面对这些指责，利玛窦很是担心，害怕中国皇帝看到这张地图后降罪于他，只好把中国的位置改到了世界中心，并命名这张图为《舆地山海全图》。改动后的这张世界地图于公元 1584 年得以印刷出版，这也是中国第一次刻印西洋式世界地图。

其后，中国很快进入清王朝。大清帝国从东北崛起进而统一全国，对外部世界格局的变化一无所知，继续以“天下中心”的态度处理中国同世界各国的关系，导致与西方国家在外交上的严重冲突。十八世纪末期，经过工业革命的英国成了当时世界上最先进的国家，英国海外殖民活动极为猖獗，不仅遍及非洲、美洲和中东及南亚，还步步逼近远东。英国派特使马嘎尔尼率团来华协商通商事宜，提出双方建立经济贸易关系，而清廷乾隆皇帝则用以上对下的语气，给英国国王“敕谕”云：“天朝物产丰盈，无所不有，原不藉外夷货物，以通有无。”[①] 拒绝了英国提出的开展双边经济贸易的要求。英王乔治三世给乾隆皇帝的信，也被清廷的官方翻译一厢情愿的译得面目全非，译文用以下对上非常谦卑的口气，说英国非常仰慕天朝的文化和文明而请求相互往来。这次中英外交对话，被大清朝廷理解为英国是来向清廷归顺纳贡的。由于马嘎尔尼拒绝向乾隆皇帝行跪拜礼，朝堂一片哗然，乾隆非常不悦，传旨令马嘎尔尼尽快离境回国，并在给英王的圣谕中耿耿于怀提及此事：“念尔国僻居荒远，间隔重瀛，于天朝体制未谙习，是以命大臣等向使臣详加开导。”（徐珂《清稗类钞》）马嘎尔尼出使中国拒绝跪拜，代表西方文明首次向中国“华夷之辨”和“天朝中心”观念提出挑战，但这次挑战所带来的西方文明信息，被清廷上下彻底忽视。他们把英国使者不行跪拜叩头礼，理解为远方蛮夷非常愚昧落后，不知礼节。之后，公元 1816 年英国又派使者罗美尔出使清廷，重新商谈双边通商事宜，矛盾再次发生。清廷单方面认为，英使这次来华是为了再次表示英国对天朝的仰慕和归顺，还可能是来对上一次不行跪拜之礼表示歉意的。可是，当嘉庆皇帝端坐龙廷等着英使前来参拜时，罗美尔一听说又要跪拜叩头，便在宫殿外拒绝进殿，嘉庆大怒，立即下令将罗美尔驱逐出境。而且，嘉庆皇帝还给英王下了一道圣旨，说只要英国倾心

① （清）梁廷枏 著《粤海关志》卷二十三，第四册，（台北）成文出版社 1968 年版，第 1679 页。

归顺清廷就行了，今后不必再派使者来华。

中英之间因为跪拜之礼出现两次纠纷，反映了中国传统“天下中心”的地理文化观以及由此产生的“华夷之辨”，与西方工业文明的外交观念已经形成严重对立。这种对立发生在一个传统封建农业大国和一个用近代资本主义文明武装起来的强大殖民帝国之间，给中国社会的变革发展，带来一种极不祥瑞的预兆：坚持自我为“天下中心”的古老的中华民族，在西方工业文明进入国际化和殖民化的竞争时代，将不得不付出最惨痛的代价。果然，几十年后鸦片战争，被封建的中国皇帝称为僻居荒远的落后蛮夷，用坚船利炮打开了中国的大门，随着一系列割地赔款、丧权辱国条约的签订，中国人被迫接受这样一个事实：中国不是天下的中心，不再是世界上最强大的天朝，而被中国称为“四夷”的西方列强，则可能是一些比中国更先进更发达的国家。第一次鸦片战争的失败，给中国社会强烈的思想震撼，建立在传统“天下中心”观念的文化优越感土崩瓦解，对世界的认识逐渐由“天下”转为“万国”。在处理与他国的关系时，不再继续定位为外国是向中国称臣、朝觐、朝贡等一系列妄自尊大的思维模式之中，而伴随着“天下中心”地理文化偏见的消失，中国社会历经种种巨大强烈的痛苦磨难之后，终于实现了由传统向现代的转换。

第二节　中国传统文化植根的经济基础

由于自然地理环境的巨大差异，古代中国出现了两大基本经济类型，即农耕经济和游牧经济。与此相应占，中国传统文化也大体呈现两大主要类型，即西北地区的游牧文化和东南地区的农耕文化。

一、农耕经济与游牧经济

在人类文明史上，农耕经济与游牧经济的产生，是在各自不同的自然地理环境中，由不同谋取食物的方式所决定的。以狩猎方式获取食物的原始群团，在长期的狩猎生活中，逐渐熟悉了动物的繁衍规律，形成专门的人工驯养动物的畜牧业部落，导致游牧经济产生。而另一部分以采摘野生植物瓜果籽粒为生的原始居民，在长期的采摘生活中，逐渐形成专门从事人工植物栽培的种植业群体，并最终发展成为农耕经济。总之，人类谋取食物的方式的不同差异，导致了农耕与游牧这两大不同的经济类型产生。

在时间先后顺序上，农耕文明起源早于游牧文明，这是人类文明发展史上的通例。为什么狩猎游牧文明要晚于农耕文明呢？这是因为，原始社会生产力极其低下，原始人们对付野兽动物的能力很低，要猎杀飞禽走兽作为食物非常困难，狩猎方式不能根本解决食物来源，谋取食物最主要最根本的方式是采摘，然后是人工栽种植物而发展成农业，狩猎只是一种解决食物的补充的辅助行为。后来，当原始人从狩猎行为中发生转变，形成了专门从事人工驯养动物的畜牧业，畜牧业生产同样给原始人提供稳定丰富的食物来源和保证。于是，原始社会出现了第一次社会大分工：畜牧业从农业中分离出来，形成专门的、独立的游牧经济类型。既然畜牧业是从农业中分离出去才成为自主独立的经济类型，因此，在没有第一次社会大分工之前，它是依附采摘经济，依附农耕种植经济而存在的，这样，农耕文明起源自然早于游牧文明。当畜牧业从农业中分离出去，形成独立自主的游牧经济后，农耕与游牧作为各自不同的经济类别，开始出现了明显的地域界限分野。

从中国自然地理环境的总体情况看，长城以南以东的广阔地区基本上都是农耕区域，长城地带以北以西的地区，则基本上是游牧经济区。所以，从宏观地理格局看，长城成为我国古代农耕与游牧区域划分的重要标志。在长城以南的农耕区域中，凡是有河流的地带，往往形成冲积平原，气候适宜，水源充足，植物容易生长，最适合农耕生产。所以，黄河流域、长江流域、珠江流域、渭水流域、淮河流域等都是农耕经济的典型区域。从自然地理学角度，农耕文化往往被称为河谷型文化，游牧文化则通常被称为草原型文化，这种区分法反映出农耕与游牧的自然区域界限，具有非常典型的地理环境特征。需要指出的是，把长城作为农耕区域与游牧区域的分界线，这只是一种宏观的大轮廓划分法。具体在各大片区内，还有其他局部分界线，如在长城以南农耕区域的大环境中，存有相对小块的游牧区域。如四川盆地，川南、川东以及川西成都平原，是优质农耕区，若以成都平原边缘地带的岷山为界限，岷山西北部的川西高原，包括今天的甘孜、阿坝、凉山三州地区，就存有不少的游牧片区。

在中国历史上，随着气候的变迁，游牧经济和农耕经济在此界线上交错互动。故从文化类型的角度看，与其说长城是古代中国人为的地理屏障或军事设施，不如说它是两种不同的文化类型之间的自然界线。长城在两种文化类型的互补关系中，建立和维持着一种文化交流的秩序。长城绝不仅是军事设施，因为历史上的中原王朝修筑它的主要目的之一，就是阻挡北方骑马游牧民族的南下，这正好反映了两种文化类型间密切关系的存在。因此，万里长城的意义，不论是在历史上还是在今天，都不仅是一种界线的象征，更重要的或更主要的是一种密切的互补关系的象征。在中国古代数千年的历史发展进程中，与地理环境相关的文明演进，始终表现为具有明显区域特征的农耕文明和游牧文明之间的并立互存，二者既矛盾冲突，又互补交融，共同建构了中华民族波澜壮阔的区域历史文明。需要补充说明的是，中国古代农耕经济区域与游牧经济区域大致格局定型以后，其边缘界限并非长期固定不变，而是随着气候环境周期性的冷暖变化而有所调整，在一定幅度内出现伸缩波动。比如，历史上西北游牧民族多次南迁，游牧区域向南扩展，这与我国古代周期性变冷的自然条件变化，关系非常密切。

1. 农耕经济

春秋以前，是中国农耕经济，即农业自然经济发展的第一个大的段落。其特点，一是土地国有，所谓“普天之下，莫非王土；率土之滨，莫非王臣”（《诗经》）。国有土地又分封给各级贵族，形成领主所有制。另外，在广大农村，“八家共井”的农村公社土地所有制也普遍存在。土地国有（包括王有和领主所有）加上土地农村公社所有，共同构成这一历史阶段所有制的基础。二是土地不得自由买卖，即便是贵族，在封地之外另求土地以传子孙也不可能。三是农业生产以集体劳作为主。《诗经》的一些篇章对西周前期集体劳动场面有生动描写：从宗族长老、青壮男子到妇女儿童，在广阔的田野一同耕作，“载芟载柞，其耕泽泽，千耦其耘”；人们一同收获谷物，并将集体的谷仓堆满，“获之桎桎，积之栗栗，……以开百室，百室盈止”，展现了一幅大集体耕作的风情画。

东周以后，中国农业自然经济进入发展的第二个大的段落。时至春秋战国，中原地区开始实行牛耕和使用铁制农具，《国语》云：“宗庙之牺，为畎亩之勤”，是春秋时三晋一带实行牛耕的文字证据。《国语》还云：“美金（青铜）以铸剑戟，试诸狗马；恶金（指铁）以铸鉏夷斤木属，试诸壤土”，则是春秋时齐国以铁器耕田的文字证据，战国时的孟子也有“铁耕”之说。随着生产力水平的提高，土地的剩余产品增加，领主争夺土地、农人的战事日益频繁。领主们发现，解除了人身依附关系，拥有私人财产的农民具备更高的生产积极住，这促使列国通过变法，加速从领主所有制朝地主所有制转化，由集体生产向个体生产过渡。秦汉以降继续着这一趋势。在此后的两千年间，中国的经济形态虽多有起伏变化，但基本格局却大体不变。其特点如下：

第一，土地国有和私有并存，而私有渐居主导。如果说春秋以前土地国有和公社所有是一种普通的社会存在，那么春秋以后则发生公田、私田交错现象。战国时期土地所有制处于十分混乱的状态，但总趋势是由土地国有走向土地私有。商鞅变法的一项重要内容就是“制土分民”（《商君书》），促进土地私分。其他各诸侯国的变法也大致相类。秦汉以后，土地私分趋向未衰。虽然，直至明清时期各王朝始终保留着国有土地，如屯田、营田、官庄、皇庄、没入田等等，但土地私有却居主导地位。土地私有又分地主土地所有和自耕衣土地所有两种形态。以唐中叶均用制被破坏为界线，此前国有土地和自耕农土地尚占较大比重，此后国有土地减少，自耕农土地难逃被兼并的厄运，地主土地所有制愈益占据优势。顾炎武指出，汉唐土地多为“豪民”所有，宋以后占有土地的多称“田主”（《日知录》），这表明土地占有者日益由具备政治权势的豪族地主转向平民化的庶族地主。上地私有化倾向，尤其是土地的地主占有倾向，渐成主潮。追逐私人田产，以获得富足、安定生活的保障，成为人们争相求索泊目标。这种“田产崇拜”，在秦汉以来的两千余年间，尤其是以后的一千年间非常流行。自耕农当然要千方百计保住自己的小块田产，地主则尽力扩大田产，仕宦、商贾一旦赢得较多钱财，也要购置田产充作“永业”，有的甚至为了“与人争数尺地”而“捐万金”。土地成为社会各阶层人们争相获取，同时又有可能获取的最重要的私有财产。

第二，土地可以自由买卖。与田产私有（地主所有和自耕农所有）互为因果，自战国时期延续至明清，土地自由买卖渐成风习。这大不同于殷商西周的土地分封制，也不同于欧洲中世纪的领地世袭制、采邑制。上述古中国和外域的土地所有权，来自封授而不是来自买卖。这种状况到春秋时期开始发生变化。春秋时晋国已有“爰田”现象（《左传》）。爰田，即易田、换田，是土地买卖的先声。到了战国，在土地封授之外，土地买卖日益普遍，如赵国将领赵括以赵王所赏赐金帛广为采购田宅；商鞅则在秦国推行“除井田，民得卖买”土地的政策，土地自由买卖日益合法化、普遍化；《韩非子》中记述了“中牟之人弃其田耘，卖宅圃”的情形。随着商品经济的发展，自秦汉以至于明清，土地买卖的频繁程度日益加剧。如果说魏晋南北朝土地为豪右占据，少有买卖，那么，到宋代则广为出现田产频繁转手的现象，所谓“贫富无定势，田宅无定主，有钱则买，无钱则卖”（宋代袁采《袁氏世范》）。明清时期，更有“千年田地八百主”的谣谚。从秦汉至明清，皇帝赏赐勋贵，除金银财宝和奴婢外，也有土地。但这些土地一经落入贵族之手，也可以典质、变卖，汇入土地自由买卖的洪流之中。

土地自由买卖给秦汉以降的中国社会带来一个重要后果：殷周时代严格的贵族等级制度渐趋淡化，没有出现欧洲中世纪普遍存在的世袭贵族政治和等级结构。自秦汉至明清，中国各朝代虽仍在皇室、贵族中保有世袭的爵秩、勋位，但社会的等级结构已松弛无序。首先，与经济上的“人之贫富不定则田之去来无常”（魏源编辑《皇清经世文编》）相呼应，政治上的买卖爵位也司空见惯，“纳粟拜爵”秦时多有，“以货为郎”“民得卖爵”（《史记》）汉时常见，明清时买官誉爵更成通例，甚至将官爵以明码实价标示，成为朝廷财政收入之一项。其次，官僚选取，趋向于摆脱等级身份。如果说魏晋南北朝一度出现等级制回潮现象，“上品无寒门，下品无势族”，官僚选取以家世门第为重，那么，从隋唐以至于明清致力推行的科举制度，一反魏晋时期保证世家大族垄断官职的九品中正制，向广大庶族地主和自耕农开放政权，任何无特权身份的读书人只要“苦读诗书”，便有可能沿着“学而优则仕”的道路“蟾宫折桂”，进入官僚行列，从而大大拓宽了政治统治基础。这也正是中国的封建帝国文化长期走在当时世界前列、使欧洲中世纪文化无法企及的重要原因。

第三，单家独户经营、男耕女织的小农业占主导地位。春秋战国以降，领主经济逐步向地主经济转化，集体生产渐次向个体生产过渡。西周时期那种“千耦其耘”“十千维耦”的大规模集体耕作制，到春秋变为“二十五家为一社”的小规模集体耕作制；到战国则演成“百亩之田，匹夫耕之，八口之家，足以无饥”(《孟子》)的家庭耕作制；发展到秦汉，则以“一夫挟五口，治田百亩”(《汉书》)的小家庭耕作制为主。一个家庭内，“男子力耕”“女子纺绩”“一夫不耕，或受之饥；一女不织，或受之寒”(《汉书》)。这种以农户为单位的封闭自足机制日趋完善，成为构筑中国社会机体的一个个彼此雷同的细胞。个体农户出现并且推而广之，战国是关键阶段。此时，孟子所追怀的“八家共井”时代已经一去不复返。为了促进生产力的发展，列国先后采取措施，鼓励农业生产小家庭化和土地私有化。与私营产业相随相伴，个体生产的优越性也日益为统治者所认识。商鞅变法的一项重要内容，就是斩断宗法纽带、瓦解生产过程中的集体关系，下令“民有二男以上不分异者，倍其赋”(《史记》)，以国家力量促进个体农业经济的发展。荀子更力主“分田而耕”，认定土地私分、个体劳作能调动农民的生产积极性。与倡导农业生产小家庭化相配合，战国及战国以后，手工业也日益小家庭化，尤其是提供衣被之用的纺织业，虽有少量官营或私营手工工场，但占压倒优势的却是家庭纺织业。农村妇女操作的纺车和织机供应着中国大多数人的服装材料。这大大妨碍了手工业的专业化发展，强化了自然经济的生命基础。小农业与家庭手工业相结合的男耕女织的经济形态，构成古代中国生产方式的广阔基础。

战国以来的历代诸朝，虽推行过“徙远方以实广虚”(《汉书》)的集体生产的屯田制，这多半带有军事性质，而在全社会占主导地位的经营方式则是生产与消费的全过程大体在单家独户内自我完成的小农经济。这种自给自足的小农业与家庭手工业相结合的经济结构，自战国出现，秦汉确立，其后虽多有起伏变化，而基本格局一直沿袭至明清。这种生产方式的显著特点是："自给自足的自然经济占主要地位。农民不但生产自己需要的农产品，而且生产自己需要的大部分手工业品。地主和贵族对于从农民剥削来的地租，也主要是自己享用，而不是用于交换。那时虽有交换的发展，但是在整个经济中不起决定的作用。"(《毛泽东选集》第 2 卷)

自秦汉以降的两千年间，中国社会广阔而坚实的基础，正是小农业与家庭手工业相结合的自然经济，以及与此相辅相成的地主、自耕农土地占有制。这种经济结构形成完备的自给自足的封闭系统，拥有自发的调节能力，特别是因其大大缩短了原材料与生产过程的距离，也缩短了产品与消费过程的距离，从而具有廉价性，对商品经济有着强劲的抗御力，因而显得十分坚韧、稳固。自然经济在中国特别难以解体，原因盖在于此。如果说，在土地王有、集体生产的农村公社——领主经济的土壤中，养育了殷商西周神权至上的官学文化，那么，在土地地主、自耕农所有，个体生产的小农经济的土壤中，则养育了崛起于晚周的以民本思潮和专制主义为两翼的百家争鸣的私学文化，秦汉以后，又定型为以儒学为正宗，兼纳百家，融汇释道的帝国文化。总之，要把握中国传统文化的基本性格和发展大势，除必须注意文化的自身逻辑外，还应当把握文化得以运行的经济助力，起码应当对中国传统的农业型自然经济前后两大段落的基本状态有一个准确认识。

2. 游牧经济

游牧经济是一种专业化的、非自足性的经济类型，对农耕社会存在着依赖性，它不能完全脱离种植业，需以整个社会生产和交换的相当发展并产生一定的剩余产品为前提。这就要求种植技术和游牧技术都取得相当的进步，从而决定了游牧民族只有在较晚的时候才能形成。以种植业为主的农牧结合的混合经济是人类赖以进入文明时代的最主要的经济类型。中国北方游牧业的兴起是在青铜文化的背景下展开的。马被认为是草原游牧的象征，马的驯化和传播是欧亚草原游牧兴起的关键。当黄河流域以南的农耕经济发展的时候，中国西北地区正繁衍着彪悍善战的游牧民族，他们世世代代依靠畜牧、狩猎为生。“天苍苍，野茫茫，风吹草低见牛羊”（《敕勒歌》）就是对这一区域自然景观和经济类型的生动概描。从先秦开始，戎、羌、匈奴等民族活动与黄河河套以西的广大山地和荒原地区。秦汉时期开始，有匈奴、鲜卑、羯、氐、羌等民族；隋唐时期的突厥、回纥，宋代契丹、党项、女真、蒙古等民族，都生产生活于中国西北和北部地区。他们一般以部族、部落联盟为基础组成政权，基本上居无定所，逐水草而居，善于骑射，民风彪悍，大多没有形成自己独立的文字系统。

钱穆《中国文化史导论》云：“大体文明文化，皆指人类群体生活而言。惟文明偏在外，属物质方面。文化偏在内，属精神方面。故文明可以向外传播与接受，文化则必由其群体内部精神累积而产生……人类文化，由源头处看，大别不外三型：一、游牧文化，二、农耕文化，三、商业文化……游牧、商业起于内不足，内不足则需向外寻求，因此而为流动的，进取的。农耕可以自给，无事外求，并继绩一地，反复不舍，因此而为静定的，保守的。”游牧经济、游牧政权在中国历史上曾扮演了举足轻重的角色，游牧经济区与农耕经济区曾长期相互对立、相互依存，相互之间不仅有战争和掠夺，也有和亲、互市，及使臣、学者、书籍等方面的往来、交流。

二、两大文化类型的差异

中国古代，适应农耕经济和游牧经济两大经济类型而产生发展的农耕文化和游牧文化之间，有着各自不同的特点，相互之间存在着很大的差异。

1. 农耕文化的主要特征

产生发展于农耕经济区的农耕文化，概括来说主要有以下特点：

第一，居安求稳，和谐有序，防守心态，不尚武力热爱和平。一方面，农耕生产靠天吃饭，生产者最大愿望就是希望一年四季风调雨顺，希望远离旱涝虫灾，日子平安生活稳定，这就形成了农耕民族居安求稳的心态。由于农业生产必须顺应天时自然，与季节变化协调一致，保持和谐；一切农事活动都以全年二十四个农事节气为指导，有条不紊地依序进行，这就形成了和谐有序的生产生活秩序，形成了农耕文化的和谐性。另一方面，处在居安求稳、和谐有序的生产活动和生活状况中的农耕居民，大都表现出一种不尚武力，热爱和平的防守心态。由于农耕民族生活的大河流域，地理环境非常优越，他们决不愿意离开适宜耕种优越的地理环境而向其他地方流动迁徙，不像游牧民族那样逐水草而居，不断争夺水草征服异邦。因此，不尚武力，热爱和平，追求平安稳定的和谐生活，是农耕民族文化性格一个重要特征。这一特征反映在军事上，主要表现为防守性，即防御外敌入侵，保卫故土家园。农耕民族在军事上缺乏主动进攻性，其防御外敌最基本策略是："修障塞，饬烽燧，屯戍以备之。"（西汉桓宽《盐铁论》）中国古代历尽艰辛修筑起来的重大防御工事万里长城，体现了中原农耕居民的自我保护意识和防御心态。而这种退处守势的防御心态，导致农耕民族在军事上处于被动挨打必然结果。

第二，以土为本，稳定型强，依恋故乡，具有很强的凝聚力和容纳性。一方面，土地是农耕社会最基本的生产资料，农耕生产主要栽种植物庄稼，所有庄稼植物的生长于大地泥土，有地则生，无地则死，农耕居民很早就树立了"以土为本"人地观，并由此形成对土地的强烈依恋情怀。土地是根，是农耕居民的归宿和希望，这种深厚的恋土情结，表现为生于斯死于斯，吃苦耐劳的死守故乡，决不轻离父母家庭，叶落归根就是这种恋土情结的表现。由于农耕生产扎根土地，生产区域长期固定，群体不易流动，生产模式不易改变，反映在文化上必然是一种不急不躁的稳定心态。另一方面，固守一隅依乡恋土，形成了农耕居民浓厚的乡土情怀，这种情怀的进一步升华，就成为热爱祖国的民族情感。也就是说对土地的认同和对家乡依恋，形成了农耕居民极强的乡土凝聚力；再把这种乡土凝聚力放大，最终内化发展为强大的民族凝聚力。由于国家的概念在地理学的意义上是指具体的山川河流、边疆界域等土地区域空间，因此，以土为本的农耕文化，最易培养人们热爱土地、热爱故乡、热爱祖国的民族情感。这种情感正是民族凝聚力的根本，是中华民族农耕文化最本质的精神体现。中华民族具有强大凝聚力，其中一个重要原因就是我们民族的主体文化是农耕文化。强大的在凝聚力也使农耕民族充满自信，加之农耕生产自给自足，衣食资源稳定，形成农耕居民无求于外知足常乐的优越心态。而自信和优越，就容易对外来文化宽容大度，形成农耕文化极强的容纳性。当其他类型文化进入农耕区域以后，农耕文化对它们具有很强的吸纳消化能力，通过吸纳消化异质文化而实现自我的不断丰富发展。因此，农耕文化最终成为中华民族博大精深的主体文化。

第三，勤劳务实，自给自足，无求于人而安于现状。一方面，农耕民族一分耕耘，一分收获，显示出农耕社会勤劳务实的精神。中国人比较关注现实世界，关注日常事务，关注世俗生活，这与农耕文化务实的传统有很大关系。中国农村自然经济的需要人们事必躬亲，所有繁杂的农事都必须一件一件亲自去做，养成了农耕居民足踏实地，兢兢业业，自力更生，自食其力的勤劳务实精神。另一方面，也由此造成农耕居民知足常乐的社会心态，形成农耕民族自给自足，无求于人，安于现状的群体性格。概言之，勤劳务实，知足常乐，无求于人，安于现状，正是中国农耕文化、农耕民族文化性格的又一传统精神。

第四，安土重迁，定居封闭，因循守旧，缺乏开拓创新意识。农耕生产必须定居在土地上，春种秋收周而复始，顺应季节的变化按部就班进行田间劳作。农耕生产的性质要求生产者必须定居，而长期定居在狭小的土地上，必然封闭狭隘，目光短浅。世代从事单一、传统的劳动，对旧的生产模式习以为常，中规中矩，形成农耕社会因循守旧的传统习俗或墨守成规的封闭意识。农耕民族安于故土，决不轻易迁徙，群体之间缺乏流动性。而一个群体如果永远离不开脚下那片故土，也就不易踏上陌生的土地，不易接近陌生的人群，不易尝试陌生的事物。他们死守故土，年复一年的生活在封闭的与世无争的“定居”中，农耕民族天生就缺乏冒险精神，缺乏游牧民族那种强烈的征服欲望或抗争意识。也就是说，安于故土，世世代代不能进行生活地域空间的转换，就形成了农耕文化的封闭保守，缺乏积极进取，不断开拓创新的精神。

农耕文化这些主要特点的形成，归根结底是由中国古代农耕地理环境和农耕生产方式决定的。

2. 游牧文化的基本特征

产生发展于游牧经济区的游牧文化，主要具有如下特点：

第一，流动外向，开拓进取。游牧生产通常在拥有辽阔草原的高原地区发生发展，其生产方式最主要的特点是逐水草而居，具有极强的流动性。如我国长城以西的青藏高原和长城以北的内蒙古高原，自古以来就是条件极为优越的游牧经济区域，所以游牧文化通常又称草原型文化。游牧人群和牲口群随着季节的变化辗转于各个草地和水源之间，以水草生长地域的转移而转移，不断转换生产空间，流动性的群体和流动性的生产方式，导致了游牧文化的外向性与开拓性。大规模四处流动，不断踏上陌生的土地，勇于开拓新的生存空间，必然不断的陌生群体相碰撞，使游牧民族与生俱来带有一种开拓进取的精神。不狭隘守旧，视野开阔，勇于冒险，开拓创新，是游牧文化的基本精神特点。这种开拓性的文化特性，是由游牧生产流动性、外向型的基本生产方式决定的。

第二，勇敢强悍，崇尚武力。游牧经济从原始狩猎活动孕育生产，狩猎活动免不了随时可能直接与野兽搏斗，后来发展成为畜牧业，为了保护牛羊牲畜，不仅同样要与各种猛兽搏斗，有时还要受到草原暴风雨的威胁。面临随时可能出现的野兽攻击或暴风雨的袭击，游牧生产紧张、惊险、刺激，充满危险。正是这样一种特殊的生产生活环境，不仅培养了游牧居民强健的体魄和强悍的性格，而且形成了游牧民族重视体力，善于骑射，争强斗勇，崇尚武力的精神。比较而言，农耕民族是从采摘生产方式中发展而来，采摘瓜果与狩猎活动相比，相对轻松安全，没有与野兽格斗拼搏的紧张、刺激与惊险。其后由采摘发展为农耕，春种秋收，一切生产活动依据季节规律按部就班，节奏缓慢。这样一种平稳和谐的生产生活方式，养成农耕民族不尚武力，缺乏争勇斗狠的尚武精神。在与游牧民族发生的许多军事冲突中，不尚武力的农耕民族常常处于劣势。

第三，扩张进攻，掠夺性强。与游牧民族的流动性、外向性或开拓性相伴随的是扩张性与进攻性。扩张性是外向性的延伸和结果，进攻性是开拓生存空间过程中的主动手段，常带有军事性质。因放牧需要良好的水草，游牧民族不断外向流动扩展地理空间，这一过程必然和其他部落群体争夺水草发生冲突，甚至爆发战争。其结果通常是战败的一方成为战胜一方的掠夺对象，水草场地被占领，人口、牲畜财物等被掠夺一空。如果遇到气候周期性变冷，水草不丰，牛羊无食，游牧居民陷入生存危机，他们有时就会大规模地集结起来袭击平原农耕居民，掠夺粮食、牲畜和其他财物。游牧民族彪悍勇猛，崇尚武力的群体特点，为其对外扩张掠夺提供了进攻的种种优势。

第四，地域转换频繁，文化缺乏稳定。游牧文化欠缺稳定，是一种非稳定性的文化类型，这一特点是由游牧生产方式的流动性造成的。频繁的迁徙转移，使游牧民族没有长期固定生活的地域空间，其文化随之而处在不断的地域迁转流动之中，没有农耕文化那样牢固的乡土地缘根基，不能形成稳定的体系，容易被其他文化类型所吸收，或改造融合。

这些农耕文化与游牧文化之间的差异，是由各自不同的自然地理环境因素和生产方式因素所决定的。在中国古代多元文化格局体系中，农耕文化与游牧文化这些巨大的异质差异，一方面构成了中国文化的多姿多彩、内涵丰富；另一方面，这些差异也导致了游牧民族与农耕民族犹如水火般的矛盾冲突，使中华民族的历史发展，历经了无数血与火的艰难考验。

三、两大经济类型民族的对垒冲突

就农耕生产与游牧生产不同生产方式所引起的矛盾冲突来说，一部中国古代史可以说是一部农耕地理区域与游牧地理区域的南北抗衡史。长城以外的北方游牧民族和长城以内的南方农耕民族的长期对峙和战争，华夏农耕政权长期受到长城以北、以西游牧政权强大的军事威胁。早在公元前771年，西周政权在西北游牧民族犬戎的进攻之下顷刻崩塌，中原农耕民族便陷入了极大恐慌之中。为了减轻西北游牧民族南下的巨大军事压力，中原地区从战国开始，陆续调动大量的人力物力，修筑了旨在防御游牧民族南下进攻的万里长城，在农耕区域与游牧区域之间人为筑成一道巨大的南北分隔的屏障。但是，长城作为农耕民族与游牧民族长期对垒抗衡的界标，并未完全阻止游牧民族对农耕民族的大举进攻。中国历史上游牧民族攻入长城之内建立政权并统治农耕民族，或用武力攻灭中原农耕王朝政权的事例不一而足，如匈奴进入中原摧毁西晋政权，女真攻入黄河流域打垮北宋政权，蒙古人南下消灭南宋政权，满族入关灭亡明朝政权等。伴随一系列的军事征服，游牧民族在中原农耕区建立了一个个强大王朝，对农耕民族实行民族压迫和民族歧视，由此产生极端尖锐的民族矛盾和冲突。由这些矛盾冲突所引发的民族仇杀，造成了许多流血悲剧。比如，蒙古人在占领和征服中原地区的过程中，由于其落后的奴隶制生产关系，其军事行动带有极大的残暴性与落后性。蒙古军队所到之处，大量掠夺人口，并把他们分配给蒙古奴隶主贵族做奴隶；农耕民族稍有反抗，就遭受野蛮屠杀。如“两河、山东数千里人民杀戮几尽”（南宋李心传《建炎以来朝野杂记》）“十年兵火万民愁，千万中无一二留”（元代丘处机《复寄燕京道友》），此类记载，反映了游牧民族在农耕区域的残暴行为，给农耕地区的社会生产造成极为严重破坏。

又如公元1644年满族入关，对汉族农耕人民“攻城屠戮，妻子为俘”（清代无名氏《江南闻见录》）。更有甚者，清朝贵族下令“剃发易服”，命令所有汉族成年男子必须以满族男子发型为标准剃发留长辫，改穿满族服装，取缔汉族衣冠。满清政府“剃发令”非常严厉，据《清世祖实录》记载，凡是不服从命令剃发的汉人，一律杀无赦；此令发布后，汉族民众与清朝贵族之间的矛盾空前尖锐起来，武装起义遍地发生，成千上万的汉族起义民众死在满族统治者的屠刀之下，中华大地血流成河。这次野蛮的民族大仇杀，导致了清帝国统治全国的近270年间，满汉民族长期处于巨大的民族心理隔阂、矛盾之中。

另一方面，农耕民族对游牧民族的烧杀掠夺，莫不扼腕切齿，发誓雪耻报复。岳飞《满江红》“壮志饥餐胡虏肉，笑谈渴饮匈奴血”的豪言壮语，朱元璋“驱逐胡虏，恢复中华”的讨元檄文，反映的就是农耕汉族与游牧民族之间不共戴天的对立与仇恨。古代汉族民众通常把游牧民族蔑称为“胡人”或“夷人”，并大杀胡人的报复惨剧时有发生。如十六国时期，游牧民族羯族在中原地区建立后赵政权，对辖区内汉人实施民族压迫，引起汉人的极端仇恨。公元349年，后赵政权中的汉族将领冉闵发动政变夺取政权，秘密下令汉人杀胡人，并规定汉人文武官员斩一胡人首级即可加官晋级。命令一下，汉人齐动手，“以诛胡、羯，无贵贱、男女、少长皆斩之，死者二十余万，尸诸城外，悉为野犬豺狼所食……或高鼻多须滥死者半。”（唐代房玄龄《晋书》）这次民族大仇杀发生在后赵京师邺都（今河北省临漳县）地区，几天之内，杀死男女胡人二十多万。冉闵这次下令杀胡人，迅速演变成为汉人对胡人的集体屠杀。这说明中原地区的农耕汉族与进入该地区的外来游牧民族，怨恨长期累积，矛盾已经不可调和。

这些矛盾冲突的另一种表现，是游牧民族进入农耕区域以后采用何种生产方式的问题。以畜牧业生产为主的游牧民众基本上不懂得农业生产的重要性，他们进入农耕区域之初，往往践踏庄稼，杀耕牛当军粮，摧毁水利灌溉设施，甚至把农田抛荒变为牧场。如游牧蒙古族进入中原之初，“王公大人之家，或占民田近千顷，不耕不稼，谓之草场，专放孳畜。”（《清代张廷玉等《续通考》）北方农田由此大量荒芜，变为牧场，甚至有蒙古贵族主张用游牧旧俗彻底变革农耕区域生产方式，公开声称：“汉人无补于国，可悉空其人以为牧地。”（明代宋濂等《元史》）这种部分蒙古王公贵族要求变耕地为牧场的主张非常典型，它集中体现了游牧生产方式与农耕生产方式的尖锐矛盾冲突。

中国历史上游牧民族与农耕民族的尖锐矛盾冲突，根本的原因是游牧民族不断南下侵占农耕民族的地盘引起的。一方面，我国古代气候周期性变冷，迫使北方游牧民族不得不由北向南迁移。自东汉以来，我国气候有逐渐变寒冷的趋势。北方游牧民族逐水草而居，气候变冷，水草不丰，牛羊牲畜断草无食，游牧民族生存艰难，不得不向南转移。可以认为，在某些情况下北方游牧民族向南迁移是没有办法的办法。另一方面，游牧民族本身所具有的扩张性和掠夺性，决定了他们由北向南的地理大转移。历史上那些先后南下进入农耕区域的北方游牧民族，其社会形态一般都处于原始父系部落联盟阶段或阶级社会初期，处于这一阶段的游牧部落具有很强的军事掠夺能力。一系列对外扩张性的掠夺，很快增加了他们的牲畜、奴婢人口等财富，战争掠夺成了一种获取财富最有效的手段。

需要说明的是，历史上先后进入农耕地区的游牧民族，尽管他们曾经攻灭汉族政权，尽管曾经歧视和压迫汉族民众，但他们作为中华民族大家庭的成员，以其进取性、开拓性精神，推动了中国古代社会改朝换代的历史变革。以他们充满力量的独特行为方式，对古代多民族统一国家的发展壮大发展和革故鼎新，做出了积极的历史贡献。

四、两大经济类型文化的融合互补

在中国古代多元化的文化格局体系中，农耕文化与游牧文化是两种最基本最主要的文化类型。两种文化的对立冲突甚至导致战争，给社会带来深重的痛苦和灾难，但这仅是中华民族和中华文明发展史的一个方面。另一方面，也是最主要的方面，在数千年的历史发展中，农耕民族与游牧民族通过迁徙、互市、和亲、使臣往来等政治、经济、文化的碰撞接触，两种文明之间相互对话、交流，互为补充并走向融合，最终形成农耕文化与游牧文化有机融合的整体发展趋势。尤其是农耕文化，在不断吸纳融合异质游牧文化的过程中蓬勃发展，充满活力生机，不仅发展成为中国传统文化主体，而且铸成中华民族强大凝聚力和容纳性的生命基础。

1. 错落杂居的民族地理分布，有利于民族融合

中国历史上北方（包括东北、西北）游牧民族不断南迁，进入中原内地以后，和该地区的农耕汉族便形成错落分布、杂居相处的地理分布格局。史书记载西晋的情况是："西北诸郡，皆为戎居"，"关中之人百万余口，率其多少，戎狄居半"（《晋书》）。北魏鲜卑游牧民族进入中原以后，采取的措施是："离散诸部，分土定居，不听迁徙，其君长大人皆同编户。"（北齐魏收《魏书》）内迁的游牧民族和农耕汉族杂居相处，必然受到农耕汉族较为先进文化的影响。这种影响最终导致内迁游牧民族在其组织结构体系和生产生活方式发生两个重大变革：一是定居农业化，二是封建化。由流动的游牧生产转变为定居的农耕生产，促进了游牧民族自身封建化的进程。这种转化现象，学术界通常称之为民族同化或民族融合，历史上人们常称之为"汉化"。在中国古代社会，也有部分内地汉族人因不同原因迁徙流动到北方游牧部落地区长期定居。久而久之，他们的生活方式、行为习惯、语言文化都受到所居住地区游牧民族的影响而发生改变，经历数代之后与当地牧民没有什么差别，这种汉族居民融入少数民族，被少数民族同化的现象，史学家们称之为“胡化”。在古代中华民族多元一体化的历史进程中，这种“胡化”现象是个别的、局部的、间歇的或偶尔发生的现象，不是主流。而少数民族被“汉化”，则是普遍的、经常的，而且规模巨大，这才是中国古代农耕民族与游牧民族融合发展的历史主流。

2. 民族融合的途径

在中国古代漫长的历史进程中，进入农耕地区的游牧民族，主要是沿着以下三种途径融合入汉民族大家庭的。

第一，生产实践途径。这是最基本和最重要的一条民族融合途径。游牧民族和农耕民族杂居相处，不可能不接受先进的农耕汉族经济文化生活的影响，必然学习汉族先进的生产技术，如此一来，就必然引起他们自身的彻底改变。比如，一旦他们接受农耕，生产方式的变革导致游牧民族由流动群体变为定居群体，而一旦他们分土定居，之前流动性的部落组织结构必然解体，必然采用以地著为居民划分标准的郡县编户制度。最终，通过接受农耕生产方式的变革实践，游牧民族与农耕民之间先前存在的那种因为不同经济类型所造成的文化差异逐渐消失，其思维方式、风俗习惯，随着经济生活方式的变化而发生改变，最后彻底融入农耕民族的经济生活之中。进入中原农耕区域的游牧民族，要适应该地区农耕生产力水平，必须放弃游牧旧制，采纳新的农耕汉族的既有制度。制度一旦改变，必然加速游牧民族自身的汉化进程，促进他们快速融入汉民族。

第二，婚姻关系途径。进入中原农耕区域的北方游牧民族，在长期和汉族杂居生活的过程，男女之间不可能不发生婚姻关系。通婚是最为直接的血缘关系融合途径。考察中国古代民族关系发展的历史，杂居的胡、汉两族之间通婚的现象非常普遍。比如，北魏鲜卑游牧民族进入中原农耕地区后，在舆论导向方面和具体的政策措施方面，都大力鼓励鲜卑族人和汉族人通婚，甚至规定鲜卑贵族必须与汉人通婚，这种中原地区胡、汉婚姻的现象在当时甚为普遍。在中国古代民族融合的方式中，通过婚姻的融合方式最为快捷高效。通过婚姻建立家庭，不仅更有利于思想交流、语言学习及生活习俗的认同，而且婚姻关系本身，从血统杂交、体质进化的角度，进一步加速了民族融合的进程。

第三，权力推动途径。通过权力推动民族融合，这种途径主要是指在汉族地区建立政权的游牧民族统治者们采取种种强制措施，强迫本民族成员汉化，包括废除本民族的传统习俗甚至包括语言、服饰等。这种自上而下的强制性融合、汉化，是古代民族融合过程中的常见现象，称之为权力推动型“汉化”。如公元494年前后，北魏孝文帝宣布废除鲜卑语、废鲜卑服、废鲜卑姓，要求所有鲜卑族人必须说汉话、写汉字、穿汉服、改汉姓，和汉族人通婚等。这一规模空前的汉化运动获得巨大成功的原因，就是因为采用强大的专制皇权推行。权力推动型的汉化，大多发生在游牧民族入主中原成为统治民族时期。由于农耕汉族作为被统治民族，其文明程度远远高于入主中原的游牧民族，因此，作为统治民族的游牧民族始终感到一种来自文化劣势的强大压力和危机。如果要维持自己统治民族的地位，就必须提高自己，迫使自己尽快掌握农耕汉族的先进文化，这样才能更好地维系他们对汉族的统治。加之作为统治民族，他们具有通过权力的途径主动实施汉化的有利条件。元世祖忽必烈曾深切地意识到：“国家当行汉法无疑也。”（元许衡《时务五事》）并为蒙古民族的汉化做出了积极的贡献。清朝的状况也大致类此，满族入主中原不久，不少清朝贵族便已“习汉书入汉俗，渐忘我满洲旧制”（《清实录》）。

上述三种主要民族融合的途径，均是北方游牧民族融合入中原农耕汉族，体现了农耕文明在中华文化多元一体化历史进程中无法抗拒的认同感、凝聚力和向心力。游牧民族生产方式的流动性，造成了其文化类型的不稳定性，当这种文化面对凝聚力极强的农耕文化，必然被后者改造、同化，以至最终融合进入农耕文化。

3. 民族融合的"永恒规律"

中国古代民族融合的主流是"汉化"，即进入农耕区域的游牧民族被汉民族彻底同化。进入中原农耕区域的游牧民族，之所以都没能保住他们原来的语言、生活习惯和社会组织结构，之所以没能保住他们的游牧生产方式，这是由民族同化、民族融合的历史规律决定的。任何一种大规模民族融合现象的发生，都摆脱不了一定的规律的支配。马克思研究了有关人类民族征服的历史后，总结出了这样一条"永恒"规律："野蛮的征服者，总是被那些他们所征服的民族的较高文明所征服。"（马克思《不列颠在印度统治的未来结果》）这一论述，揭示了世界民族关系史上一条最具普遍的共性规律：被征服的民族，如果具有较高的社会文明和比较先进的生产方式，那么，这种较高的文明和比较先进的生产方式，反过来就会征服，就会同化那些野蛮的、文明程度不高的征服者。中国古代的民族发展史，完全印证了马克思这一精辟论述。在中国古代先后进入中原农耕区域的游牧民族中，羯族建立了后赵政权、鲜卑族建立了北魏政权、女真族建立了金国、蒙古族建立了元朝、满族建立了清朝等，从表面上看他们是征服者和统治者。但是，被征服被统治的农耕汉族，因为其生产力和生产方式比较先进，社会文明程度比征服者高，最终结果是农耕汉族的先进生产方式和较高的社会文明反过来同化了这些进入中原地区的少数民族。在游牧民族对农耕汉族征服的过程中，"汉化"成为民族关系发展的主流，所有作为征服者的游牧民族进入中原农耕区域后，最终无一例外的融合入汉民族。

4. 民族融合的历史意义

在中国古代的民族发展史上，北方黄河流域的民族大融会，一直是中国古代多民族统一国家发展进程中最积极、最进步、最富有生机的历史现象。中国古代的民族融合，主要指进入中原地区的游牧民族融合进入农耕汉族，这种融合具有重大历史意义：

第一，极大丰富了农耕汉族的物质和精神文化生活。在民族融合进程中，游牧民族大量的"胡物"，随着胡汉杂居的深入发展而在中原地区逐渐推广流行。比较常见的如胡床、胡服、胡乐（胡笳、胡琴、胡笛、琵琶等）、胡舞、胡戏、胡食（胡饼、胡羹、胡椒等）等，种类繁多。这些胡物进入中原农耕地区，对农耕汉族的衣、食、住、行等社会生活产生极大影响。比如，胡床（折叠凳）本是游牧生活中的一种坐具，东汉时期传到中原，之后推广到南方，很快演变为凳子、椅子，由此引起汉族民众坐姿的改变。古代农耕汉族没有坐凳，习惯的坐法是席地而坐，与之相适应的读书、写字、吃饭的家具是低矮的几案。比席地而坐更适合人体行动科学的凳子、椅子产生，坐姿发生改变，低矮的几案不再适用，于是创制了各种桌子，引起家具的革命。其他如胡乐、胡舞传入中原，很快风靡汉地，成为汉族民众喜闻乐见的艺术表演形式，并融合到汉乐、汉舞之中。概言之，游牧民族进入中原，胡汉杂居，大量胡物、胡文化元素被汉民族吸收采纳，在物质文化和精神文化方面都极大地丰富了中原农耕汉族的社会生活，给汉族文化带来新的内容，并形成新的特色。

第二，推动了古代中国的发展壮大，促进了封建社会政治、经济、文化事业的繁荣发展。中华民族史是中国境内各个民族共同创造的历史。在强调汉族对古代多民族统一国家的发展壮大所起的重大作用的同时，决不能忽视其他少数民族在缔造中华民族过程中的重要历史贡献。历史事实正名，每一次民族大融合高潮的掀起，都推动着我国多民族统一国家的发展迈上一个新的台阶，都给中国古代封建社会政治、经济、文化事业的发展带来新的繁荣。比如，春秋战国的民族大融合，带来了秦汉时期封建国家的发展和政治经济的繁荣；魏晋南北朝的民族大融合，迎来了隋唐时期多民族统一国家政治、经济、文化的兴盛。盛唐气象的出现，与魏晋南北朝以来民族大融合的完成有着极为密切的关系。北魏以来的民族大融合，不仅消弭了自西晋以来中原地区极其尖锐的胡、汉民族矛盾，而且使南、北政权在长期对峙的过程中所包含的“华夷之辨”民族对立情绪逐渐淡化消释，为隋文帝父子重新完成国家统一，扫除了民族对立关系方面的障碍。盛唐气象的一个典型表现是民族关系和睦，各民族空前团结，完全消除了民族歧视。《资治通鉴》记载唐太宗曾说：“自古皆贵中华，贱夷、狄，朕独爱之如一，故其种落皆依朕为父母。”唐太宗也被周边各少数民族称颂为他们的共同首领“天可汗”。唐代华、夷观念淡薄，民族政策平等，民族关系和睦，多民族统一国家出现了“九州殷富，四夷自服”（唐代吴兢《贞观政要》）盛世局面，其重要原因是魏晋南北朝以来的民族大融合的完成。

第三，少数民族源源不断融入汉民族，促进了汉族共同体的混血发展。中国历史上每一次民族大融合，都有大量少数民族先后融入汉民族，使得汉民族的发展如滚雪球般越滚越大。长期以来，中华民族以汉民族为主体。毛泽东对汉民族的历史发展曾作过这样的论述：“汉民族人口多，是长时期内许多民族混血形成的。”（毛泽东《论十大关系》）周恩来在阐述汉民族人口数量时也曾这样论述：“汉族所以人数这样多，就是因为它吸收了别的民族。”（周恩来《关于我国民族政策的几个问题》）中国古代民族融合的历史雄辩证明，游牧民族对汉民族的发展壮大，对汉族成为中华民族的主体做出了巨大的历史贡献。

第三节　中国传统文化依托的社会结构

一种民族文化的产生和发展，除了受到一定的地理环境和经济土壤和其他外来因素的制约外，还受到其所依托的社会结构的重要影响。在漫长的历史进程中，中国的社会结构发生了种种变迁，但是，由血缘纽带维系着的宗法制度及其遗存却长期保留着。在中国延续很长时间、具有完备形态的君主专制制度与宗法制度的遗存互为表里，形成一种“家国同构”的宗法——专制社会系统。这种社会系统与中国农耕型自然经济相适应、相应援，深刻影响着中国传统文化的内在品格和外在风貌。因此，对社会结构的分析，直接逼近了文化生存机制的内层。

一、中国宗法制度的产生和确立

宗法制度是由氏族社会父系家长制演变而来的，是王族贵族放按血缘关系分配国家权力，以便建立世袭统治的一种制度。其特点是宗族组织和国家组织合而为一，宗法等级和政治等级完全一致。这种制度在夏朝初步产生，完备和定型于周朝，并影响后来的各封建王朝。宗法制的基本原则，是将每个宗族中的嫡长子确立为大宗，居于同宗中的支配或主导地位；而把其他庶子分立为小宗，处于大宗的从属或次要地位。

宗法制度是按照血统远近以区别亲疏的制度。早在原始氏族时期宗法制就有所萌芽，但定型成为一整套维系贵族间关系的完整制度，则是周代的事情。夏、商、周被史学家称作“三代”。夏、商两代的国家最高元首称“帝”。夏朝的帝位由儿子接任，意味着宗法制度初步产生，但偶尔也有传给兄弟的。商朝的帝位大多传给弟弟，最后由最年幼的弟弟再传给长兄的长子，或以行传给自己的儿子。公元前十一世纪，周武王灭商建周，都于镐京，并改“帝”为“王”。周王朝的王位明确规定只传长子，而且是“传嫡不传庶，传长不传贤”。在周代的宗法制度下，“天子建国，诸侯立家，卿置侧室，大夫有贰宗，士有隶子弟”（《左传》），形成了系统而完整的制度。宗法制的一个关键内容是严嫡庶之辨，实行嫡长子继承制。其目的在于稳固贵族阶级的内部秩序。这一制度依靠自然形成的血缘亲疏关系以划定贵族的等级地位，从而防止贵族间对于权位和财产的争夺。上古文献和铭文中屡有“宗周”的记载，《诗经·公刘》云：“食之饮之，君之宗之。”从宗法系统看，周天子乃是地位最高的宗子。周初，宗法制首先在周天子和诸侯间实施，以后逐渐及于中、小贵族，以至士与庶民之间，具有了普遍性。

对于异姓有功的贵族，则通过联姻，成为甥舅，分封为诸侯，也纳入宗法关系。于是，在全体贵族内部，举国上下形成了以周天子为核心，由血缘亲疏不同的众诸侯国竞相拱卫的等级森严的体制。“亲亲”、“尊尊”在这里得到完备的、严格的体现，成了宗法制的精神支柱，从而也是周礼的根本原则。后来，各王朝的统治者对宗法制度加以改造，逐渐建立了由政权、族权、神权、夫权组成的封建宗法制。嫡长于继承制、分封制、严格的宗庙祭把制度，共同构成宗法制的基本内容。

1．嫡长子继承制

嫡长子继承制是宗法制度最基本的一项原则，即王位和财产必须由嫡长子继承，嫡长子即嫡妻（妻）所生的长子。在嫡长子继承制下，从始祖的嫡长子开始传宗继统，并且世代均由嫡长子承继。这个系统称为大宗，嫡长子称为宗子，又称宗主，为族人共尊。宗子有祭祀祖先的权利。若宗子有故而不能致祭，那么庶子才可代为祭祀。和大宗相对应的是小宗。在一般情况下，周天子以嫡长子继统，众庶子封为诸侯，历代的周天子为大宗，这些诸侯就是小宗。诸侯亦以嫡长子继位，众庶子封为大夫，这些大夫为小宗，而诸侯则为其大宗。大夫也以嫡长子继位，为大宗；众庶子为士，即小宗。在嫡长子继承制系统里，诸侯和大夫实具有大宗与小宗双重身份。由此可见，大宗和小宗的区别与贵族等级里的层层封建是完全合拍的。西周的嫡长子继承制目的在于解决权位和财产的继承与分配，稳定社会的统治秩序。《大明令·户令》规定："凡嫡庶子男，除有官荫袭，先尽嫡长子孙，其分析家财田产，不问妻、妾、婢生，止依子数均分；奸生之子，依子数量半分；如无别子，立应继之人为嗣，与奸生子均分；无应继之人，方许承绍全分。"

就血亲关系而言，兄弟不如父子亲密。周人一改"兄终弟及"为"父死子继"，主要是为了利用家族父子血亲感情来维系王权秩序，避免王位继承纠纷。但是，君王们后妃成群，儿子有嫡、庶之分，嫡子又有长幼之别，为了防止诸子争夺王位，于是又立下"立子以贵不以长"（嫡子先于庶子）、"立嫡以长不以贤"（嫡长子先于嫡次子）的王位继承制度。如果说分封制从政治结构方面建立了贵族间的等级秩序，那么，宗法制则以注入了特定内容、贯彻了崭新原则的宗族传统观念使这个等级秩序得到稳固。

2. 分封制

分封制也称分封制度或封建制，即狭义的"封建"，由共主或中央王朝给王室成员、贵族和功臣分封领地，属于政治制度范畴。古代宗法制是分封制的基础，在家庭范围是为宗法制，在国家范围是为分封制。周灭商和东征以后，曾分封同姓和功臣为诸侯，以为藩屏。诸侯的君位世袭，在其国内拥有统治权，但对天子有定期朝贡和提供军赋、力役等义务。

在周王朝的分封制下，国家土地不完全是周王室的，而是分别由获得封地的诸侯所有，他们拥有分封土地的所有资源和收益，只需向周王室缴纳一定的进贡即可尽义务，即相当于中世纪欧洲诸王国与罗马教廷的关系，即现代意义上的联邦的基础。周王是共主性质的（共主是氏族社会遗留的领袖模式，禹为最后的氏族共主）。诸侯的土地理论上在其死后可由周王室收回重新分配，但一般是世袭。春秋时期，随着井田制的瓦解和争霸战争的发展，周朝王室衰微，“礼乐征伐自天子出”的局面被“礼乐征伐自诸侯出”取代，周王“天下共主”的地位丧失，分封制开始破坏。秦始皇统一中国后，取消分封制，在全国推行单一的郡县制。

3. 严格的宗庙祭祀制度

《左传》云“国之大事，唯祀与戎”，则古代之重祭祀礼仪，可见一斑。而帝王宗庙祭祀制度，更是各种祭祀礼仪中最重要的，是中国古代政治文化的重要组成部分。

从狭义上讲，宗庙就是庙号为“某宗”的那些帝王的庙。同理，庙号为“某祖”的帝王，其庙自然就是“祖庙”了，而非祖非宗的帝王，其庙叫作亲庙。从广义上来说，宗庙是古代天子、诸侯，乃至大夫、士所修建的祭祀祖先的建筑。东汉之前，每位享受祭祀的祖先都各有其庙，故而有多少享受祭祀的祖先即有多少庙，这就是所谓的庙数。庙数的多少，是宗庙制度中最重要的部分。庙中藏神主，庙后为寝，寝以藏衣冠，所谓前庙后寝是也。自东汉后，逐渐形成了一庙多室的格局，所有神主全部藏于一庙之中，而不另外建庙。庙中分室，各安神主。庙号是祖先们在宗庙中立宣奉祀时，由后人所追尊的名号。一般认为，庙号起源于商代，商有太宗（太甲）、中宗（太戊）、高宗（武丁），此外汤在甲骨卜辞中称作高祖乙，是知汤之庙号为高祖也。庙号或称祖、或称宗。祖者，始也；宗者，尊也。是故始封之君称太祖，而有功之君亦称祖。而有德之君称宗。简而言之，就是“祖有功而宗有德”，所谓功者，指的是开创之功；所谓德者，指的是守成之德。唐朝之前，有祖宗庙号的帝王，其庙世世不毁，永远奉祀。自唐朝之后，所有帝王均有庙号，非祖即宗，故而称宗者其庙大多迁毁，只有少数人百世不迁，如唐太宗。

宗庙制度由来已久，是至少在商代就已经建立起了较为完善的宗庙制度，“庙号”就是产生在商朝。周朝兴起之后，一方面继承了商朝的制度，另一方面又根据周人自身文化加以改造，此即孔子所谓“周因于殷礼，其损益可知也”（《论语》）。王国维先生认为商朝宗庙无定数，而是有多少祖先，即建多少庙，不存在亲尽而毁的情况。他在《殷周制度论》中云：“商人祭法见于卜辞所纪者，至为繁复。自帝喾以下，至于先公先王先妣，皆有专祭，祭各以其名之日，无亲疏远迩之殊也。先公先王之昆弟，在位者与不在位者祀典略同，无尊卑之差也。其合祭也，则或自上甲至于大甲九世，或自上甲至于武乙二十世，或自大丁至于祖丁八世，或自大庚至于中丁三世，或自帝甲至于祖丁二世，或自小乙至于武乙五世，或自武丁至于武乙四世。又数言‘自上甲至于多后衣’，此于卜辞屡见，必非周人三年一祫、五年一禘之大祭，是无毁庙之制也。”

周代的制度与商代有明显不同，王国维《殷周制度论》云：“周人祭法，《诗》、《书》、《礼经》皆无明文。据礼家言，乃有七庙、四庙之说。此虽不可视为宗周旧制，然礼家所言庙制，必已萌芽于周初，固无可疑也。”可知周代庙数，虽说法各有不同，然其有定数则无疑也。事实上，无论是先秦之时形成的文献资料，抑或是后世儒家对其进行的各种诠释，基本上都大致认为周代实行天子七庙制度。但在七庙组成上，或认为“一祖二宗四亲庙”，或认为“一祖六亲宗无数”，依旧是纷纷扰扰，杂说纷呈。因为周代是儒家心目中的黄金时代，所以周代的宗庙制度也就成了后世历朝历代宗庙制度的范本和模板。

二、中国传统社会结构定势

西周宗法制度奠定了中国传统社会结构的定势，并非意味着后世承袭了西周宗法制的全部内容。事实上，严格意义上的宗法制度在西周末年已经开始瓦解。周幽王时期，“宗子维城，无俾城坏”（《诗经·大雅·板》），透露出宗法制崩坏的信息。春秋战国时期，西周时代由氏族贵族血缘纽带攀连而成的统治体系更呈瓦解之势，周初“兼制天下，立七十一国，姬姓独居五十三人”（《荀子·儒效》），经历春秋战国的兼并战争，七雄中仅燕国王室为姬姓，其余六国均异性掌权。秦汉以来，郡县制取代分封制。但是，纵观整个中国历史，不论政权怎样交替，战乱如何频繁；不管是汉人统治全国，还是北方游牧民族统一全国，万变不离其宗，那就是宗法制度深深地影响了一代代中国人，各朝各代宗法制度的模式基本上循而未改，世代相传。宗法制长期笼罩着传统中国社会，突出表现在以下五个方面：

1. 父系单系世系原则广泛实行

西周时期，父系单系世系原则主要体现在公共职务和私有财产的继承方面，王位、君位、卿大夫爵位的继承，不能超出父系亲范围，并规定嫡长子为第一继承人；在家庭财产继承权上，允许几个儿子共同享有继承权，但不允许女性后裔和配偶继承财产。这种严格的父系单系世系原则在西周之后仍然广泛盛行。特别是在政治权力继承方面，不仅不允许母系成员染指，也不能传位于本系女性后裔。在民间，在某种专业特种技艺的传授方面，甚至有“传男不传女”“传媳不传女”的习俗。

2. 家天下的延续

在中国古代，家天下自周代确立一直延续到清代，所谓“一人得势，鸡犬升天”，自古皆然。可以说是一部中国史就是一部家族史。周代统治天下是姬姓家族；秦朝是嬴姓的天下。按照秦始皇的设想，从他开始做皇帝，以后各朝代应当是秦姓的一代一代地传下去。汉初刘邦曾与大臣们约定：“非刘氏而王，天下共击之。”（《史记·吕后本纪》）这种家天下的思想不仅统治者有，就是一般的平民、普通的知识分子也受其影响。《三国演义》的作者罗贯中，之所以在整个一部著作中扬刘抑曹，把刘备看作正宗，无非是站在刘氏江山天经地义的立场上来演义历史。西汉末年农民起义时觉得自己争天下理不直气不壮，于是去找西汉皇室的后裔作为自己的旗帜；绿林找来刘玄，赤眉找来刘盆子，因为起义军也认为汉是刘家天下，应当刘姓作皇帝。家天下的主要特点是：一姓家庭统治一个朝代，只要这个朝代不灭亡，这个家庭就一直统治下去。如嬴姓的秦朝传了三代，刘姓的西汉传了十二代……满族的爱新觉罗姓清朝传了十三代。可见，中国历史就是一部部家族统治史，一个家族接一个家族的长达数百年，短的十来年的统治构成了中国的政治史。

3. 封国制度不断

封国制度本是西周宗法制度的主要内容之一。秦始皇统一中国后曾废分封，建立郡县制度。汉代却又采纳分封制。魏晋以后历代王朝仍然沿用了分封制，只是叫法不同而已。皇帝的家族和亲戚一直享受封邦建国的特权。历代皇帝几乎无一例外地都把自己的家族封为某地王侯，或亲戚成员封为某地长官。这种制度保证了权利集中在一个血缘家族之中，同时也存在着容易引起叛乱等弊端。

4. 家族制度长盛不衰

上下五千年中华历史，战争、动乱时有发生，其结果就是一个旧家族的灭亡，随之而来的一个新家族的诞生。各朝各代，都有一些豪门贵族和大的家族在产生、在发展、在扩大。汉代，据史书记载，出现了一些政治上拥有巨大权利的大家族。汉末政治家仲长统曾描述过这些大家族的气派："豪人之室，连栋数百，膏田满野，奴婢千群，徒附万计……琦赂宝货，巨室不能容；马牛羊豕，山谷不能受。妖童美妾，填乎绮室；倡讴伎乐，列乎深堂。"（《昌言·理乱篇》）魏晋南北朝采用九品中正制，这是世袭政治特权的官僚选拔制度，根据家庭门第的高低来决定一个人的社会地位。其中，王导家族势力极大。以至于在东晋司马睿登上皇帝宝座时，拉王导同坐，接受文武百官的朝拜。只是王导坚决推辞才未成。东晋时流传"王与马，共天下"的谚语，如实的反映了王导家族势力的强大。此时，顾荣、贺循也是江南著名家族，建有豪华的私人园林，权势很大。以后各朝，尤其是宋代以后，豪门大族不计其数，他们虽然不属皇姓，但权势极大，有自己的庄园或园林。有大量的土地，享受着荣华富贵，且历代相传。如《红楼梦》写了四大家族："贾不假，白玉为堂金作马。阿房宫，三百里，住不下金陵一个史。东海缺少白玉床，龙王来请金陵王。丰年好大'雪'，珍珠如土金如铁。"民国时期，中国的四大家族蒋、宋、孔、陈。可见，上下五千年，各朝代家族制度长盛不衰。

5. 家国同构

家国同构是指家庭、家族和国家在组织机构方面的共同性。《诗经·小雅·北山》云："普天之下，莫非王土，率土之滨，莫非王臣。"把对家长的孝和对国家的忠相提并论，忠孝同义。这种宗法制度下的产物使得许多中华民族上许多爱国英雄以忠于皇帝为初衷，以忠孝国家为结果。齐国管仲、秦相李斯、西汉霍去病、蜀汉诸葛亮、唐代郭子仪、宋代岳飞等，都是在“家国同构”的社会里，既孝忠皇帝又热爱祖国的英雄，既是为国捐躯，又是为皇家献身。“家国同构”作为宗法社会的显著特征，即家庭、家族与国家在组织结构方面的共同性。这种共同性，实质源于氏族社会血缘纽带解体不完全、不充分。在中国历史上，无论是奴隶制国家，还是封建制国家，始终是以变体的家长制形态出现的，即“家天下”的变体。在传统中国的文人士大夫的政治理想中，“爱国”首先体现为“爱家”，“尽孝”发展为“忠君”，修身齐家治国平天下，所以“国”与“家”是两个密不可分的概念。在中国的民间至今仍然流传着种种说法，如“成家立业”“家和万事兴”“化家为国”等。这些都深刻地阐明了中国自古以来“家国同构”观念的渊源和传统。

三、中国封建专制制度的形成及其特点

春秋战国时期，随着社会生产力的提高，旧的奴隶制生产关系解体，商鞅变法确立了封建经济的统治地位。这种经济的特点是自给自足的自然经济，是封建的个体的小农经济。这种经济模式需要一个强有力的国家政权来维护国家统一和社会安定，保证小农经济的生产和再生产，新兴的地主阶级也需要建立中央集权制度来巩固其统治地位，维护其政治经济利益，保护其土地所有制度。秦始皇统一中国后，继承了商鞅变法的成果并实践了韩非子的理论，创立专制主义中央集权的政治制度。它既包括皇帝对中央百官的控制，又包括对地方及各级官吏及百姓的控制，从而把专制主义的决策方式和中央集权的政治制度有机地结合在了一起，正式确立了专制主义中央集权的政治制度。这对战国以前的分封制来说是一个巨大进步，对于巩固国家统一、维护封建统治基础有十分重要的作用。专制制度的形成也是巩固、维护国家统一的需要。秦王朝吸取周天子在诸侯割据局面下无能为力的教训，在统一全国后迅速建立了专制主义中央集权制度，以消除地方割据势力，维护国家

统一。

从思想根源上看，法家思想为封建专制制度奠定理论基础。秦国自商鞅变法后一直以法家思想为统治思想。韩非子总结诸子百家学说，创造了一套完整的中央集权的政治理论，为秦始皇创立专制主义中央集权制度奠定理论基础。从地理环境看，中国属于大河文明，以农业生产为主，土地束缚了过多的劳动力，无法更多的发展商业与手工业。而且领土面积较大，需要统一的管理。

中国专制主义的中央集权制度影响和控制了中国传统文化的各个方面、各种表现，尤其是中国人的政教礼俗。中国君主专制制度具有以下的特点：

1. 君主专制制度以武力为先导，控制宗教势力，专制主义漫长

古代中国社会数千年的历史，军事争夺、武力征服是永恒的主题。这种武力的争斗历史源远流长，可以一直追溯到原始社会末期。武力直接催生了专制权力的产生。比如黄帝与炎帝战于阪泉之野，三战然后得其志；与蚩尤战于涿鹿之野，擒杀蚩尤。从此，“诸侯咸尊轩辕为天子，代神农氏，是为黄帝。天下有不顺者，黄帝从而征之，平者去之，披山通道，未尝宁居。”（《史记·五帝本纪》）黄帝之后的尧、舜、禹和启亦多用武力巩固权力。商朝的建立同样以武力为先。孟子说，“汤始处，自葛始，十一征而无敌于天下。”（《孟子·滕文公下》）可见，中华民族的先祖黄帝的权力是专断的，是以刀剑征伐出来并用之扩大的。中华民族刚踏进文明的门槛，就形成了一个祖先，一个权力，一个核心。自此，以武力获取权力并巩固权力，就成为中国专制制度的实现形式。

中国宗教从文明社会的开始就屈从于政治权威，从另一个方向促进了专制主义的诞生。在古代埃及，法老和祭司奉祀不同的太阳神，王权与神权的斗争十分激烈。埃及国王的世俗权力从一开始就受到宗教势力的制衡与挑战。在古代的两河流域和印度，王权也受到神权的冲击。在封建时代的欧洲，神权很大，罗马教皇的权力往往超过皇帝，皇帝的加冕，是罗马教皇代表上帝的恩赐。皇帝与教皇争权，失败者往往是皇帝。而在中国，政治统治者依靠武力夺取并强化自己的专制权力，宗教和神职人员成了政治权威顺从的奴仆。

因此，“文明到来之前，中国与其他历史悠久的国家是一样的，但迈向文明的第一步，中国就走了一条与众不同的道路，政治权力很快被集中到一个人的手中，很早就形成了一个权力核心；宗教曾经也是很发达的，但被武力所吓倒，神职人员拜倒在世俗统治者的足下。由于中国的政治权力一开始就不存在一种与之抗衡的势力，所以以后的专制就越来越严重，越来越完备。”（张岱年、方克立主编《中国文化概论》）

2. 君主专制制度具有稳固的经济基础

中国古代君主专制制度的经济基础是土地私有和小农自然经济。农民占有或租赁地主阶级的土地，形成了小农自然经济。历代专制统治者为了维护地主和小农经济所构成的经济基础，都采取了打击工商业的政策。因为工商业出现和发展壮大能冲击小农经济简单再生产模式，瓦解封建统治的自然经济基础。于是他们采取各种政策措施保护小农的自然经济，使得封建经济基础就变地异常稳固，资本主义生产方式也始终未能在中国大地上形成一股强大势力。

3. 君主专制制度对人身控制严密

中国是最早实行人口统计和户籍管理的国家。古代有属吏大司徒，其任务是：“掌建邦之土地之图，与其人民之数。”（《周礼・地官司徒》）古代很早就有什伍制度，把老百姓编入什伍之中，十家为一什，五家为伍，实行连坐制度，百姓之间相互告发和同罪连坐。国家可以按郡县、乡里、什伍系统征收赋税、徭役和兵役，帝王诏令便很容易达到每个家庭和个人。这些制度把民众固定在土地上，失去了流动的可能。

4. 君主专制的中央集权日趋走向极端

中国封建社会专制的集权制度，从总的趋势来看是日益强化。秦始皇当皇帝后，“天下之事无大小皆决于上”（《史记・秦始皇本纪》）。这种大权独揽的集权专制，延续到清朝末年从未断绝。从宋朝开始，相权日益衰落，皇权愈加集权。以前，决策由皇帝和丞相共同做出，但是由于皇帝个人专制的本性导致决策格局不断变化，这个变化的轨迹是：皇帝总是把大权交给身边的亲信侍从，以取代皇室以外的庞大官僚机构；当这些亲信侍从升迁为丞相之后，皇帝又从身边找另外一些亲信侍从，委以重任，取代原来的那些他已不再是亲信的官僚。皇帝相信的是身边的仆人，而不是正常的决策行政系统。明代内阁、清代军机处的出现，其意义也在于此。正因为如此，秦汉盛行宰相制度，以后处在风雨飘摇之中，到明朝终于消亡。

5. 君主专制和官僚制度的对立统一

中国古代很早就建立了官僚制度。官僚制度的组成主要有两大子问题：一是官僚的选拔问题。通过官员选拔制度如察举、科举，以及相应的文化，将整个社会联结在一起。作为社会精英阶层的文人士大夫，其活动和文化实际上都在围绕着选举进行，这样就实现了社会秩序的稳定。二是官僚体系内部的权力制衡。官僚体系在宏观上有行政、监察和军事上的三权分立，在微观上有相权的分割和部门间的权限细分。在古代封建官僚中许多人从小熟读圣贤诗书，他们将修齐治平的理想寄托在仕途上，从某种意义上讲，仕途不过是他们借以实现理想的工具。传统时代的官僚体系不仅担负管理职能，而且还担负着教化社会大众的职责，使社会生活的方方面面都符合王朝正统的伦理道德要求。这种管理和道德教化双重功能使士大夫把自己不仅看作是官员，更看成是广大民众的伦理道德的导师。作为官员，他是皇帝的雇员，要执行皇帝的意志，不能有自己的想法。但是，因为古代专制社会发展的状况，国家不可能对社会各项事业进行精密管理，因此制度设置本身就很粗放，在制度安排上预留了很多空间，可以让官员们用具有很强的自主性和创造性的措施去填补，官僚士大夫们就有可能按照自己的理解来治理社会，实现修齐治平的理想。这样，封建社会的正常秩序得以正常运转。

君主专制制度下皇权与相权的矛盾，皇权总是力图将官僚体系变成实现自己意志的工具，不断强化自己的直接权力。皇帝总是力图直接统领官僚体系，操纵一切，不惜利用身边的侍从机构，取代原本运转良好的政府首脑机关，皇帝既做国家元首，又当政府首脑。然而，庞大集权国家机器的正常运转必须要有一套行之有效的官僚体系来支撑。官僚制要求选贤用能，着眼点是能。从历史上看，明朝废相付出相当沉重的制度代价，从反的方面说明君主制和官僚制是相伴生的，谁也离不开谁。

四、古代中国社会社会结构对传统文化的影响

在漫长的历史长河中，中国一脉相承的专制制度和带有某种血缘温情的宗法制度相结合，形成一种“家国同构”的社会政治结构，这种社会政治结构深刻地影响着中国传统文化，包括占有主导地位的意识形态，史学、文学、艺术，民风民俗，科学技术等。

1. 社会结构的宗法型特征导致中国文化形成伦理型范式

从积极方面看，整个社会血缘亲情意识相当浓厚，使得中华民族凝聚力强劲；上至群臣，下至百姓，能培养人们的道德觉悟，注重道德修养；各阶层人士都尊祖敬宗，讲究家族团结；重人情，轻国法，重群体，轻个体；重义轻利，重道轻器，国家利益君主利益至上。比较重视人与人之间的温情，因为在严密的人身控制下，人们只能生活在一定的圈子里处理好人与人之间的关系和家庭关系，安土重迁之风就是由此形成的。也使中国素来以礼仪之邦闻名于世。

从消极方面看，“三纲五常”的伦理说教和“存理灭欲”的修身养性使得个体的自由意志及个性解放受到极大的束缚；“非我族类，其心必异”的盲目排外心理以及狭隘的小农意识使得古代许多中国人缺乏进取意识，容易自我满足；重人伦、轻自然，使得中国古代长期不太注重对客观自然规律的探索研究。

2. 中国社会结构的专制型特征，导致中国文化形成政治型范式

从积极方面看，形成了中华民族的整体观念，国家利益至上的观念，造就了民族心理上的文化认同，既要忠君，又要报国，即所谓的“忠孝相通”“求忠臣于孝子之门”“家国同构”“忠孝同义”；培养了文人学士的经世致用思想；在封建的超经济强制的条件下，权力是物质生活的直接体现，对政治权力的谋取必然成为谋取经济利益、提高个人社会地位的重要途径，所以有“学而优则仕”的传统。

从消极方面看，造成古代许多中国人缺乏自信心，存有严重的服从心理，

进一步造成奴性化人格；对权威和权力的迷信、盲目的崇拜，造成“官本位”现象严重；从秦始皇的“焚书坑儒”到清代的“文字狱”以及文人的影射传统，束缚了国人的思想，并进一步造成对中国传统文化精华的抑制和摧残。如战国时代孟子就讲过类似民权高于主权的观点：“民为贵，社稷次之，君为轻”(《孟子·尽心下》)，但是在其后的社会生活，尤其在是国家的政治生活中没有得到统治者的提倡和贯彻实施。

3. 宗法与专制的结合，在政治上表现为儒法合流，在文化上的反映则是伦理政治化和政治伦理化

用政治伦理秩序代替法律秩序，政治大于法律，伦理也大于法律，因而像西方国家“法律面前人人平等”的观念在中国古代很难找到立足之地。这种价值取向突出的表现为“内圣外王”的思想，即修身、齐家、治国、平天下的人生理想和追求。这一特点，早在先秦时期就已形成，并经过汉代经学、魏晋玄学、隋唐佛学、宋明理学，形式有了更多的变化，并在变化中延续。中国文化伦理政治化和政治伦理化的范式，从“内圣外王”的矛盾统一体中获得了坚韧的理论架构，并以小农自然经济和宗法专制社会政治结构作为坚实基础，组成了一个严密的体系。

第三章　中国传统文化发展要览

历史悠久，博大精深的中国传统文化从孕育发生到发展壮大，经历了一个漫长而曲折的历史发展过程，这一过程就是中华文化日益发展丰富的历程。

第一节　中国文化发祥

绵延上下五千年的中华文化诞生在东亚大陆上。这里有得天独厚的自然地理环境，非常适合于人类生存繁衍。因此，从数百万年以前，中华大地上就已经留下了远古先民的足迹。继此之后，黄河上下，大江南北，东自黑龙江和乌苏里江会合处，西至帕米尔高原，几乎无处不有原始人类的分布。他们在这片广阔辽远的大地上，绵延漫长的历史年代里创造的物质文明、精神文明等文化成果，为中华文化的铺垫了丰厚的发展基础。

一、中国人的起源

东亚大陆是远古人类化石的发现地之一。自 1929 年中外学者在北京发现晚期猿人（直立人）头盖骨化石以来，之后几十年多有古人类化石出土。考古学依据人类所使用生产工具的变革，将人类古代的历史划分为石器时代、铜器时代和铁器时代，而石器时代又分为旧石器时代（距今约 250 万年至距今约 1 万年）和新石器时代（距今约 1 万年前至文明出现）前后两个阶段，人类在石器时代的生活大约经历了两三百万年。在中国境内发现的多批属于旧石器文化的人群。

1. 直立人，亦即“正在形成中的人”主要有：

巫山人：1986 年发现于四川巫山，距今 200 万年左右。

元谋人：1965 年发现于云南元谋上那蚌村，距今约 170 万年，元谋的直立猿人已能制造和使用石器，可能已会用火，表明中国西南地区是人类起源和早期人类演化的重要地区之一。

蓝田人：1963 年发现于陕西蓝田，距今 65 至 80 万年，脑容量约在 780 毫升，同时出土还有旧石器初期的打制石器。

北京人：1929 年发现于北京西南房山区周口店龙骨山，距今约 50 万年，平均脑容量为 1075 毫升，身长约法 156 厘米，群居洞穴，狩猎为主，打制石器，用火痕迹明显。

2. 智人，亦即“完全的人”，又可分为早期智人和晚期智人。早期智人（古人）主要有：

马坝人：1958 年发现于广东韶关马坝乡狮子山洞穴，距今约 20 万年，体质与尼安德特人相类。

大荔人：1978 年发现于陕西大荔，距今 10 万年。

长阳人：1956 年发现于湖北长阳赵家堰洞穴，晚于马坝人，早于丁村人。

丁村人：1954 年发现于山西襄汾丁村，距今约 5 万年。

晚期智人（新人）主要有：

柳江人：1958 年发现于广西柳江通天岩洞穴，晚于丁村人，早于山顶洞人。

山顶洞人：1933 年发现于北京周口店龙骨山山顶洞穴内，距今 1.8 万年。

资阳人：1951 年发现四川资阳黄鳝溪，距今 7 千年。

这些古人类的脑容量呈增长趋势，如蓝田人 780 毫升，北京人 859 毫升至 1225 毫升，山顶洞人则为 1400 毫升，逐渐逼近现代人的脑容量。表明古人类在长期劳动生活实践中智力稳步增进。

人类学的研究表明，从旧石器时代到新石器时代的中国居民，在体质上存在明显的承续、发展序列，基本上是在一个大的人种，即蒙古人种的主干水平下发生和发展的，构成中国原始先民的人种特征中没有发现西方人种的成分。中国人种不是外来的而是独立起源的，它对后来中国文化持久稳定的发展，起着重要的作用。

人类区别于动物，首先在于人能从事有意识有目的的劳动，而劳动的特征和前提是制造并使用工具。古人类只能对自然物（如木、骨、石等）稍加制造，充作某种用途的工具，使手臂得以延长。而在漫长的岁月中，“木亡石存”，今天我们所能得见的古人类的工具遗留，主要是石器。“旧石器”和“新石器”的区分，主要在于先民使用的石器工具制作的精细程度。上述从元谋人、北京人到山顶洞人、资阳人，都处在旧石器时代。这百余万年间，古人类用碰砧、打击、刮削等方法，对石块进行简单加工。中国境内的旧石器时代文化也具有部分共同的特点，如石片石器为主、砾石石器和石核石器次之，刮削器、尖状器两类工具最为普遍，以石锤直接打击、单向反面加工石器的方法为主，石斧不发达等。

在距今 12000 年左右，人类进入新石器时代。与旧石器时代的打制石器不同，新石器时代的人类开始使用磨制石器，除此之外，农业、养畜业和陶器制作都是新石器时代的重要标志。科学意义上的考古学被引入中国，始于 20 世纪初。在 20 世纪中国考古发掘的 100 多项重要成就中，就有近 30 项是关于新石器文化的发掘。在中国大陆新发现的新石器时代遗址有 7000 处以上，已发掘的也在 400 处以上。其中比较典型的新石器时代文化有：

仰韶文化：距今约五至七千年，1921 年首次发现于河南渑池仰韶村，分布于黄河中下游。其生产工具有磨制的刀、斧、锛、凿等，骨器精致，日用陶器以细泥红陶和夹砂红褐陶为主。经济生活以农业为主，渔猎为辅，饲养猪、狗等家畜。属母系氏族社会的繁盛期。由于遗物中常有彩陶，所以也曾被称为“彩陶文化”。

河姆渡文化：1973 年首次发掘于浙江余姚河姆渡村东北，距今六至七千年，分布于长江中下游地区。其生产工具有伐木用的石斧、石凿，农耕用的骨耜和狩猎用的骨镞等。陶器为黑陶，纹饰多为绳纹和刻画动植物的花纹。有大量稻谷遗迹和猪、狗、水牛等家畜遗骨。采用木结构的干栏式建筑。表明长江流域具有灿烂的原始文化。

大汶口文化：1959年首次发现于山东宁阳堡头村和泰安大汶口一带，距今约六千年，分布于鲁西南和苏北的黄河下游地区。其生产工具以磨制石器为主，骨、角、牙器多而精致，陶器以灰陶为主、红陶次之。

屈家岭文化：1954年发现于湖北京山屈家岭，分布在江汉平原。以薄如蛋壳的小型彩陶、彩陶纺轮、长颈圈足壶为主要特征。经济生活以农业为主，种植粳稻，饲养猪、狗家畜。年代晚于仰韶文化，而与早期龙山文化相当。

龙山文化：1928年首次发现于山东章丘龙山镇，分布于黄河中下游。距今约四千多年，处于新石器时代晚期。生产工具有磨制的石镰和蚌镰。陶器以灰陶为主，黑陶次之，开始用轮制。出现卜骨。以农业为主，畜牧业发达。属父系氏族社会时期，因遗址发掘出黑陶，又称“黑陶文化”。

此外还有河南新郑裴李岗、甘肃秦安大地湾、湖南澧县城头山、内蒙古赤峰兴隆洼、四川巫山大溪、山东章丘城子崖、浙江余杭良渚文化、湖北天门石家河、辽宁凌源牛河梁、山西襄汾陶寺、香港马湾岛东湾仔北、台湾台北圆山等，都是著名的新石器文化遗址。这些新石器遗址分布广泛，基本遍及今天中国领土所有省份。这表明中华先民在新石器时代就已广泛地活动在东亚大陆及周边岛屿，其生活状态、物质和精神成果，既具有共性，又具有相当的差异性。

二、原始物质文化

与使用木石工具相同时，人类开始用火。火的保存、使用及获取使人类在暗夜和严冬获得光明、温暖，不再“茹毛饮血”“伤害腹胃”，而得以“熟食”，人类征服自然的能力大为提高，生活质量也明显改善。从利用自然火到人工取火，从生食到熟食，标志着人类文化的巨大进步。元谋人遗址已发现用火痕迹；而北京人洞穴内灰烬厚达六米，表明至少在五十万年前，华人先祖已经熟练地用火与贮火。

旧石器时代早期（如北京人时期），人类过着原始群居生活，即古籍记载的“其民聚生群处，知母不知父，无亲戚兄弟夫妻男女之别，无上下长幼之道。”（《吕氏春秋·恃君》）旧石器时代中期（如马坝人、丁村人）和晚期（如柳江人、山顶洞人），随着渔猎、采集经济的发展，男女分工明显，逐步由血缘公社转变为母系氏族社会。世系按母系血缘计算，生产资料公有，集体生活、共同消费，血缘内婚向氏族外婚转变。在母系氏族社会后期，也即距今七八千年前后，中华先民的生活发生意义深远的变革：直接攫取（被动依赖）自然物的采集、渔猎经济开始向生产性的农业、畜牧经济转化，先民获得较稳定、丰富的生活资料。这就是所谓“攫取经济”向“生产经济”的转变，人类的文化史也由之实现一大飞跃。在中国，即神农氏教民稼穑。

东亚大陆是世界农业起源的中心之一。考古资料和农史文献显示，古代先民在温暖湿润、土壤肥沃的黄河、长江流域，选择和培育了包括谷物、蔬菜、油料、纤维和果木在内的诸多农业品种。如由野生山羊草培育出小麦，由野生狗尾草培育出粟子（小米），由野生稻培育出水稻，其他如大豆、茶、柑橘、梨、李、梅、荔枝、龙眼等作物都被公认为原产于中国。距今四千至八千年的新石器文化的出土化合物中，保存了古文献中所见的各种五谷果蔬，如在河北武安磁山遗址（距今八千年前）中，就发掘出储有腐朽粟米的窖穴八十八个，储存量十分惊人，同期的河南新郑裴李岗遗址和稍后的浙江余姚河姆渡遗址中都出土了大量水旱作物，其生产水平已脱离了农业产生的初期阶段，说明农业的起源还可上溯。1988 年在湖南澧县城头山遗址中，发现了目前所知最早的人工栽培稻作遗存，距今约九千年。

此外，家畜、家禽饲养业与农耕业相辅相成，并行发展。狩猎剩余的经验使先民学会了将野生动物驯化成家养动物，以用于农业生产和食物补给，如从狼驯育出狗，从野猪驯养出家猪，从原鸡驯育出家鸡。在商代的青铜文化出现之前，中国新石器时代的家养牲畜已有猪、狗、鸡、黄牛、水牛、马、山羊、绵羊、猫等近十种，人类文明生活中饲养的几种基本家畜，即所谓六畜：马、牛、羊、鸡、犬、豕都已齐备，其中北方以饲养猪、狗和鸡为主，南方以饲养猪、狗和水牛为主。与农业、畜牧业发明相伴，这一时期的主要生产工具——石器已由粗放的打制阶段转为精细的磨制阶段，从而进入新石器时代。定居农业导致的谷类熟食生活，提出对耐烧炊具的要求，以“泥条盘筑”为主要制作方法的陶器便应运而生，陶器是人类使之改变分子化学结构的第一种制作物。此外，麻类等农产品则推动纺织的兴起；在仰韶文化的山西西阴村遗址和河南青台村遗址，以及良渚文化的钱山漾遗址中，分别出土了蚕茧、绢片、丝带、丝线，说明养蚕和丝织业也已开始。这样便出现农业与手工业的分离。

三、原始观念文化

原始宗教是先民们精神世界的主要内容之一。它协调原始时期人与自然的关系，反映当时人的本能与文化之间的张力，满足前文明时代人的精神需要，因此原始宗教曾经是原始时代的主流文化。与世界其他文化中的初民一样，中国的原始宗教也经历了由低级至高级、由自然神到人格神的转化过程，它包括自然崇拜和灵物崇拜、图腾崇拜、生殖崇拜、祖先崇拜几大类。

原始宗教在发展过程中逐步形成一些以谋求控制自然力为目标的仪式，这便是巫术。巫术有祈求式、比拟式、接触式、诅咒式、录符式、占卜式等。从事巫术和主持祭祀起初并无专门人选，往往由氏族首领临时担任。以后渐渐出现职业祭司和巫师，他们自称可以通神，上达民意，下传神旨，预卜吉凶，治病救人。《尚书·吕刑》载有上帝“命重黎绝天地通”的故事，《国语·楚语》对这一故事的含义做出解释：颛顼时，九黎乱德，人人通神，“民神同住”，颛顼命令南正重“司天以属神”，火正黎“司地以属民”，这样，天与地、神与民便截然分开，即所谓“绝天地通”，于是民众不再直接与天神交通，王也不再兼司神职，而改由巫觋来专门负责沟通天地人神。这种宗教职业者，“在男曰觋，在女曰巫”（《国语·楚语》），他们既以非理性的迷信为务，又是初民文化（音乐舞蹈、天文历法、医药学）的保存者，其职司大略有五：祝史、预卜、医、占梦、舞雩，从而为知识分子的前驱。

文献记载和考古发掘表明，中国上古的原始始先民们创造了丰硕的文化成果。在记事符号和语言方面，如《易·系辞》所载的“上古结绳而治”，又如《旧唐书·西南夷传》所载少数民族的“刻木为契”。父系氏族制社会晚期，先民创造出更加复杂的刻绘符号。这些符号已经走到文字边缘，成为汉字的前驱。在早于仰韶文化的秦安大地湾、裴李岗文化的舞阳贾湖遗址，仰韶文化的半坡、姜寨、宝鸡北首岭、柳湾马厂等遗址，都有陶器刻绘符号的发现。

在绘画、雕塑方面，古籍有关于初民绘画的记述，如《吕氏春秋·勿躬篇》的“史皇作图”，《路史》的“颗首作画”即是，原始绘画有装饰性图案画和写实性绘画两种，均见于彩陶。原始绘画艺术，还可见之于遍布全国的崖刻、岩画中，彩绘素锲，内容丰富。初民的雕刻艺术，有骨雕、牙雕、陶雕和石雕，以平面线刻为主，浮雕、圆雕和透雕较少，这与当时缺乏坚硬度大的金属雕凿工具有关。随着制陶术的普及，陶塑艺术也得到发展。陶塑题材广泛，有家畜家禽、飞禽走兽、房屋、人像。注意艺术性与实用性的结合，是其显著特色。石器时代的鼎、鬲、盉、豆等陶器的种类、形制、组合都对后来中国青铜文明产生直接影响，有些特点甚至在后世中国艺术风格中影响深远。

在音乐、舞蹈方面，原始音乐有声乐与器乐之分。古文献记载的部分古歌谣、古韵谚如相传作于伏羲时期的《网罟歌》、作于大禹时《涂山氏妾歌》、作于古越人的《飞弹歌》等。器乐也因古乐器的保存而可略观其面目。《路史》称，“庖牺灼土为埙”“伏羲削桐为琴”“伶伦造磬”，《世本》称，“夷作鼓”，都是讲的原始乐器的创制。近年来的考古发掘，出土石器时代古乐器甚多，气鸣乐器有骨笛、骨哨、陶埙、陶号等，打击乐器有陶钟、陶铃、陶鼓、鼍鼓、石磬等，证实这些传说并非向壁虚构。舞蹈与音乐相伴相依，氏族制社会人们聚族而生，集体劳作，集体娱乐，故舞蹈尤盛。《吕氏春秋·古乐篇》记述初民载歌载舞以庆贺狩猎成功和农业丰收，以及举行宗教仪式的情形；《韩非子·五蠹》的“执干戚舞”文句，则表现虞舜时期为征讨三苗，举行军事舞蹈的场景。

四、原始制度文化

随着母系氏族时期生产工具和生产方式的变革，人类社会组织方式亦发生变化。到母系氏族社会晚期，农业、畜牧业产生，女性曾经是主要农业劳动力，占据社会宰制地位。随着社会生产力向纵深发展，尤其是犁耕出现，要求身强力壮的男子从渔猎转向农业和专业手工业（如制陶），逐渐取代妇女成为主要农业劳动力，体力较弱且有生育之累的妇女则从事纺织、炊事和养育子女等家务劳作。男子的社会地位历史性地超过妇女，母系氏族制向父系氏族制过渡。父系氏族制区别于母系氏族制的关键，在于世系按父系计算，男子是社会和家庭的主宰和核心。男子出嫁到女方的对偶婚演变为男娶女嫁，母系家庭公社向父系家庭公社转化，进而形成以男子为家长的一夫一妻制家庭。

在父系氏族制阶段，随着社会生产力水平的提高，开始有了剩余产品，一些氏族首领利用公职之便，将某些集体财产据为私有。最先出现的私有财产是生产工具、生活用品和装饰品等动产，粮食和家畜逐步也成为个体家庭的私有动产；以后，房屋乃至土地等不动产也为个体家庭所私有。“货力为己”（《礼记·礼运》）的私有制社会到来了。

私有财产及奴隶的出现，导致掠夺战争频繁，为着自卫及掠夺的需要，氏族结成部落，部落结成部落联盟。距今四五千年，中国大地分布着若干部落联盟，传说中的尧、舜、禹，是父系氏族社会后期部落联盟的领袖。其时实行军事民主制，其基本内容：一是首领公举，史称“禅让”。如尧咨询四岳（诸部落长），四岳推选舜为继任人，又对舜考核三年，以舜摄位行政，尧死，由舜继位；舜晚年亦咨询四岳，挑选治水有功的禹为继承人。二是大事众议。宣战、联盟、媾和、继位等大事均由氏族首领组成的议事会决定，不能个人独裁。“禅让”而不是世袭，“众议”而不是独裁，这构成中国原始民主的基本内容，被后来的诸子学说一再渲染，奉为“天下为公”的“大同”时代标志，尧舜时期也成为儒家“祖述”追怀的黄金时代。

出土文献等资料的研究表明，从原始社会直至汉民族形成之前，中华大地上生活着三个主要的部落族团：一是华夏集团（又称河洛集团），主要活动在黄河中游的中原地区，以北部的黄帝和南部的炎帝为首；二是东夷集团（又称海岱集团），主要活动在黄河下游及东部沿海地区，以蚩尤为首，另有少昊氏、高阳氏（颛顼）、有虞氏（舜）等；三是苗蛮集团（又称江汉集团），主要活动在南方长江、汉水流域甚至更远的地区，以祝融为首。据《史记·五帝本纪》等文献记载，这三大族团之间发生过多次战争，例如，蚩尤与炎帝部落的一支共工间的战争，结果以蚩尤胜利告终；黄帝与蚩尤间的“涿鹿之战”，黄帝获胜；黄帝与炎帝间的“阪泉之战”，最后黄帝获胜，炎帝集团转徙长江流域。从此黄帝集团势力日盛，黄帝成为中原一带的部落联盟首领。黄帝死后，又有混合华夏、东夷两大文化的高阳氏出现，其杰出的首领之一为颛顼。其后，经帝喾、尧、舜、禹而夏、商、周，中国文化的主体就是在这个基础上延续、传承下来。

大致说来，三皇五帝的传说时代正相当于原始社会末期的部落联盟阶段，即中国新石器时代的晚期，已处于中国文明的前夜。中国历史上有关各项文化发明和事物起源的传说，大都集中在此一时期，这从石器时代考古的丰硕成果中已得到间接证明。不过，中国人历来惯于依圣托祖，黄帝和炎帝就是这一原始时代的人格化，尤其是黄帝成为传说中中原各族的共同祖先之后，许多发明制造，如家耕、熟食、养蚕、衣冠、舟车、弓矢、文字、音律、医学、算数等，都被说成是黄帝及其亲属、部下首创，黄帝遂有“人文初祖”的美誉，被推尊为中华民族的头号文化英雄。人们常称中国是“五千年文明古国”，便是从黄帝算起的。

第二节　夏商西周文化

夏商西周是中国古代政治文明的形成期，也是中国奴隶制时期。西周发展到了奴隶制的顶峰，无论在制度还是在文化方面，都全面超越了夏商，其根本是生产力的不断进步，推动了上层建筑的不断革新。

一、夏代文化

舜去世后，大禹正式成为部落联盟的领袖，为夏朝建立提供了基础。公元前二十一世纪，大禹去世后，其子启废除了“禅让”制，实行帝位世袭，建立了中国历史上的第一个奴隶制国家夏朝，中国由此进入了奴隶制时代。夏朝自禹至桀传十七帝（十四世）共四百七十二年（据《竹书纪年》），制度益趋巩固，形成了一个高出众小邦之上的原始政治机构，也就成为中国历史上第一个朝代。夏朝从帝胤甲时开始衰弱，退居西河（河南洛阳到陕西华阴通称西河）。帝皋都渑池附近，帝桀都洛阳。帝胤甲以后，商在东方强盛，夏不敢向东方竞争，终于为商汤攻灭。但是，夏代的历史，直到现在基本上是一些简略的文字记载，还没有完全得到考古学的证实。夏王朝的中心区域，集中在今河南省西北部和山西省南部地区，它的都城经常迁徙，相传禹都阳城（今河南省登封市），后迁往阳翟（今河南省禹州市），后又都安邑（今山西省夏县），其后的活动区域大致在这一带，文献记载的夏代社会结构约有如下几点情形：

第一，社会生产力已有很大提高，农业生产已有明显发展，大禹治水实际上是一次规模巨大的国土整治工程，无疑对农业生产有很大的推动。又相传禹曾用铜制作兵器，铸造“九鼎”，可见夏代已出现青铜器。

第二，夏代已出现了私有财产，那时的人们已经“货力为己”，并且出现了罚人为奴以及将战俘变为奴隶的现象，可见夏代已形成了奴隶制度。

第三，夏代已建立了比较完备的国家统治系统，其中包括：一是王位世袭制度，即人们常说的“家天下”；二是国家官吏制度，即设职分官，形成一个官僚群体；三是行政区划制度，即将全国领土分为“九州”，每个州设立地方官，称为“九牧”。

尽管夏代文明至今还不能得到确切的实证，但夏代的存在是不容置疑的。新中国成立后，人们陆续在夏王朝活动的中心区域进行了许多考古调查和发掘。1959 年考古工作者在河南省偃师市二里头发掘了一处重要的文化遗址，在第三期的文化层中发现了一个方形宫殿遗址，四周发现有房基、窑穴、水井、窑址，出土器物中有少量的铜器、玉器，其年代正与文献记载中的夏代吻合，它很可能就是夏代的都邑之一。专家据此推断，二里头文化极有可能就是文献记载中的夏文化。

二、殷商神本文化

商朝从约公元前1600年商汤建国，至公元前1046年纣王灭亡，延续了约六百年。商朝是我国最早有文字记载的朝代。凭借商代的甲骨文，人们能够对商朝的历史进行更多的了解。商部落原是一个活动在山东半岛渤海湾从事畜牧业生产的部落。商朝的第一个统治者叫商汤，其先祖名契，佐舜治天下，被封于商（今河南省商丘市）。商汤任伊尹为相，据传伊尹为庖厨，以庖厨之喻对商汤讲解治国道理。在伊尹辅佐下，商汤励精图治，发展壮大，终于取代夏桀而有天下，定都于亳（一说在今河南省偃师市，一说在安徽省亳州市），共传三十王，国家五盛五衰，六次迁都。到盘庚（商代第十代君主）在位时，迁都至殷（今河南安阳小屯村），所以历史上又称商王朝为殷商。据考古所及，商朝南越长江，北达辽西，西抵陕西，国土面积大大超过了夏王朝。

殷商文化非常发达，记录商代社会情况的文字，主要是殷墟甲骨文，有五千多个单字。这些刻在龟甲兽骨上的文字，都是商代王室占卜的记录，因而也称为“卜辞”。其内容极为丰富，反映了商代社会各方面的情况。商代由掌理卜筮和记事的“贞人”书写与保存的典册，便是中国最早的一批文献。商代的历法也很进步，甲骨文中有关于天文现象的记载。此外，商代的青铜器和古都建筑都标志着殷商的商人文化也有相当大的发展。

商朝的文化观念，集中体现在“尊神重巫”，表现出强烈的神本文化的特色。这种神本文化是人类思维水平尚处于蒙昧阶段的产物。比如，国家大事都要由巫师占卜决定，并常常举行规模盛大的祭祀活动，来表示对鬼神的敬意。祭祀时要用许多牲畜，在上古还有用活人祭祀的现象。以神为本的文化逐渐开始向以人为本的文化过渡，其契机便是商周之际的社会大变动。

三、周人的文化维新

周部落原来活动在渭河流域，周的始祖是姬弃，弃即舜禹时的农官后稷，《诗经·生民》即描写后稷诞生及教人播种五谷的事迹。周族几经迁徙居于岐山之下，后经周文王姬昌广求人才，四面征战，统一了一些部落，周武王姬发继位后，在河南孟津与八百诸侯会盟，兴兵灭商。从公元前十一世纪到公元前256年，周朝存世约八百年，共传三十代三十七王。商、周的分界是公元前1046年。周王朝建立后，进行了一系列文化维新。

1. 确立了宗法分封制。周朝为了有效地控制被征服的广大地区，分封姬姓贵族子弟和功臣，还有殷商后代（兴灭国、继绝世的文化传统）到各地去建立诸侯政权。西周初年一共分封了七十一个诸侯，其中姬姓的达五十三个之多。另外，规定周天子的王位和诸侯的封爵由嫡长子继承。

2. 确立了礼制。就是周公着手建立的周王朝的一整套的典章制度。这些典章制度主要见于《周礼》一书。周礼的内容丰富多彩，最重要的是确立了君臣的礼仪原则：一是“亲亲”，贯彻血缘宗族原则，强调父子、兄弟关系来维系宗族；二是“尊尊”，执行政治关系的等级原则，分清君臣上下的等级，其宗旨就是要“别贵贱，序尊卑”，体现君臣、父子、兄弟、夫妻的上下尊卑之别。

周礼的形式为“仪”，即各种礼节和仪式。依照周礼，各级贵族祭祀、用兵、朝聘、婚丧都要遵循合乎其等级身份的礼节仪式（分吉、凶、军、宾、嘉五礼）。比如，各等不同的贵族应乘几匹马拉的车，祭祀时应使用何等规模的乐队都有严格的规定。周代的礼制既是典章制度的总汇，又是当时各级人士政治、经济、社会、家庭生活各种行为规范的准绳。周礼为后世各朝各代的统治阶级所推崇，特别是得到了后世儒家的继承和发扬光大，使其以强劲的力量规范着古代中国人的思想和生活的方方面面。中国传统的“礼文化”或“礼制文化”，即创制于西周。周人推行的种种典制，实质上无不渗透着一种强烈的伦理道德精神，其要旨在于“纳上下于道德，而后天子、诸侯、卿大夫、士、庶民以成一道德团体”（王国维《殷商制度论》）。他们提出的“天命靡常，唯德是辅”“以德配天”“敬德保民”等重要思想，是中国传统文化中的德治主义、民本主义、忧患意识乃至“天人合一”致思趋向最根本的源头。

第三节　春秋战国文化

春秋战国时期是中国文化自由、蓬勃的少年时代。

殷商西周是“礼乐征伐自天子出”的时代，文化由王室控制，学术尚未分解，《庄子·天下》称其为“皆原于一”的“古之道术”。公元前 771 年，周幽王在犬戎的围攻下被杀，西周灭亡。公元前 770 年，周平王东迁洛邑（今河南洛阳西），是为东周。其前段因鲁史《春秋》记载而得名“春秋”（公元前 770 —前 476 年），后段因列国争战而称“战国”（公元前 475 —前 221 年）。春秋战国是个“礼崩乐坏”的时代，东周天子大权旁落，“礼乐征伐自诸侯出”，诸侯们云合雾集，竞相争霸。春秋近 300 年间，“弑君三十六，亡国五十二，诸侯奔走不得保其社稷者不可胜数”（《史记·太史公自序》）。战国两百五十余年间，发生大小战争两百二十余次，“争地以战，杀人盈野；争城以战，杀人盈城”（《孟子·离娄上》）。不过，春秋时还没有私门著述，仅有的典籍如《诗》《书》等由王室或公室文化官员整理、授受。到了战国，这些文化官员掌握的“旧法世传”之学分解为私门之学，“其数散于天下而设于中国者，百家之学时或称而道之”（《庄子·天下篇》）。这是个“道术将为天下裂”的特别阶段，诸侯争霸、各自为政的政治环境造就了中国文化一个快乐、自由、蓬勃的少年时代，士人们竞相著书立说，呈现出一元官学文化离析、多元私学文化发展、百家争鸣的灿烂景观。

一、多元私学形成的文化背景

春秋战国多元私学发展、百家争鸣文化景观的出现，具有深层次的文化背景：

1. 礼崩乐坏，官学难以为继

西周学在官府，在国都设大学“国学”，学习礼、乐、射、御、书、数六艺，以礼乐为主。“乡学”分痒、序、乡、校四级，皆为小学。东周诸侯坐大而相互争霸，礼蹦乐坏，周天子权威失坠，官学的根基被动摇。

2. 诸侯争霸对人才的需求

西周为了维护宗法制，用人以“亲亲”为原则，春秋诸侯争霸，用人以“贤贤”为原则。布衣皆可致位卿相。

3. 王室文化官员出走办学

官学难以为继，宫廷文化官员只好纷纷出走，下移列国，混迹民间，大兴私学。于是，学问开始逐渐地由官府走向了民间村野。

4. 知识阶层“士”的崛起

士在商周时期是贵族中的最低等级，春秋时期的士多受过六艺之教。到了春秋后期，士成了知识阶层的通称，已无宗法等级身份。布衣卿相在春秋战国间已不罕见。作为有专业知识的人才，士受到各诸侯国的重视，还出现了四大养士贵族（孟尝君、平原君、信陵君和春申君）。士的背向，举足轻重：“入楚楚重，出齐齐轻，为赵赵完，畔魏魏伤。”（王充《论衡·效力篇》）挣脱了宗法枷锁、不用完全依附王室、赢得了相对独立人格的士，与中国第一批文化人巫史祝卜比起来，形成了一种新的品格：

首先，他们胸襟博大，以天下为己任。“无恒产而有恒心者，唯士为能”（《孟子·梁惠王上》），他们有坚定执着的志向。“士而怀居，不足以为士矣”（《论语·宪问》），不以经济利益和个人生活安逸为重，而是“思以其道易天下”（《文史通义·言公》）。“士不可不弘毅，任重而道远”（《论语·泰伯》），“天之将降大任于斯人也”（《孟子·告子下》），他们怀抱开阔，表现出了以天下为己任的豪迈心态。

其次，他们具有强烈的政治参与意识。不同的士主张虽然各异，炽烈的政治参与愿望却相同。孔丘三月无君，便惶惶不可终日，声言“苟有用我者，期月而已可也，三年有成”（《论语·子路》），孟子更宣称“如欲平治天下，当今之世舍我其谁！”（《孟子·公孙丑下》）急于向诸侯列国推荐自我，一展抱负。其余如墨子卫宋，庄子设“应帝王”计，法术之士李悝、吴起、申不害、商鞅积极变法，都表现出了参与政治的强烈意识。

第三，他们道德自律严格。除了少数朝秦暮楚、寡廉鲜耻之徒，更多的士终生不渝、矢志不移，追求崇高理想。儒士“杀身成仁，舍生取义”，以“君子喻于义，小人喻于利”（《论语·里仁》）自励，墨家推崇交相利，兼相爱，为道义“赴火蹈刃，死不还踵”（《淮南子·泰族训》），法士则循名责实，严正无私，一断于法，凡此等等，皆为道德高尚之士。

时代呼唤人才，人才推进时代。先秦士人群体，应时而生，才俊辈出，在世界古代文化史上，大概只有古希腊群哲能与之媲美。

二、多元私学盛况空前的原因

春秋战国出现多元文化发展的盛况，除了士阶层崛起这一因素外，还与以下三个因素密切关联：

1. 春秋战国去古未远，原始民主议事遗风依然存在，为文化的多元发展提供了传统基础

从周公制礼作乐到春秋列国争霸，其间只有三百来年，这只是中国礼乐文化的诞生时期，尚没有得到强有力的普及和巩固，思想上的专制比较宽松，许多地理领域和政治思想领域都尚处于原始社会状态或保留了原始社会的民主议事遗风。所以《孟子·滕文公下》云：“圣王不作，诸侯放恣，处士横议，杨朱、墨翟之言盈天下。天下之言不归杨，则归墨。杨氏为我，是无君也；墨氏兼爱，是无父也。无君无父，是禽兽也。”可见，“处士横议”在当时尚没有被看作是大逆不道。

2. 周天子尸位素餐，列国各行其是，为文化的多元发展提供了政治条件

各诸侯国各行其是，导致了政治多元，诸子学说总有一个地方可以生存，所谓“此处不留人，自有留人处”。《荀子·解蔽》云：“诸侯异政，百家异说，则必或是或非，或治或乱”，即指此言。宽松的政治环境使得士子们普遍富有批判精神，孔子有“苛政猛如虎”的评论，墨子怒斥“今王公大人”“至其国家之乱，社稷之危”（《墨子·尚贤》），孟子则认定推翻暴君是正义行动，老子指责“圣人不仁，以百姓为与刍狗”，韩非子对“上无道揆，下无法守”的现实给予抨击。这种犀利的批判精神增强了诸子学说的锐利性。

3. 诸侯争霸对人才的需求，是多元私学生存和发展的社会环境

班固《汉书·艺文志》云：“诸侯力政，时君世主，好恶殊方。”不同的诸侯国国君需要不同的治国人才和策略，士人们普遍富有开拓创新精神，或者各为其主，或者等待贤主，或者主动出击，竞相著书立说，各抒已见，不断地创造新的学说以赢得争霸诸侯的青睐和重用。以至于有了百家争鸣，私学多元的空前盛况。

先秦诸子虽说是百家，有影响的主要有十来家。西汉史学家司马谈《论六家要旨》中将先秦诸子分为阴阳、儒、墨、名、法、道六家。东汉班固《汉书·艺文志》里概括为“九流”，即六家外，加农家、纵横家和杂家。西汉刘歆《七略·诸子略》中又加上小说家，归为十家。

三、春秋战国区域文化

诸子百家，在学术思想上除了各自从殷周之际形成的文化历史典籍五经和六艺中吸取养分外，在横的方面已经表现出了明显的文化地域性特征。中国境内文化的地域性在原始社会已经出现，西周大封诸侯国使之更加强化，所谓“越人安越，楚人安楚，君子安雅，是非知能材性然也，是注错习俗之节异也”（《荀子·荣辱篇》）。中国最早的诗歌总集《诗经》中的《国风》按十五个地区汇编诗歌，开文化地域类分之先河。总起来看，春秋战国时代地域特征明显的文化有：

1. 齐鲁文化

齐国在泰山以北地区，属姜太公领地；鲁国在泰山以南地区，为周公长子伯禽领地；两地相当于今山东省。鲁国礼仪规格与周天子相同，保存有仅次于周天子的礼器典册。春秋各诸侯国礼崩乐坏时，唯有鲁国保存完好。管仲、孔子、墨子、孟子、孙武、邹衍等文化巨匠都诞生于齐鲁。《春秋》史书也以鲁国史事为中心。鲁文化本周礼、重传统，成了儒家的温床；齐文化依周礼又多变通，稷下学宫设一百五十年，诸子荟萃，争鸣不已。所谓稷下多辩士，邹鲁产圣人。阴阳家的空灵流转、儒家的肃穆、兵家的睿智、法家的功利都在齐鲁，尤以儒家的肃穆为重。以后逐渐弥盖中原，披及百代，成为中华文化的正宗。

2. 秦文化

秦国以今陕西关中、汉中为核心，东起函谷关，西达陇中，先世本为西戎嬴姓部落，西周中叶始受封为附庸国。周幽王被杀后，襄公面临的抉择是拥戴平王，或者拥戴携王。秦襄公审慎时势后，转向拥戴平王，并派兵护送，被封为诸侯、赐岐山以西之地。因长期与中原文化疏离，秦文化带有明显的功利主义色彩，津津乐道于农战、攻伐、垦荒、开塞等与国计民生有关的问题，《淮南子·要略》云：“秦国之俗，贪狼强力，寡义而趋利。”秦国宗法观念不强，所以早早地大胆引进贤能人才，力图早日强盛。百里奚、商鞅、尉缭、王翦、张仪、公孙衍、白起、范雎（睢）、吕不韦、李斯这些文韬武略之士纷纷从列国西涌入秦，充分施展，使秦国“移风易俗，民以殷盛，国以富强，百姓乐用，诸侯亲服”（李斯《谏逐客书》）。秦文化以追求功利、严明法纪见长。勇于进取、励精图治的法家学说在此找到了实施的最佳环境，使秦国后来居上，创横扫六合、一统天下之伟业。以上三支文化地处黄河流域，构成了中华文化雄浑壮阔的北支。

3. 楚文化

楚文化位处长江流域，造就了幽丽清奇的南支。楚国先人早在殷周之际已立国于湖北荆山一带，周成王时受封为楚，故又称荆楚文化。春秋时期楚国的范围大致包括今湖北、湖南、河南、安徽等地区。荆楚偏居南国，当中原地区轻天重民思想出现时，荆楚继续保留鬼神巫术，好玄思幻想，以虚无为本，庄子道家产于此。山川秀丽、民族混杂、巫风盛行，文明与蒙昧交织，也孕育了浪漫主义文风，幽远奇特变幻的庄子散文和屈原楚辞在楚地的土壤里引领风头。楚文化幽远清丽、奇幻玄思的特点影响了整个南中国。

4. 三晋文化

三晋即晋国，由唐国改称，周成王弟叔虞封地，称唐公，也称唐虞。战国初韩、赵、魏三家分晋，所以称三晋。相当于今山西和河南中北部及河北中南部。三晋经济和文化发达，是法家的策源地，李悝、慎到、申不害、吴起、商鞅、韩非都是晋人。三晋中赵国偏北，民风强悍，所谓“燕赵多慷慨悲歌之士”。又与胡人邻接，有赵武灵王“胡服骑射”的壮举，开学习域外文化之先河。三晋又是中原逐鹿之地，权术捭阖的纵横家如苏秦、公孙衍、张仪等也诞生于此。所以，顺时言变的法家、鼓舌而论的纵横家、带唐虞遗风而慷慨悲歌之奇士多出于三晋。

此外还有吴越文化、巴蜀文化、燕文化等，共同展现了华夏文化的丰富多样。随着岁月沧桑、世代变更，晚周形成的中国文化域分特色也越来越丰富多彩和越来越突出，已经成了今天中国人取之不尽的文化资源。

第四节　秦汉文化

公元前 221 年，秦王嬴政终于完成“吞二周而亡诸侯，履至尊而制六合”（贾谊《过秦论》）的统一大业，建立了中国历史上第一个专制主义中央集权的统一帝国，是为秦朝。但秦王朝因统治政策的失误，只历时十五年就在秦末农民起义的轰击下坍塌了。在秦末农民战争中崛起的刘邦于公元前 206 年建立汉朝，是为西汉。中经王莽新政。汉光武帝刘秀光复汉朝，是为东汉。两汉历时 425 年。一秦两汉共历 440 年，这是中国传统文化付诸中国封建专制政治实践的实验期，也是中国传统文化由多元私学向一统学说过渡的整合期。整合后的一统文化，具有强大的凝聚力和向心力，造就了“天下一统，四海一家”的定势，惠及此后整个中国的历史。经过秦汉王朝的一统整合，中国传统文化儒道互补的主潮流被确定下来。

一、开拓进取、宏阔包容的文化精神

秦汉王朝，规模庞大，气象宏阔。秦帝国是与地中海的罗马、南亚次大陆的孔雀王朝并立而三的世界性大国。汉王朝强盛更远在秦王朝之上，与其同时并立的世界性大国唯有罗马。秦汉两帝国的盛大主要根植于新兴地主阶级生机盎然、雄姿英发的开拓进取精神。由统治阶级这种精神状态所决定的社会文化基调也处于一种不可抑制的开拓、创新的激情之中。宏伟阔大是秦汉文化精神的主旋律。万里绵延、千秋巍然的秦汉长城，“覆压三百里，隔离天日”的阿房宫，气势磅礴、规模浩大的秦始皇陵墓，水域总面积超过北京颐和园五倍的长安昆明池，“苞括宇宙，总览人物”的汉赋，“究天人之际，通古今之变，成一家之言”的《史记》，气魄雄伟的汉宫和想象丰富的雕刻，无一不是在秦汉宏阔文化精神的统摄下产生出来的辉煌制作物。

开拓进取、宏阔包容的时代精神激发了工艺、学术的创作高潮，也大大促进了中外文化的相互交融。秦汉时代，中国文化从东、南、西三个方向与外部世界展开了多方面、多层次的广泛交流，其中最著名的文化活动是汉武帝时期开辟的丝绸之路和张骞、班超出使西域。通过丝绸之路，中国产品远抵西亚和欧洲，西域乃至印度的文明成果，也源源不断地涌进中国，中国文化因此而增添了多彩的色调。

二、文化统一与思想统一

秦汉统治者在致力于建立一统帝国的同时，还致力于文化一统。战国时期，诸侯割据。“田畴异亩，车涂异轨，律令异法，衣冠异制，言语异声，文字异行”（《说文解字·叙》）。秦始皇统一中国后，在文化统一上采取了以下几方面的措施：

一是“书同文”。统一文字，把小篆作为统一文字。

二是“车同轨”。统一车辆形制。定车宽以六尺为制，六尺宽的车可通行全国。同时以首都咸阳为中心在中国修建了许多道路。其中通往九原（今包头）的叫“直道”，通往东方燕齐地区和东南吴楚地区的两条大道叫“驰道”。道路畅通，促进了商业贸易和文化交流。

三是“度同制”。统一度量衡和货币。秦始皇把秦国的圆形方孔钱作为全国统一的货币。

四是“行同伦”。统一教化，在全国各地设置专掌教化的乡官，名曰“三老”，实际是专作思想政治工作的官吏，目的是统一人们的思想伦理道德，统一文化心理。

五是“地同域”。统一版图，将东至大海，西达陇右，北抵阴山，南越五岭的辽阔版图统一于秦国之下。征服了岭南地区，征发数十万百姓到岭南居住，对开发边疆起到了一定的作用。秦始皇强迫六国贵族迁到咸阳附近居住，加以控制。

秦始皇的上述措施客观上有利于秦帝国政治、经济、文化等方面的统一，为中华文化共同体的最终形成奠定了坚实的基础。

秦始皇文化一统，主要是思想学术上的统一。他崇尚法家，反对儒家，为了实现思想统一，秦始皇“焚书坑儒”，这种思想学术上的统一，对中国文化影响至深至巨。公元前213年，博士淳于越反对实行郡县制，要求恢复分封制，说“事不师古而能长久者，非所闻也”，这话激怒了秦始皇，他把此事交给李斯。李斯上奏云：“古者天下散乱，莫之能一，是以诸侯并作，语皆道古以害今，饰虚言以乱实；人善其所私学，以非上之所建立。今皇帝并有天下，辨黑白而定一尊。私学而相与非法教，人闻令下，则各以其私学议之。入则心非，出则巷议。夸主以为名，异取以为高，率群下以造谤。如此弗禁，则主势降乎上，党与成乎下。禁之便。臣请：史官非秦记皆烧之。非博士官所职，天下敢有藏《诗》、《书》、百家语者，悉诣守、尉杂烧之。有敢偶语《诗》《书》者弃市，以古非今者族。吏见知不举者与同罪。令下三十日不烧，黥为城旦。所不去者，医药、卜筮、种树之书。若欲有学法令，以吏为师。”

这就是“焚书”。秦始皇的暴行遭到了侯生、卢生等儒生的不满和批评，一些方士也逃亡而去。秦始皇严令追缉，将“犯禁者四百六十余人，皆坑之咸阳，使天下知之，以惩后”（《史记·秦始皇本纪》）。这就是“坑儒”。“焚书坑儒”首开专制君主大规模迫害思想异己之恶例。秦朝儒法斗争以法家大获全胜而告终。“焚书坑儒”是为了加强思想文化统治而采取的措施，严重摧残了中国思想文化的发展。

西汉时期，为了统一思想，汉武帝采纳了董仲舒的“罢黜百家、独尊儒术”的建议。因此，汉代统治者在建立一统帝国的同时，也致力于思想文化的统一。

三、儒学独尊与经学兴起

董仲舒元光元年（公元前134年）的《举贤良对策》中汉武帝提出“罢黜百家，独尊儒术”的建议:“臣愚以为诸不在六艺之科、孔子之术者，皆绝其道，勿使并进。邪辟之说灭息，然后统纪可一，而法度可明，民知所从矣。”武帝采纳了董仲舒的建议，从此开创了中国两千多年以儒学为正统的局面。

经学是汉代至清代的官方哲学。西汉时汉武帝立有“五经”博士，即《诗》《书》《礼》《易》《春秋》。东汉时又增加了《孝经》《论语》，合称“七经”。唐文宗时，《春秋》分为《春秋左氏传》《春秋公羊传》《春秋谷梁传》，《礼经》分为《周礼》《仪礼》《礼记》三经，加上《尔雅》，成为“十二经”。宋代《孟子》也上升为经书，这样“十三经”便正式形成了。清代阮元把“十三经”较好的注疏本选出，汇刻成为《十三经注疏》，成为儒家文化研究者常用的书籍。自汉代自清代，“十三经”一直是私塾学生必修经典著作，政府也推行“以经取士”的选官制度。因而，传授经学之学和注经学也就成为专门的学问。此时的经学是以人文精神为主的。

汉武帝以后，经学内部因学术派别不同，出现了“今文经学”和“古文经学”两大派别。所谓“今文经”，即朝廷搜集当今流散民间、口头相传的儒家著作，写为定本，作为传述的依据。由于这些经书，是用当时流行的文字记录整理的，故称“今文经”。所谓“古文经”，是指汉武帝末年鲁恭王刘余坏孔子宅，得《尚书》《礼》《论语》《孝经》等凡数十篇，之后又在河间献王刘德等处陆续发现许多战国时遗留下来的儒家经典，都是用先秦古籀文写成的，这些经书被称为“古文经”。“古文经”出现，学者内部出现“今文经学”“古文经学”两大派，他们在各种版本及文字的真伪、学术观点方面展开争论。一般地说，今文经学注重探讨经义，也即经书的“微言大义”，强调“经世致用”；他们认为孔子不但保存了五经，是古代文化的保存者，而且经过他整理的这些经书便有了新的内涵；他们把经书的“义”与政治联系起来，认为孔子是一位政治家、哲学家，并且尊孔子为“素王”，即不王之王。古文经学则以六经为史料，注重考据；认为孔子是一位史学家，是古代文化的保存者。应该说二者各有侧重，但由于有政治因素掺入其中，经今古文之争也就不仅限于经书本身，而是扩大到了学术思想以及政治观念等方面。从汉武帝至西汉末年，今文经学居官学正统地位。东汉至东汉末年，古文经学占了上风。东汉末年的郑玄不居于一家之见，遍注群经，择善而从，把今、古文经学糅合而成了一种新的经学，即郑学。后世学者注解经学多沿用郑玄的说法，郑学便成为“天下所宗”的儒学了。

第五节　六朝文化

六朝即三国两晋南北朝，包括三国、西晋，南方东晋、宋、齐、梁、陈，北方的五胡十六国、北魏、东魏、西魏、北齐、北周，即从公元 220 年曹丕代汉建魏，至公元 581 年杨坚建隋的近四个世纪，这是中华民族经历长期动乱的时期。动荡不安的政局和连绵不断的战争引起频繁的民族迁徙和大量的人口流动，它像汹涌的波涛，冲决了秦、汉帝国相继垒筑的中央集权的大堤。民族政权林立，各族冲突不断，一方面延缓了社会经济的进步，另一方面又为各族文化的交流、融会和发展提供了条件。这一时期，官学屡遭毁坏，门阀家学成为典章学术传承的重要形式；中原的礼乐政刑在两晋之际随逃亡士人迁到江左，在那里得到新的发展，北魏孝文帝时又回传到中原，造成南北文化对流融会的生动态势；佛道文化在动荡中相争相补，空前发达；玄学为填补世族心灵的空虚应运而生；由于各民族和中西方文化交融的促动，科技、文艺和史学奇遇般地得到进步；制度、风俗也在动乱中整合创新。总之，中华文明经历近四个世纪的磨炼后，又在自我扬弃与融汇各族优秀文化成分的基础上，以崭新的面貌传播到更为广阔的地域，成为高耸于世界东方的一座峥嵘的丰碑。

一、名教危机与玄学兴起

东汉末年黄巾起义和董卓之乱，乱世裂变开始。先有魏、蜀、吴三国鼎立，到西晋短期统一，然后演变为离乱，北方由十六国割据演进为北魏、东魏、西魏、北齐、北周的嬗递，南方则是东晋、宋、齐、梁、陈的更迭。乱世裂变，占地而居的世家大族（豪族）崛起，并拥有私人武装部曲。豪族地主的崛起，九品中正制的实施，造成了魏晋间政治的贵族化和权力的分散。占地而居的世家大族建立的大庄园，不仅经济上自给自足，还拥有兼宗法、军事、生产为一体的私人武装，叫部曲。庄园经济导致的割据性，使得朝廷对学术的干预弱化，经学的地位急剧下降。魏高贵乡公曹髦巡视太学，以经学史上一系列自相矛盾的问题反复诘难经师，令经师瞠目结舌。与汉代帝王亲临太学讲经形成鲜明反差。

经学的衰落，导致名教危机。名教即礼教，也就是“三纲五常”之教。社会裂变，名教斯文扫地，主要表现为：一是“三纲”“五常”受到挑战和冲击。鲍敬言力主取消国君，孔融说“父之于子，当有何亲？论其本意，实为情欲发耳。子之于母，亦复奚为？譬如寄物缶中，出则离矣”（路粹《枉状奏孔融》）。东汉尊礼贤之人的“下榻”气节（陈蕃待徐稚之礼）已荡然无存。二是社会奢靡成风，腐朽残暴。司马炎、司马衷、何曾、王济、王敦、王恺、石崇等帝王、大臣、豪族是奢靡腐朽残暴的典型人物。石崇与王恺斗富，使魏晋奢靡之风发展到极限。更令人发指的是石崇请客饮酒常让美人斟酒劝客，如果客人不喝酒，他就让侍卫把美人杀掉，残暴至极。

经学式微，名教危机，代之而起的便是道学复兴，“玄学独振”。汉代以来的仕进制度以察举、征辟为主要方式，以维护名教为宗旨。其中举孝廉、茂才两科就是以乡里舆论为依据，以道德判断录取人才，全然不管“人才”是否有实际能力。这种仕进制度造成东汉后期“窃名伪服”、“纯盗虚声”的流弊。东晋葛洪《抱朴子·察举》抨击这种制度：“举秀才，不知书；察孝廉，父别居；寒素清白浊如泥，高第良将怯如鸡。”名士赵宣“葬亲而不闭埏隧，因居其中行服二十余年，乡邑称孝，州郡数礼请之”，名盛一时，结果被人发现他在墓道中生了五个儿子，不仅传为笑谈，也是对名教的绝妙讽刺（《后汉书·陈蕃传》）。时事纷纭，社会动荡，名教虚伪，人生意义何在，于是人们便把思考引向玄学。玄学是由老庄哲学发展而来，主要经典是《老子》《庄子》和《周易》，合称“三玄”。“玄”作为一种哲学概念，《老子》论“有”与“无”：“此两者同出而异名，同谓之玄。玄之又玄。众妙之门。”《庄子·天地》《老子·天道》也讲“玄德”“玄圣”，以“玄”为哲学论题。老庄哲学追求自然，玄学家们纷纷从道家立场出发，以无为本，不为身外之物所累，放达任情，宣扬精神上的逍遥游。然而，玄学家们一方面提出要“越名教而任自然”，一方面又大谈“圣人明乎天人之理”，以“建天地之位，守尊卑之制”；一方面自称“老子、庄周是吾师”，一方面又鼓吹要“怀忠抱义，而不觉其所以然”。可见，玄学家们骨子里仍浸润着儒家思想，只不过以“新瓶”装“旧酒”，借尸还魂罢了。所以鲁迅先生一语中的：“魏晋的破坏礼教者，实在是相信礼教到固执之极的。”不过，玄学家们对名教虚伪礼仪的抨击在客观上也助长了当时社会纵情声色、放浪形骸之风。何晏、王弼、阮籍、嵇康、向秀、郭象便是这一时期风度飘然潇洒的人物。

二、儒、佛、道相与激荡

生与死，是人类思想上是一对最重要的范畴。儒家重生，其学说着重在怎样做人，怎样规定人与人的关系和怎样统治人民，儒经所讲伦理道德和政治制度，对死后事（鬼神的有无）置而不论。所谓“未知生，焉知死”，就是儒家对生和死的态度。又如“朝闻道，夕死可矣”，更显示重生的精神。这是儒家学说的切实处。但也因为这种切实的学风，在哲学思想上或者说在精神现象的研究上，孟子和董仲舒为代表的唯心主义学说，荀子和王充为代表的唯物主义学说，研究的宽度和深度，都是很不够的。佛教的传来，使得儒家唯心主义哲学大大发展起来（宋明理学）。从哲学的整个发展过程来说，这是一个大的推进。不论儒学如何吸收佛教哲学，但对生死问题，在说经时依然保持“未知生，焉知死”或神灭论。道家学说着重在个人生前的适意求乐（“长生久视”也是适意求乐的一种），其支派是魏晋玄学。东晋以后的玄学，与佛教联合，玄学家既要生前享现世的乐，又愿死后享来世的乐，玄与佛不曾发生过斗争，实际上玄学附和了神不灭论，已成佛教的助手。佛教和道教都相信神不灭，但对不灭的想法却不同。道教以“无死”（肉体常生）为宗，是贪生的宗教。它希望得不死药求长生，还希望带着妻妾奴仆甚至鸡犬登天，这就是想用自己现有的肉体永远享受无穷的人欲。所谓尸解羽化，是后来制造的骗术，原来是想肉体永生的。道教和佛教斗争，不是因为哲学主张不同，而是因为想用自己的幻想排斥外来的宗教。佛教以“无生”（精神不死）为宗，确认现世的死是必不可免的，因此专心为后世（来生）作打算。东晋时期慧远《与隐士刘遗民等书》云：“意谓六斋日（每月有六天斋戒）宜简绝常务，专心空门，然后津寄之情笃，来生之计深矣。”本来玄学家一向简绝常务，专心空无，现在说这是为来世种福报，宜乎东晋以来，玄佛合流。以上四派，通常分成斗争的两个营垒，一方面是儒学，一方面是佛教。道教附儒，玄学附佛。儒佛斗争的根本问题是神灭论与神不灭论，其他如礼制、华夷等问题，都是较次的争论。

儒佛争论，东晋时期主要为礼制问题。东晋成帝司马衍时庚冰执朝政，主张沙门见皇帝，应该行跪拜礼。佛教徒坚决反对。经反复辩论，庾冰的主张失败了。桓玄又提出跪拜问题，与佛教徒反复辩论，到其篡位后，还是放弃了自己的主张。宋孝武帝诏令沙门拜皇帝，但其子宋废帝废除这个诏令。僧徒不拜父母和皇帝，等于否认儒家的根本伦理，儒家要僧徒拜皇帝，等于否认僧徒的弃俗出世，而且正如反对桓玄的桓谦等人所说，如果僧徒改变不拜皇帝的规矩，那么，其他应该改变的事还很多，一改再改，也就不成其为僧徒。在这一斗争中，儒家的进攻敌不过玄佛两派的联合反抗。

宋齐之际，出现道教和佛教的斗争。东汉道教徒已有老子入夷狄为浮屠的传说，西晋道士王浮造《老子化胡经》。到刘松末年道士顾欢作《夷夏论》，极意诬佛，引起两教的大争论。《夷夏论》要旨在于“舍华效夷，义将安取”？就是说汉族人有自己的礼制风俗，为什么要仿效外国的礼制风俗。萧齐道教徒假托张融名义作《三破论》，与《化胡经》相类。道教徒一贯用造谣诬蔑为斗争的手段，佛教徒有时也造些谣言来反攻，如《正诬论》说老子闻道于竺乾古先生，竺乾即天竺，古先生即佛，所以老子是佛弟子。在这一斗争中，道教徒被佛教徒战败了。

神不灭论是佛教的根本依据，只有儒家的古文经学派能够推倒这个根本依据。儒家在平时对鬼神持不可知论，但在反对主张有鬼神的学派时，它可以主张无鬼论，战国儒家曾用无鬼论反对墨家学派，就是一个先例。东汉今文经学派盛行，王充曾主张无鬼论来反对今文经学派。王充学说到了齐梁间，由于范缜作《神灭论》得到很大的发扬。范缜以前，刘宋何承天反对轮回说，作《达性论》，说“生必有死，形毙神散，犹春荣秋落，四时代换，奚有于更受形哉！”刘宋范晔曾想著无鬼论，说死就是灭，天下决无佛鬼，其《后汉书·西域传》说佛教“好大不经，奇谲无已”“精灵起灭，因报相寻，若晓而昧者，故通人多惑焉”。这些都是不信轮回，不语怪神的儒家思想。齐竟陵王萧子良大兴佛教，声势极盛。儒家思想也在发展演变，有范缜的《神灭论》。范缜博通经术，尤精三礼，秉性质直，敢于发高论。萧子良招名士萧衍、沈约等人做宾客，范缜也被招请。当时著名士人多集中在竟陵王府，正是儒佛论争的最好场所。

《神灭论》发表后，佛教信徒喧哗反对，萧子良集众僧和范缜辩论，都被范缜驳倒。萧衍做皇帝后，下了一道答臣下神灭论的敕书，硬说范缜违经背亲，言语可息。又给范缜加上罪名，流放到广州。僧徒释法云拿着这道敕书，送给王公朝贵们看。王公朝贵六十二人写回信，跟着梁武帝来责骂范缜，佛教徒算是依靠政治压力挽救了佛教的危机。但也有一些人主张调和儒佛，沈约作《均圣论》，就是这种思想的表现。道士陶弘景作《难沈约均圣论》，反对"内圣（佛）外圣（周公孔子），义均理一"的说法。足见在佛教极盛的时候，道教徒还是依附儒家，反对佛教。

儒家佛教道教的关系，大体上，儒家对佛教，排斥多于调和，佛教对儒家，调和多于排斥；佛教和道教互相排斥，不相调和（道教徒也有主张调和的）；儒家对道教不排斥也不调和，道教对儒家有调和无排斥。梁武帝原来是父祖相传的道教徒，做皇帝后在佛前立誓舍弃老子（道教），一心事佛，又敕群臣舍道事佛，说老子周公孔子都是邪道，只有佛是正道。可是就在这一年，他又为孔子立庙，置五经博士，对儒学崇奉备至。这正说明儒学的传统力量，即使梁武帝看作邪道，也只能用调和手段，不能用佛教来排斥儒学在政治上的地位。但是，道教却确实被排斥了，陶弘景 36 岁便退出仕途。

第六节　隋唐文化

隋代即隋朝，是中国历史之中最伟大的朝代之一。自公元 581 年隋文帝杨坚建隋，至公元 619 年王世充篡隋，隋代共历三十八年。隋代的统一结束了汉末以来近四个世纪南北军阀混战、分裂的局面，并为中国古代地主阶级专政社会的顶峰——唐代做出了多方面的准备。利用隋末农民战争提供的机遇，太原留守李渊于公元 618 年称帝，改国号为唐，是为唐高祖。唐代是中国历史上的一个极为重要朝代，自开国之君李渊公元 618 年建国，至公元 907 年朱全忠逼哀帝李柷禅位并改国号为梁，历时 289 年。唐代全盛时在政治、经济、军事、文化、外交等方面都取得了极高的成就，开创了中国历史上的三大盛世之一的开元盛世[1]，同时也是当时世界上最为强盛的国家之一。唐朝的疆域东临日本海，西抵中亚阿姆河、锡尔河流域，北达西伯利亚南部，南至中印半岛，是与当时横跨亚、非、欧三洲的阿拉伯帝国、继承西罗马帝国版图的加洛林帝国并立而三的世界性大国。就文化的先进性而言，唐帝国所达到的水平则是阿拉伯帝国和加洛林帝国所无法比拟的。建立在国家统一、经济繁荣、汉胡融汇、中外交通发达基础上的隋唐文化，规制宏伟、气氛宽松、生命力强盛，创造了中国古代文化的辉煌成就。

一、隋唐文化背景

隋唐时期文化的繁荣，与隋唐所创设的政治制度休戚相关。其中最主要的是得益于隋唐时期的用人制度：隋朝废除了魏晋时的九品中正制，推行科举制度。通过科举考试来选拔官员，改变了魏晋以来按照门第高低选用官吏的方法，在一定程度上限制了门阀世族世代做大官的特权。大批中下层士子凭借自己的学识和才能，堂堂正正地进入了仕途。隋朝所创立的用人制度为后来的历朝所沿用。

唐朝继续推行科举制度和均田制，政治清明，社会安定，经济繁荣。通过科举考试，一大批出身低贱、地位低下的士人凭着自己的本事，参与和掌握着各级政权，他们在内心里感激这个充满希望和大有作为的时代，他们对自己的前途和事业充满了澎湃的激情，以极大的热情投身于国家的政治、经济和文化建设中。正是因为这批精英分子的努力，使得隋唐文化出现了空前的繁荣。在文学、绘画、音乐、宗教等各个方面取得了历史上前所未有的成就。甚至有些成就也是后世望尘莫及的。

① 三大盛世：指西汉从文景之治开启的“武宣盛世”，唐代从贞观之治开启的“开元盛世”，明代从洪武之治开启的“永宣盛世”。其中，武宣盛世从西汉武帝延续到昭宣中兴，将近百年；唐代是中国地主阶级专政历史发展的顶峰，其强盛时期从高宗永徽之治到玄宗开元盛世，前后持续百余年。永宣盛世从明永乐初年延续到宣德末年，计三十三年，是中国地主阶级专政历史上最后一个综合国力仍领先世界的盛世，其世界历史意义远远超过其他盛世。

二、隋唐文化的宏大气魄

以强盛国力为依据，以朝气蓬勃的世俗地主阶级知识分子为主体，隋唐文化首先体现出来的是一种无所畏惧、无所顾虑的兼容并包的宏大气派，比之于宏阔开拓的秦汉文化，隋唐文化的宏阔包容已经显示出了中国传统文化的成熟。这主要表现在以下两个方面：

1. 隋唐文化体现出了一种无所畏惧、无所顾忌的兼容并包的宏大气派

首先，在文化政策上，隋唐统治者，不仅在政治上比较开明，而且在文艺创作上积极鼓励创作道路的多样化。在政治上最开明的当属唐太宗李世民，他采用了许多利民的措施，并且知人善任，能够虚心听取不同的意见。在文学方面，唐朝不少帝王本身爱好文学，同时鼓励作者创作风格的多样化。唐朝现实主义诗人有杜甫、白居易，浪漫主义诗人有李白、李贺。唐代的统治者对作家比其他任何朝代都宽容的多，李白几次冒犯龙颜，竟然不死，就是一个奇迹。

其次，在意识形态上，唐代开放的文化氛围，奉行三教并行政策。唐代统治者一开始便尊道、礼佛、崇儒，使得三教都得到了充分自由的发展。儒家本来不是宗教，在佛教和道教的冲击下，不少卫道者起来捍卫儒家传统，于是人们便习惯将儒、佛、道并称为“三教”。国家重大节日和庆典，朝廷一般都招三教讲论。开始时三教都标榜自己的主张而贬低另外两教的主张，为争夺地位高低不断斗争，有时还很激烈。虽然初唐有儒臣傅弈抨击佛教事件，高宗时有道士李荣与沙门入宫辩论事件，中唐有韩愈尊儒排佛，稍后又有唐武宗会昌法难。但总体上看，三教彼此对抗的时候并不多，尤其是中唐以后，三教已多从互相补充、融合的立场，论证三教的相互作用和不可偏废。中唐以后的不少思想家如李翱、柳宗元、刘禹锡等，都不同程度地主张三教合一。尤其是佛、道两个以出家为号召的宗教，开始时互争高低。李渊父子自称是老子李耳后裔，规定上朝时道士在僧尼之前。武则天天授二年（公元 691 年），由于僧人献《大云经》，为武后当女皇帝制造舆论，朝廷又规定僧尼排班次序在道士之前。至唐睿宗景云二年（公元711年），复敕僧道齐行并进，班次排列不分先后，终唐之世，遂成定制。由于李唐朝廷实行了宽松包容的文化政策，才造就了富有中国特色的文化风景，即在穷乡僻壤的羊肠小道上，夕阳下一个和尚一个道士并肩而行，谈笑风生，偶尔还有羽扇纶巾的儒士并行其中。

唐人开放的文化心态，三教并行，有力促使儒、佛、道相互吸收。人们不以一教为尊，亦不必以自己的信仰去屈从一尊意志。唐代朝野上下都有一股比较自由的思想文化空气：儒学可以被嘲讽，比如大诗人李白曾狂歌曰："我本楚狂人，风歌笑孔丘"（《庐山谣寄卢侍御虚舟》），"儒生不及游侠人，白首下帷复何益"（《行行且游猎篇》）。大诗人杜甫也说："儒术于我何有哉，孔丘盗跖俱尘埃。"（《醉时歌》）对于君主，这些诗人居然可以"长安市上酒家眠，天子呼来不上船"（杜甫《饮中八仙歌》），反而是唐玄宗见了李白要"降辇步迎"（李阳冰《草堂集序》）。在三教共弘、有容乃大的政治和文化氛围中，唐代的社会风气也相当开放。读唐人笔记，可见大量自择婚配、乘间欢合的记载。离婚改嫁、夫死改嫁亦习以为常，婚外私通也屡屡见载，可见这一时期的思想制约较为松弛。宽松的文化氛围，使得文化人能自由抒发他们的心灵的感受，或转化为艺术形象，从而赋予了盛唐文化率真放达的气质，更把中国古典文化艺术推向了鼎盛时期。

2. 广为吸收外来文化

隋唐汉族是胡汉融汇后的新汉族，使得隋唐文化兼具丰润饱满和开放拓展的气质。胡族文化与汉族文化交相辉映，对域外文化大加采撷吸纳，如南亚的佛学、医学、历法、音韵学、音乐、美术；中亚的音乐、舞蹈；西亚的祆教、景教、摩尼教、伊斯兰教、医术、建筑术、马球运动等。

隋唐文化在广为吸纳异域文化时，又向外部世界辐射。汉字、儒学、纲常律令、科学技术、中国化佛教都对周边国家和地区乃至更远的地方产生了影响。公元七世纪日本的改革，政治、经济、文化等各项政策的制订无不仿照唐制。唐代鉴真和尚则被日本人称为"日本律宗太祖""日本文化的恩人"。日本遣唐使多达十八次，人数最多时达六百人。日本社会各阶层深受唐文化浸染，吟唐诗，雅好唐乐，发展"唐绘"，行唐礼，衣唐服，食唐式点心，用唐式餐具，对唐文化全面汲取。至今日本人们仍然沿袭唐代习俗席地而坐。当时朝鲜半岛上新罗国的政治、经济、文化、宗教、教育政策和建制，甚至于语言文字和国学教材，用的都是唐朝的，整个就是一个唐代制度文化的翻版。唐代文化对西方的影响则主要表现在科技上，一为造纸术，二为纺织术，三为炼丹术。公元751年，唐帝国与大食帝国在怛罗斯城发生了中国古代唯一一次与西方的直接军事冲突，唐军大败，大批士兵被俘，其中有不少造纸、纺织等行业的工匠以及炼丹术士，中国科技便这样经阿拉伯传入了欧洲。当时欧洲的文献载体为羊皮，一本《圣经》至少要300多只羊的皮。造纸术西传，对世界文化传播，贡献卓巨。另外，中国十进制在唐代传入印度，唐代陶瓷之路则穿洋过海远到非洲东南岸。

三、唐朝是一个世界性帝国

学术界往往将秦汉与隋唐类比，并将“汉唐”连称，但汉代与唐代实际上差别很大。汉朝还没有强大的威慑力和文明魅力足以建立对周边诸国的宗主权、仲裁权，唐朝则以强盛的国力建立了皇帝在国内至高无上的地位，而且有足够的魅力吸引各国首领前来贡拜。唐朝的世界性还表现在对外族和外国人允许入境居住，参政做官，法律地位平等，保护通商贸易，允许通婚联姻，文化开放互融，外来留学人员云集。唐朝是当时当之无愧的世界中心国家，其物质生活的富裕，典章制度的完善，宗教理性的宽容，科学技术和文学艺术的繁荣，甚至包括服式发型的新潮等，吸引邻近民族和各国人士蜂拥而至。唐朝文化是极其繁荣昌盛的。

四、唐代文化的辉煌成就

唐文化的繁荣表现在以下几个方面：

1. 文学

唐代诗歌是中国诗歌发展史上的黄金时代，是中国诗歌辉煌的巅峰时代。

唐代是一个全民族诗情郁勃的时代，见于《全唐诗》的诗人就有两千三百多个，诗歌接近五万五千余首，杜甫、李白、王维、白居易成为后世耳熟能详的诗人名字。唐诗是中国文学的瑰宝，对后世的影响极大。人们常说“熟读唐诗三百首，不会作诗也会吟”，至今唐诗仍是进行艺术教育必不可少的内容。

唐代散文也取得了丰硕成果，韩愈、柳宗元为唐代“古文双璧”。他们发起了古文运动，对以后几个世纪的文学产生了深刻的影响。唐代传奇小说开创了后世短简小说的先河，《霍小玉传》《柳毅传》《虬髯客传》等为传奇的代表作。唐代的词与变文也开创了文学体裁的新样式。

2. 书法

书法至唐，达到我国历史上的一个高峰。各种书体都有发展，篆、隶、行、草都有卓越的书法家。楷书成就最大，唐楷后世无出其右者，欧阳询、虞世南、颜真卿、柳公权四大家将唐楷推至登峰造极，其中颜真卿、柳公权的楷书，直到今天，仍是人们学习的主要范本。

3. 艺术

唐朝是绘画的极盛时期。唐代画坛百花盛开，人物画、山水画、花鸟画、鞍马画等，都各自成为独立的画科，并具备了鲜明的艺术特色。唐代画家辈出，仅有文献与画迹可考者近四百人。“画圣”吴道子画的“禽兽、台殿、草木”无不“冠绝于世”。代表作是《送子天王图》。唐代的雕刻艺术、音乐艺术、瓷器艺术、建筑艺术的等各门艺术都取得了令后世追慕不已的成就。因此，可以下个结论，中国艺术发展至唐，显示出一种阶段性集大成的灿烂风采。

第七节　宋元文化

宋代自宋太祖赵匡胤于公元960年发动陈桥兵变建国，至公元1279年南宋灭亡，是中国历史上承五代十国、下启元朝的朝代。根据首都及疆域的变迁，宋代可再分为北宋与南宋，合称两宋。宋代是中国历史上经济与文化教育最繁荣的时代。国学大师陈寅恪言："华夏民族之文化，历数千载之演进，造极于赵宋之世。"辽朝又称辽国、大辽、契丹，简称辽，是五代十国北宋时期以契丹族为主体建立的统治中国北部的封建王朝，于公元 907 年建国，公元 1125 年被金灭亡。西夏是由党项族人于公元 1038 年至 1227 年间在我国西部建立的一个政权，因其在西方，宋人称之为"西夏"。金代，或称大金、金国、金朝，是位于今日中国东北地区的女真族建立的一个政权。金太祖完颜旻于 1115 年建金，公元 1234 年灭于蒙古与南宋联合进攻。元朝是中国历史上第一个由少数民族（蒙古族）建立并统治全中国的封建王朝，公元 1206 年成吉思汗建立蒙古汗国，公元 1271 年忽必烈改国号为"大元"，取《易经》中"大哉乾元"之意，公元 1279 年统一全国。元朝的疆域空前广阔，今天的新疆、西藏、云南、东北、台湾及南海诸岛，都在元朝统治范围内。公元 1368 年被朱元璋建立的明朝灭亡。

"宋元文化"是"宋辽夏金元文化"的简称，可分为两个阶段叙述。

一、两宋文化

宋代是中国封建社会继盛唐之后，社会政治、经济、科技、文化高度发展的时期，宋代文化以丰厚的底蕴、深邃的思想、恢宏的气势、绚丽的色彩，把历史悠久的民族文化推向高峰，不仅给近千年来的中国民族文化带来极其深刻的影响，而且对周边国家乃至全世界的文明发展都做出了不可磨灭的贡献。

宋代文化的辉煌是以生产关系的变革、农业手工业的发展、科学技术的进步、商业贸易的繁荣、航海交流的发达以及大都市和市民阶层的形成为基础的，但和宋代统治者所采取的开明政策也是分不开的。宋代统治者接受藩镇拥兵割据导致皇权削弱的历史教训，十分重视从知识分子中选拔官吏。宋太祖对宰相赵普说："五代方镇残虐，民受其祸，朕今选儒臣干事百余，分治大藩，纵皆贪浊，亦未及武臣一人也。"（明代陈邦瞻《宋史纪事本末》卷二）因此，朝中多用儒臣。宋代统治者还广开言路，鼓励知识分子关心国事、指陈时弊，并宣布不杀上书言事者，使人人“无以触讳为惧”。同时，不干涉学术研讨中不同思想的争论，造就了一个比较宽松的学术环境。宋代各学派也都十分注重笃学博识、砥砺切磋，虽然在学术上是论敌，激烈争辩，互不相让，但在生活中却是挚友，情感深厚，相互敬重，形成了良好的学风。这就使两宋能够成为春秋战国之后又一个在学术思想上流派纷呈的繁荣时代。

宋代统治者十分重视文化建设，把书籍看成“教化之本，治乱之源”，他们以前代兴废为借鉴，勤奋读书。宋太宗常常是“深夜乃寝，五鼓而起，盛暑永昼未尝卧”（宋代李焘《续资治通鉴长编》）。由于长期战乱，图书散佚严重。宋朝建立后，修建崇文院，派官员寻访、校对、抄写、刻印民间藏书，充实国家馆阁。经二十年的努力，崇文院藏书由原来一万三千余卷增加到八万余卷。另外，组织大量人力，“集名士于朝”，对历史文化遗产分类整理加工，编纂了《太平御览》、《太平广记》《文苑英华》《册府元龟》四大部书，共三千五百卷。这是中国文化建设史上的不朽功业。

宋代在选拔官吏方面打破门阀等级制度，取消官僚贵族在科举方面的特权，看重寒门子弟，放宽科举资格，扩大录取范围，不拘一格选人才，使大批出身贫寒但有才学有抱负的知识分子有机会走上仕途，肩负国家重任。他们忧国忧民，立志报国，有强烈的忧患意识和社会责任感。他们关心百姓疾苦，敢于针砭时弊，慷慨进言，积极献策，力求变革。以范仲淹、王安石为代表的改革派就曾针对官吏腐败、冗兵冗政造成的“内则不能以无以社稷为忧，外则不能无惧于夷狄，天下之财力日益穷困，而风俗日益衰坏”（王安石《上仁宗皇帝言事书》）的危机，发动过历史上著名的庆历新政和熙宁变法。在外敌入侵、国家危亡之际，他们投笔从戎，以死报国，表现出炽热的爱国激情。

1. 宋代教育

宋朝建立之后，统治者接受唐末五代藩镇割据、战乱不断以致君权削弱的历史教训，确立了“兴文教”“抑武事”“以文化成天下”的基本国策，尊师崇仁厚，重视人才，选用大批仁厚之士担任朝廷和各州县的要职。他们认为，“致天下之治者在人才，成天下之才者在教化，教化之所本者在学校”

（宋代胡瑗《松滋县学记》），为宋代文化教育的繁荣发展打下了基础。北宋时期三次掀起兴学运动，改革并完善了科举和教育制度，设置了教育管理机构，任命了负责教育的官员，规定了教学内容及教学方法，使宋代教育呈现一派生气勃勃的景象。在兴学运动中，首先整顿国子学，创办全国最高学府——太学。神宗熙宁四年（公元 1071 年），王安石在太学中推行“三舍法”，从上舍的优秀学生中直接选拔官吏。由此太学得到迅速发展。熙宁四年太学生为一千人，元丰二年（公元 1079 年）发展为两千四百人，徽宗崇宁时已达到三千八百人，成为宋代太学的极盛时期。宋代太学规模之大在历史上是少有的。此外，还诏令各州县都设置学管，掌管学政；划拨学田作为教学经费的来源。官办学校蓬勃发展的同时，各类私学兴起，义学、村学、家学、冬学、私塾、学馆、精舍等随处可见。读书求学蔚然成风，特别是集讲学、藏书、科研、学术交流诸功能为一体的书院得到迅速发展。书院作为各学派研究、传授本学派学术思想的基地，培养和造就了一大批名士鸿儒。可以说宋代教育的普及程度是前所未有的。“自仁宗命郡县建学，而熙宁以来，其法浸备，学校之设遍天下，而海内文治彬彬矣。”（《宋史·选举志》）在三次兴学运动推动下，宋代教育进行了重大改革。无论是科举考试还是平时教学，都充分重视经世致用、富国强兵的实用之用，而摈弃那些“强记传诵”“雕虫篆刻”等于世无补的教学内容。一句话：反对死读经书，倡导学而致用。从实行分斋教学，发展到创办武学、算学、律学、医学、画学等专科学院，培养实用专业人才。这在中国的教育史上不能不说是一个卓越的贡献。

2. 宋代儒学

作为宋代文化的核心，宋代儒学围绕对宇宙本源的探索和经世致用的追求，产生了以二程、朱熹为代表的理学，以张载为代表的气学，以陆九渊为代表的心学，以陈亮、叶适为代表的实学等不同的学派。学术界呈现出流派纷呈的繁荣景象，造就了一大批颇有影响的哲学家、思想家。宋代儒家思想顺应历史发展的需要，以儒家礼法伦理思想为核心，糅合道家宇宙生成、万物化生的理论和佛家的思辨哲学思想，发展成为一个完备的思想体系，使儒学进入一个新的阶段，形成新儒学。新儒学注重义理，强调笃实，富有思辨性和哲理性。其理论之丰富、体系之完整、内容之深刻、概念之明晰，都达到了相当高的水平。它从更高层次上去把握人类与自然、人生与社会、人与人、身体与心理的关系，是当时社会知识和自然知识的概括和总结。宋代儒学所宣扬的礼法纲常、伦理道德十分有利于对天下人心的统治，为巩固封建专制制定奠定了思想基础。另一方面，由于其对中华民族的团结统一、和谐发展、社会稳定起着相当重要的作用，因而被广大人民群众所接受，经过人们的吸收改造，成为中华民族的优良传统道德。

3. 宋代文学

宋代文学是宋代文化的重要组成部分。宋代的诗词、散文、话本、戏曲等都有突出的成就。尤其是宋词，可以说是宋代文学的代表。词作为一种可以演唱的文学形式，兴于唐五代，盛于两宋。唐五代词以反映青楼歌馆、男女艳情为主要内容。宋词突破传统观念，开拓创新，广泛而深刻地反映了社会各阶层的生活和思想。宋词不仅内容丰富，格调清新，而且形式活泼，有十几个字的小令，也有二三百字的长调，或慷慨悲壮，或清丽典雅；或旷达豪放，或凄婉沉郁；或激越奔放，或妩媚缠绵。由于其鲜明的时代特色和强烈的人民性，同时也具有较强的娱乐性，所以容易被广大人民群众所接受。于是，词这种文学形式在社会上广为流行，并形成了包括各个阶层的浩大的创作队伍。仅《全宋词》所辑作者就有 1300 多人，收词两万余首。宋代成为词创作的鼎盛时期，涌现出柳永、晏殊、欧阳修、张先、苏轼、黄庭坚、秦观、杨万里、范成大、李清照、辛弃疾、陆游、陈亮等一大批艺术成就卓著的优秀词人。金兵的不断入侵致使民族矛盾加剧。这时，词中的豪放派崛起，到辛弃疾达到了顶峰。词人们怀着炽热的爱国激情，慷慨悲歌，写下了大量豪情奔放、气势磅礴的爱国辞章，如岳飞的《满江红·怒发冲冠》、辛弃疾的《破阵子·醉里挑灯看剑》等，几百年来一直激励着中华民族不屈不挠地英勇斗争。

宋诗在唐诗的基础上深入发展，不仅在数量上大大超过唐代，而且内容更加广泛而深刻，表达技巧精细，思想缜密，更趋于散文化、议论化，形成了宋诗风格。以苏轼、黄庭坚、梅尧臣、杨万里、陆游等为代表的宋代伟大诗人在中国诗坛上闪耀着光辉。

以欧阳修为代表的宋代散文家倡导文风改革。他们的文章朴素自然，婉转流畅，一扫宋初浮靡空乏之弊，把散文创作推向一个新的高峰。唐宋八大家韩愈、柳宗元、欧阳修、苏洵、苏轼、苏辙、曾巩、王安石，其中宋代就居六席。宋代话本和戏曲由于能够满足广大市民阶层的文化生活需要而得到迅速发展。元、明以后的戏剧不少题材都取自宋话本，可见其影响之深远。此外，宋代书法、绘画、音乐、舞蹈等也都在发展中有所创新，而且理论研究上有所突破。

4. 宋代科技

文化和科学技术是不可分割的，先进的科学技术反映了先进的文化，反过来，先进文化也对科学技术起着积极的推动作用。中国古代科学技术发展到宋代走向了高峰。中国古代四大发明中，活字印刷术、火药和指南针三项都出在宋代。它们对人类的贡献是不可估量的。欧洲制造火药的技术是从中国经阿拉伯传入的，比宋代制造火药的时代至少晚了三四百年。欧洲的活字印刷公元1450年才在德国谷登堡出现，这比毕昇晚了半个世纪。宋代统治者十分重视推广先进技术，整理出版了大量的科学技术专著，如《太平圣惠方》、《政和本草》、曾公亮的《武经总要》、苏颂的《新仪象法要》、杨忠辅的《统天历》、秦九韶的《数学九章》、陈甫的《陈甫农书》等。对取得科学技术成就的人朝廷还给以奖励。据《资治通鉴长编》记载：冯继升进火药法，唐福献火器，项馆献战船式样，高宣造八车船，他们都得到了晋级或物质的奖励。这些政策和措施以及活字印刷技术的发明所带来的印刷业的发达对普及文化教育和科学技术知识起到了相当重要的作用。科学技术的发展使宋代的经济，特别是商业贸易呈现出一派繁荣的景象。粮食生产无论是总产量还是人均占有量，都比唐代有较大幅度提高。手工业如冶炼、造船、采矿、造纸、印刷、制瓷等不仅拥有相当大的规模，而且大量采用新技术、新工艺，很多手工业生产技术在当时都处于世界先进水平。从《东京梦华录》和《清明上河图》的真实记录可以看到，北宋的京都开封街巷纵横交错，店铺鳞次栉比，商品琳琅满目，水陆交流繁忙，车马喧闹，人流如潮，成为世界上最繁华、最发达的大都市。

二、辽夏金元文化

在两宋三百多年间，中国北方先后出现了三个少数民族建立的政权，他们是契丹族建立的辽、党项族建立的西夏、女真族建立的金。

1. 游牧文化与农耕文化的冲突、融合

辽夏金元文化体现了明显的游牧文化与农耕文化的冲突和融汇的特征。辽、夏、金作为游牧民族，他们经常南下侵扰宋朝，对农耕民族的宋文化造成冲击，同时他们也从宋文化中汲取营养，这就产生了冲突与融会的双重效应：一方面，宋朝受辽夏金的侵扰，使得宋文化里渗透着国土沦丧的忧患，这种忧患意识在士大夫文化中表现得尤其明显。在欧阳修、苏轼、李清照、陆游、辛弃疾、岳飞的诗词文当中都体现出了一种浓郁的忧患气息。岳飞《满江红·怒发冲冠》、陆游《示儿》等，无不充满了浓重的爱国忧国的情思。当然市民文化当中是缺少这种忧患意识的。他们醉心于瓦舍勾栏的愉悦和刺激。另一方面，游牧民族从农耕文化中吸收到丰富营养。在辽朝，《史记》《汉书》被译成契丹文字广泛流传，孔子受到朝野上下的尊崇，唐宋诗词受到辽人的喜爱。贾岛的诗成为儿童学习的启蒙读物，苏轼的诗更为辽人熟悉和喜爱。在西夏，党项族人把《孝经》《论语》《孟子》等译成本族文字。至宋仁宗时，西夏任用中国贤才，读中国书籍，用中国车马，行中原法令。受中原之国影响最大的当属金国。建立金国的女真族一直活动在东北一带。自从公元 1141 年宋金订立“绍兴和议”之后，女真族人不断内迁，定居中原，与汉族人民长期杂居，学说汉话，与汉人通婚，改姓汉姓。在全国学习汉文化经典，科举考试仿汉唐之制，儒学被奉为正宗道统。总之，金人对汉文化的汲取和整合比别的民族更加明显。以上是辽夏金与中原宋朝文化的冲突与融汇的概况。

元朝本是中国北方的蒙古族建立的政权。公元 1260 年，成吉思汗的孙子忽必烈登上大汗宝座。1271 年迁都燕京（今北京）建国号为“大元”。1279 年元灭南宋，统一中国，标志着蒙汉各族统治者的联合。元朝是我国少数民族入主中原后建立的中央集权的封建帝国，在这个被蒙古族人征服的帝国里政治、军事、文化既互相冲突又互相交融。忽必烈入主中原后曾把国民分成四等：第一等是蒙古人，第二等是色目人，第三等是汉人，第四等是南人。后来忽必烈步入了征服者被征服的轨道。在长期的统治生活中，忽必烈感到在大元帝国处处推行蒙古族的游牧文化是行不通的。在汉族儒生士大夫的影响下，他采取一系列措施，改变蒙古族的旧俗，“行中国事”（中国即中原之国），风俗、饮食、礼仪等方面逐渐汉化。程朱理学曾被元统治者升格为官学，成为居主导地位的观念文化。

2. 规模盛大的中外文化交流

元朝疆域辽阔，忽必烈入主中原后，还征服了周边一些国家和地区。元代建立了北达西伯利亚，南到南海，西南至西藏云南，西北达新疆的大帝国。一度还曾发动了对欧亚各国的三次侵略，并建立了四个汗国，波兰、匈牙利、伊朗、伊拉克、埃及等都曾被成吉思汗及其子孙占领过。在元帝国对欧亚大陆的征服过程中，规模盛大的中外文化交流也在进行之中。外来宗教大规模涌入中国，信仰伊斯兰教的穆斯林从阿拉伯和波斯大量迁居中国，属于基督教的景教和天主教在全国各地遍设教堂。

元代有大批中亚波斯人、阿拉伯人迁居内地，他们也把本国的先进科技（如天文学、数学）介绍到中国，中国至今仍在使用阿拉伯数字。元代杰出的科学家郭守敬在发展中国传统天文学的基础上，充分吸取阿拉伯的科学（数学和天文学）成果，在天文、水利、数学、历法等方面都取得了世人瞩目的成就，特别是在天文学方面，他于公元 1281 年制定的《授时历》，以 365.2524 天为一年，其精密程度超过前代各朝各代，比世界上现用阳历（格里哥利历）早三百年，授时历施行了 360 年，为我国历法史上施行最久的历法。与此同时，中国文化迅速向外国传播，火药传入阿拉伯，后传入欧洲，印刷术传入波斯、埃及，后传入欧洲。中国历法、数学、算盘、瓷器、丝绸、茶叶等，在亚欧广泛传播。马可波罗来到大元帝国旅行之后，用《马可波罗游记》把中国介绍给了西方人。

3. 元杂剧及其文化意义

元代对知识分子来说是一个不幸而又侥幸的时代。隋唐开始，历代王朝都是通过科举考试制度来选拔一部分知识分子参政的。元代却不是这样，蒙古灭金后，科举考试停顿了八十多年。为数众多的知识分子被堵塞了仕途。一些知识分子苦闷彷徨去做隐士，而绝大多数文士则沉沦下层。元代知识分子中一些“门第卑微，职位不振”的文人，与人民比较接近，与民间艺人和社团合作，投身于杂剧的创作，用杂剧来表达心中的悲愤苦闷与抗争。在不足百年的时间内，有姓名可考的杂剧作家两百人，见于记载的剧目有七百多种，至今流传的剧本仍有两百多种。最著名的有“元曲四大家”关汉卿、马致远、白朴、郑光祖，还有王实甫。其中关汉卿、王实甫被誉为杂剧双璧。（关有《窦娥冤》、王有《西厢记》。）

元杂剧的文化意义在于把歌唱、说白、舞蹈等有机地结合在一起，形成了具有民族风格的完整的戏曲艺术形式。具体来说：一是元杂剧的成功宣告戏剧、小说等叙事文学开始成为中国文学的主流。元杂剧的兴盛意味着文学在作者和读者两方面都进一步走向了民间。二是元杂剧高扬了反抗精神，抨击黑暗势力、落后观念与丑陋风习，歌颂了不畏强暴、反抗压迫、争取自由的叛逆精神。如《窦娥冤》里的窦娥、《西厢记》里的白衣秀士张君瑞和相国小姐崔莺莺以及崔家婢女红娘。红娘成了主要人物，闪现出了民主思想的光辉。三是元杂剧褒贬分明，剧中人物的忠奸美善判若泾渭，这种体现着多数人意志的价值判断具有民主倾向和进步意义。如《赵氏孤儿》中的程婴和公孙许臼等仁人志士，体现的是震撼人心的道德力量和中国儒家的道德信念。四是元杂剧体现了中国戏剧文学的一个基本特征，即以浪漫的理想化方式处理现实主义的题材，充分体现了人民群众的美好愿望。

第八节　明清文化

明代自朱元璋公元1368年建立，至公元1644年李自成攻入北京，明思宗朱由检于煤山自缢，明朝在全国的统治结束。清代自努尔哈赤于公元1616年建立后金，公元1636年皇太极改国号为清，公元1644年定都北京，公元

1911年辛亥革命爆发推翻清朝，1912年2月12日清帝被迫退位。此后，中国脱离了帝制而转入了民主革命时期。回顾中国传统文化的发展里程，上古是发生时期；殷商西周、春秋战国、秦汉、魏晋南北朝是发展壮大的时期；隋唐是鼎盛时期；宋辽夏金元是个起伏跌宕的变异时期；明清是衰落沉暮的时期（指文化专制），同时也是文化创新时期（启蒙思想介入）。

一、严厉的文化专制

明清时君主专制统治超过以前历代王朝，文化专制也达到了登峰造极的程度。与秦始皇"焚书坑儒"、汉武帝的"罢黜百家，独尊儒术"相比，明清文化专制有过之而无不及。主要表现在以下两个方面：

1. 大兴文字狱

明清时期，首先搞文字狱的是朱元璋。朱元璋搞文字狱与其经历有关，他出身佃农，少年时因家中贫困，给地主放牛。十七岁时当了和尚。曾在安徽、河南靠"化缘"度日。后来参加了郭子兴领导的红巾军。郭子兴见他作战勇敢，将养女马氏嫁给了他。郭子兴死后，朱元璋成了这支农民起义军的实际统帅。之后，朱元璋顺应时代潮流，凭借其雄才大略、远见卓识取得了北伐蒙元战争的胜利，把元顺帝赶出了大都。公元1368年朱元璋在南京正式称帝，国号大明，年号洪武。朱元璋即位后大兴文字狱，由于他出身低贱，落魄时做过乞丐和尚，称帝后心理上极其敏感，对文字百般猜忌，往往毫无道理就胡乱杀人。他登基后大斩开国贤臣，以至于当时读书人都不愿意出来当官，一时间人才凋零。朱元璋特别忌讳人家说僧、盗、光等字，连同音同意的生、道、亮、秃等也不行，凡章表中有这类字的，即诛杀作者。因他被元朝骂之为贼，贼及贼的近音字则、责、择也会迁怒。他对文字极其敏感，洪武三年（公元1370年）下令禁民间用天、国、君、臣、圣、神、尧、舜、禹、汤、文、武、周、秦、汉、晋等字为名。洪武二十六年又禁用太祖、圣孙、龙孙、黄孙、王孙、太叔、太兄、太弟、太师、太傅、太保、大夫等为名。对文字的禁锢可见一斑。文字狱兴起，冤假错案屡见不鲜。翰林编修高启作诗："小犬隔墙空吠影，夜深宫禁有谁来？"被腰斩。御史张尚礼作诗："梦中正得君王宠，却被黄鹂叫一声！"下狱死。中书舍人詹希原给太学写匾额，"门"字少最后一勾，被视为阻碍纳贤，斩……朱元璋私游一寺，见壁上有诗"毕竟有收还有散，放宽些子也何妨"，大怒，将全寺僧人都杀了。浙江府学教授林元亮作《谢增俸表》中有"作则垂宪"，"则"与"贼"音近，被视为骂太祖起兵当过贼，斩。这些文字狱，使大批儒生士大夫无辜遭受横祸。此外，明代君主还使用特务机构东厂、西厂、锦衣卫，以文人为重点监视对象，对文人进行迫害和镇压。他们往往因一字致祸，个个谨小慎微，写诗作文不敢针砭现实，书写胸臆。因此明代的优秀作品多出于元末明初，而且往往是民间创作。

清代文字狱更超过明代。第一，庄廷鑨《明史》案。公元1661年，双目皆盲的浙江湖州富户庄廷鑨出钱购买明末人朱国祯一部未完成的《明史》，然后延揽名士，增润删节，补写崇祯朝和南明史实，廷鑨父庄允诚于顺治十七年冬（公元1660年）将书刻成，即行刊书《明史辑略》(《明书辑略》)。顺治十八年为归安知县吴之荣告发，鳌拜责令刑部满官罗多等到湖州彻查。康熙二年（公元1663年）正月二十日农历旧年，前来给该书作序的李令皙（崇祯十三年进士）拜年的客人连同李家百余人皆遭逮捕。这时廷鑨已死，被掘墓刨棺，枭首碎骨，尸体被悬吊在杭州城北关城墙上，示众三个月。因此获罪，"重辟七十余人，凌迟十八人，已故时廷鑨，也被'戳其尸'"。被凌迟还有名士庄廷钺（廷鑨弟）、李令皙、茅元铭、蒋麟征、张嶲、韦元介、潘柽章、吴炎、吴之镕、吴之铭等。史称"庄廷鑨《明史》案"，是清初著名文字狱之一。第二，戴名世《南山集》案。戴名世，清代文学家，安徽桐城人。康熙四十一年（公元1702年），戴名世的弟子尤云鹗把自己抄录的戴氏古文百余篇刊刻行世，由于戴氏居南山冈，遂命名为《南山集偶抄》，即著名的《南山集》。此书一经问世，即风行江南各省，其发行量之大，流传之广，在当时同类的私家著作中是罕见的。正是这本书，使戴名世流芳文坛数百多年，却也使他招致杀身大祸。戴名世晚年基本上持一种与清政府合作的态度。戴名世于康熙四十八年（公元1709年）中会试第一名，殿试以一甲第二名进士及第（俗称榜眼），授翰林院编修，在京供职，参与明史馆的编纂工作。过了两年，即因行世已久的《南山集》中录有南明桂王时史事，并多用南明三五年号，被御史赵申乔参劾，以“大逆”罪下狱，又两年后即公元1713年3月被处死，死年六十岁。此案株连数百人，震动儒林。当时政界和学术界的知名人士如桐城派开山鼻祖方苞、侍郎赵士麟、淮阴道王英谟、庶吉士汪汾等三十二人”都被牵连其中。这就是著名的“清初三大文字狱”之一的“《南山集》案”。后来此案牵连人数达三百人之多。第三，吕留良》案。雍正时期，文字狱更多、更严重，最出名的是吕留良事件。吕留良是一个著名学者，明朝灭亡后，他参加反清失败，于是出家为僧，躲在寺院里著书立说，著有《万感集》、《五科程墨》等。吕留良为学尊崇朱熹，处世坚守民族气节，一向反对清朝，所以其书充满反清内容。幸好当时其书没有流传出去。吕留良是在死后四十九年时，即清雍正十年（公元1732年），受湖南儒生曾静反清一案牵连，吕氏被雍正皇帝钦定为“大逆”罪名，惨遭开棺戮尸枭示之刑，其子孙、亲戚、弟子广受株连，无一幸免，铸成清代震惊全国的文字冤狱。这三个案子或多或少是有反清的活动引起的。另外，不少文字狱，完全是牵强附会挑剔文字过错，甚至为了一句话、一个字也惹出大祸。如有一次翰林官徐骏在奏章里把“陛下”的“陛”错写成“狴”字，雍正帝马上把他革职，后来，有人在徐骏的诗集里发现有“清风不识字，何故乱翻书”“明月有情还顾我，清风无意不留人”，于是雍正认为这是存心诽谤，照大不敬律斩立决。

2. 崇正宗灭异端

为了巩固封建王权，配合空前的君主集权专制政治的实施，明清两朝统治者在思想文化上继续实行秦汉以来的文化一统专制政策，对人们施以空前严厉的思想文化控制。明朝用来指导并巩固其封建统治的哲学思想是宋代的程朱理学。朱元璋多次诏示：“一宗诸子之书，令学者非五经孔孟之书不读，非濂洛关闽之学不讲。”（陈鼎《东林列传》卷二）。明成祖朱棣在位时曾命令他的大臣编成明代四大类书，除解缙、姚广孝等的《永乐大典》外，胡广等奉敕纂修的《四书大全》、《五经大全》和《性理大全》三部都是理学的。其中《性理大全》七十卷，所采宋儒之说凡一百二十家，分为理气、鬼神、性理、道统、圣贤、诸儒、学、诸子、历代、君道、治道、诗、文等十三大类，分门别类依次编排所采文献资料。三部类书沿袭程朱、表彰理学，颁行天下后成为士子习业的经典著作。朱棣宣告："行之于家，用之于国""使家不异权，国不殊俗"。以法典的名义废除了唐朝《五经正义》，代之以义理之学。同时，朱熹的《四书集注》成为科举士子的必读注本。"世之治举者，以《四书》为先务，视《六经》为可缓；以言《诗》，非朱子之传义非敢道也；以言《礼》，非朱子之家礼弗敢行也；推是而言，《尚书》《春秋》，非朱子所授，则朱子所与也"（朱彝尊《道传录序》）。还禁止士子们思考当代问题。把封建君主专制政治推向极致的朱元璋，在他的统治范围内实行严厉的思想文化控制的同时，甚至还将文化专制的淫威扩及到了儒家"圣人"的经典上。他认为孟子对君主不逊，于是"罢孟子配享"，一年后又觉不妥，又"配享如故"。洪武二十六年（公元1393年），朱元璋又命令删节《孟子》，被认为言论荒谬者共85章，一律删除，几达全书三分之一。被删去的文字如"君有大过则谏，反复之不听，则易位""民为贵，社稷次之，君为轻"等，都是儒家民本仁政思想的精华。

清朝为了巩固思想统治、笼络知识界，继续推行明代的文化政策。一方面大力尊孔崇儒，给孔子加上了"大成至圣先师"的尊号，儒家思想成了理政、治学、处世和待人的标准。另一方面又认为程朱理学才是孔子的真传、儒学的正统，因此对朱熹倍加尊重，《四书》《五经》中的一部分同样以朱熹的注释为准。康熙帝命令文渊阁大学士李光地编纂《朱子全书》颁行全国，又命取《性理大全》精华编为《性理精义》，程朱理学同样被推上了至尊正宗地位。此后的大清帝王们在文化专制上又进了一步，乾隆借编纂《四库全书》之机全力剪除异端邪说，《四库全书总目提要》的"凡例"开明宗义地宣布："离经叛道、颠倒是非者，掊击必严；怀诈挟私、荧惑视听者，屏斥必力。"乾隆借机发布禁书令，凡有民主或民族色彩的著作一概禁售、毁版，甚至焚烧，禁书活动长达十九年，共禁毁书籍三千一百多种十五万一千余部，销毁书版八万块以上。担心受牵连和告发，民间自行销毁者更多。中国文化遭到了秦始皇焚书以来的又一次巨大浩劫。虽然部分人"康乾盛世"来称颂中国自公元1682年清兵入关之后的一百多年是太平盛世。这是不符实际的，因为此时的世界各国都处于资本主义上升时期，各国民主、自由风起云涌，统治阶级无不采取各种手段发展经济、鼓励科学技术，诸如法国大革命，英国的“宪章运动”等。而此时的康熙、雍正、乾隆等却为了一家之天下，大兴“文字狱”，把中央集权的专制制度推向极端。在经济上钳制商贸活动，多次取消海口贸易，实行“闭关锁国”的政策，把明末清初萌生的那一丝资本主义的曙光彻底扼杀殆尽。在政治上，全国遍布特务机关，无论是官吏还是民间，只要一有反清复明的蛛丝马迹，马上就大开杀戒，进行残酷的迫害和镇压，致使一大批思想家死于非命。这种对中国社会各个领域、各个阶层进行的全方位的摧残，使中国社会元气大伤，在繁荣的表象后面，潜藏的是国破家亡的危机，也就是说，所谓的“康乾盛世”是牺牲了中国近二百年的进步换来的。公元1840年的鸦片战争，千疮百孔的清政府便立刻露出原形。因此中国近代的落后挨打，清政府难辞其咎。

二、早期启蒙思潮

明清时期中国资本主义开始萌芽。明末清初一批文人从不同侧面与当时的正宗文化程朱理学展开论战，有的批判锋芒直指君主。明清时期的启蒙思想的代表人物有以下几位：

李贽（公元1527 — 1602年）。初姓林，名载贽，后改姓李，名贽，字宏甫，号卓吾，别号温陵居士、百泉居士等。明代著名思想家、文学家，泰州学派的一代宗师。他说自己“自幼倔强强难化，不信道，不信仙释。故见道人则恶，见僧则恶。见道学先生则尤恶”（《阳明先生年谱后语》）。李贽中年时曾当过国子监博士，又在朝廷做过官，但他不满官场黑暗，于明朝1581年愤而辞官，专心从事讲学和著述。他的代表作有《藏书》《续藏书》《焚书》《续焚书》。李贽以孔孟传统儒学的“异端”而自居，对封建的男尊女卑、假道学、社会腐败、贪官污吏，大加痛斥批判，主张“革故鼎新”，反对思想禁锢。贽最痛恨维护封建礼教的假道学和那些满口仁义道德的卫道士、伪君子。

他指斥那些所谓的道学家们：名心太重，回护太多。“实多恶也，而专谈志仁无恶；实偏私所好也，而专谈泛爱博爱；实执定己见也，而专谈不可自是”，“及乎开口谈学，便说尔为自己，我为他人；尔为自私，我欲利他”，实际上都是“读书而求高第，居官而求尊显”，全是为自己打算，“无一厘为人谋者”（《焚书·答耿司寇》）。李贽对程朱理学及卫道士们的揭露真可谓一针见血。他还提倡婚姻自由，公然招收女学生，他的思想和行为在封建社会里被视为大逆不道。他的许多观点与同时代的意大利文艺复兴时期人文主义的观点非常相近。

清初的黄宗羲、顾炎武、王夫之也是当时的启蒙思想家。他们指斥帝王，提出“天下之大害者，君而已矣。”主张“有其力者治其也”（黄宗羲《明夷待访录原君》）。他们批判程朱理学，反对明末以来的空疏学风，主张“凡文之不关当世之务者，一切不为”（顾炎武《与人书》）。提倡经世致用。戴震还针对程朱理学，指出其“以理杀人”“以法杀人”的真实面目。明清时期的启蒙思想家，可以同西方的文艺复兴想提并论。但与西方的文艺复兴不同的是，中国的启蒙思想家们尽管反对封建专制，但他们没有提出新的社会改革方案，只是在扩大相权、限制君权、提倡学校上，以议政的方式来改良封建专制制度，而当时欧洲的人文主义者，如孟德斯鸠、卢梭，他们在批判封建神学和封建专制的同时，提出了“三权分立”的君主立宪制和民主共和制这样的资产阶级蓝图。受明末清初启蒙思想家的熏陶，许多流传后世的文学名著都出于此时。

三、古典文化的大总结

明清是中国古典文化大总结时代，其要概述如下：

首先，在图书典籍方面，明清两代皇帝调动大量人力、物力，对中国上下几千年、浩如烟海的典籍进行了整理、汇编，明朝永乐年间，明成祖编纂了大型类书《永乐大典》，保存了大量古代文化典籍，被公认为世界上最早、最大的一部百科全书，可惜大多亡于战火，今存不到八百卷。清康熙、雍正时又一部大型类书《古今图书集成》编纂成书，这部书将清代所能见到的各种古籍分成历象、方舆、明伦、博物、理学、经济六编。全书一万卷，是我国现存类书中规模最大、用处最广、体例最完善的一种。康熙年间编撰大型字典《康熙字典》中国收录汉字最多的古代字典。清代乾隆年间又完成了大型丛书《四库全书》，此书历时十年，收录有3503种，是中国历史上规模最大的丛书。这些工作应该说是对中国文化典籍的大总结。

其次，在科技方面，明清两朝科学家在总结古典科技的同时还继续推动着中国科学技术的继续发展，农学、医药学、金属冶炼等方面都居世界领先地位。医学家李时珍花费了二十七年的时间，编成了具有世界影响的博物学、药学著作《本草纲目》五十二卷。徐光启主编《崇祯历书》，还编写了《农政全书》，这本书共六十卷约六十万字，记载了我国自古以来的农学理论。宋应星生活于明末清初，他在全面总结我国十七世纪以前工农业生产技术的基础上，撰写了《天工开物》三卷十八章，这是一部称誉海内外的农业、手工业生产技术的工艺百科全书，国外称之为中国十七世纪的工艺百科全书。日本人将此书奉为至宝，并由此发展出一门“天工学”。明朝后期边防海防危机，促使一些学者写出了各具特色的新的军事著作。茅元仪的《武备志》就是在这种情况下产生的。《武备志》两百四十卷，广采历代有关军事书籍两千余种，汇集了历代军事理论、战略战术、军用物资等方面的重要史料，实际上又是一部资料丰富的军事学史书籍。另外，《授时通考》是乾隆时期鄂尔泰等奉敕编纂，是从四百二十七种旧文献中辑录有关农业的资料，分类汇编而成。全书七十八卷九十多万字，分为天时、土宜、谷种、功作、劝课、蓄聚、蚕桑、农余等八门，是中国古代篇幅最大的农学类书。《广群芳谱》是康熙帝时汪灏奉敕在明代《群芳谱》的基础上改编而成。《群芳谱》是明代王象根据自己耕种经验，加上文献记载和访问咨询所得而写出的一部农书。《广群芳谱》一百卷。分天时、谷、桑麻、蔬、茶、花、果、木、竹、卉、药十一个谱。总体上看，由于官方和学术界都不重视科学技术和生产技术，所以这方面没有取得应有的成就。

四、西学东渐及其中断

明清时代，欧洲资本主义迅速发展，文艺复兴运动达到顶峰。一个反对罗马教廷的宗教改革运动（新教）也如火如荼地蓬勃兴起。为了与新教抗衡，出现了以扶助教皇为宗旨的耶稣会。耶稣会十分注意培养博学的牧师，前往南美、非洲和亚洲。幅员广阔、人口众多的中国，自然成为耶稣会宗教扩张的重点目标。耶稣会士竞相来华，给明清之际的中国带来了西方文化。与西学注入中国文化系统的同时，中国文化也经西方传教士的宣传介绍，在欧洲流播开来。在西方文化的传入和影响下，中国文化开始了新的征途。

1. 西学东渐

明清之际比较著名的来华传教士有意大利的利玛窦、龙华民、熊三拔、罗雅谷，葡萄牙的阳玛诺，德国的汤若望，法国的金尼阁，瑞士的邓玉函等。他们来到中国，努力顺应当地习俗，注意走上层路线，又推行学术传教方针，把西方文化，特别是文艺复兴时期的科技成就带到了中国。在天文历法方面，传教士输入的九十种西学（不包括神学著作）图籍中有四十三种，其中有二十一种收入《崇祯历书》。《崇祯历书》基本上代表了传教士输入的西方天文历法的水平。数学方面，影响中国最大的是利玛窦、徐光启合译的《几何原本》（前六卷）。该书介绍了古希腊数学家欧几里得的平面几何学，比中国传统几何学丰富，并具有严密逻辑结构的公理体系。在地理学方面，耶稣会士向中国学术界介绍的《坤舆万国全图》引进明确的地圆概念，并以经纬度划分球面，对于破除中国旧有的天圆地方或地平观念有着重要的意义，而且比传统的“浑天说”以“鸡蛋黄”比附地球的形状更为科学；还介绍了五大洲、三大洋的地理位置，体现了地理大发现的成就。在物理学与机械工程学方面，邓玉函《奇器图说》第一卷讲解物理学的基本原理，如重、重心、重容、比例等问题；第二卷讲机械学基本知识，如天平、杠杆、滑轮、斜面等等；第三卷才是各种“奇器”的具体制造方法，显示出近代科学理论思维的严密逻辑过程；又有熊三拔所介绍的《泰西水法》、汤若望《远镜说》所介绍的望远镜制作技术及其使用方法，都引起人们的兴趣。在火炮制造术方面，中国发明的火药及火器制造术经阿拉伯传至欧洲，引起欧洲的兵器革命。至十四世纪中叶，欧洲的火器制造术已比中国先进。清初汤若望作《火攻揭要》、《神威图说》，详细介绍西洋制炮技术和炮战技术。在基督教神学方面，西方传教士东来的主要目的就是传播基督教神学。明清之际是西方基督教大举进入中国时期。基督教作为一种宗教文化，与中国世俗文化有很大的区别，因此，它与中国传统文化发生冲突在所难免。十七至十八世纪的时候，西方教会及其在华传教士关于在华传教如何对待中国传统礼仪问题进行了长时期的争论。罗马教廷与清廷在这场争论中互不相让，最终以罗马教廷的退让妥协而告终。在绘画艺术方面，清朝时期一大批西方传教士来到中国，其中有不少的画家，他们大多住在宫廷里，根据宫廷的需要与爱好，综合中西绘画艺术，创造出了一种新的绘画风格，为清朝宫廷绘画增色了不少。其中最为有名的是意大利的郎世宁，名作有《哈萨克贡马图》《乾隆帝阅马术图》《乾隆帝万树园赐宴图》《八骏图》等，皆为弥足珍贵的纪实之作。

2. 中学西传

利玛窦的先驱罗明坚是第一个翻译《四书》的西洋人。其后，金尼阁根据利玛窦记录而著《耶稣会在华开教史》，揭示儒学的主要观念。熟谙于中国文化的利玛窦在1604年致耶稣会长的书简中还提到有关“太极”和“理”的理论。有关理学的介绍也日益广泛。1735年耶稣会士杜赫德在巴黎刊印由耶稣会士在中国的考察资料汇总成的巨著《中华帝国志》。这部被誉为中国百科全书的著作分为四卷：第一卷记叙各省地理和历朝编年史；第二卷研究政治、经济、经典和教育；第三卷介绍宗教、道德、医药、博物等科目；第四卷将满、蒙、西藏、朝鲜列入研究。许多中国著作的译文如《古文观止》《赵氏孤儿》都被收入该书。《中华帝国志》对于中国历史文化在欧洲的播扬起了颇为重要的作用。欧洲启蒙学者首先从中国这一古老文明中充分汲取营养。启蒙大师们的思想特征，是一切诉诸理性、把理性当作一切现存事物的唯一裁判者。然而，以宗教神学为主体的欧洲中世纪思想传统与启蒙思潮全然对立，来自东方的中国人文传统，便成为启蒙运动者汲取精神力量的重要来源，成为莱布尼兹、伏尔泰等启蒙思想家笔下“借以鞭挞旧欧洲的‘巨杖’”(《伏尔泰小说选》)。

十七至十八世纪的欧洲社会，特别是法国，也因耶稣会士的介绍与中国、西欧间贸易的蓬勃展开，而对中国物质文明产生浓厚的兴趣。当时的欧洲流行中国的茶、丝绸、绣品、瓷器和漆器，在艺术样式上，以中国艺术为泉源的罗科科风格大为盛行。以耶稣会士为中介而展开的十七至十八世纪的西学东渐与中学西渐，对中国文化系统的新变，以及对欧洲文明的发展乃至整个世界文明的发展都具有积极意义。不管耶稣会士远渡重洋东来的本初动机是什么，他们在欧亚两大文明交流中都是功不可没的。

但是，由于长期形成的高高在上的“天下中西”观念和俯视其他文明的优越感，以及程朱理学的束缚，使得西方科学技术的传播步履艰难，到了雍正年间，随着耶稣会教士被逐出国门，“西学东渐”几乎中断，中国走进了“闭关锁国”的死胡同。直到1840年的鸦片战争，“闭关锁国”的中国才被洋人的洋枪洋炮轰开了大门。

第四章　中国传统哲学与宗教

中国传统哲学源远流长，几千年来，虽经朝代更迭，中国哲学却一脉相承，又各具特点。时至今日，中国哲学与古希腊、印度哲学共同发展，形成世界哲学的三大流派，并且越来越显示出其新的生命活力和影响力。哲学是文化的核心，中国古代哲学对古代政治、经济、军事、宗教、科学、教育、伦理、文学、艺术都具有深层次的影响并发挥着潜移默化的支配作用。研究传统哲学不仅可以深化对传统文化的认识，而且可以启迪我们对中国传统哲学与中国现代化进程及其与人的生存关系的进一步思考。

中国古代宗教作为古代社会的一种意识形态，既是一种特定形态的思想信仰，又是一种普遍的人类文化现象，在人类文化史上占有十分重要的地位。中国古代宗教是中国传统文化的重要组成部分，深刻地影响着古代的政治、经济、文学、艺术等方面。学习和研究中国古代宗教将有助于我们深入认识中国传统文化及其精神。

第一节　上古原始宗教

宗教是人类社会发展到一定历史阶段出现的一种文化现象，属于社会意识形态。其主要特点是相信现实世界之外存在着超自然的神秘力量或实体，该神秘力量或实体统摄万物而拥有绝对权威、主宰自然进化、决定人世命运，从而使人产生敬畏及崇拜，并从而引申出信仰的认知及仪式活动。在人类早期一些社会中，宗教承担了对世界的解释、司法审判、道德培养和心理安慰等功能。现代社会中，科学和司法已经从有些宗教分离出来，但宗教的道德培养和心理安慰功能还继续存在。宗教所构成的信仰体系和社会群组是人类思想文化和社会形态的一个重要组成部分。

中国旧石器和新石器时代的宗教信仰及其在阶级社会中的残余形态，根据目前考古发掘的材料和古籍记载，主要有关于鬼魂崇拜的丧葬仪礼以及自然崇拜的种种表现。

一、丧葬仪礼与鬼魂崇拜

从考古发掘探明，旧石器时期中国的山顶洞人的遗骸周围，撒有含赤铁矿的红色粉末，并有钻孔的兽齿、石珠、骨坠等装饰品作为随葬物。从这些遗迹可推知，在两至三万年以前的原始社会中，已产生灵魂不死的观念和对鬼魂的崇拜。丧葬仪礼的繁简差别，反映了对鬼魂崇拜的不同程度。新石器早期，人们的鬼魂观念比较简单，墓葬也相应比较简陋。据考古发现，上海青浦县崧泽下层遗址墓葬，没有墓坑，在平地堆土掩埋，直身仰卧葬，随葬品很少；山东大汶口早期墓葬是竖穴小坑墓，随葬品亦少，以生产工具作随葬品的更是少见

新石器中、晚期以后，鬼魂观念渐趋复杂，葬法相应多样化。西安半坡村遗址中的小儿墓葬，均用瓮棺埋在居住区内，成人墓葬则都在沟外的共同墓地；有仰卧伸展葬、伏卧葬、屈肢葬，还有二次葬。甘肃临洮县城南寺史前墓葬中，有火葬后将骨灰盛在陶缸中埋葬的，还有一些合葬墓。这一时期，一般都有固定的公共墓地，同一墓地的死者面部都朝同一方向。从上述事例推知，当时已有较复杂的鬼魂观念。面部的同一朝向，可能是为表明灵魂的去向。使用固定的公共墓地和大墓套小墓的葬法，可能是原始人觉得鬼魂在冥间仍维持着大小家族的关系。儿童和成人墓地分开，反映人们相信冥间也有年龄层次的分别。火葬是想使灵魂尽早摆脱尸体的羁绊。这个时期的随葬

品明显增多，以劳动工具随葬者，屡见不鲜。裴李岗一百座墓葬中，有随葬品者九十一座，大部分随葬品都是劳动工具；男性墓多为石刀、石斧，女性墓常有纺轮和石磨盘等。在新石器时期的后期，如甘肃齐家文化墓葬中，有一男一女或一男二女同时合葬的，在齐家坪墓群中，甚至有八至十三人的合葬墓；表明当时的鬼魂观念中，已存在男权的统治地位和主人对奴隶的奴役和压迫关系，因此出现了妻妾为夫殉葬、奴隶为主人殉葬的丧葬制度。

先秦及西汉的古籍中，有不少关于汉民族对鬼魂的认识和丧葬仪礼的记载。《礼记·祭法》云："大凡生于万物、生于天地之间者皆曰命。万物死皆折。人死曰鬼。"认为鬼具有超人的能力和有善恶之分，并能祸福于人。《左传·昭公七年》云："匹夫匹妇强死，其魂魄犹能凭依于人，以为淫厉。"《礼记·檀弓上》则称鬼魂是"生有益于人，死不害于人"。基于这些观念而产生了种种仪礼，其中最被重视的是葬礼，特别重视墓地的方位和尸体的朝向。《礼记·檀弓下》记载："葬于北方，北首，三代之达礼也。"这些内容，同考古发现基本相符，可认为是汉族祖先的葬礼习俗。

二、祖先崇拜

源于鬼魂观念的祖先崇拜，开始只是将氏族始祖或历史上对本族有功勋的鬼魂作为崇拜对象。所谓"夫圣王之制祀也，法施于民则祀之，以死勤事则祀之，以劳定国则祀之，能御大灾则祀之，能捍大患则祀之"（《礼记·祭法》）。同时，由于重视血缘关系，人们观念中的一部分鬼魂成为氏族的祖神或保护神，作为长期固定的祭祀对象。通常一个家庭只祭祀其最亲近的祖先，如父祖，同时还参加几个家庭联合的祭祀祖先活动。随着氏族群体的瓦解，商周奴隶主贵族集团继承和垄断了氏族祖先的祭祀权，并利用它作为统治的精神工具。在统治范围扩大或改朝换代时，统治者都要想方设法证明他们与前代统治者或被他们征服的民族是同根同祖，崇拜同一祖先。据《礼记·祭法》云："有虞氏禘黄帝而郊喾，祖颛顼而宗尧；夏后氏亦禘黄帝而郊鲧，祖颛顼而宗禹；殷人禘喾而郊冥，祖契而宗汤；周人禘喾而郊稷，祖文王而宗武王。"

自然崇拜：原始和远古时代，人们对与自己生活关系密切而又不可理解和不能驾驭的自然物和自然力，产生依赖与畏惧而对其进行崇拜。当时一般尚未形成明确的超自然体观念，但已开始有将自然物和自然力超自然化的倾向，将其作为具有生命和意志的神灵加以崇拜。随着人们抽象能力的增强，又逐渐形成独立于具体自然物和自然力的神灵观念。崇拜的对象愈来愈多，山岳河川、风雨雷电、动物、植物以至日月星辰诸天体。

1. 风雨

中国农牧业发展较早，雨水对农牧业的影响极大，雨神素为人们所重视。殷墟卜辞中，有关求雨和卜雨的卜辞所占比重最大。殷人求雨，有把人或牲礼架在柴上焚烧献祭的，也有向雨神献舞求雨的。《左传》等古籍还有“焚巫”、“暴尪”或主祭者自焚以求雨的记载。对雨的崇拜，后来转变为崇拜众多被认为具有施雨能力的雨师、神龙等，其中求神龙施雨最为普遍。民间求雨的祭祀，多以神龙为对象。远古人们对风的形成和它对自然界的影响，感到既神秘又恐怖，从而产生有关风神本体和神力的种种幻想。如认为东西南北四方来风，分别有四个风神主宰；殷墟甲骨文里对四方风神各有专名，《山海经》里也有类似记载。关于兴风的神力来源也有种种神话传说，有的把这种神力归于某种鸟类，如鹓、爰居，有的认为某山谷为能刮风的神灵，如《山海经》中所说的“令丘之山”的“中谷”和“旄山之尾”的“育遗”之谷，以及《淮南子 · 览冥训》中所说的凤凰暮宿的风穴等。西汉以前，民间有杀犬祭风神的习俗。秦代雍地有风神庙，王者要祭祀风神报其功。

2. 雷电

古人对雷声抱有恐惧感，但不把它当作恶神，而认为它是主持人间正义，对恶人行刑的善神。《山海经 · 海内东经》云：“雷泽有雷神，龙身而人头，鼓其腹，在吴西。”这种较原始的雷神形象具有浓烈的直观幻想性，可能是看到雷鸣时的闪电似龙，雷雨交加的现象又与龙能作雨的观念相联系，所以幻想出龙身的雷神；幻想雷神居水泽之中，名其居处为雷泽。后雷神更为拟人化，被称为雷公。《论衡 · 雷虚篇》谓西汉时“图画之工，图雷之状，累累如连鼓之形；又图一人，若力士之容，谓之雷公，使之左手引连鼓，右手推椎，若击之状。其意以为雷声隆隆者，连鼓相扣击之音也”。这里的雷公，已不是人首龙身，而是一个大力士；也不是雷神鼓腹而生雷声，而是扣击连鼓而“隆隆者”。

3. 社祀与土地神

中国土地神崇拜的发展可分为三阶段：一是原始的土地崇拜，人们直接向土地献祭；二是土地神拟人化，逐渐由自然神向社会神过渡；三是各地域的“土地公”，被认作地主和管理者，主要具有社会属性而非自然属性的神性。古籍中记载的“社祀”，是原始土地自然崇拜的一种形式。《史记・封禅书》云：“自禹兴而修社祀……郊社所从来尚矣。”修社祀或许在夏代初期，当时把土地作为直接礼拜的对象。至殷商、西周初期，祭土地神时仍采用将牲礼埋入地内，或将酒、牲血、人血灌入地里的原始祭法。西周后期，土地神逐渐由自然神向社会神转化。禹、后土、句龙等传说中的人物被当作土地神崇拜。但这个时期的土地神，人们认为主要还是自然神，对之崇拜，希望能在农业生产中得到收益。春秋战国后，土地神的社会属性逐渐增强，并且因祭主的地位不同而分了等级；后又进一步分化为各有管辖范围的众多土地公。到西周后期，才把对农业有贡献的传说人物奉为社主来崇拜。其后随着土地神人神化的发展，社神变为管理各地区的社会神，最后发展为许许多多的各地土地公——福德正神，被认为生前有德者死后方可充任。社祭成为民间最重要的祭祀。

4. 山岳河川

古时有许多关于大山、名山神秘化的传说。这些山被认为能赋予人以生命力或某种灵性而被崇拜。除昆仑外，泰山、衡山、华山、恒山、嵩山最被崇敬，称之为五岳之神，古代帝王要去巡祭或派员去祭祀。据《史记・封禅书》记载，除五岳外，全国还有数十座大山被神化，帝王亲自前往祭祀，或由官方修建山神庙。殷墟卜辞和《山海经》中提到的祭山神的方式，还有“尞”和“瘗”等，因山高，祭品要燔燎才能达于山神，因取财于山岳地下，所以还要将祭品埋入地下作为还报。河川因与人类生活、生产关系密切而受到崇拜。原始社会各部族崇拜其居住地附近的河川。国家形成以后，逐渐转变为由帝王或诸侯祭祀天下的名川大河，而民间主要仍循旧俗祭祀其居住区的河神。商部族早期所祭祀的主要是其居住区域的黄河、洹水（安阳河）、商水（漳水）、洧水等大小河流。祭礼相当隆重，用牛羊为牲礼，有时也用人祭。祭河神主要用“沉”或“浮”，即将祭品沉于河底或放在水上漂流。周朝以后，统治疆域扩大，形成天子祭天下名山大川，诸侯祭其疆内山川之习。后来各条河流都有特定人物为河神，如冯夷被奉为黄河河伯，上帝之子湘君被奉为湘江江神等。

5. 植物崇拜

植物崇拜主要表现在两个方面：一是将农作植物神秘化而作为自然神进行崇拜，后来随着自然神的拟人化而成为农业祭祀上的神主；二是崇拜某些植物的特性，相信这些特性具有某种神秘力量，而用于巫术活动方面。最初，稷是和稻、黍、麦、菽一起受崇拜的谷类植物之一，但因稷的种植最为广泛，历史最长，被推居“五谷之长”。进而成为五谷神的代表，变成谷类综合神，最后加以人神化，上升为农业之神。传说中的人物，如后稷、农、柱、周弃等，被奉祀为稷神神主。稷神是古代祭祀的重要对象之一，与土地神并称为“社稷”。为了农业丰收，每年都要举行祭礼。据《左传・襄公七年》记载：“夫郊祀后稷，以祈农事也。是故启蛰而郊，郊而后耕。”这种农业祭祀和始耕仪式，源于原始宗教播种祭。根据《礼记・月令》记载，除郊祭外，每当麦、黍、谷、麻、稻等各种农作物收获时，还要进行“尝”祭，作为答谢。古人相信某些植物如桃木、苕、棘等具有驱赶魔鬼和避除凶邪的灵性，如《礼记・檀弓下》称“以巫祝桃茢执戈，（鬼）恶之也”，《左传・昭公四年》也有“桃弧棘矢，以除其灾”等语。此外，《山海经》记载韭、迷谷，薰草等“佩之不迷”“服之媚于人”，则多少带有巫术的性质。同时与这些植物本身的形状、气味等特性有关，如菖蒲似剑，桃木坚韧，棘有尖刺，姜、韭有强烈的特殊气味等。

6. 动物崇拜

动物崇拜有三个特点，一是被神化崇拜的动物种类，主要是狩猎和豢养的马、牛、羊、猪、犬，以及人们惧怕的虎豹等猛兽。《山海经》描述的古神形状多和这些动物有联系。二是崇拜龙、凤、麟、龟为“四灵”。龙、凤、麟是人们想象中的吉祥动物，被认为是各类动物之王；所谓“鱼鲔从龙”、“百鸟从凤”、“兽从麟”，具有统御各类动物的神秘力量；龟被认为能“知天道”，预知人的利害祸福。“四灵”还被推崇为仁政和道德的化身，被视为“仁兽”“瑞兽”“德兽”。三是动物图腾崇拜表现不明显。殷周以后，古籍中就看不到典型的有关动物图腾崇拜的记载。这可能是由于中国远古未发生图腾崇拜或图腾崇拜消亡较早。但有些学者根据古籍记载的神话人物的“感生说”（如契母简狄，感吞燕卵而生契）、“降生说”（如天命玄鸟，降而生商），以及以动物为姓氏或做官制（如黄帝号有熊氏，少皞以鸟名官）等为例证，认为古代曾盛行过图腾崇拜。

7. 天体崇拜

将日月星辰诸天体直接作为崇拜对象或将其视为神灵或神灵之居所而加以崇拜。殷商时有拜日的风习。殷契中有“王宾日”“出日”“入日”等甲骨文，这些刻辞被认为是殷王朝夕迎送日神的记录。《书·尧典》有“寅宾出日”“寅饯纳日”的记载，可见迎送太阳的礼拜仪式由来久远，非始于殷商。西周以后，统治者在统祭天上诸神时，太阳神占有主神的地位，所谓“郊之祭也，迎长日之至也，大报天而主日也”（《礼记·郊特牲》）。原始时代崇拜日神，主要是感谢太阳赐给人间光明，并给人定方位的便利，所谓“祭日于坛，祭月于坎，以别幽明，以利上下，祭日于东，祭月于西，以别内外，以端其位”（《礼记·祭义》），反映了日崇拜的自然崇拜性质。农业成了主要的社会生产行业后，太阳被认为是决定农产品丰歉的主宰。殷商时期，对日食怀着恐惧心理，并被认为不祥之兆；若发生日食就要进行占卜，祭告祖先保佑。

关于月亮，虽因其在黑夜发光和有规律的盈亏现象而受到崇拜，但由于其对人类生活影响不大，其神格不高，祭礼也不隆重。在对天体诸神进行统祭时，被放在配角的地位。

至于祭星的记载更为简单。星辰崇拜在原始宗教中不占重要地位。但在古代出现天上最高神——上帝出现以后，巫祝们将许多社会现象和星体的光度色泽、运行轨道、各星之间的位置等联系在一起，进行神秘的解释，而形成众多星神和神话，使星辰超出其自然特性而变成了具有某种社会职能和支配某种自然现象的神。如“箕星主八风，毕星主戈猎”等。《史记·天官书》中的许多星辰，都被附加了这类神性。另一方面，世间的社会结构被搬到天上，群星成了上帝的臣属，一些星体变成有能力满足人间某种欲望的神而受到奉祀。《史记·天官书》记载的群星，其神格和神性都已被纳入上帝神统而不具有自然崇拜的性质。星体运行和光泽变化等自然现象也被用于征兆占卜，形成了占星术，成为古代占卜中一个重要种类。

第二节　先秦诸子

所谓诸子百家，“诸”是指各个，“子”是对“士”的尊称，百家是指学派林立的现象。西汉司马谈将诸子百家概括为“儒、墨、道、法、名、阴阳，六家”，刘歆又补充了“农、纵横、杂、小说”四家，形成了十家有影响的学派。各学派都有自己鲜明的观点和特征，此处主要介绍其中最有影响的四家。

一、儒家学说

“儒”字最早见于《周礼·天官·太宰》：“儒以道得民。”郑玄注：“儒，诸侯保氏有六艺以教民者。”《后汉书·杜林传》也说：“博洽多闻，时称通儒。”也指从巫史祝卜中分化出来专门为贵族人家相礼的知识分子。因此儒在古代指的是精通六艺的知识阶层的“士”，也就是学者或教师。孔子这位儒者或学者所创立的学派叫儒家，自有道理。儒家是先秦到秦汉之际形成的以孔子为宗师的学派。《汉书·艺文志》云：“儒家者流……游文于六经之中，留意于仁义之际，祖述尧舜，宪章文武，宗师仲尼，以重其言，于道为最高。”孔子开战国私学之先河，培养了一大批弟子。孔子死后，儒分为八，传播并不顺利，直到战国中期由于孟子的大力倡导，才使儒学成为与墨学齐名的显学，因此，儒家学说被称为“孔孟之道”。继孟子之后，荀子在综合百家的基础上对儒学又做了些改造，使儒学又有了新的发展。

1. 孔子学说

孔子（公元前 551 —前 479 年），名丘，字仲尼，鲁国陬邑（今山东曲阜东南）人。春秋末期思想家、政治家、教育家，儒家创始人。孔子幼年时极为聪明好学，二十岁的时候，学识就已经非常渊博了，被时人称赞为“博学好礼”。鲁定公九年（公元前 501 年）孔子被任命为中都宰，此时他已五十一岁了。孔子治理中都（今汶上县）一年，卓有政绩，被升为小司空，不久又升为大司寇，摄相事，使得鲁国大治。鲁定公十二年，孔子为削弱三桓（季孙氏、叔孙氏、孟孙氏三家称为“三桓”），采取了堕三都的措施（即拆毁三桓所建城堡）。后来堕三都的行动半途而废，孔子与三桓的矛盾也随之暴露。鲁定公十三年，齐国送八十名美女到鲁国，季孙氏接受了女乐，君臣迷恋歌舞，多日不理朝政，孔子非常失望。不久，鲁国举行郊祭，祭祀后按惯例送祭肉给大夫们时并没有送给孔子，这表明当政的季氏不想再任用他了。孔子不得已离开鲁国，这一年，孔子五十六岁。之后孔子师徒颠沛周游于各诸侯国之间，宣扬其思想学说，希望实现其社会理想，但却屡遭困厄。直到六十八岁时在弟子冉求的努力下，被迎回鲁国，但仍是被敬而不用。鲁哀公十六年（公元前 479 年），孔子七十三岁，患病不愈辞世。

孔子面对春秋末期急剧变革的社会现实，汲取夏商的文化营养，继承周代的文化传统，创造了以“仁”“礼”“中庸”“教”与“学”为主要内容，包括哲学、政治、伦理、道德、教育等思想在内的完整学说。孔子的学说内涵丰富，自成系统，在中国历史上产生了深远的影响。孔子的弟子及其再传弟子辑录而成的《论语》一书集中地体现了孔子的思想学说，是研究孔子及原始儒家思想的最直接也最可信的资料。孔子的思想要点如下：

第一，倡导“仁”。“仁”是孔子思想学说的核心。孔子以前已有“仁”的概念，但孔子丰富了“仁”的内涵，升华了“仁”的意义。孔子的“仁”，其内容主要有四个含义：

其一，“仁者，人也”，认为“仁”是人与生俱来的本性。

其二，“仁”即“爱人”（《论语・颜渊》），并进一步阐明“夫仁者，己欲立而立人，已欲达而达人”(《论语·雍也》)。为“仁”，应该做到“己所不欲，勿施于人”(《论语·颜渊》)。这是一种深刻的人本主义哲学思想，这种思想贯穿于孔子思想学说的各个方面。

其三，“亲亲而仁民，仁民而爱物”，他认为政治的最高境界是以“仁”治天下，象尧舜一样“南面而已”。他认为“仁”既是每个人必备的修养，又是治国平天下必须遵循的原则。对个人修养，他主张“君子无终食之间违仁，造次必于是，颠沛必于是”(《论语·里仁》)。“志士仁人，无求生以害仁，有杀生以成仁”(《论语·卫灵公》)。教导学生以坚韧不拔的精神向“仁”的方向努力。对于为政施治，他倡导立足于对人的关心爱护，以教化的方式来达到治国安邦的目的。提出：“为政以德，譬如北辰居其所而众星共之。”(《论语·为政》)其所谓“德”，就是“仁”的精神体现。他又提出“道（治理）千乘之国”的基本原则，是“敬事而信，节用而爱人，使民以时”(《论语·学而》)。他称赞管仲“如其仁，如其仁”，就是因为管仲辅佐齐桓公“九合诸侯”，“一匡天下”而“不以兵车”之力。他称颂“殷有三仁焉”，指的就是“微子去之，箕子为之奴，比干谏而死”，他们都强烈反对殷纣王的暴政(《论语·微子》)。子张问“仁”，孔子更具体指出“能行五者于天下，为仁矣”，这五者就是“恭、宽、信、敏、惠”。因为“恭则不侮，宽则得众，信则人任焉，敏则有功，惠则足以使人”(《论语·阳货》)，五者的出发点，都建立在对人的尊重、关心和体谅上。

其四，“克己复礼为仁。一日克己复礼，天下归仁焉”(《论语·颜渊》)。他倡导以“孝悌”为基础的伦理观念，指出“孝弟也者，其为仁之本。”(《论语·学而》)。“仁”的精神甚至渗透到他的教育思想当中，提出“当仁，不让于师”(《论语·卫灵公》)，指出“博学而笃志，切问而近思，仁在其中矣”(《论语·子张》)。

孔子在倡导“仁”、“德”的基础上，进而提出了一种“大同”的社会理想：“大道之行也，天下为公，选贤与能，讲信修睦，故人不独亲其亲，不独子其子，使老有所终，壮有所用，幼有所长，鳏寡孤独废疾者皆有所养……是故谋闭而不兴，盗窃乱贼而不作，故外户而不闭，是谓大同。”(《礼记·礼运》）这种“大同”的社会，实际就是“仁”的精神得到充分而全面体现的社会。“大同”的理想难以实现，孔子退而提出“小康”社会的理想：“城郭沟池以为固，礼义以为纪，以正君臣，以笃父子，以睦兄弟，以和夫妇，以设制度，以立田里……刑仁讲让示民有常……是谓小康。”（《礼记·礼运》）这是初步贯彻“仁”的精神的社会。

第二，尊崇“礼”。“礼”是孔子思想学说的一个重要范畴。“礼”作为一种社会行为规范，由来已久。孔子曾经说：“殷因于夏礼，所损益可知也；周因于殷礼，所损益可知也。其或继周者，虽百世可知也。”（《论语·为政》）还云：“周监于二代，郁郁乎文哉！吾从周。”（《论语·八佾》）孔子认为，到了周代“礼”发展得最完备，因此他最崇奉周礼。在孔子看来，“礼”是从天子到庶人，人人必须遵守的行为规范。孔子所谓的“礼”，包含内在精神和外在形式两方面。其内在精神是维护当时的宗法等级制度及相应的各种伦理关系。在《礼记·哀公问》中，他明确指出：“非礼，无以节事天地之神也；非礼，无以辨君臣上下长幼之位也；非礼，无以别男女父子兄弟之亲，婚姻疏数之交也。”所以，他认为“礼”更重要的不在于形式，而在贯彻其内在精神。他曾感叹曰：“礼云礼云，玉帛云乎哉？乐云乐云，钟鼓云乎哉？”（《论语·阳货》）当林放问礼之本时，他回答曰：“礼，与其奢也，宁俭；丧，与其易也，宁戚。”（《论语·八佾》）“礼”的外在形式，包括祭祀、军旅、冠婚、丧葬、朝聘、会盟等等方面的礼节仪式。孔子认为，注重“礼”的内在精神固然重要，而内在精神终究还要靠外在形式来体现。所以对这些礼节仪式，孔子不但认真学习，亲履亲行，而且要求弟子们严格遵守。他教育颜渊要“非礼勿视，非礼勿听，非礼勿言，非礼勿动”（《论语·颜渊》）。他说：“恭而无礼则劳，慎而无理则葸，勇而无礼则乱，直而无礼则绞。”（《论语·泰伯》）对于违背礼法原则的行为，他总是给予严厉的批评和抵制。季氏八佾舞于庭，是对礼的僭越，他说“是可忍也，孰不可忍也！”（《论语·八佾》）“邦君树塞门，管氏亦树塞门；邦君为两君之好，有反坫，管氏亦有反坫。”他批评“管仲之器小哉”，“管氏而知礼，孰不知礼？”（《论语·八佾》）子贡欲去告朔之饩羊，他讽刺地说：“赐也，尔爱其羊，我爱其礼。”（《论语·八佾》）宰我欲去三年之丧，他斥之为“不仁”（《论语 · 阳货》）。他教育弟子的基本原则是“博学于文，约之以礼”（《论语 · 颜渊》）。因为“礼”的内在精神是维护宗法等级制度，所以和每个人的地位名分又是相通的。行为上恪守自己的名分就是守“礼”，越出自己的名分就是违礼。因此，孔子不但明确提出“正名”的主张，而且还通过编修《春秋》，对种种违礼僭越的行为进行了讥刺贬斥。

“礼”所讲的行为准则，也具有教化性质，要义是要求人们通过加强修养，自觉地约束自己，达到人际关系的协调，因而在精神上与“仁”“德”互相渗透贯通，所以孔子明确地把二者结合起来，认为“克己复礼为仁。一日克己复礼，天下归仁焉”（《论语 · 颜渊》）。在政治上，他反对使用强制性的刑法，主张“道之以德，齐之以礼”（《论语 · 为政》）。

孔子崇奉、维护周礼，但并非泥古不化，而是根据情况变化，对周礼有所损益。如周代的礼帽是用麻料做的，可是后来大家都用丝料做，对于这种改变，孔子说：“麻冕，礼也；今也纯，俭，吾从众。”（《论语 · 子罕》）按照周礼规定，童子死后，只能以简单的“殇”礼来办丧事。可是鲁国的童子汪踦，死在抗击齐国入侵的战场上，因他大有功于国家，人们不愿用“殇”礼葬他。当问及孔子时，孔子回答：“能执干戈以卫社稷，虽欲勿殇也，不亦可乎。”（《礼记 · 檀弓下》）

第三，提倡“中庸”。孔子的“中庸”思想，既具有哲学方法论的意义，又具有品德修养的意义。就方法论来说，要点有二：一是“中”，二是“和”。他赞赏尧所提出的“允执其中”（《论语 · 尧曰》），反对“过”与“不及”。子贡问孔子：“师与商也孰贤？”子曰：“师也过，商也不及。”又问：“然则师愈与？”子曰：“过犹不及。”（《论语 · 先进》）孔子所谓“中”，不是折中与调和，而是指在认识和处理客观事物时，要做到“适度”、“恰如其分”，而“适度”和“恰如其分”的基础就是从实际出发。所以《论语 · 子罕》篇记载：“子绝四：毋意，毋必，毋固，毋我。”这四者讲的都是排除固执主观成见，尊重客观事实。《论语 · 子罕》还载孔子的话说：“吾有知乎哉，无知也。有鄙夫问于我，空空如也，我叩其两端而竭焉。”指的就是引导人们排除认识上的片面性，获得对事物的正确认识。孔子主张“君子和而不同”（《论语·子路》）。他所谓“和而不同”，就是指不同事物之间，不是单纯的一方依顺另一方，而是两方在地位和伦理关系上、责任和义务上各有不同，甚至在对待事物的观点方法上也有所不同，但通过彼此间的谅解与协调，可以达到关系的和谐与统一。孔子还提出了“和为贵”的观点。这一观点是由其弟子有子陈述出来的。他说：“礼之用，和为贵，先王之道斯为美；小大由之。有所不行，知和而和，不以礼节之，亦不可行也。”（《论语·学而》）“礼”本来是用来显示不同等级之间人们身份差别的，强调“和为贵”，就是强调差别之间、不同等级之间关系的协调与和谐。这种强调协调与和谐的观点，抛开其维护宗法等级制的内涵，在处理人际关系上，乃是一种有社会普遍意义的原则。

对于这种“中”与“和”的思想，孔子认为不仅要作为一种认识和处理事物的方法来看待，而且还应该通过修养和锻炼，把它融入自己的性行和品质中，成为人的美德。他曾经感叹地说：“中庸之为德也，其至矣乎，民鲜久矣。”（《论语·雍也》）所以提出：“质胜文则野，文胜质则史。文质彬彬，然后君子。”（《论语·雍也》）他自己在为人的风格上也做到了“温而厉，威而不猛，恭而安”（《论语·述而》），受到弟子们的尊敬。

第四，论述了关于“教”与“学”的原则和方法。孔子一生，“学而不厌，诲人不倦”，在教学中积累了丰富的经验。“教”与“学”的思想是他思想学说中的重要组成部分。孔子学无常师，一生虚心好学。他提倡“知之为知之，不知为不知，是知也”（《论语·为政》），称“三人行，必有我师焉。择其善者而从之，其不善者而改之”（《论语·述而》），又说“敏而好学，不耻下问”。孔子也向他的学生学习，提倡“当仁，不让于师”（《论语·卫灵公》）。当子夏问孔子“巧笑倩兮，美目盼兮，素以为绚兮，何谓也？”孔子回答说：“绘事后素。”又问：“礼后乎？”孔子说：“起予者商也！始可与言《诗》已矣。”（《论语·八佾》）他在总结自己学习经验时说：“吾常终日不食，终夜不寝，以思，无益，不如学也。”（《论语·卫灵公》）孔子以前，“学在官府”，教育者和受教育者都是贵族。孔子创办私学，提出“有教无类”，改变了“学在官府”的旧局面，打破了贵族对文化教育的垄断。孔子自称“自行束修以上，吾未尝无诲焉”（《论语·述而》）。他的学生就来自十一个诸侯国，有各种出身的人。对于学习目的，孔子通过弟子的言论提出“学而优则仕”的主张，支持平民出身的学生从政施展才能。

在教学方法上，孔子善于发现学生各自在性格和学业上的特点，主张因材施教。他说“求也退，故进之；由也兼人，故退之”（《论语·先进》）。他循循善诱，注意启发学生独立思考，激发学生的求知欲望，主张“不愤不启，不悱不发。举一隅不以三隅反，则不复也”（《论语·述而》），提倡奋发学习，讲求学习方法。在知识积累上强调学与求的重要性，他称自己是“我非生而知之者，好古，敏以求之者也”（《论语·述而》）。他要求弟子“发奋忘食”“学而时习之”，“温故而知新”。他一再赞扬好学的颜回，称颜回“退而省其私，亦足以发，回也不愚”（《论语·为政》）。同时又批评白天睡觉的宰予，说他“朽木不可雕也，粪土之墙不可圬也”（《论语·公冶长》）。他强调学与见闻结合，学与思结合。他说：“多闻，择其善者而从之；多见而识之，知之次也。”（《论语·述而》）又说：：“学而不思则罔，思而不学则殆。”（《论语·为政》）一方面要求把思考分析建立在学习探求的基础上，另一方面又要求分析研究学到、听到和见到的东西，变成自己的知识，提高自己。他还强调学与行结合。他说：“君子欲讷于言而敏于行。”认为只说不做是可耻的，“耻躬之不逮也”（《论语·里仁》）。“君子耻其言而过其行”（《论语·宪问》）。孔子的教育实践与经验，为中国传统教育理论的形成奠定了基础。

2. 孟子学说

孔子死后，儒分为八，贡献大的有子思和孟子，后世称思孟学派。子思（公元前 483 —前 402 年），孔子之孙，主要发展了孔子的“中庸之道”，《中庸》乃其笔录。所谓“中庸之道”，简单说就是不偏不倚的平常道理，《中庸》上说：“喜怒哀乐之未发，谓之中；发而皆中节，谓之和。中也者，天下之大本也；和也者，天下之达道也；致中和，天地位焉，万物育焉”。

孟子（公元前 372 —前 289 年），名轲，字子舆，鲁国邹（今山东邹县）人。战国时思想家、政治家、教育家。从师于子思的门人。学成后像孔子一样周游列国以求一展宏图，因得不到重用，退而著书立说，述仲尼之学说。

《史记·孟子荀卿列传》说：当时列国争霸，用的都是商鞅、吴起等法家人物，孟子之学"述唐虞三代之德"，不合时宜。但孟子周游列国时，"后车数十乘，从者数百人"，说明经过孟子的努力，儒学已成为显学。孟子也像孔子一样积极参政，宣称"如欲治平天下，当今之世，舍我其谁也？"（《孟子·公孙丑下》）不过，他直到唐代韩愈复兴儒学时才被重视，始称为"亚圣"，颜渊亦尊为"复圣"。著有《孟子》十一篇，今存七篇。主要发展了孔子的仁学和德政。其要如下：

第一，提倡民贵君轻的"仁政"论。孟子主张以德治国，"王道"政治。"以德行仁者王，王不待大——汤以七十，文王以百里；以力服人者，非心服也，力不赡也；以德服人者，中心悦而诚服也"（《孟子·公孙丑上》）。"三代之得天下也以仁，其失天下也以不仁。国之所以废兴存亡者亦然。天子不仁，不保四海；诸侯不仁，不保社稷；卿大夫不仁，不保宗庙；士庶人不仁，不保四体"（《孟子·离娄上》）。"仁政"的具体内容就是"正经界"和"民有恒产"，即实行井田制，发展小农经济。"民之为道，有恒产者有恒心，无恒产者无恒心。苟无恒心，放辟邪侈，无不为也"（《孟子·滕文公上》），因此必须让老百姓"仰足以事父母，府足以畜妻子，乐岁终身饱，凶年免于死亡"（《孟子·梁惠王上》）。其标准就是："不违农时，谷不可胜食也；数罟不入洿池，鱼鳖不可胜食也；斧斤以时入山林，材木不可胜用也。谷与鱼鳖不可胜食，林木不可胜用，是使民养生丧死无憾也。养生丧死无憾，王道之始也。五亩之宅，树之以桑，五十者可以衣帛矣；鸡豚狗彘之畜，无失其时，七十者可以食肉矣；百亩之田，勿夺其时，数口之家可以无饥矣；谨痒序之教，申之以孝梯之义，颁白者不负戴于道路矣。七十者衣帛食肉，黎民不饥不寒，然而不王者，未之有也"（《孟子·梁惠王上》）。这就是孟子的"仁政"理想，强调的是"仁者爱人"的仁德和以民为本，所以对统治者提出了很高的要求。孟子要求统治者："诸侯之宝三：土地、人民、政事"（《孟子·尽心下》），"所欲与之聚之，所恶勿施尔也。民之归仁也，犹水之就下、兽之走扩也"（《孟子·离娄上》），"君之视臣如手足，则臣视君如腹心；君之视臣如犬马，则臣视君如国人；君之视臣如土芥，则臣视君如寇仇。"（《孟子·离娄下》）"君有大过则谏，反复之不听，则易位”（《孟子·万章下》）。“盖战者服上刑”，“诸侯危社稷，则变置”（《孟子·离娄上》）。“民为贵，社稷次之，君为轻”（《孟子·尽心下》）。点出了“仁政”的核心内容。儒家民贵君轻与重民轻神思想的流布，使得中国始终没有陷入绝对的天神宗教。孟子的仁政理论影响深远。

第二，推崇性善论“四端”说的伦理观。孟子性善论“四端”说认为，“人性之善也，犹水之就下也。人无有不善，水无有不下。今夫水，搏而跃之，可使过颡；激而行之，可使在山。是岂水之性哉？其势则然也。人之可使为不善，其性亦犹是也。”（《孟子·告子上》）就是说人性是向善的，后天的不善是社会造成的。他认为人性善的基本内容是仁、义、礼、智，每个人都具有这四种基本道德观念的胚子，叫“善端”，即“恻隐之心，人皆有之；羞恶之心，人皆有之；恭敬之心，人皆有之；是非之心，人皆有之。恻隐之心，仁也；羞恶之心，义也；恭敬之心，礼也；是非之心，智也。仁义礼智，非由外铄我也，我固有之也”（《孟子·告子上》）；“无恻隐之心，非人也；无羞恶之心，非人也；无辞让之心；非人也；无是非之心，非人也。恻隐之心，仁之端也；羞恶之心，义之端也；辞让之心，礼之端也；是非之心，智之端也。人之有是四端也，犹其有四体也。”（《孟子·公孙丑上》）从今天的科学角度来看，善端并非先天拥有，人生下来时心灵是一块白板，各种观念和思想是后天环境造成的。所以孟子的性善论依然是伦理型学说，从这里出发，孟子导出了他的“良知论”。孟子认为，“人之所不学而能者，其良能也；所不虑而知者，其良知也。孩提之童无不知爱其亲者，及其长也，无不知敬其兄也。亲亲，仁也；敬长，义也”（《孟子·尽心上》）。同样，这也是孟子的认识错误，小孩能亲亲敬长，也是小孩在成长的环境和过程中形成的，并非“不学而能”。

孟子的性善论“四端”说与仁政之关系，归结到“仁政”论上，就是：“人皆有不忍人之心。先王有不忍人之心，斯有不忍人之政矣。以不忍人之心，行不忍人之政，治天下可运之掌上。”（《孟子·公孙丑上》）所以说，性善论既是孟子仁政论的理论基础，也是实践基础。显然，在列国争霸的战国时期，这套理论是不合时宜的。不过，毕竟孟子提出的是一种内圣外王的“王道”政治理论，对此后中国的平和盛世政治具有积极的指导意义。他还说：“为民上而不与民同乐者，亦非也。乐民之乐者，民亦乐其乐；忧民之忧者，民亦忧其忧。乐以天下，忧以天下，然而不王者，未之有也。”（《孟子·梁惠王上》）这种忧国忧民、与民同乐思想，对后世仁人志士的影响更是深远。

孟子提倡“动心忍性”的练志精神，“圣人与我同类”“万物皆备于我”（《孟子·尽心上》），“人皆可以为尧舜”（《孟子·告子下》）。“富贵不能淫，贫贱不能移，威武不能屈，此之谓大丈夫”（《孟子·滕文公下》）。“天将降大任于斯人也，必先苦其心志，劳其筋骨，饿其体肤，空乏其身，行拂乱其所为，所以动心忍性，曾益其所不能。”（《孟子·告子下》）这种“养心”“练志”精神，已经成为今天中国人成长、战胜困难不可缺少的精神力量！也成了中华民族基本精神的重要组成部分。

第三，认为“劳心”与“劳力”是社会分工。孟子说：“劳心者治人，劳力者治于人，治于人者食人，治人者食于人，天下之通义也。”（《孟子·滕文公上》）这是孟子对上古三代社会政治经验的总结。按照马克思的理解，这是社会的进步，是历史发展的必然。孟子叫劳心者和劳力者，马克思叫剥削者与被剥削者，或者叫统治者与被统治者，我们现在叫管理者和生产者，都是一个意思。很多人都批评说孟子轻视劳动者，这是对孟子的极大冤枉，也是对孟子民贵君轻思想的一种蔑视。

3. 荀子学说

荀子（约公元前313—前236年），赵国人，名况，字卿。战国末期思想家、教育家，政治和学术活动约在公元前298至前238年之间。《史记·荀卿列传》记载了他的生平，他曾三次出任稷下学宫“祭酒”，“最为老师”。后为谗言所迫而到了楚国，被春申君黄歇任为兰陵令（今山东苍山兰陵镇）。公元前238年，春申君在楚国内讧中被杀，荀子也被罢官，家居兰陵著书数万言而卒。著《荀子》三十二篇，内容博杂。有名弟子为法家人物韩非和李斯。孔子死后，儒分为八，荀子居其一。荀子也是先秦诸子中最后一位大师，他推崇孔子，严厉批评思孟一派，对其他各派学说都有所继承和评论。荀子学说兼纳儒、道、法诸家，似以儒家为主，实际上是对先秦诸子学说的批判性的总结和发展。其要如下：

第一，主张“天行有常”和“天人相分”的天道自然观。这是对道家“道法自然”思想的继承和发展。荀子把“天”完全解释为自然现象，说:“列星随旋，日月递炤，四时代御，阴阳大化，风雨博施，万物各得其和以生，各得其养以成。不见其事而见其功，夫是之谓神。皆知其所以成，莫知其无形，夫是之谓天”。“天行有常，不为尧存，不为桀亡。应之以治则吉，应之以乱则凶。强本而节用，则天不能贫；养备而动时，则天不能病；修道而不贰，则天不能祸。故水旱不能使之饥，寒暑不能使之疾，祆怪不能使之凶。本荒而用侈，则天不能使之富；养略而动罕，则天不能使之全；倍道而妄行，则天不能使之吉。故水旱未至而饥，寒暑未薄而疾，祆怪未至而凶。受时与治世同，而殃祸与治世异，不可以怨天，其道然也。故明于天人之分，则可谓至人矣”。敬天法祖“君子以为文，而百姓以为神。以为文则吉，以为神则凶”。“大天而思之，孰与物畜而制之？从天而颂之，孰与制天命而用之？望时而待之，孰与应时而使之？因物而多之，孰与骋能而化之？思物而物之，孰与理物而勿失之也？愿于物之所以生，孰与有物之所以成？故错人而思天，则失万物之情”。“天有其时，地有其材，人有其治，夫是之谓能参”（皆出自《荀子・天论》）。糅合儒道。

第二，宣扬“隆礼重法”、王霸并用、“平政爱民”的政治观。这是荀子推崇礼学、调和儒法的思想，而且对孔子礼学进行了历史性的改造，做出了新的解释。荀子说:“礼起于何也？曰：人生而有欲，欲而不得，则不能无求；求而无度量分界，测不能不争；争则乱，乱则穷。先王恶其乱也，故制礼义以分之，以养人之欲，给人之求。使欲必不穷乎物，物必不屈于欲，两者相持而长，是礼之所起也。”（《荀子・礼论》）“贤能不待次而举，罢不能不待须而废”（《荀子・王制》），“礼者，法之大分，群类之纲纪也”（《荀子・劝学》）。“隆礼重法，则国有常；尚贤使能，则民知方”（《荀子・君道》），“人之命在天，国之命在礼。君人者，隆礼尊贤而王，重法爱民而霸，好利多诈而危，权谋、倾覆、幽险而尽亡矣。”（《荀子・天命》）“君者，舟也；庶人，水也。水则载舟，水则覆舟”（《荀子・王制》）。糅合儒法。不过在政治制度上主张“法后王”。

第三，主张“化性起伪”（化恶为善）的人性论。荀子的大部分观点和孟子都不一样，孟子主张“法先王”和人性向善，荀子主张“法后王”和人性有恶。同样，人性有恶也是荀子礼法兼治政治观的哲学基础。从自然观上的“天人相分”推演到人性问题上，就是“性伪之分”，性是先天的自然属性，伪是后天教化的结果，是社会属性，即“虚积焉，能习焉，而后成，谓之伪”（《荀子・正名》），“人之性恶，其善者伪也。今人之性，生而有好利焉，顺是，故争夺生而辞让亡焉；生而有疾恶焉，顺是，故残贼生而忠信亡焉；生而有耳目之欲，有好声色焉，顺是，故淫乱生而礼义文理亡焉。然则从人之性，顺人之情，必出于争夺，合于犯分乱理而归于暴。故必将有师法之化，礼义之道，然后出于辞让，合于文理，而归于治。用此观之，然则人之性恶明矣，其善者伪也。”（《荀子・性恶》）“孟子曰：‘人之学者，其性善。’曰：是不然。是不及知人之性，而不察乎人之性、伪之分者也。凡性者，天之就也，不可学，不可事；礼义者，圣人之所生也，人之所学而能，所事而成者也。不可学、不可事而在人者谓之性；可学而能、可事而成之在人者谓之伪。是性、伪之分也。”（《荀子・性恶》

第四，提倡“解蔽”、“征知”的认识论。他把认识分为“天官”和“天君”两部分。天官是耳、目、鼻、口、形五官，天君是“心”即思维器官大脑，五官受“心”的支配。认识事物开始于五官感觉，叫“缘天官”。不同的感官对不同的事物形成不同的感觉，叫“天官之当簿其类”和“天官之意物”。但“缘天官”不一定正确，会产生各种“冥蔽”，这就需要“解蔽”，即需要“天君”来“征知”。因此，要获得一个正确的认识，就必须“清其天君，正其天官”，正确发挥感官和思维的作用。“唯圣人为不求知天。天职既立，天功既成，形具而神生。好恶、喜怒、哀乐臧焉，夫是之谓天情；耳目鼻口形能，各有接而不相能也，夫是之谓天官；心居中虚以治五官，夫是之谓天君；财非其类，以养其类，夫是之谓天养；顺其类者谓之福，逆其类者谓之祸，夫是之谓天政；暗其天君；乱其天官，弃其天养，逆其天政，背其天情，以丧天功，夫是之谓大凶。圣人清其天君，正其天官，备其天养，顺其天政，养其天情，以全其天功。如是，则知其所为，知其所不为矣，则天地官而万物役矣。其行曲治，其养曲适，其生不伤，夫是之谓知天。”（《荀子·天论》）“然则何缘而以同异？曰：缘天官。凡同类、同情者，其天官之意物也同，故比方之疑似而通，是所以共其约名以相期也。形体、色、理，以目异；声音清浊、调竽奇声，以耳异；甘、苦、咸、淡、辛、酸、奇味，以口异；香、臭、芬、郁、腥、臊、洒、酸、奇臭，以鼻异；疾、养、沧、热、滑、铍、轻、重，以形体异；说、故、喜、怒、哀、乐、爱、恶、欲，以心异。心有征知。征知则缘耳而知声可也，缘目而知形可也，然而征知必将待天官之当簿其类然后可也。五官薄之而不知，心征之而无说，则人莫不然谓之不知，此所缘而以同异也。”（《荀子·正名》）

第五，主张利义兼顾的利义观。在利益观这个问题上，孔子和孟子都主张杀身成仁、舍生取义，以义制利、见利思义，荀子继承了他们的观点而又有所发展。荀子主张利义兼顾，只有在两者发生冲突时才倡导“以义制利”。他说：“义与利者，人之所两有也。虽尧、舜不能去民之欲利，然而能使其欲利不克其好义也。虽桀、纣亦不能去民之好义，然而能使其好义不胜其欲利也。故义胜利者为治世，利克义者为乱世。上重义则义克利，上重利则利克义。故天子不言多少，诸侯不言利害，大夫不言得丧，士不通货财，有国之君不息牛羊，错质之臣不息鸡豚，冢卿不修币，大夫不为场园，从士以上皆羞利而不与民争业，乐分施而耻积臧。然故民不困财，贫窭者有所窜其手。”（《荀子·大略》）

荀子的学说在总体上比较符合当时社会的和科学的实际，比之于孔子的礼治、孟子的德治，荀子的礼法兼治更符合当时社会的需要，它对汉代以后中国阳儒阴法、德主刑辅政治形式的形成影响极大。

二、道家学说

道家是道德家的简称。道，本意为道路，引申为规律或宇宙本源；德，与得相近，指具体事物从“道”中得到的特殊规律或性质。以“道”为核心内容的学派称道家。

1. 老子学说

老子（约公元前580—前500年），姓李名耳，字老聃，又字伯阳，楚国苦县（今河南鹿邑东）人。春秋时期思想家、哲学家，道家创始人。做过周室守藏史。西隐时留下《道德经》一书，即《老子》，又名《老子五千文》，文约义丰，哲理深邃，学说系统，博大精深，玄妙幽远，理论性强，对中国乃至世界文化影响深远。其要如下：

第一，主张以“道”为本的自然主义世界观。老子认为：“道可道，非常道；名可名，非常名。无，名天地之始；有，名万物之母。故常无，欲以观其妙；常有，欲以观其徼。此两者同出而异名，同谓之玄，玄而又玄，众妙之门”（《老子》第1章），“可以为天下母，吾不知其名，字之曰道”（第二十五章），“天下万物生于有，有生于无”（第四十章），“道生一,一生二，二生三,三，生万物”（第四十二章），“道之为物，惟恍惟惚。惚兮恍兮，其中有象；恍兮惚兮，其中有物。窈兮冥兮，其中有精；其精甚真，其中有信”（第二十一章），“人法地，地法天，天法道，道法自然”（第二十五章）。《史记·太史公自序》云：“道家无为，又曰无不为，其实易行，其辞难知，其术以虚无为本，以因循为用，无成势，无常形，故能究万物之情。不为物先，不为物后，故能为万物主。”这段话道出了老子学说的核心与实质。

第二，宣扬无为而治的政治观。道作为本体，其实质是无，运作起来就是“无为”，“无为”乃道之“德”的体现，是“道”的一种“上德”。老子认为，“道常无为”（第三十七章），“天之道，不争而善胜，不言而善应，不召而自来”（第七十三章）。根据“人法地，地法天，天法道，道法自然”的逻辑推理，人道也应效法天道而常自然无为。所以老子认为“道常无为，而无不为。侯王若能守之，万物将自化”（第三十七章），“为学日益，为道日损。损之又损，以至于无为，无为而无不为”（第四十八章），“为无为，则无不治”（第三章）。《汉书·艺文志》“诸子略”“道家类”写道：“道家者流，盖出于史官，历记成败存亡祸福古今之道，然后知秉要执本，清虚以自守，卑弱以自持，此君人南面之术也。”这段话点明了老子思想的社会价值功能与政治用意。我们概括起来，可以把“无为而治”从“君人南面之术”角度总结为以下三方面内容：一是为君者应卑弱自处。老子说："众人昭昭，我独昏昏；众人察察，我独闷闷"（第二十章），"不自我，故有功；不自矜，故长。夫唯不争，故天下莫能与之争"（第二十二章），"江海所以能为百谷王者，以其善下之，故能为百谷王。是以欲上民，必以言下之；欲先民，必以事后之。是以圣人处上而民不重，处前而民不害，是以天下乐推而不厌。以其不争，故天下莫能与之争"（第六十六章），"柔弱胜刚强"（第三十六章），"弱有者，道之用也"（第四十章），"天下之至柔，驰骋于天下之至坚。无有入无间，吾是以知无为之有益。不言之教，无为之益，天下希及之"（第四十三章）。表面上守弱处静，实际上是要达到无为而治的目的。二是君王不轻易出言。老子说："知者不言，言者不知"（第五十六章），"圣人处无为之事，行不言之教。"（第三章），"天之道，不争而善胜，不言而善应，不召而自来"（第七十三章）。三是君王不轻易有为。老子认为"我无为而民自化，我好静而民自正，我无事而民自富。我无欲而民自朴"（第四十七章）"天地不仁，以万物为刍狗；圣人不仁，以百姓为刍狗"（第五章），"天下有道，却走马以粪；天下无道，戎马生于郊。罪莫大于可欲，祸莫大于不知足，咎莫大于欲得。故知足之足，常足矣！"（第四十六章）"圣人无常心，以百姓心为心。善者，吾善之；不善者，吾亦善之，德善。信者，吾信之；不信者，吾亦信之，德信。圣人在天下歙歙，为天下浑其心。圣人皆孩之"（第四十九章）。如此，"其政闷闷，其民淳淳"，否则，"其政察察，其民缺缺"（第五十八章），最终达到"治大国若烹小鲜"（第六十章）的目的。老子无为而治的政治哲学对中国人的影响至深至远。

第三，提倡去礼取道的伦理观。老子主张天道、人道自然无为，强调人与自然的和谐统一，倡导精神上的自由和解放，对束缚人的自由个性的礼乐概不认可，认为"失道而后德，失德而后仁，失仁而后义，失义而后礼。夫礼者，忠信之薄而乱之首也"（第三十八章），因此和儒家大唱反调，说"上德不德，是以有德；下德不失德，是以无德"（第三十八章），"大道废，有仁义；慧智出，有大伪；六亲不和，有孝慈；国家昏乱，有忠臣"（第十八章）。"不尚贤，使民不争"（第三章）。老子对春秋末年社会的认识是清醒的，也是深切的，但他面对礼崩乐坏所带来的种种社会弊端又无能为力。既然社会的发展、礼乐的产生只能使现实变得更糟糕，那还要它干什么呢？还不如回归自然、返朴归真的好！因此而大发愤世嫉俗之言。不过，从这里出发，老子建构了他的社会历史观。

第四，主张回归原始的社会历史观。老子对现实极为不满，认为“民之饥，以其上食税之多，是以饥。民之难治，以其上之有为，是以难治。民之轻死，以其上求生之厚，是以轻死”（第七十五章），并且大声疾呼，“民不畏死，奈何以死惧之！”（第七十四章），“夫乐杀人者，则不可以得志于天下矣”（第五十八章），“天之道，损有余而补不足；人之道则不然，损不足以奉有余”（第七十七章）。这些都是社会进步带来的恶果，“民多利器，国家滋昏；人多伎巧，奇物滋起；法令滋彰，盗贼多有”（第五十八章），“五色令人目盲，五音令人耳聋，五味令人口爽，驰骋田猎令人心发狂，难得之货令人行妨。是以圣人为腹不为目，故去彼取此”（第十二章）。“民之难治，以其智多。故以智治国，国之贼；不以智治国，国之福”（第六十五章），如何治理呢？就是“不尚贤，使民不争；不贵难得之货，使民不为盗；不见可欲，使民心不乱。是以圣人之治，虚其心，实其腹；弱其志，强其骨。常使民无知无欲，使夫智者不敢为也。为无为，则无不治”（第三章），“古之善为道者，非以明民，将以愚之”（第六十五章）。理想的社会就是“小国寡民，使有什伯之器（兵器）而不用，使民重死不远徙，虽有舟舆，无所乘之。虽有甲兵，无所陈之。使人复结绳而用之。甘其食，美其服，安其居，乐其欲，邻国相望，鸡犬之声相闻，民至老死，不相往来”（第八十章）。

第五，主张冥想直觉的认识论。老子主张“不盈”“不争”“致虚极，守静笃”“虚静”“寡欲”“涤除玄鉴”“练心”“养气”“冲气以为和”，在事物的认识上主张“塞其兑，闭其门”，“不出户，知天下；不窥牖，见天道。其出弥远，其知弥少。是以圣人不行而知，不见而名，不为而成”（第四十七章）。“知者不博，博者不知”“绝学无忧”“绝圣弃智”“为学日益，为道日损。损之又损，以至于无为，无为而无不为。取天下常以无事，及其有事，不足以取天下”（第四十八章）。

第六，提倡有无相生的辩证法。受《周易》文化影响，老子是中国古代最早最系统地阐述对立统一、相反相成辩证法思想的哲学家。其重要命题有四个：一是“反者道之动”（第四十章）；二是“万物负阴而抱阳”（第四十二章）；三是“祸兮福之所倚，福兮祸之所伏”（第五十八章）；四是“复归于无物”（第十四章）。这种有无相生的辩证运动的“起点”是“无”，终点也是“无”，“周行而不殆”（第二十五章）、循环往复。我们不妨把老子的辩证法称之为“否定辩证法”。在《道德经》里，有无相生的辩证思想随处可见，比如，“图难于其易，为大于其细。天下难事必作于易，天下大事必作于细。是以圣人终不为大，故能成其大”（第六十三章），“曲则全，枉则直，洼则盈，敝则新，少则多，多则惑”（第二十二章），“合抱之木，生于毫末；九层之台，起于累土；千里之行，始于足下”（第六十四章），“有无相生，难易相成，长短相较，高下相倾，音声相和，前后相随”（第二章），“将欲歙之，必固张之；将欲弱之，必固强之；将欲废之，必固兴之；将欲夺之，必固与之。是谓微明。柔弱胜刚强”（第三十六章）。老子的辩证法思想是老子学说中最宝贵、对后世中国文化影响最大的思想。

第七，主张大音希声、大象无形的审美观。老子认为“道法自然”，道为天地之始，又为万物之母，因此“道”也是一切艺术和审美的本体，是异于各种雕虫小技和一切世俗之美的真正的“大美”“至美”之所在。老子说“恬淡为上，胜而不美”（第三十一章），道法自然，朴素淡然就是艺术的最高生命和审美的最高标准，因此他提出了“大音希声，大象无形”（第四十一章）的美学观点。意思就是：最大最美的声音就是无声之音，最大最美的形状就是无形之象。当人和自然融为一体后，忘了一切，达到“无”的境界，什么声音也听不到，什么东西也看不到，但实际上已经听到了最美的声音，看到了最美的图像。这是一种朴素自然、恬淡无为的审美意境，一切声色礼乐和各种人为的雕饰，都是对这种意境的破坏。这种美学观对中国古代诗画艺术影响至深。中国古代诗画结构中，无言无形的虚空和空白都表达出一种言外之意和象外之境，也表现出了中国人葱茏氤氲、蓬勃生发的生命情调和艺术境界。

《道德经》上承远古文化，下启百代私学，集上古文化之精华，开中国学术思想之先河，对中国文化影响深远。它与《周易》、《论语》同为中国古代三大文化典籍，为人类文化的进步做出了巨大的贡献。

2. 庄子学说

道家素以“自隐无名”为务，不公开收徒讲学，老子弟子中有成就的大约有庚桑楚、关尹、列御寇、杨朱。杨朱就是孟子笔下那位“一毛不拔”的大吝啬鬼。老子之后，关于道家的情况，史料记载极为有限。到战国中期，道家分化为庄子学说和黄老之学。

庄子（约公元前 369 —前 286 年），战国中期宋国蒙（今安徽蒙城县，一说为河南商丘）人，名周。出身贫寒。才华横溢，但不贪求名位利禄。《史记·庄子列传》云：“其学无所不窥，然其要归本于老子之言。”为人放任自由，不为当时王公大人所用。“楚威王闻庄周贤，使使厚币迎之，许以为相，庄周笑谓楚使者曰：‘千金，重利；卿相，尊位也。子独不见郊祭之牺牛乎？养食之数岁，衣以文绣，以入太庙。当是之时，虽欲为孤豚，岂可得乎？子亟去无污我！我宁愿游戏污渎之中自快，无为有国者所羁，终身不仕，以快吾志焉。’”这段话点出了庄子的人生观。后隐居不出，最终在贫困中度过了一生。然庄子在精神上却非常自由和富有，所著《庄子》一书十余万字，原有五十二篇，后经晋人郭象整理编注为三十三篇，浩瀚恣肆、意蕴深广、思辨玄妙、放任无羁、恢诡谲怪，很难读懂。此处仅能归纳一二：

第一，继承并发展了老子天道自然的朴素辩证法思想。庄子继续把“道”看作是世界的本源，认为道“有信有情，无为无形，可传而不可受，可得而不可见”“自本自根，未有天地，自古以固存；神鬼神帝，生天生地”“无所不在”（《庄子·大宗师》，以下只注篇名），“天不得不高，地不得不广，日月不得不行，万物不得不昌，此其道欤”（《知北游》）“万物出乎无有，有不能以有为有，必出乎无有”（《庚桑楚》），这些都与老子的天道思想是一致的。在辩证法方面，庄子强调事物都在运动变化当中，认为，“物之生也，若骤若驰，无动而不变，无时而不移”（《秋水》）“安危相易，祸福相生，缓急相摩，聚散以成”（《则阳》）“臭腐复化为神奇，神奇复化为臭腐”（《知北游》）“吾生也有崖，而知也无崖”（《养生主》）。不过，庄子的辩证法就到此为止，因忽视了变化中的事物的质的稳定性和差异性，他马上陷入了相对主义诡辩论。

第二，陷入“万物齐一”的相对主义认识论或诡辩论。“道”到底是怎么来的呢？他说：“有始也者，有未始有始也者，有未始夫未始有始也者。有有也者，有无也者，有未始有无也者，有未始夫未始有无也者。俄而有无矣，而未知有无之果孰有孰无也。今我则已有谓矣，而未知吾所谓之果有谓乎？其果无谓乎？”（《齐物论》）既然分不清就不分，这叫“不齐之齐”，主要包括：一是齐是非：“是亦彼也，彼亦是也。彼亦一是非，此亦一是非。果且有彼是乎哉？果且无彼是乎哉？彼是莫得其偶，谓之道枢。枢始得其环中，以应无穷。”二是齐物我：“天地与我并生，而万物与我为一”，“万物齐一，熟短熟长？”“以指喻指之非指，不若以非指喻指之非指也；以马喻马之非马，不若以非马喻马之非马也。天地一指也，万物一马也。”三是齐大小：“天下莫大于秋毫之末，而太山为小；莫寿于殇子，而彭祖为夭。”四是齐生死：“方生方死，方死方生；方可方不可，方不可方可”，“其生之时，不若未生之时”，故“生而不悦，死而不祸”。五是齐彼此：“物无非彼，物无非是。自彼则不见，自知则知之。故曰：彼出于是，是亦因彼。”（以上均见《齐物论》）从齐物论出发，庄子导出了他的不可知论，说“我与若与人具不能相知也”，“弗知乃知乎！知乃不知乎！孰知不知之知？”（《知北游》）“吾生也有崖，而知也无崖，以有崖逐无崖，殆矣。”（《养生主》）不过，庄子要消除的是“小知”，目的是获得“大知”：“是亦一无穷，非亦一无穷也。故曰莫若以明。”（《齐物论》）最后达到“无以人灭天”，“反其真”。

第三，宣扬“心斋”、“坐忘”的得道途径和逍遥无羁的人生观。庄子的齐物论，是要从主观上消除万物的一切差异，最后达到“天地与我并生，而万物与我为一”、与大自然融为一体的目的，这就是得道了。“道”在庄子那里已经不是老子的自然之道，而是一种自由的、主观的、最高最理想的精神境界。庄子认为得道以后的人是“真人”，他们可以自由穿梭往来于天地之间，“天地与我并生，而万物与我为一”，而且“登高不栗，入水不濡，入火不热……古之真人，其寝不梦，其觉无忧，其食不甘，其息深深”（《大宗师》)。有名的“庄周梦蝶”(《齐物论》)故事就是在这种逍遥无羁的最高自由精神境界里人的物化和物的人化。这种人生态度和精神境界千百年以来一直是道家独特的风骨神韵，滋养着中国人形成了平和宽广的精神境界和抗拒逆境的精神力量。如何才能达到呢？就是“唯道集虚。虚者心斋也”(《人间世》),“坠肢体，黜聪明，离形去知，同于大通，此谓坐忘”(《大宗师》)。与老子的方法差不多。

第四，主张“同与禽兽居”的消极历史观。庄子对当时的统治者深恶痛绝，大声斥责；对待人生则认为活着不如死了痛快。所以要顺应世俗，随遇而安，与世无争，不要为世所用。以伐木杀雁的寓言来说明“人皆知有用之用，而不知无用之用也”(《人间世》)。社会的进步是对人类本性和自然天道的破坏，所以“圣人不死，大盗不止”，主张取缔全部文明，“绝圣弃知，大盗乃止；掷玉毁珠，小盗不起；焚符破玺，而民朴鄙；掊斗折衡，而民不争；殚残天下之圣法，而民始可与论议。擢乱六律，铄绝竽瑟，塞瞽旷之耳，而天下始人含其聪矣；灭文章，散五采，胶离朱之目，而天下始人含其明矣；毁绝钩绳，而弃规矩，俪工捶之指，而天下始人有其巧矣”(《胠箧》)。理想社会应该是：“山无溪隧，泽无舟梁，万物群生，连属其乡”,“同与禽兽居，族与万物并，恶乎知君子小人哉！”(《马蹄》)。比之于老子，庄子是更落后了。

第五，主张“马生人”的生物循环转化论。“种有几，得水则为继，得水土之际则为蛙蠙之衣，生于陵屯则为陵舄，陵舄得郁栖则为乌足，乌足之根为蛴螬，其叶为蝴蝶。蝴蝶胥也化而为虫，生于灶下，其状若脱，其名为鸲掇。鸲掇千日为鸟，其名为干余骨。干余骨之沫为斯弥，斯弥为食醯。颐辂生乎食醯黄軦生乎九猷：瞀芮生乎腐蠸。羊奚比乎不箰，久竹生青宁，青宁生程，程生马，马生人，人又反入于机。万物皆出于机，皆入于机。”(《至乐》)

第六，提倡自然朴素、至大自由的审美观。庄子追求的是一种自然、自由而广阔的美的精神境界：“天地有大美而不言”(《知北游》)“夫虚静恬淡寂寞无为者，万物之本也”“朴素而天下莫能与之争美”(《天道》)“淡然无极而众美从之”(《刻意》)。得意忘言、得鱼忘筌、得兔忘蹄(《外物》)、庄周梦蝶等说的都是这种审美境界。总之，中国古典美学中一系列独特的理论和范畴，大部分发源于庄子的美学思想。

老庄道家思想缺乏冒险和创新精神，并有贬低人类理性和进步的倾向，但决不纵欲妄为，它主张顺应自然，不为利趋，不为物累，不为得喜，不为失悲，得之高瞻远瞩，失之以不变应万变，是中国传统文化中一笔宝贵的财富。

原始道家到战国中期分化后，庄子一派属于正统道家，承继老子天道自然思想。另一派则专门研究老子“无为而治”的政治哲学，并有所改造和创新，从而形成黄老道家，也叫黄老学派或黄老之学，由老子学说和黄帝崇拜结合而成。其代表人物，据《史记·孟子荀卿列传》称，慎到、田骈、接子、环渊“皆学黄老道德之术，因发明序其指意”。《史记·老子韩非列传》也说韩非“喜刑名法术之学，而其归本于黄老”，申不害“本于黄老而主刑名”。黄老之学的主要内容：一是以老子“道”为世界本体，强调“无为而治”的“君人南面之术”；二是“采儒墨之善，撮名法之要，与时迁移，应物变化”。他们不同意老子反对“法治”，主张“刑德相养”，认为“道生法……执道者生法而弗敢犯”。这些观点标志着道家在新形势下的分化与变异。著述为《黄帝四经》，即《经法》、《十六经》（又称《十大经》）、《称》、《道源》，自《汉书·艺文志》之后失传，直到 1973 年才重现。

稷下学派即以黄老道家为主。稷下是齐国都城临淄（今属山东淄博）稷门附近地区，约前公元 374 至前 221 年齐国于此设置学宫，称稷下学宫，黄老道家代表人物皆出于此，邹衍、荀况、孟轲、鲁仲莲、田巴、淳于髡、慎到、环渊、接子、田骈、邹奭等都曾于此讲学，是百家学术人物聚集之地，形成稷下学派，学说称稷下学，以黄老道家为主。黄老之学正是在这种宽松的学术环境中兼纳其他各家学说而形成的。

三、墨家学说

墨家是中国古代主要哲学派别之一，约产生于战国时期。创始人为墨翟。墨家是一个纪律严密的学术团体，其首领称“矩子”，其成员到各国为官必须推行墨家主张，所得俸禄亦须向团体奉献。墨家学派有前、后期之分，前期思想主要涉及社会政治、伦理及认识论问题；后期墨家在逻辑学方面有重要贡献。

墨子（约公元前468 —前376年），名翟，相传原为宋国人，后长期在鲁国。春秋战国之际思想家、政治家，所著《墨子》一书原有七十一篇，亡佚十八篇，今本五十三篇。有代表性的为十篇，即兼爱、非攻、天志、明鬼、尚同、尚贤、节用、节葬。另有《墨辩》六篇为逻辑学资料。墨子思想，其要如下：

第一，主张兼爱非攻。要求君臣、父子、兄弟都要兼相爱。"爱人若爱其身"，并认为社会上出现强执弱、富侮贫、贵傲贱的现象，是因为天下人不相爱所致。

第二，主张天志明鬼。宣扬天命鬼神迷信思想是墨家的一大特点。墨子认为天是有意志的，它不仅决定自然界星辰、四时、寒暑变化，还支配着人世间的政治。因"天之爱民之厚"，君主如果违背天意就要受到天的惩罚，反之，则会得到天的赏赐。对于鬼神，墨了不仅坚信有，而且它们也对人间君主或贵族赏善罚暴。

第三，提倡尚同尚贤。尚同是要求百姓上同于天子。墨子认为，国君是国贤者，百姓应以君上之是非为是非。当然，上面了解下情也很重要，因为只有这样才能赏善罚暴。尚贤是要求君上尚贤使能。墨子把尚贤看得非常重要，认为是政事之本。他特别反对君主用骨肉之亲的人，对于贤能人士则不拘出身，提出"官无常贵，民无终贱"的主张。

第四，提倡节用。这是墨家非常强调的一种观点，他们反对君主贵族的奢侈浪费，尤其反感儒家的久丧厚葬，提倡俭朴。认为君主、贵族都应该像古代大禹一样，过俭朴生活，而且要求墨家弟子在这方面身体力行。

墨家积极从事政治活动，在战国时是显学，门徒遍布天下。墨子死后，墨家分为三派，"后学显荣于天下者不可胜数"。墨家在生活上倡导"以自苦为极"的牺牲精神，在组织上有严格的纪律，而且饯行"赴火蹈刃，死不旋踵"的生死观。由于墨学的平民性特征过于突出，到了秦汉君主专制政治后就衰败了。直到晚清才重新被人看重。

墨学中的“墨辩”开中国逻辑学之先河，与古希腊的形式逻辑和印度的因明学并列为世界古典逻辑的三大流派。此外。墨学中的《墨经》记载了当时的科技知识，在几何学、光学、力学等领域多有卓见。

四、法家学说

“法”与“礼”都是古代法权形式。“礼”维护上下尊卑之别，“法”维护“范天下之不一，而归之于一”(《说文》)的齐。宣扬推行法的学派，称为法家。前期代表人物有管仲、子产、李悝、申不害、商鞅等，力主以新法取代古法，声言“治世不一道，便国不必法古”(《商君书·更法》)。后期代表为韩非。韩非将商鞅的“法”，申不害的“术”和慎到的“势”集于一身，是法家思想的集大成者；韩非将老子的辩证法、朴素唯物主义与法融为一体。著有《韩非子》，共五十五篇，十万余字。韩非在先秦诸子散文中独树一帜，呈现极为重视唯物主义与效益主义思想，积极倡导君主专制主义理论，目的是为专制君主提供富国强兵的思想。韩非的主要主张如下：

第一，韩非在国家政体方面主张建立统一的中央集权的封建专制国家。韩非子的“法”“术”“势”相结合的政治思想，是封建专制主义思想的重要内容。韩非还继承了荀子关于封建专制的一些思想，并进一步理论化和系统化，从而成为封建专制主义思想的倡导者。

虽然可以说儒家孔子的“君君、臣臣、父父、子子”和孟子的“父子有亲，君臣有义，夫妇有别”与封建专制主义思想有一定关系，但是都不如韩非讲得明确。《韩非子·忠孝篇》说：“臣事君，子事父，妻事夫，三者顺则天下治，三者逆则天下乱，此天下之常道也。”韩非把臣、子、妻对君、父、夫的从属关系作了肯定，并把三者的顺逆看成是天下治乱的“常道”。这就有了三“纲”的基本内容。加上韩非的“法”“术”“势”的政治主张，便使封建专制主义的思想基本上形成了。

第二，韩非继承和总结了战国时期法家的思想和实践，提出了君主专制中央集权的法家实践理论。他主张“事在四方，要在中央；圣人执要，四方来效”（《韩非子·物权》），国家的大权，要集中在君主（“圣人”）一人手里，君主必须有权有势，才能治理天下，“万乘之主，千乘之君，所以制天下而征诸侯者，以其威势也”（《韩非子·人主》）。为此，君主应该使用各种手段清除世袭的奴隶主贵族，“散其党”“夺其辅”（《韩非子·主道》）；同时，选拔一批经过实践锻炼的封建官吏来取代他们，“宰相必起于州部，猛将必发于卒伍”（《韩非子·显学》）。韩非还主张改革、实行法治、以法为教、法不阿贵，还认为只有实行严刑重罚，人民才会顺从，社会才能安定，封建统治才能巩固。这些主张反映了新兴封建地主阶级的利益和要求，为结束诸侯割据，建立统一的中央集权的封建国家，提供了理论依据。

第三，韩非主张“名实相符”，认为君主应根据臣民的言论与实绩是否相符来决定功过赏罚。对于民众，他吸收了其老师荀子的“性本恶”理论，认为民众的本性是“恶劳而好逸”，要以法来约束民众，施刑于民，才可“禁奸于为萌”。因此他认为施刑法恰恰是爱民的表现。（《韩非子·心度》）。容易让人忽视的是韩非是主张减轻人民的徭役和赋税的。他认为严重的徭役和赋税只会让臣下强大起来，不利于君王统治。对于臣下，他认为要去“五蠹”，防“八奸”。（《韩非子·八奸》《韩非子·五蠹》）所谓五蠹，就是指：一是学者（指儒家）；二是言谈者（指纵横家）；三是带剑者（指游侠）；四是患御者（指依附贵族并且逃避兵役的人）；五是商工之民。他认为这些人会扰乱法制，是无益于耕战的“邦之虫”，必须铲除。所谓“八奸”，就是指：一是“同床”，指君主妻妾；二是“在旁”，指俳优、侏儒等君主亲信侍从；三是“父兄”，指君主的叔侄兄弟；四是“养殃”，指有意讨好君主的人；五是“民萌”，指私自散发公财取悦民众的臣下；六是“流行”，指搜寻说客辩士收买人心，制造舆论的臣下；七是“威强”，指豢养亡命之徒，带剑门客炫耀自己威风的臣下；八是“四方”，指用国库财力结交大国培养个人势力的臣下。这些人都有良好的条件威胁国家安危，要像防贼一样防备他们。韩非的这些主张，反映了新兴封建地主阶级的利益和要求。秦始皇统一中国后采取的许多政治措施，就是韩非理论的应用和发展。当时，在中国思想界以儒家、墨家为显学，崇尚“法先王”和“复古”，韩非的观点是反对复古，主张因时制宜。韩非子根据当时的形势情况，主张法治，提出重赏、重罚、重农、重战四个政策。韩非子提倡君权神授，自秦以后，中国历代封建王朝的治国理念都颇受韩非子学说的影响。

第四，韩非主张改革。改革图治，变法图强，是韩非思想中的一大重要内容。他继承了商鞅“治世不一道，便国不法古”的思想传统，提出了“不期修古，不法常可”的观点，主张“世异则事异”，“事异则备变”。(《五蠹》)他主张社会历史进化论，认为历史是向前发展的，当代必然胜过古代；人们应该按照现实需要进行改革，不必遵循古代的传统。韩非用进化的历史观点分析了人类历史，把人类历史分为上古、中古、近古，当今几个阶段，进而说明不同时代有不同时代的问题和解决问题的方法，那种想用老一套办法去治理当世之民的人都是“守株”之徒。其进化历史观在当时是进步的。他看到了人类历史的发展，并用这种发展的观点去分析人类社会。他把社会现象同经济条件联系起来，这在当时是难得的。他对经济与社会治乱的关系有了初步认识，注意到人口增长与财富多少的关系，是中国历史上第一个提出“人民众而货财寡”会带来社会问题的思想家。

中国人惯于尊重过去经验，这个传统思维方式对中国哲学有巨大的影响。从孔子的时代起，多数哲学家都要找古代的权威来支持自己的学说。孔子喜欢援引的古代权威是西周的文王、周公。墨子与儒家辩论时，援引比文王、周公更古老的夏禹。孟子为能凌驾墨家之上，往往援引尧舜，因为他们是传说中比夏禹更早的圣王。最后，道家为胜过儒家和墨家，又请出伏羲、神农，据说他们比尧舜还要早几百年。而法家的主张与他们完全不同，法家坚持历史进化论，认为历史是不断发展进步的，这在诸子百家中难能可贵。法家反对保守的复古思想，主张锐意改革，变法图强。他们认为历史是向前发展的，一切的法律和制度都要随历史的发展而发展，既不能复古倒退，也不能因循守旧。商鞅明确地提出了“不法古，不循今”的主张。韩非则更进一步发展了商鞅的主张，提出“时移而治不易者乱”，他把守旧的儒家讽刺为守株待兔之人。

韩非子注意研究历史，认为历史是不断发展进步的。他认为如果当今之世还赞美“尧、舜、汤、武之道”“必为新圣笑矣”。因此他主张“不期修古，不法常可”“世异则事异”“事异则备变”（《韩非子·五蠹》），要根据今天的实际来制定政策。他的历史观，为当时地主阶级的改革提供了理论根据。

第五，韩非主张以法为本、依法治国、以法为教。法家是先秦诸子中对法律最为重视的一派。他们以主张“以法治国”的“法治”而闻名，而且提出了一整套的理论和方法。这为后来建立的中央集权的秦朝提供了有效的理论依据，后来的汉朝继承了秦朝的集权体制以及法律体制，这就是我国古代封建社会的政治与法制主体。法家在法理学方面做出了贡献，对于法律的起源、本质、作用以及法律同社会经济、时代要求、国家政权、伦理道德、风俗习惯、自然环境以及人口、人性的关系等基本的问题都做了探讨，而且卓有成效。法家认为人都有“好利恶害”或者“就利避害”的本性。像管子就说过，商人日夜兼程，赶千里路也不觉得远，是因为利益在前边吸引他。打鱼的人不怕危险，逆流而航行，百里之远也不在意，也是追求打鱼的利益。有了这种相同的思想，所以商鞅才得出结论：“人生有好恶，故民可治也。”

韩非著作总结了前期法家的经验，形成了以法为中心的法、术、势相结合的政治思想体系。他着重总结了商鞅、申不害和慎到的思想，把商鞅的法、申不害的术和慎到的势融为一本。他推崇商鞅和申不害，同时指出申商学说的最大缺点是没有把法与术结合起来，其次申、商学说的第二大缺点在于“未尽”，“申子未尽于术，商君未尽于法”。（《韩非子·定法》）韩非按照自己的观点，论述了术 法的内容以及二者的关系，他认为国家图治就要求君主要善用权术，同时臣下必须遵法。同申不害相比，韩非的“术”主要在“术以知奸”方面有了发展。他认为，国君对臣下，不能太信任，还要“审合刑名”。在法的方面，韩非特别强调了“以刑止刑”思想，强调“严刑”“重罚”。尤可称道的是，韩非第一次明确提出了“法不阿贵”的思想，主张“刑过不避大臣，赏善不遗匹夫”。这是对中国法治思想的重大贡献，对于清除贵族特权、维护法律尊严，产生了积极的影响。

韩非认为光有法和术还不行，必须有“势”做保证。“势”，即权势，政权。他赞赏慎到所说的“尧为匹夫不能治三人，而桀为天子能乱天下”（《难者》），提出了“抱法处势则治，背法去势则乱”（《难势》）的论点。韩非的法治思想适应了中国一定历史发展阶段的需要，在中国封建中央集权制度的确立过程中起了一定的理论指导作用。

儒家讲究“礼不下庶人，刑不上大夫”。而以韩非为代表的法家更把它发展成法律面前、人人平等。法律即使是对高贵的人，有权势的人也不徇情。《韩非子·有度》：“法不阿贵，绳不绕曲。法之所加，智者弗能辞，勇者弗敢争，刑过不避大臣，赏善不遗匹夫。”

韩非主张以法为教，意思就是除了制订法律以外，还必须要宣传法律，普及法律知识，遵守法律，运用法律，使整个社会形成“知法、懂法、守法”的良好风气。《韩非子·五蠹》云：“故明主之国，无书简之文，以法为教。”

韩非的法家思想最伟大的实践者是秦始皇，秦国的教育制度，便为法家思想。以法为教是秦代施行政策，加强思想法制，巩固中央集权的标志之一。

第六，韩非跳出了性善、性恶的分析框架，阐发了一种自然主义的人性自私论。韩非继承了荀子以利欲为人之本性的观点，认为“好利恶害”是人的普遍本性，因此，物欲是人类生存的第一需要，是人们思考问题并指导其行动的原点。但是，与荀子直接将人性的好利恶害界定为“恶”不同，韩非子没有把“善”与“恶”纳入人性讨论的范围。对于人好利恶害的本能需要，韩非突破了性善、性恶的分析框架，以一种自然主义的笔触对人性做事实描述，不做道德评价，既不以之为恶，也不以之为善，表现出价值中立的立场。

荀子认为人性可以改变，也必须改变。与之相反，韩非主张人的自利本性是先天决定，不能改变，也无须变化。一方面，韩非坚持人性无法改变。在他看来，人的好利属性是由人的生理需求诱发的，是人与生俱来的自然本能，不能改变。比如，民众之所以会做善事，只是服从于外部压力，并不是发自于由人性改变而产生的“义”，“民固服于势，寡能怀于义。”（《韩非子·五蠹》）可以看出，韩非对于人性可以通过教化而弃恶从善表现得毫无信心。因此，他主张君主应该“不养恩爱之心，而增威严之势。”（《韩非子·六反》）另一方面，韩非认为人性也无须改变。人的自利本性非善非恶，只是一种自然状态。既然自利不是“恶”，那也就无须改变了，反而可以利用人们的好利本性，通过物质激励或赏罚，来调动人们的积极性，进而达到树立权威、发展经济、维护统治的目的。面对不变的人性，韩非子提出了“顺性因情”的主张。既然人性自利是人的自然本性，又无法通过教化得以改变，那么就只能接受自利本性的事实存在，并让其顺着人的本性自然发展。进行赏罚、制定政策、严肃法纪必须以人的自利本性为依据，要因循它，而不是否定它、改变它。

韩非认为人之性皆“好利恶害，自为自利”，在“人民众而货财寡，事力劳而供养薄”的战国时代，根据“世异事异、事异备变”的原则，文王之政已不能行于后世，寄希望于通过德治来改变人性进而达到治平的理想，已经完全不合时宜。因此，他在深刻体认人性自利的基础上，极力反对儒家的仁义道德，形成了系统的“法治”治国方案。一是主张利用人的好利恶害心理，通过厚赏诱导人民遵守法纪，通过重惩、刑罚迫使人民不敢犯法；二是为使厚赏重刑达到预期目的，就必须使“法”成为最高且唯一的行为准则并为人民所知晓，这就需要以吏为师，以法为教；三是权不旁落，中主能守。进行赏罚、制定法律其目的是为了树立君主的权威。因此，韩非主张利用臣下避害趋利的本性，通过刑德即赏罚来控制群臣、维护君主统治的稳固，“明主之所导制其臣者，二柄而已矣。二柄者，刑、德也。”（《韩非子·二柄》）韩非既是荀子性恶思想的继承者，又是其批判者。他根据当时诸强纷争、弱肉强食、欲望泛滥的社会现状，从法家角度综合诸子之说，跳出性善性恶的历史纷争，以推行法治理论为落脚点，建构起自己独特的自然主义性私论学说。

先秦诸子除了上述具有重大影响的四家之外，较有影响的还有名家，代表人物：邓析、惠施、公孙龙、桓团；阴阳家，代表人物邹衍；纵横家，代表人物苏秦、张仪；杂家，代表人物吕不韦；兵家，主要代表人物春秋末有孙武、司马穰苴，战国有孙膑、吴起、尉缭、魏无忌、白起等；医家，代表人物扁鹊；农家；小说家等，此处从略。

春秋战国时期的诸子百家争鸣，不乏党同伐异。不过，那一时代的文化主流精神是“和而不同”。《国语·郑语》曰：“夫和实生物，同则不继。以他平他谓之和，故能丰长而物归之；若以同裨同，尽乃弃矣。”和，在当时就是各家学说都是为了满足诸侯争霸的需要；不同，就是满足不同统治者的需要。先秦诸子投其所好，自创学说，自立门户，各抒己见，甚至相互影响，相互吸收，相互借鉴。这就是“和而不同”的社会大背景。

先秦诸子各有各的性格，儒家的淳厚、墨家的谨严、道家的超逸、法家的冷峻、阴阳家的流转、兵家的睿智、名家的致密、医家的神奇，决无雷同，各自独步千古。然而他们又广采博纳，遵循“和而不同”的路线，在融通的基础上不断攀登学术的新高峰。到了战国末期荀子学说兼纳百家。由孔子操笔开始，到战国晚期才完全成书的《易传》，更是综汇儒家各派，又吸纳道、法、阴阳诸家，全篇洋溢着儒家的刚健有为精神，又蕴涵墨家、法家式的冷静和道家、阴阳家的辩证思维，正所谓“天下同归而殊途，一致而百虑”(《易·系辞下》)。

有争鸣才有发展和繁荣，有和同才有融通，春秋战国的百家争鸣为秦汉之际的文化一统整合奠定了坚实的基础。而儒家和道家也正是在这种“和而不同”的争鸣中实现互补的。儒家倡导天人合一，人与天地参，道家倡言天地万物与我为一；儒家讲仁者爱人，道家讲“圣人无常心，以百姓心为心”；儒家讲礼治德治，道家讲无为而治、让人们成为精神上的自由者；儒家讲修身正己而成为谦谦君子、以义克利、见利思义、舍生取义，道家则讲否定一切功名利禄而求得精神解放、化解人生之忧，等等，可谓殊途同归。因此，千百年以来儒道两家融洽相处，中国人仕则儒、隐则道，可谓两边都是海阔天空。自此以后，这种“和而不同”的学术之精义一直推动着中华文化生生不息地发展前进。

第三节　汉代经学

唐代章碣《焚书坑》诗讥讽秦始皇：“竹帛烟销帝业虚，关河空锁祖龙居。坑灰未冷山东乱，刘项原来不读书。”在反抗秦朝暴政的农民起义战争中建立起来的汉朝，虽然也建立了封建地主阶级的专制统治，但思想统治却比较宽松了，在学术思想方面又有了一些争鸣的迹象。在西汉前期，纵横家如郦食其，儒家如贾谊，法家如晁错，道家如刘安等，又相继著书立说，形成争鸣的局面。其中，又以儒、道两家最为突出。

汉初推行黄老政治的关键人物有两个：一个是开国功臣曹参。曹参在齐为相九年，采纳盖公的黄老之术，齐国政治安定，大受百姓称赞。惠帝二年（公元前 193 年）曹参继萧何之后为汉相国，一切大小国事皆按萧何成法而无所变更，继续推行黄老无为而治的主张，三年时间便收到了很大的成效，这便是“萧规曹随”。经曹参这么一提倡和实践，黄老学说便成了汉初统治者的指导思想，为此后的“文景之治”奠定了政治和思想基础。另一个关键人物就是汉文帝的皇后窦太后。在汉初所有统治者中，尤以窦太后最喜黄老之学。这在《史记》、《汉书》中都有记载。窦太后从公元前 179 年汉文帝即位，至公元前 135 年去世，影响朝政四十五年，由于窦太后强烈推行黄老道家，使得朝廷从皇帝到臣子都要读《老子》，由此也在曹参之后进一步稳定了社会秩序，恢复和发展了生产，出现了“文景之治”的盛世局面。这是汉初黄老政治所带来的社会效果，也是黄老道家作为社会统治思想所走过的黄金时代。

儒家历经三百余年不但没有踏上政治舞台，反而遭到了“焚书坑儒”的惨祸，极不甘心。时常“隆推儒术，贬道家言”，与道家发生了不少冲突。袁固生因顶撞窦太后而差点丢了性命。喜欢儒术的汉武帝召集儒生窦婴、田蚡、赵绾、王臧等大臣谋划儒家政治，尚未出笼就被窦太后发现，窦婴、田蚡被罢免，赵绾、王臧迫令自杀。每次冲突都以儒家失败而告终。

一、独尊儒术

汉初推行黄老无为之治，致使诸侯坐大。汉景帝时法家晁错建议削藩，发生吴楚七国之乱，晁错惨遭灭族之灾。从政治、军事到思想一统天下的大事已被提到了议事日程。汉武帝建元六年（公元前 135 年）窦太后病逝，儒家终于迎来了出头的机会。武帝深知，要加强皇权，首要前提是统一思想，以便探寻一套行之有效的国家管理理论和方法。元光元年（公元前 134 年）

武帝令郡国举孝廉，策贤良，董仲舒以贤良对策。武帝连问三策，董仲舒亦连答三章，其中心议题是天人关系问题，史称《举贤良对策》(或《天人三策》)。董仲舒认为:“《春秋》大一统者，天地之常经，古今之通谊也。今师异道，人异论，百家殊方，指意不同，是以上亡以持一统；法制数变，下不知所守。臣愚以为诸不在六艺之科、孔子之术者，皆绝其道，勿使并进。邪辟之说灭息，然后统纪可一而法度可明，民知所从矣。”这一建议正中武帝下怀，于是决定“罢黜百家，独尊儒术”。自此，儒学取代黄老道家之学成了国家政治生活的指导思想，统治阶层以儒家的伦理道德为指导，制定了一套约束臣民的行为准则，甚至以《春秋》决狱，把儒家经典当作法典；太学设五经博士，并不断从太学中选拔优秀博士弟子加入国家管理集团，其中公孙弘以治《春秋》位至丞相，并被封侯，开先为相后封侯之先例。由是天下学士竞相效仿，尊儒就成了一种社会风尚。从此，孔子创立的儒家学说在历经了四百年的沧桑之后，终于走上了政治舞台，开始实施它“治国平天下”的历史使命。儒学从此也成了此后中国两千余年中国社会的正统思想，儒家文化也跃居中国社会文化主流的位置。

但是，董仲舒倡扬的儒学，已不是先秦的原始儒学，而是董仲舒在原始儒学的基础上吸收了道家、法家、阴阳家等诸家思想，对原始儒学加以改造，重新建构的“新儒学”，是儒学体系发展的一个更高阶段。董仲舒否定了法家严刑峻法、以吏为师、忽视文教德治的局限性，吸收了其集权专制和注重刑罚的思想；同时他否定了黄老的消极无为、忽视社会主体的能动性的一面，吸收了其自然观、阴阳刑德的思想，更全面的汲取诸家智慧和总结了历史经验教训，使儒学成为西汉王朝在全国建立大一统的政治之后，彻底占据统治地位的思想体系。这种新儒学思想体系适合了武帝强化中央集权的需要，也受到其后的历代帝王的高度关注。

独尊儒术是秦汉时代多元文化整合为一统文化的历史性的胜利。自此，儒学成了运行于庙堂宗社和江湖的显学与精神轴心，法家学说成了统治的辅助工具，道家开始向民间转化，并逐步朝宗教方向发展。“入则仕，出则隐”的中国主流文化格局被确定下来。

二、今古文经学之争

《诗》《书》《易》《礼》《春秋》五部文化元典，在孔子之前本已存在，孔子对它们进行了整理并用作儒家讲学的教科书，因此后世儒家一直以这五部书作为自己的学术渊源。但战国时期其他诸子也同样从这五部书中汲取思想精华。由于儒学在汉武帝时期上升到统治思想的地位，因此从汉武帝开始这五部书被奉为儒家经典，正式称为“五经”而成为儒家所独有。“经”字在战国时期只是作为一般典籍的通称，如《庄子・天运》中有“诗、书、礼、乐、易、春秋六经”之说，《荀子・劝学》中有“始于诵经，终于读礼”之说，都是泛指各类重要的书籍，虽也会有“经典”之意，但并无“法定经典”之称。汉初，文帝始置“经博士”，始有法定经典之意。汉武帝建元五年（公元前136年）立“五经博士”，推行“以经取士”，公孙弘以布衣治《春秋》为相封侯，“天下之学士靡然向风矣”（《史记・儒林列传》），儒学开始了向经学的转化。儒学向经学转化有三件事：一是石渠阁会议（汉宣帝甘露三年即公元前51年，汉宣帝主持）；二是白虎观会议（汉章帝建初四年即公元79年，汉章帝主持）。这两次会议都是由儒生讲论五经异同，最后由皇帝亲自裁定；三是“熹平石经”：汉灵帝熹平四年即公元175年，加《公羊传》和《论语》，扩五经为七经，令蔡邕主持，以隶书刊七经于石碑，立于太学讲堂，又称汉石经，也称一体石经。这是中国刻于石碑上最早的官定儒家经本。这三件事，加之当时传经与注经成为一门专门的学问，这就形成了从两汉到清朝的官方哲学——经学。

焚书坑儒烧掉了先秦多种典籍，汉代从民间征集上来的，用当时通行的隶书文字书写而成的儒家典籍，称为今文经。专研它们而成为今文经学。其特点是注重现实政治，强调经世致用，讲阴阳灾异，重微言大义，合时自由但空疏荒诞。古文经是指秦代以前用古文（多为籀文和金文）书写而成的儒家典籍。汉武帝末年，鲁恭王拆除孔子后代旧宅时发现数十篇古籀文儒家教材。专研它们而成为古文经学。其特点是注重历史事实，讲文字训诂，究明典章制度，重经文本义。朴实认真但失之烦琐。古文经一露面，两学就开始争论，西汉时今文经学占据上风。西汉末年，刘歆利用古文经学帮助王莽登上皇帝宝座，东汉时古文经学占据上风，大师辈出，如贾逵、许慎、马融、郑玄等。东汉初由于争论激烈，只好由皇帝主持召开会议来定夺。白虎观会议就是在这种情况下召开的。因此也才出现郑玄这样遍注古今文经学、集两汉经学之大成的经学大师，其著述多达百余万字。两汉经学后来被清代学者称为汉学。注经、解经都要渗透或者带上儒家伦理和道统，这叫作“文以载道”，它造成了中国人的思维习惯，影响中国文化可谓至深至远。

东汉初期古文经学博士初立时，经今古文两派争论是非常激烈的，这种各持己见的学术很不利于思想的统一。因此，为了消除两派之间的门户之见，统一思想，东汉初期有两位皇帝出面干预两派之争：一是公元 56 年光武帝刘秀“宣布图谶于天下”，二为公元 79 年汉章帝主持召开的白虎观会议，均以皇帝的威严使两派统一起来，如此，才出现了东汉末年郑玄遍注两派群经的经学大师。然而，两个汉皇帝的干预都与谶纬说有关，而谶纬之学又是从今文经学演变出来的。因此，汉末随着谶纬之学的衰落，今文经学也衰落了。到了宋代，理学在很大程度上可以说是今文经学的翻版和深化，而清代考据学则完全是古文经学的再现，至清末，今古文经学则完全融为一体，成为近代中国文化的学术渊源。这是经学发展的基本线条。

三、谶纬的盛行与反拨

谶，即谶语，有时有图，合称图谶，就是预言吉凶的隐语。纬即与“经”相对，对儒家经书所作的神秘性解释一类的书，也叫“纬书”。两者合称“谶纬”，也叫谶纬学，即预言吉凶的迷信神学。秦代有谶语记载，西汉末年才有纬书，李寻提出“五经六纬”之说，并造《易纬》《诗纬》《书纬》《礼纬》《乐纬》《春秋纬》六部纬书，离奇古怪，充满神秘，毫无历史根据。汉武帝时，董仲舒把《春秋公羊传》里根据既发事实编造出来的所谓预言，说成是孔子的本意大加发挥，形成“天人感应”说，把自然变化和国家人事牵强附会地联系在一起，并在符瑞说、灾异说、谴告说中使用了大量谶语，把今文经学和谶纬神学糅合在一起，使儒学开始谶纬化。董仲舒上“天人三策”后，弟子日多，所以，谶纬学在西汉很快就盛行起来。王莽利用董仲舒天人感应说造了三次谶语，分三次登上皇帝宝座。谶纬开始肆行无忌，太学生哀章成为其四辅之一，同列上公。汉光武帝刘秀也不得不利用图谶称帝，取得政权后，继续把谶纬奉作一项重要的统治工具。公元 56 年，汉光武帝“宣布图谶于天下”，把谶纬学也正式列为官方统治思想，规定发布诏命、制定法令、施政用人等方面都要根据图谶，引用谶纬。白虎观会议，谶纬学与儒家经学糅合为一，儒家思想不但被谶纬化，也被神学化。

谶纬迷信肆行无忌的东汉，古文经学家中弘扬理性反对谶纬神学的也不少。代表人物有杨雄、桓谭、王充、张衡、仲长统等。桓谭和王充最为有名。桓谭主要在行动上反，与汉光武帝发生冲突，差点丢了性命。王充主要在理论上反，今存《论衡》八十四篇，其主张主要如下：一是以“气”为本的自然观；二是天人相分的人道观；三是人死魂去的魂灭论；四是耳闻目见为知的认识论。不过其思想在当时并无多大作用，倒是对后世中国的无神论者和朴素唯物主义者产生了较大的影响。儒学谶纬化之后就失去了其学术性质，汉朝结束，儒学随之中衰。代表道家学说的玄学崛起，进一步体现了儒道互补的中国主流文化格局。

第四节　中国道教

道教是发源于中国古代的传统宗教，是一个崇拜诸多神明的原生的宗教形式，主要宗旨是追求得成仙、救济世人。道教以“道”为最高信仰，认为“道”是化生宇宙万物的本原。在中华传统文化中，道教被认为是与儒学和佛教一起的一种占据着主导地位的理论学说和寻求有关实践练成神仙的方法。现在学术界所说的道教，是指在中国古代宗教信仰的基础上，承袭了方仙道、黄老道等一些宗教观念和修持方法，逐步形成的以“道”作为最高信仰，主要崇奉太上老君为教主，并以老子的《道德经》等为主要经典，追求修炼成为神仙的一种中国的宗教。道教与中华本土文化紧密相连，深深扎根于中华沃土之中，具有鲜明的中国特色，并对中华文化的各个层面产生了深远影响。

一、东汉道教创立

道教与流行于中国的佛教、伊斯兰教、基督教不同，它是唯一根植于中国本土、发源于古代文化的民族宗教。它在形成和发展过程中确实受过佛教的影响，但主流是中国的传统，具有鲜明的民族特点。其信仰的宗旨是追求长生不死、得道成仙；看重个体生命的价值，相信经过一定的修炼，世间的个人可以脱胎换骨，直接超凡入仙，不必等死后灵魂超度。这是它与别的宗教信仰的根本不同之处。道教的产生也很特别，它不是某一教主在短期内创立起来的，而是逐步积累、多渠道汇合而成的，它正式创立于东汉后期，然而孕育过程很长，上限极难具体确定。道教前期分为丹鼎与符（符箓）两大派。符派以符水治病、祈福禳灾为主要宗教活动内容，组织上多系民间道教，如汉末的五斗米道与太平道。魏晋以后，太平道被镇压，五斗米道转化为上层天师道。南北朝时又分为南北天师道。丹鼎派侧重清修炼养，又有内丹与外丹之别。唐代李氏皇朝与老子李耳联宗，推崇道教。宋代真徽二宗迷恋道教，并开始组织编撰《道藏》。金元之际，道教进入鼎盛时期，全国形成南北两大教派。南方为正一教，由张天师后世子孙掌教，中心在江西龙虎山，活动以符为主。北方有王重阳在金代创立全真教，炼养性命兼容儒释。其弟子丘处机见重于元太祖，掌管天下道教，使全真教盛极一时。明代正统、嘉靖、万历时期，道教亦很发达，巨大规模的《道藏》陆续编成。此后直至清末，道观虽不断修建，然而道教逐步丧失了理论上的创造力，走身衰减。与此同里道教的思想影响却在民间不断扩展起来。

道教在中国文化史上不是局部的一时的现象，它与其他文化领域有着长期的血肉相连的密切关系。道教与传统文化的密切关系，首先表现在它的主要来源是古代宗教迷信和思想文化，源头相当久远。其来源有四个方面：一是古代的民间巫术。巫是神与人之间的中介者，能降神、解梦、预言、祈雨、医病、占星，是古代社会不可缺少的职业。先民以为疾病是有鬼附体，需用巫术加以祛除，由此有符咒驱鬼的法术。《吕氏春秋·勿躬》说“巫彭作医”，可知古代巫者兼医。后来道教的道术与医术，皆起于民间消疫去病的巫术。殷人尚鬼故重巫，以巫咸为相。春秋战国时期荆楚重巫。《国语·楚语》载观射父赞美巫觋之语，《楚辞》中亦多有巫觋降神的描述。楚文化的这种祈祷、降神、禁咒之风，当是道教的一个源头。若仅就汉末五斗米道而言，巴蜀地区的鬼道巫风无是其前身。

二是神仙传说和成仙方术。神仙说多出自楚文化与燕齐文化。《楚辞》中有生动浪漫的神游故事，《庄子》的“神人”“至人”“真人”能轻举独往、逍遥世外。燕齐地处滨海，海市蜃楼的幻象，航海探险的神秘，引发人们丰富的联想，而有三神山（蓬莱、方丈、瀛洲）的传说，方士们迎合上层贵族永享富贵的奢望，编造各种神仙故和成仙之方，以骗取利禄。齐威王、齐宣王、燕昭王和秦始皇都醉心方术，派人入海觅仙求不死之药。汉武帝宠信的少翁、栾大、公孙卿等方士，皆齐人，武帝整日梦想如黄帝一样飞升成仙。这些神仙学说与求仙活动成为道教尤其是丹鼎派道教的直接来源。

三是荆楚文化的道家哲学，主要是《老子》和《庄子》，其次是《列子》《文子》等书。先秦与秦汉道家是学术派别，不是宗教教派；《老》《庄》等书是学术著作，不是宗教典籍。从东汉后期起，《老子》渐被神学化，老子被奉为道教教主，民间巫术与神仙方术开始依托于《老子》的学说。《太平经》就将道家与神仙家相糅合。五斗米道则称老子为太上老君，以五千文为经典，这是道教正式形成的重要标志。唐代尊称《老子》为《道德真经》，《庄子》为《南华真经》，《列子》为《冲虚真经》，《文子》为《通玄真经》，老、庄、列、文皆为道教尊神。道家一般为讲内外丹和符科教，甚至反对巫术和鬼神。但以老子为开端的道家，视“道”为超越形器的宇宙最高法则；道教进一步突出了“道”的超越性、绝对性和神秘性，使“道”变成具有无限威力的至上神的抽象形态。道家宣扬清静无为、静观、玄览、含德、坐忘、虚心，追求内心的安宁；道教发挥这种离俗语超脱的精神，形成出世的心性炼养理论。至于《老子》书中“谷神不死”“长生久视之道”的养生论，《庄子》书中神人“不食五谷，吸风饮露，御飞龙而游乎四海之外”的神仙家言，更是道教可以直接吸收的思想资料。道教原本是世俗迷信的杂合，由于它能利用、改造道家理论，形成一套独特而又系统的神学，才使自己一跃而成为与儒、佛鼎足而立的大型宗教，所以道教始终抓住道家不放，两者长期纠缠难分。

四是汉代阴阳五行化了的儒家经学。道教从一开始就以儒学辅助者的面目出现，大量吸收汉代经学思想。早期道教经典《太平经》大讲阴阳灾异和君臣民协调。五斗米道张鲁作《老子想尔注》，亦提倡忠孝仁义。晋代葛洪说求仙“要以忠孝和顺仁信为本”。北魏寇谦之的天师道以礼度为首。南朝宋末道士顾欢著《夷夏论》排斥佛教，以华夏正统继承者自居。如果说道家和神仙家的思想引出了道教的超人间性，那么可以说儒家思想赋予了道教以现实性和人间性。在历史长河中，上层道教都鲜明地维护封建宗法秩序。

道教与佛教也互有渗透。寇谦之以后，道教模仿佛教仪节，建立起祈祷、礼拜、诵经、斋醮等一套完整的科仪戒律。如无佛教的影响，道教绝不会有后来那样的面貌。但佛教只是道教发展的重要外在因素，而不是生成之源泉。

道教是中国古代文化部分内容的汇集和发展，它与荆楚、燕齐、巴蜀文化的血缘关系更为亲近。

道教原始典籍有三种：一是东汉顺帝年间琅琊（治今山东临沂北）道士宫崇到洛阳投献据称是其师于吉所著的《太平青领书》即《太平经》，一百七十卷，今见仅残存五十七卷，内容庞杂，主要是关于天地、阴阳五行、灾异、鬼神、谶纬、巫觋杂语、佛教义理及当时的社会情况，宣传宗教和封建伦理观念；二是与前者大致同时的江苏人张道陵入四川鹤鸣山修道，作道书二十四篇一百四十四卷，名《太平洞极经》；三是稍后的东汉桓帝时会稽上虞人（今属浙江）魏伯阳著《周易参同契》，大意是参同“大易”“黄老”“炉火”三家法理而会归于一，能“妙契大道”，故名，为系统论述道家炼丹修仙的最早著作。

东汉后期，道教已经有了一定的组织和科戒仪式，出现了五斗米道和太平道两大教派，均流行于民间。太平道首领是活动于翼州的张角，自称“大贤良师”，以画符咒语为人治病，他阐发《太平青领书》中的某些平等观念，主张赈济贫民。中平元年（公元 184 年），张角率徒众发动黄巾起义。起义失败后，太平道逐渐销声匿迹。五斗米道的首领即为张道陵。张道陵，原名张陵，字辅汉，沛国丰（今江苏丰县）人，曾任江州令。顺帝时他入四川鹤鸣山修道，创“正一盟威之道”，为道教定型化的开始。因入道者需要出五斗米，故名五斗米道。张道陵也后被道教徒尊为“天师”。五斗米道以《老子》为经典，令信徒习诵。张道陵死后，他的孙子张鲁在汉中建立了政教合一的政权达三十余年。后来张鲁投降曹操，五斗米道得以保存，并吸收了张角太平道的一些教徒，成为当时道教的唯一教派。

二、魏晋南北朝道教的发展

魏晋时期，天师道在北方的传播与曹操对民间道教的镇压，以及五斗米道的北迁有极大关系。曹操对于信奉太平道的黄巾军采用武力镇压与招降并举，后又因太平道首领张鲁投降，五斗米道的上层人物迁入北方居住，汉中大批信奉五斗米道的民众也随之迁入北方，促成了五斗米道由巴蜀向北方传播。魏晋统治者对民间宗教活动怀有极大的戒心，随着他们对宗教活动的禁止，加之五斗米道在律令、规章制度上的极不完善，组织涣散，号令不一，致使其发展处于停滞状态。但是，在其巴蜀地区及江南地区部分民间道教组织却得到很好的发展。如巴蜀天师道团，江东的于君道、帛家道、李家道等。另外，魏晋之际一些神仙方士的活动这些都促进了道教的传播。

两晋南北朝时期，随着炼丹术的盛行和相关理论的深化，道教获得了很大发展。同时道教也吸取了当时风行的玄学，丰富了自己的理论。东晋建武元年，葛洪对战国以来的神仙家理论进行了系统地论述，著作了《抱朴子》，是道教理论的第一次系统化，丰富了道教的思想内容。葛洪，字稚川，号抱朴子。生于晋武帝太康四年（公元 283 年）。三十五岁时完成《抱朴子》内篇及外篇两部文章，内篇论述神仙药方、鬼怪变化、养生延年的仙道学说，外篇论述人间得失、经国治世、儒术等。该书主要观点就是神仙是存在的，凡人可以通过学仙修道成为神仙而长生不死，强调后天学仙修道的主观努力，即立志，明师，勤求。葛洪的《抱朴子·内篇》，在某种意义上是他站在上层道教的立场，对早期道教进行的历史总结，标志着丹鼎派的成熟。该书不仅充实了道教理论，他对后世的道教影响很大。

在道教史上，东晋南北朝是道教的重要转折期。这一时期，由于门阀族的改造，道教经历了重大变革，从早期原始的五斗米道发展演变为完备成熟的宗教，从主要传播于民间道团上升为官方承认的正统宗教。道教发生变革主要在中国南方地区。东晋以来，佛道二教兴盛，需要有大批新的经典传播其教义。佛教的经典可以向印度求取，而道教只能改造前代的书籍以及供鉴佛教经文了。东晋以后新出的道经以《三皇经》《灵宝经》《上清经》这三组道经最为重要，即“三洞真经”。《三皇经》在元朝被焚，现已失传。在《道藏》的《洞神八帝妙精经》中保留了不少三皇经的道法，其中共有最上乘的九十二枚符咒，这些符文代表某些天神地祇，仙官天将，五岳四渎之君，魂魄邪精的隐讳姓字。修道者得之如按法书吞服或佩带，便可以召神灵役鬼怪。可谓学习道法符咒的最直接有效的方法。《五岳真形图》是一类似印章的图版，道士佩之，神仙群灵亲奉迎。《灵宝经》也是由葛氏家族传播的一组道经。其中《灵宝五符序》三卷收录于《道藏》，上卷为存思服气之术，中卷为服食草木药方，下卷为佩带或吞服之符录以及成仙之法。总之，以五行思想为基础的来构造道教修炼方术，是上述东晋灵宝诸经共同的特点，因而形成了灵宝派。注重斋戒科教，劝善度人，是灵宝派的两个显著特点。这一派的形成与南朝了陆静修，宋文明等道士有密切关系。《上清经》是东晋中期以后出现的一组重要的道教经典。《上清经》的问世及传布，在道教内部开创了一个新的派别——茅山上清派。陶弘景是南朝上清派的代表人物。现存《上清经》中，诸如金丹服食、导引行气、佩符投简、遁甲隐景、踏罡布斗、高奔日月、餐吸云霞、歌颂礼赞、召神伏魔、禁制虎狼等道术应有尽有。

陆静修生于东晋义熙二年（公元406年），是刘宋前期著名的道士。他为了适应当时门阀士族阶级的需要，对江南天师道组织进行了整顿并与神仙道教融合，成为南朝道教的一代宗师，也成为奉持三洞经典为特征的新道教的大师。他首先创立了在道教史上有深远影响的道教典籍的分类方法，即将道书分为三洞（洞真、洞玄、洞神），四辅（太玄、太平、太清、正一）七大部类。三洞四辅不仅是一种道书分类法，同时也包含着区分道经品级高低和排列道士阶级次序的意思。如修太清法仅能成仙，修灵宝者可以成真，修上清者可以成圣。他还建立完善了道教斋醮仪式。

陶弘景生于公元456年，历经南朝的宋、齐、梁三个朝代，当时被称为山中宰相，道门学者，达官显贵纷纷拜于其门下，足见当时之显赫地位。陶弘景在实际研究操作中严谨地将养生术、炼丹术、医药学用之于实践，为道教上清派的最后形成奠定了基础。他将茅山（今江苏南部原句曲山）建成道教上清派的基地与中心，所以上清派在后来也被称作茅山宗。该派奉魏夫人或杨曦为第一代宗师，以《上清大洞真经》为本门正传，供奉元始天尊为最高神，同时也研习《灵宝》、《三皇》及天师道经及法录。茅山派的形成标志着自葛洪以来江南士族道教徒以神仙道教改造旧天师道团，创立官方化的正统道教的完成。弘景还完善创立了道教的神仙体系，为神仙排定座次，形成三位一体的三清尊神神说，即玉清元始天尊说《上清经》；上清灵宝天尊说《灵宝经》；太清道德尊说《三皇经》。在这一时期内道教又引进了地狱的概念，北方癸地有罗酆山，有六座鬼神宫府。陶弘景将错综复杂的神仙系统统一归纳，集成一本《真灵位业图》，将道教出现的近七百名神灵的名讳以图谱的形式一一列出。其目的在于使修道者明白：超现实的仙真鬼神世界里也有明确的等级秩序。

这一时期，道教、佛教、儒教三足鼎立，为了扩大各自的社会影响，争夺作为正宗思想文化的地位，儒、道与佛教之间的矛盾斗争愈来激化，三方展开的唇枪舌剑与辩论。尽管这样，三方又总是能够彼此调和的原因在于三者都可以为封建士大夫所接受，能够被士大夫们兼容并举。

综上，东晋南北朝的道教变革，从葛洪到陶弘景基本上告一段落。道教经过这一时期的改造，已经有了较为完备的教义理论和经典文献，建立完善了自身的科戒仪式和相对统一的教会组织，丰富发展了修炼方术，形成了独特的神仙信仰体系，并扩大了在统治阶级和普通民众中的影响，完成了从民间宗教向官方正统宗教的演变过程。在西晋以后，在少数民族统治的十六国北朝境内，也出现了道教改造旧天师道的事件，形成了寇谦之新天师道和楼观道派。

在北方十六国，像张忠、王嘉以清虚守志、修道养生为宗旨，隐居山林，招合徒众的松散道教集团很多。这对北魏寇谦之改革天师道的影响很大。他以著作《老君音诵诫经》（现仅存一卷）宣布革除旧五斗米道的一些落后的道法，以儒家礼法来清整道教组织，反对滥传房中术及反对乱传服食仙方，而特别强调要以斋功为养生求仙之本。其后他又著有《录图真经》，这不仅是一部改革道教的经典，也是一部图谶式的神书。在完成了道教改革之后，寇谦之准备下山投奔封建统治者，实现佐国扶命，为帝王师的愿望，以使道教成为官方的正统宗教。由于天师道经过其变革后，适合了鲜卑统治者与汉族门阀地主的需要，加之寇谦之得到北魏权臣崔浩的信任和推荐，道教终于得到了官方的正式承认和支持，在北魏大兴起来。

北魏初期，佛教与道教同时发展壮大。但由于北魏太武帝即位之初，听信寇谦之与崔浩之言，又加之随着北魏统一战争的进展，新征服的关中都是佛教兴盛之地，僧侣地主交通官府，妨碍国家政令统一，甚至有参与叛乱可能，这些都促成了太武帝决心镇压佛教势力的原因。公元444年正月，太武帝诏令灭佛，杀尽佛门弟子。这就是北魏“太武灭佛”事件。其后，由于崔浩失政被杀，寇谦之死去，北方道教走向衰落。北魏分裂后，公元548年道教与佛教在论争中失败，北齐政权诛灭道教，提倡佛教，从此新天师道团消亡了。隋唐时期流行的道教宗派，主要是南方的上清派及北朝后期兴起于关中的楼观道。

楼观道以陕西终南山下的楼观为中心，传播于关中地区。在北魏孝文帝时起以梁谌、王嘉、王道义、陈宝炽、李顺兴等为代表正式形成楼观派。此派受到南方上清派的影响颇深。在其兴盛发展过程中，陈宝炽、韦节、王延、严达等著名道士起了重要作用。在唐朝时期，楼观道成了与上清派享受相同待遇的御用道教流派，具有融合南北方道教的特点，在学术上形成了注重实用而不尚义理辨析的风气。楼观派虽然受到南方上清派的影响较深，但在神话老子方面却继承了北方天师道的传统。此时期，佛教、儒教、道教三者的论争空前激烈，其间虽然经历了道教被废除的事件，但基本奠定了道教在封建上层建筑和思想文化重要组成部分的地位。

三、唐宋元明清道教概况

隋唐时期，尤其是唐代，是我国道教全面发展的繁荣时期之一。因隋文帝幼时由尼姑养大，自称我兴由佛法，对佛教非常重视。规定三教的次序是佛为先，道为次，儒教为末。在唐代近三百年的历史中，道教始终得到官方的扶植、崇奉，居三教之首。唐末的吕洞宾、钟离权成为后来内丹派的祖师爷。

唐代前期，道教在理论建树方面尚有不足之处，还处于佛教下风。鉴于此，道教博学之士以老庄之学为本位，吸取佛学义理精华加以融会贯通，对自然宇宙、社会人生等方面的哲理问题提出了诸多新解释和新观念，形成新的道教义理之学，在道教理论建设方面有很大的发展。唐代涌现了许多道教学者，如孙思邈、成玄英、李荣、王玄览、司马承祯、吴筠、李荃、张万福、施肩吾、杜光庭等，他们对道教的教理、教义和修炼方术等方面作了全面的发展。由于唐皇室的大力倡导，唐代研究老庄思想蔚然成风。当时王公大臣及儒生、道士等纷纷研究和注疏《老子》《庄子》，据不完全统计，隋唐时代注疏笺解《老子》近三十家；其他受老庄思想影响的理论著作也很多，如通玄先生的《体道论》、司马承祯的《坐忘论》等。特别是以成玄英、李荣为代表的崇玄学派，对当时和以后的道教理论发展产生了重大影响。道书数量也日益益增多，并汇编成藏，正式刊行。唐代对道教经籍继续加以收集和整理，于开元中纂修成藏，目曰《三洞琼纲》，总计 3744 卷（一说 5700 卷）。天宝七年（公元 748 年）诏令传写，以广流布，名《开元道藏》。这是中国历史上的第一部道藏。

在道教科仪，唐代也有较系统的发展。道教科仪在南朝陆修静时已初具规模，唐代道士张万福、张继先和唐末五代的杜光庭等对道教科仪、经戒法箓传授进行了系统的整理和增删，使其更加丰富和完备。特别是唐末五代的杜光庭所著的《道门科范大全集》（八十七卷），将道教主要道派的斋醮科仪加以统一并规范化，集唐代道教斋醮科仪之大成。他所制定的道门科范，大多为后世道教所沿用。

道教内丹道在唐代有很大的发展。金丹术（外丹服食）在唐代虽处于兴盛阶段，但已暗现衰相。由于服食金丹有副作用，因此便促使金丹术由外丹向内丹转变。内丹术可追溯到古代的神仙方术。在唐代，内丹道已有较大的影响，此类道书纷纷出现。如崔希范的《入药镜》、吴筠的《南统大君内丹九章经》、陶植的《陶真人内丹赋》等。至唐末五代，道教内丹道已经盛行起来。这一时期倡导内丹道的著名者为钟离权和吕洞宾。故将其所倡导的内丹修炼术，谓之钟吕金丹道。后世道教全真派即尊钟、吕为祖师。

唐代规模较大的道派是茅山宗，其次是楼观派，此外还有张天师一系的复起。唐天宝七年（公元748年），玄宗令有关部门审定张天师子孙，将有封植，以隆真嗣，并册追祖天师张陵为太师。至中晚唐时，逐渐形成龙虎山天师道，即所谓龙虎宗。这一派在帝王扶植下迅速壮大，为宋元以后龙虎山天师道的兴盛奠定了基础。

道教宫观不仅遍布全国，且规模日益宏大。自南朝道教宫观制度形成后，道教宫观逐渐增多。到唐代，道教宫观几乎遍及名山都邑。据杜光庭中和四年（公元884年）记载，唐代自开国以来，“所造宫观约一千九百余所，度道士计一万五千余人，其亲王贵主及公卿士庶或舍宅舍庄为观并不在其数”（《历代崇道记》）。其中，如太清宫、太微宫、紫微宫等主要供奉老子的宫观，规模可与皇家的殿堂相比拟，对以后道教宫观的建筑规模和建筑艺术都有直接的影响。

宋朝对道教既崇奉又扶植。五代宋初著名道士陈抟（？—989年）得到了宋太宗的高度崇敬，赐号希夷先生。真宗和徽宗时期是北宋道教发展的两个高潮。真宗大修宫观、大塑偶像、大订节日，虚构道教圣祖赵玄朗，封玉帝，搞泰山降天书。他于公元1008年封禅泰山，成了自秦始皇封禅泰山以来的最后一位封禅泰山的皇帝。他按照帝王宫殿建筑格局大规模扩建泰山岱庙，著名的泰山碧霞祠和中国古代三大宫殿之一的岱庙天贶殿即建于此时。徽宗以道教教主自居，修宫观、编修《道藏》，排斥佛教，改寺院为宫观。宋代儒、佛、道相互吸收和融合已经成了整个思想文化界的普遍发展趋势，宗教界也同样倡言三教合一，道教在吸收、融汇儒、佛二教思想时先后形成了不同的宗派，重要的有全真道、太一道、真大道教等。不过太一道和真大道教两派仅流行一时便衰落下去。到元朝时，道教实际上只有全真道和正一道两派，两者一直流传到今日。元朝时最为风光的是全真道，由于得到元朝统治者的大力支持，全真道在元朝时进入全盛时期。

明代初期，道教仍受到统治者的重视呈现发展的趋势，基本上仍是全真道和正一道占统治地位。明太祖朱元璋取得政权后，为提高汉民族的地位和自尊心，在宗教方面崇奉道教，封第四十二代天师张正常为正一嗣教真人，赐银印，秩视二品，洪武五年（公元 1372 年）又加赐永掌天下道教事。明成祖朱棣之后，帝王们与道士过往密切。明世宗朱厚熜崇道尤甚，自号玄都境万寿帝君。明代许多道士被封为真人，授予高官，深入宫廷，参与朝政，道教在明代春风得意。与此同时，明政府又于京师置道箓司，府置道正司，县置道会司，对道教实行监督和控制。明中叶以后，道教逐渐衰落。

清代统治者则重佛抑道。乾隆时，正一真人的官价由二品降至五品。道光年间，干脆连张天师的朝觐也停止了。辛亥革命后，道教中的真人称号也被取消。道教在上层的地位，从清代开始便日渐衰落。不过，经过宋元明三代六百年的大力扶持，道教已有了广泛的群众基础，所以清代民间通俗形式的道教仍很活跃，道教的不少教理、教义、仪式等已经逐步化入了民间风俗习惯和秘密宗教中。直至今日，道教的影响仍然广及中国人社会生活的各个领域。

四、道教的基本信仰和思想

道教具有独特的信仰和思想体系，使广大奉道务道之士有了信仰和修行的目标。道教基本信仰和思想主要有以下五个方面：

1. 以“道”为最高信仰

道教的“道”，是对老子“道”的继承与神化。道教认为“道”是先天地生的，为宇宙万物之本原。又认为“道”是清虚自然、无为自化的，所以要求人要清静无为，恬淡寡欲，才能体悟出“道”。但认为老子就是道的化身，自上古以来，历代都降生人间。出于东汉时的《老子变化经》，就是叙述老子历世出现神化的灵迹。

2. 奉老子为教主，尊老子为太上老君

太上老君亦称道德天尊，最早见于东汉张道陵《老子想尔注》，称:“太上老君，姓李名耳，字伯阳，一名重耳；生而白首，故号老子；耳有三漏，又号老聃。”道教以每年夏历2月15日为老君圣诞日。

3. 以“三清”为最高尊神

“一气化三清”，即玉清元始天尊，上清灵宝天尊，太清道德天尊。道教三清尊神为玉清元始天尊、上清灵宝天尊、太清道德天尊。三清也叫三清天或三清境，是由“道”演化出来的。道教认为道生元气，由元始妙一之气化生玉清境清微天、上清境禹余天、太清境大赤天。三清尊神都是“道”在不同时期的化生，分别住在清微天、禹余天、大赤天上，这是道教“一气化三清”之说。三清分别代表和主宰天地万物的生化进程，是《道德经》中“道生一,一生二,二生三,三生万物”思想的体现。元始天尊为道教最高尊神，在道教宫观中的塑像是手持“宝珠”，象征混沌未分之“洪元”世纪。灵宝天尊又叫太上道君，手抱坎离匡廓图，象征阴阳初判之“混元”世纪。道德天尊即太上老君，手持扇子或如意，象征万物化生之“太初”世纪。常在人间走动的只有太上老君。

4. 崇信长生不死的神仙思想

在世界宗教中，只有道教的彼岸世界存在于现实当中。东晋葛洪的《抱朴子·应仙篇》以神仙思想著称，他说《列仙传》(旧题为西汉刘向撰)记载有大量的神仙，此外历史上记载仙人的也很多，说明神仙在历史上是存在的。都说没见过神仙，是因为人们不见不知的事很多，何况仙道奥妙，自然不是常人所知的。又有人说有生必有死，有始必有终，怎么有不死的神仙呢？他

说天地就是无穷的、无始无终的，可见也有例外。神仙是超理智的，不能用一般常理来判断。最后他说信不信神仙是由人的天赋命定的，上士命中注定成仙，可以不加修炼，自然成仙；中士笃信神仙，但须勤加修炼；下愚的人是不信神仙的，也不能修持，这种人同仙道无缘，永远也不会成仙。如此，不信仙道的人就是下愚的人。

5. 崇信洞天福地的神仙世界

道教崇尚自然，在全国各地找到了许多风景优美的天然石洞，然后就在那里勤加修炼。于是形成了洞天福地神仙世界。总起来有：十大洞天，三十六小洞天，七十二福地。道教著名胜地如青城山、茅山、罗浮山、泰山、华山、嵩山、武当山、衡山、终南山、龙虎山等，都是洞天福地。另外，在三清尊神住的三天之上还有大罗天。玉皇大帝住的地方叫玉虚宫，玉皇大帝，简称玉帝，为道教中地位最高、职权最大的天神。总管三界（上、中、下）、十方（四维、四方、上下）、四生（胎生、卵生、湿生、化生）、六道（天、人、魔、地狱、畜生、饿鬼）的一切祸福。每年农历正月初九为玉皇圣诞日。玉皇大帝总领太上老君、南极仙翁等一大批神仙人臣。

此外，道教信仰还受到佛教和儒家的影响。受佛教影响而衍生出轮回成仙说、善恶报应说、天堂地狱说等。受儒家影响而衍生出以养生为内、儒术应外的思想。

五、道教与中国文化

道教与传统文化的密切关系，还表现在它诞生以后成为近两千年传统文化的重要组成部分，并且直接发生着巨大而复杂的社会作用。中国古代社会的思想文化结构有几次变换，战国是百家争鸣，秦朝是法治至上，两汉由儒道竞行发展为儒术独尊，汉末佛、道兴起，思想文化的主体由两家（儒家、道家）、两教（佛教、道教）构成，四者以儒为核心形成一种共同体，这种思想格局基本上保持到清末。以地位与影响而言，儒家第一，道家第二，佛教第三，道教第四。由于道教与道家彼此纠结，其力量往往足以与儒、佛相抗衡。儒释道互相斗争又互相融合，形成中国古代传统文化发展的基本过程。道教对社会、文化的作用大致可分为以下几个方面。

1. 为上层统治集团提供精神支柱

唐高宗追封老子为太上玄元皇帝，唐玄宗于各地建玄元皇帝庙，以先祖陪祀，妃嫔公主多信道教受金仙、玉真诸封号。一方面借道教神威巩固皇权，另一方面借以满足个人的精神追求。唐宪宗、唐穆宗、唐敬宗以及一大批重臣名士，都想长生不死，误吃道士丹药中毒而早死。但百死而不悔，悲剧照样继续演下去。宋真宗另设一道教尊神赵玄朗作为赵宋的始祖，给皇室涂上神圣色彩。宋徽宗自称教主道君皇帝，奉道极虔。明代诸帝以嘉靖佞道最甚，他长年潜居深宫，日事斋醮、炼丹和服食，得宠大臣须能写青词（祈祷表文），道教成了嘉靖皇帝的主要精神慰藉。

2. 道教领袖辅佐王政，贵为国师辅臣

道教在显贵的时候，其领袖人物不仅统领道教事务，还能对国家大事施加巨大影响。北魏寇谦之深受太武帝器重，大臣崔诰以师事之，这成为北魏灭佛的重要因素。南朝道士陶弘景虽隐居茅山，梁武帝却要就军国大事向他咨询，陶因之被称为“山中宰相”。北周武帝时道士张宾，唐武宗时道士赵归真，在这两代的灭佛事件中都起了推波助澜的作用。宋真宗时道士张正随，宋徽宗时道士林灵素，元代道士丘处机、张宗演、张与材，明世宗（嘉靖）时道士邵元节、陶仲文，皆不止修道和管理道教事务，亦受赐高品位爵号，常参政事。

3. 道教常成为社会改良思潮的旗帜，或成为洁身自好者的归宿

东汉《太平经》主张革除社会弊病，缓和社会矛盾，是当时批判思潮的一部分。东晋葛洪抛弃富贵，潜心修道，对于浊政恶习多有抨击。五代宋初道士陈抟弃官隐居，劝周世宗以致治为念，废弃黄白之事。丘处机劝成吉思汗不嗜杀人，敬天爱民，清心寡欲。历代不慕富贵而致力于劝善化俗的道士是很多的。

4. 道教在儒释道三教斗争与融合中起了重要作用

道教与儒学结成联盟，高举华夏正统文化的旗帜，攻击佛教是夷狄之法，

与佛教争夺宗教阵地。其结果是刺激了佛教，客观上加速了佛教中国化的进程。宋明理学是以儒为主又吸收佛道的结果。周敦颐的太极图说与邵雍的先天学都来自道教。宋儒主静的修养方法亦得力于道教。全真教的出现是儒释道三教合流的集中体现；它以明心见性、养气炼丹、含耻忍辱、清心寡欲为内修之“真功”，以传道济世为外修之“真行”，功行圆满就可以证真成仙。它以神为性，以气为命，主张性命双修。实际上它是道教内丹派与佛教禅宗与儒家理学相结合的产物。

5. 道教对于民间信仰有直接和深广的影响

一方面，民间道教往往成为社会下层反叛朝廷的组织形式，如汉末有五斗米道、太平道，魏晋南北朝有孙恩、卢循的长生党，以“李弘”为名义领袖的多次农民起义，宋代有明教被方腊起义所利用。另一方面，明清最盛的民间宗教大量从道教中吸收营养，如白莲教及其众多支派，皆敬奉无生老母，“圣母降身，刀枪不入”，具有道教尊神的威力。罗教的“真空家乡无生父母”八字真诀，是发挥佛教性空说、净土说与道家道教的无为清净说而成的。弘阳教信奉混元老祖，亦即道教的太上老君。道教诸神本来就庞杂而无严密系统，再加上佛教偶像、天神及鬼神庙林立，祭祀驳杂，除了天地君亲师以外，诸如菩萨、玉皇、玄女、财神、灶神、海神、关帝、土地、城隍、钟馗、二郎神等，名目繁多，其中很大一部分来自道教。农民也常分不清这些神属于哪一教门。

6. 道教中一些道士对于古代医药卫生体育事业具有重要贡献

道士欲长生必先做到健康长寿，所以极重养生健身和发展医药。许多道士同时也是著名的医药学专家，如葛洪著《肘后备急方》、陶弘景著《本草经集注》、孙思邈著《千金要方》。近代道士陈撄宁对中医理论造诣很深，在道教界和医学界都有广泛影响。中国传统气功学多来自道教内丹学，以吐故纳新、除欲净虑为要旨。道教有所谓炼精化气，炼气化神，炼神化虚，炼虚合道之说，而气功学就是其中积精累气之学，具有极高的科学和实用价值。道教武术在中华武术中独树一帜；佛教有少林，道教有武当；宋代武当派祖师张三丰以内家拳著称。此外，道教外丹派勤于金丹仙药的炼合制作，即黄白术，在客观上推动了古代化学与冶金术的发展。

7. 道教对文学艺术的影响

民间文学方面，道教仙话与民间传说的界限就不清楚。从道教的八仙，嬗变出“八仙庆寿”、“八仙过海”等许多生动的民间故事，流传极广。他如钟馗打鬼、关帝显灵，不胜枚举，都是道教仙话与民间传说交渗共存。在作家文学方面，李白号称“谪仙人”，他的一些诗歌表现了仙风道骨，超逸不俗；明代《封神演义》作为神魔小说，元始天尊、通天教主等道教神魔皆成了重要形象；《西游记》中如来佛以下是佛教系统，玉皇大帝以下和老君等散仙则是道教系统。这两部小说都不是宗教作品。《水浒传》里有“张天师祈禳瘟疫”“宋公明遇九天玄女”“公孙胜斗法破高廉”等章回。《红楼梦》里一僧一道形影不离，跛足道人的“好了歌”与甄士隐的解注，是佛道结合的精心之作，起了提示全书的作用。《三国演义》里的诸葛亮能预断吉凶、呼风唤雨，如鲁迅所说“状诸葛之多智而近妖”。《聊斋志异》借鬼神狐怪表现作者愤俗疾世之情，多取材于道教仙话，如“崂山道士”“仙人岛”等。许多中国画刻意显示人物仙家道骨；音乐则为了使人超尘遐想；至于绘雕老君青牛，寿星蟠桃，龟鹤松柏，都是祝福长寿，象征吉庆，已没有多少道教气味了。

8. 道教对民间习俗的影响

道教许多活动在不知不觉中转化为民间习俗，代代相传，蔚成风气。如丧葬要请和尚道士诵经修福，超度亡灵；春节以道观为基地举办庙会，进行民间祈神、游艺、商业等综合性节日活动；岁时节令，天灾疫疾，斋醮祭祀，求福免祸等。元代大都全真教兴盛，民间有中幡圣会，正月十六，执彩绣高幡，列队走会，富有道教色彩。清代北京正月以白云观为中心举行燕九节，为全市性盛会。旧时扬州地区，二月过土地生日，三月过东岳生日，四月过神仙生日，五月过关帝生日，六月过二郎神生日，八月过灶君生日，成为民间惯例，这些都不是道教团体有组织的活动。封建社会后期，行业神崇拜盛行，其中多为道教尊神，如铁匠崇老君，染匠崇梅葛仙翁，刺绣崇妃绿仙女，墨匠崇吕祖，乞丐、剃头匠崇罗祖大仙，文具商崇文昌帝君等，按时祭祀，相沿成习，而与道教系统的宗教活动无直接关联。还有明代问世的道教《功过格》《阴骘文》等劝善书，对民间道德生活有深远影响，起着移风易俗的作用。

9.《道藏》对传统文化的影响

道教典籍在汇集编辑过程中，不断容纳大量与道教直接或间接有关的各类学术著作，至最后编成《道藏》。它不仅是道书总集，而且成为中国传统文化作品大系，包罗万象，丰富无比。以其多而杂，使学者望而生畏；又以其多而杂，使它成为难究底蕴的文化资料宝库。现存的明《正统道藏》5305卷，加上万历时的《续道藏》180卷，共5485卷。《道藏》在内容上至少有以下几类：一是历代道书，包括神仙、内丹、外丹、符箓、科仪、戒律、方术及道教类书；二是道家著作及历代注释，如《老子》《庄子》《列子》《阴符经》等书注疏；三是医药卫生著作，如《黄帝内经》《肘后备急方》等；四是诸子百家著作，包括儒、墨、名、法、兵、纵横、杂、小说、术数各家，数量可观；五是历代著名道士文集，如《华阳陶隐居集》（陶弘景）、《广成集》（杜光庭）、《太古集》（郝大通）等；六是史传地志著作，如王瓘《广黄帝本行记》，查志隆《岱史》等。其他天文、生物、化学，不一而足。《道藏》的编辑出版，起了收集、保存祖国文化古籍的作用，它是一部超大型中国思想文化史丛书，不仅研究道教史需要它，研究中国文化也要熟悉它。

道教与传统文化的密切关系，表现在它进入中期以后，对许多文化领域的辐射作用有不断加强的趋势。大凡一种重要宗教，都有四个层次，从内向外，一为宗教信仰（基本宗旨），二为宗教理论（教义、学说、戒律），三为宗教实体（宗教组织、设施、活动），四为宗教文化（在宗教推动和影响下形成的多层多向文化）。宗教文化是关于宗教的最广泛的概念，它的边缘与非宗教文化交渗，具有模糊不定的性质。如果说道教的形成表现出较强的吸附性，那么道教的影响则表现出较强的辐射性。道教文化的涵盖面极宽，可以说在封建社会后期，整个文化都染上了一层道教色彩，道教文化的印痕随处可见。

第五节　魏晋玄学

魏晋玄学是魏晋时期出现的一种崇尚老庄的思潮。“玄”这一概念，最早出现于《老子》:“道可道，非常道；名可名，非常名。无，名天地之始；有，名万物之母。故常无，欲以观其妙；常有，欲以观其徼。此两者同出而异名，同谓之玄，玄之又玄，众妙之门。”扬雄也讲玄，他在《太玄·玄摛》云:“玄者，幽摛万类，不见形者也。”王弼《老子指略》云:“玄，谓之深者也。”玄学即是研究幽深玄远问题的学说。魏晋时人注重《老子》《庄子》和《周易》，称之为“三玄”，而《老子》《庄子》则被视为“玄宗”。魏晋玄学的主要代表有何晏、王弼、阮籍、嵇康、向秀、郭象等。

一、玄学分期

随着汉末儒家经学的衰微，党锢名士们遭到政治暴力的摧残和压迫，他们一变其具体评议朝廷人物任用的当否，即所谓清议，而为抽象玄理的讨论；另一个原因就是魏初正始年间的改制运动，倡自何晏、夏侯玄。作为一种新思潮的魏晋玄学，它吸收了道家思想，所讨论的问题是从《周易》《老子》《庄子》三本经典而来，以老庄思想为骨架，究极宇宙人生哲理，即“本末有无”的问题。玄学家们讲究修辞技巧和谈说论辩方式。其发展并非要取代儒家，而是要调和儒道，兼容儒道。

魏晋玄学可分前后两期。魏末西晋为清谈的前期，此时期承袭东汉清议的风气，就一些实际问题和哲理反复辩论，亦与当时部分士大夫的出处进退关系至为密切，大致可分为正始、竹林、元康三个时期。在理论上有老或庄之偏重，但主要是对儒家名教的态度，即政治倾向的不同。正始时期的玄学家，以何晏、王弼为代表，从研究名理而发展到无名。竹林时期的玄学家，以阮籍、嵇康为代表，皆标榜老庄之学，以自然为宗，不愿与司马氏政权合作。元康时期的玄学家，以向秀、郭象为代表。东晋一朝为清谈后期，清谈只为口中纸上的玄言，已失去政治上的实际性质，仅作为名士身份的装饰品，并且与佛教结合，发展为儒、道、佛三位一体的趋势。

1. 正始时期

“正始”是魏齐王曹芳年号，自公元240年至249年止。本时期玄学的代表人物何晏，重要著作是《道德论》和《论语集解》。其核心思想：一是坚持本末有无的“贵无论”，认为宇宙本体是超言绝象的，是无名无誉的，是天地万物形成以前就存在着；“无”具有主宰天地万物的作用，是阴阳万物赖以化生成形的始基。二是主张“名教本于自然”，名教的衰败是由于只注重形式的缘故，崇仁义愈致斯伪，故必须抓住根本来维护纲常名教，这个根本就是“无”“无名”或“道”。三是主张圣人“无情而有性”，圣人“无喜怒哀乐”，其因在于圣人无情而有性。何晏正始时期清谈的领袖人物，是魏晋以下玄学风气的开创者。

正始玄学的另一代表人物是王弼，重要著作有《老子注》《老子指略》《周易注》《周易略例》等。其核心思想：　是坚持本末有无的“贵无论”，认为现象界背后的真实本体，作为世界本性的“道”，是绝对的“无”，是“寂然无体，不可为象”的。他用“以无为本，以有为末”的本体论结构模式来解释“有”与“无”的关系，认为本体与现象是不一样的，甚至是相反的，“道”是超言绝象不可名状的，不是一般人所能认识的对象，只有“与道同体”的圣人才能把握。二是主张“本静末动”，认为“凡有起于虚，动直于静，故万物虽并动作，卒复归于虚静，是物之极笃也”。三是宣扬“得意忘象”和“得象忘言”。王弼的言意之辨实包含两方面，一方面有形的现象世界属于思想层面的“意”，虽然是很抽象深微，不能直接用属语言层面的“言”表达，但“言”可表达“象”，“意”则可以通过“象”而显示，即可以用“言”和“象”来尽“意”；另一方面无形的本体，即所谓“殊相的言象意”是不可用“言”和“象”尽意，只能用“微言”来启发，用意会进行内心体验。四是认为圣人有情无性。五是主张“名教本于自然”，自然为本，名教为末，自然为治之道，名教为治之具，自然为文化理想，名教为此理想的载体，故名教本于自然。王弼开创的玄学，不仅为儒道融合开辟了道路，而且为中国传统文化与外来的佛教文化的融合开辟了道路，宋明理学汲取了玄学本体论，建立了以儒家思想为主体、三教合一的思想体系。从周敦颐的“无极而太极”，张载的“太虚即气”，到程朱的“体用一源，显微无间”，陆王的“宇宙是吾心”的心体物用论，都汲取了王弼玄学体用论的思想方法。

2. 竹林时期

“竹林时期”即魏晋之际“竹林七贤”活动的时期。本时期代表人物嵇康，重要著作有《声无哀乐论》《养生论》《释私论》等。其核心思想：一是主张“越名教而任自然”。针对司马氏集团用名教作为篡权的工具，他指出儒家经典所宣扬的礼法名教和司马氏所提倡的“以孝治天下”，本身就是束缚人性，违反自然，甚至是社会上一切伪善，欺诈等种种恶浊现象的根源。故不应为名教所拘，而求得精神上的自由，就是越名教而任自然。二是主张声无哀乐论。认为声音和人的感情是两种不同的事物，音乐所发出的只是客观的音调，它不含有哀乐的感情，哀乐则出于人的内心，完全是主观的。三是主张明胆论，即“元气陶铄，众生禀焉”。认为万物都是禀受元气而产生的，人性的善恶和才能，是由赋受的气质决定，赋受有多少，故才性有昏明。

本时期另一位代表是阮籍，重要著作有《通易论》《通老论》《达庄论》。其核心思想：一是折中名教和自然。他反对虚伪的名教而崇尚自然，对司马氏的篡夺表现消极、不合作。阮籍鄙弃名教，但和嵇康一样并不是主张真正废弃名教，其内心是维护真正的名教。他崇尚自然，却不愿完全放弃名教，说明他的名教与自然调和的折中思想。

3. 元康时期

“元康”是西晋惠帝司马衷年号，自公元291年至299年止。本时期代表是郭象，重要著作有《庄子注》。其核心思想：一是万物独化论，主张万物“无待而独化说”。郭象认为“无”就是什么都没有，故“无”不能生“有”，而“有”也不能为生。“有”是“块然而自生”“块然者无为而自然也，无为而自生，无有生生者也”。认为每一物的存在都是为它自己，而不是为其他任何一物，亦不是直接由任何物造成的。只要有一定的条件或环境出现了，一定的物就必然产生。二是主张“独化于玄冥”。认为每一物之所以产生是自然而独化于玄冥之境中——一种似无非无的境界，是谁也没法了解的。宇宙的和谐是一种神秘不可认知的必然性，而世界的一切，又是这种必然性所支配的，因此人们只能对此玄冥的和谐顺之任之。三是主张足性逍遥说。认为物各无待而自化，顺己性而发挥，就是足性，互为有功，就能逍遥。主张“安内游外”，所谓游外，即指心理上犹如闲居山林一样逍遥自在；所谓安内，即指参与世务，日理万机。四是主张“名教即自然”。自然是万事万象的本然本性，名教就是一切政治制度、伦理规范。现实社会中“君臣上下”的名分，本身就是天理自然、绝对合理的，既是自然不过的事，只要人人安分守己，就复得其真性情了。郭象认为道家与儒家，自然与名教是可合二为一的，因此有“名教即自然”的结论。

元康玄学另一位代表人物裴頠，重要著作有《崇有论》。其核心主张是崇有论。裴頠总括万有的道（终极）不是虚无的，根据万物不同的形象可以分为不同类别，一切有生的存在，都是有形象的；万物变化与相互作用是错综复杂的，是客观规律的根源。裴頠针对贵无论从抽象本体产生具体事物的负面影响，而提出崇有论，是先秦以来关于物质概念认识的深化，在当时有积极意义。

元康玄学还有一位代表人物欧阳建，主张言尽意论，认为“言”既能穷尽现象界之全体，则“言”就能展示“意”。他的“言尽意”是从“名”与“物”的关系说明“言”与“意”的关系，认为物、理不依赖于言称，言称只是辨物析理和人们交流思想的工具，“名逐物而迁”“言因理而变”，所谓言尽意是说人的主观意识反映客观事物的规律（理），因此“意”是可以用语言来表达的。

4. 东晋时期

东晋玄学的代表人物僧肇，重要著作有《肇论》。其核心主张是万物是亦有亦无，有无双遣而并存的。僧肇在佛教上的贡献主要有三：一是他比较正确地运用了中观学的思辨理论，旁取儒学，玄学思想，形成一个完整的哲学体系。他把中、印两地的思想文化巧妙地结合起来，初步实现了佛教哲学的中国化。二是他生时玄学的鼎盛期已经过去，他通过对佛学界一些不合佛学原义思想的澄清，把般若学从依附玄学的局面中摆脱出来，使佛学走上了独立发展的道路。三是僧肇的佛教哲学思想，直接或间接地影响以后中国化佛教宗派的产生。他所提出的不少命题，成为以后佛教哲学所经常讨论的问题，开拓了佛教中国化的途径和方向。

二、魏晋玄学核心论题

魏晋玄学的核心内容牵涉哲学上各个领域，其中包括本体论、知识论、语言哲学、伦理学、美学等各个领域，都是前人未有触及或未能深入探讨的问题。其核心论题如下：

1. 本末有无：有与无的多层关系

儒家的本是仁义，所以礼的作用是和；道家的本是虚无，其作用是以自然为用。“本末有无”是魏晋玄学思想中最根本要辨明的问题，在哲学中属于形上之学，涉及存有论和宇宙论的问题。其中，贵无论主张“以无为本”，以王弼为代表；裴頠主张有自生说，坚持崇有论；郭象强调无就是什么都没有，因此无不能生有，而有之未生，又不能为生。万物是各依其性以发展变化，而非取决于其自身之外的任何因素。

2. 自然与名教：儒家礼教与自然的关系

自然，即宇宙本体，世界本源，宇宙万物本来的样子；名教，即人们之造作，是为调整人与人之间的关系而设的种种等级与教化的总称，也可径指“礼教”。第一个阶段：何晏、王弼主张“名教出于自然”；第二个阶段：阮籍、嵇康主张“越名教而任自然”；第三个阶段：郭象主张“名教即自然。

3. 言意之辩

《易·系辞》载孔子曰：“书不尽言，言不尽意。”“言”属现象界，“意”则寓于本体界。“言意之辩”实为以本体界与现象界之区分为其理论出发点。从语言学的角度来看，其辩论内容有：人类的语言概念从何而来？形象的语言和抽象的语言有什么作用？语言所描绘的境界是什么境界？人的认识目的是什么？从语言层面看，“言”可以指语言，“意”可以指意思，“象”可以指图象语。魏晋言意之辨有三派不同的理论：一是言不尽意派，以荀粲为代表。这是当时言意之辨中最流行的一派。这派观点认为“言”与“象”都属语言层面的东西，都会受语言规则的限制，对于人内心复杂的思想是不能完全表达。二是言尽意派，以欧阳建为代表。欧阳建认为无论用什么语言去描述客观世界，都不会影响客观世界的存在；还认为语言是不可废弃的，因其可以将我们面对外物时引起的不同情志，有不同表示。三是得意忘言、得意忘象派，以王弼为代表。

4. 圣人有情无情之辨：圣人与常人之别

其中，何晏主张圣人“无情而有性”，认为圣人“无喜怒哀乐”，因为圣人无情而有性；圣人“体无”，故以自然为性，“无”在本质上不可言说不可形容，故有具体表征的喜怒哀乐之情不仅不足以表现其性，更有碍其性之展现。“无情”不是指圣人已脱落情感，而是其情必发而为生命的表现，由于其生命为一道德生命，故其情之发必为道德感情，而非一般凡人的感性情绪。是故，无情者，无凡人之情，盖因其修为之高，已使其情隐于无形。王弼主张圣人能“物物而不物于物”，认为凡人具有情感活动，但与情感对象产生关系时，受外物所累，所牵制，失其自主性，不能入乎其内，出乎其外；圣人作为理想人格，并非没有情感活动，但与凡人贤人不同者，在于圣人不为物累，能出入无间，常保其自主性，使感情自然流动而不过分，所谓“从心所欲不逾矩”。关键是圣人具有凡人贤人所欠的神明，此神明不单使其能保其自主性，更使其具有超越性，通过对自我于接物时的自主性而对自我产生深刻体验（“体冲和”），从而实现与道同体（“以通无”）。

5. 才与性的问题：探讨人的内在气禀与外在功绩的关系

“才”是指人的才能，可以是人所根据的天赋本质，亦可以是从实际修习得来的；“性”则为人的道德品质，可以是直接或间接影响才的施展，亦可是与才没有直接或间接的关系。因此，根据对才与性关系的不同主张，有以下四派：主张才性同的有傅嘏、卢毓；主张才性异的有李丰、徐干主张才性合的有锺会、袁准；主张才性离的有嵇康、王广。

另外，还有声无哀乐之辨，主要探讨音乐声与心之关系。嵇康于《声无哀乐论》以“秦客”和“东野主人”的八问八难，将音乐本身作独立研究对象，明确地说明音乐本身的特质是什么，即究竟什么是音乐。嵇康其实并非否定音乐可以影响人的喜怒哀乐，他所否定的是音乐本身与人的喜怒哀乐并无一一对应的必然关系。

第六节　宋明理学

宋代哲学突出表现在融合儒、释、道三家思想的程朱理学之崛起，理学成了宋以后中国近千年的主体哲学。宋朝初期六十年间，主要是唐代经学的继续。宋仁宗时期，刘敞撰《七经小传》始开新学风。之后，胡瑗、石介、孙复，突破旧注疏的束缚，凭己意自由说经，形成了怀疑原始儒家经典的风气，同时又受到宋初道士陈抟和佛教禅宗的影响，已经显现出了宋代儒学的基本特征，三人被称为北宋“理学三先生”，他们是上承韩愈复兴儒学，下启程朱理学建构的中间人。此后，的宋朝思想界形成了新儒学的各种流派，学风由汉学转为宋学，理学就是宋学中最为主要的流派。

一、理学体系建构

理学，在不同的历史阶段或语境中又称新儒学，或称道学，或称为宋学。所谓理学，就是以阐释义理、兼谈性命为主，以“理”为宇宙最高本体和哲学思辨的最高范畴。所谓新儒学，就是虽然以儒家礼法和伦理思想为核心，但孔孟之道已在融合佛、道思想中被改造，具有崭新面貌。所谓道学，就是宋代理学诸子自认承继尧、舜、禹、汤、文、武、周公、孔、孟的道统，并宣称他们的学问以“明道”为目标。所谓宋学，就是清代乾嘉年间考据学大兴，清代考据学家推崇汉代经学家踏实的训诂和考证学风，指斥宋代理学过于空疏，以汉学和宋学相对。一般意义上，宋学包括宋、元、明三个时期的理学，重要流派有程朱理学派、陆王心学派、叶适永嘉学派、陈亮永康学派、吕祖谦金华学派等。

1. 周敦颐、张载与理学开创

周敦颐（公元 1017 — 1073 年），字茂叔，道州营道（今湖南道县）人。因筑室庐山取名濂溪，又称濂溪先生，其学说亦称濂学。他糅合儒、道、佛、阴阳、五行等学说，精心构筑了《太极图说》，提出了一个简单而有系统的宇宙构成论：无极而太极→阴阳（阴静阳动）→五行→乾道成男、坤道成女→万物化生。进而提出“人极”，即伦理道德的最高境界。“人极”即“诚”，“诚”是“纯粹至善”的“五常之木，百行之源也，是道德的最高境界”。只有通过主静、无欲，才能达到这一境界。在以后七百多年的学术上产生了广泛的影响，他所提出的哲学范畴，如无极、太极、阴阳、五行、动静、性命、善恶等，成为后世理学研究的基本范畴。他借佛道宇宙论和认识论来建构儒家伦理哲学体系，他所导出的主静修德和窒欲的圣人路径也成了此后理学诸子在修养论上的发展方向。周敦颐因此也被称为理学的开山。有《周子全书》。另外，同期的邵雍，范阳（今河北涿县）人，人称百源先生。根据《周易》八卦学说掺杂道家思想建立了新的象数学，又称“先天学”，创立了宋代理学象数学派。

张载（公元 1020 — 1077 年），字子厚，凤翔眉县（今属陕西）横渠镇人，世称横渠先生。因长期在横渠关中讲学，其学说又称关学。张载属游侠人物。其思想主要有五点：第一，“太虚即气”的气本论。“形聚为物，形溃反原”，物质的气不生不灭，并批判了佛、道两家关于“空”“无”的观点。第二，“一物二体”的辩证论。“天地变化，二端而已”，“有反斯有仇，仇必和而解”。第三，“见闻之知”和“德性之知”的二重认识论。“有物则有感”，“因物为心”，强调了“见闻之知”的重要性，但又承认“德性之知，不萌于见闻”。第四，“天地之性”和“气质之性”的人性认识论（先天之善性和后天形成的善恶混合之性，要通过后天努力来达到天地之性）。第五，天人合一（宇宙与伦理）的伦理本体论。人性与天地之性浑然一体，“无一物非我”，“乾称父，坤称母……民吾同胞，物吾与也”。又说君位继承是

“天之所命”。他提出的命题中大部分成了后来理学家的基本命题。有《张子全书》。

2. 二程与理学奠基

理学的奠基者为程颢和程颐两兄弟，世称二程，洛阳人，都是哲学家和教育家，是张载的表侄，又同为周敦颐的嫡传弟子，政治上一致极力反对王安石变法。兄程颢（公元 1032 — 1085 年），字泊淳，后人称明道先生。嘉祐进士。神宗时为太子中允监察御史里行。后在洛阳讲学达十余年。二程是洛阳人，大程又在洛阳讲学，所以二程学说被称为“洛学”。弟程颐（公元 1033 — 1107 年），字正叔，居临伊川，世称伊川先生。十八岁时上书宋仁宗劝以“王道为心”。后由司马光等推荐任崇政殿说书。从事讲学三十余年，和苏轼各立门户，两家门下，迭起标榜。

二程的学说在某些方面有所不同，但基本内容并无二致：第一,二程在哲学上发挥了孟子至周敦颐的心性命理之学，建立了以“天理”为核心的唯心主义理学体系。二程在学术上所提出的最重要的命题是“万物皆只是一个天理”。他们认为阳阴二气和五行只是“理”或“天理”创生万物的材料，从二程开始，“理”或“天理”被作为哲学的最高范畴使用，亦即被作为世界的本体，而且人类社会的等级制度及与之相适应的社会道德规范，也都是“天理”在人间社会的具体表现形态，“君臣父子，天下之定理，无所逃于天地之间。”(《河南程氏遗书》五）现行社会秩序为天理所定，遵循它便合天理，否则是逆天理。提出了事物“有对”的朴素辩证法思想。强调人性本善，“性即理也”，由于气禀不同，因而人性有善有恶。所以浊气和恶性，其实都是人欲。人欲蒙蔽了本心，便会损害天理。“无人欲即皆天理”。因此教人“存天理、灭人欲”。要“存天理”，必须先“明天理”。而要“明天理”，便要即物穷理，逐日认识事物之理，积累多了，就能豁然贯通。主张“涵养须用敬，进学在致知”的修养方法。二程宣扬封建伦理道德，提倡在家庭内形成像君臣之间的关系。第二,二程的人性论祖述思孟学派的性善论，但二程的人性论在性善论的基础上又进一步深化了，回答了性为什么至善，为什么会产生恶的因素等一系列问题。二程认为人性有“天命之性”和“气质之性”的区别，前者是天理在人性中的体现，未受任何损害和扭曲，因而是至善无疵的；后者则气化而生的，不可避免地受到“气”的侵蚀，产生弊端，因而具有恶的因素。二程认为，性的本然状态，由于是“天理”在人身上的折射，因而是至善的，人性中的善自然是其“天理”的本质特征，恶则表现为人的不合节度的欲望、情感，二程称之为“人欲”或“私欲”，“人欲”是“天理”的对立面，二者具有不相容性，“天理”盛则“人欲”灭，“人欲”盛则“天理”衰。由此可见宋代理学家所提出的“存天理，灭人欲”这一命题，实际上是有其一定的积极意义，不容全盘否定。程颢、程颐所创建的“天理”学说在中国古代思想史上具有重要地位，对我国古代政治思想和哲学思想都产生了重要而深远的影响，并受到了后世历代封建王朝的尊崇，以致逐步演变成为我国古代封建社会后期近千年的占有统治地位的思想。二程著述不少，有后人编成的《河南程氏遗书》《河南程氏外书》《语录》《明道先生文集》《伊川先生文集》《二程粹言》《经说》等，这些后来又都收入了《二程全书》中。二程长期讲学，门下弟子众多，卓然有所建树的不少，因此二程的理学在北宋已经成为显学。二程弟子中以杨时、游酢、吕大临、谢良佐最为有名，并称程门四大弟子，其中又以福建的杨时影响最大，他将理学带到南方，开辟了后来的“闽学”，与朱熹有间接师承关系。

3. 朱熹与理学集大成

理学的集大成者南宋朱熹所建立的理学体系，标志着理学体系的成熟。朱熹（公元 1130 — 1200 年），中国历史上有名的思想家和教育家，字元晦，后改为仲晦，号晦庵，又号晦翁、遁翁。晚年寓居建阳考亭，又主讲紫阳书院，故别称考亭、紫阳。歙州婺源（今属江西）人，生于南剑州龙溪，曾寓居建州崇安和建阳（皆属福建）。十八岁登进士第，二十一岁铨试及格，授泉州同安县主簿。任满归乡，被差监潭州南岳庙，拜李侗（杨时的弟子）为师，成为程门四传弟子。一再辞去官职，专心著书讲学，后累官至焕章阁待制兼待讲（国君顾问）。庆元二年（公元 1196 年），遭反对派弹劾落职罢，庆元六年病逝。谥号“文”，故又称朱文公。朱熹博览群书，广注典籍，无所不学，对经学、史学、文学、乐律以至自然科学都有不同程度的贡献，早年还研读过佛教禅学、道经、兵法等。后追随李侗之后则专攻二程义理之学，又汲取了周敦颐、邵雍、张载等人以及禅学道家的部分学说，在宋孝宗时集北宋以来各派理学之大成，逐步建立起完整、系统而精密的理学体系。由于朱熹的理学体系是以二程理学为主要内容而发展起来的，故世称程朱理学，或程朱学派。大体上，朱熹的理学体系包括以下内容：第一，理气相依、理在气先的理本论。朱熹同样把“理”看作是宇宙的根本，说理即“太极”，“极是道理之极致。总天地万物之理，便是太极”，“未有天地之先，毕竟是先有此理”。“天下未有无理之气，亦未有无气之理”。“有是理便有是气，但理是本”（均见《朱子语类》），“理也者，形而上之道也，生物之本也。气也者，形而下之器也，生物之具也”（《朱文公文集》卷五八）。第二，理一分殊的朴素辩证论。朱熹认为，“合天地万物而言，只是一个理。及在人，则又各自有一个理”，“一理摄万理”，“万理归于一理”（《朱子语类》）。“凡事无不相反以相成”，事物“只是一分为二，节节如此，以至于无穷，皆是一生两尔”，有理便有气，有天理便有人欲，气又分为阴阳。但毕竟理是根本，人欲必须服从天理，本质上还是理本论。第三，知先行后的认识论。朱熹从理本论出发，在认识上认为有知才有行，强调知先行后，但又认为“知行相须”，注意到了形在认识中的重要性。第四，性善与气禀对立的人性论。在人性论问题上，张载、二程、朱熹等人的看法基本上是一致的。朱熹提出了人为万物之灵、人与物异的观点。他还对“气禀”说做了进一步的解释。但只看到自然环境对人性的表面影响，没看到社会环境对人性的本质影响。第五，“正心诚意”“居敬穷理”“格物致知”的修养论。朱熹认为以往理学家在穷理方法上都不全面。于是家加以综合。“仁”是修养的最高境界，说“仁则私欲尽去，而心德之全也”（《论语集注·述而》）。求仁须主敬和穷理，主敬是心“有所畏谨，不敢放纵”，不受外物干扰，能够恰当地反应于外物。穷理即“欲知事物之所以然与其所当然者而已”。“格物致知”，“须是穷尽事物之理”，达到“至善之所在”，“志有定向”，不会搞错方向。穷理格物，即是由已知之理，及于未知之理，使心中之太极（本具公理）得以彰明，心与理一，这样便达到了仁的境界。第六，天理与伦理沟融的宇宙伦理学。“理”虽为宇宙本体，却无处不在，“天理流行，触处皆是：暑来往寒，川流山峙，父子有亲，君臣有义之类，无非这理”，“天理，只是仁义礼智之总名，仁义礼智便是天理之件数。”《朱文公文集》卷四十）从而把传统的纲常学说上升为天理，成为当时社会最高的道德标准。人人都必须服从。这就是朱熹理学体系的本质，也是宋型文化精致内敛的典型表现。朱熹建构了一个庞大的、以人的伦常秩序为本体轴心的新儒学体系。孔孟原始儒家一系列思想在这一体系中被赋予了新的解释，并上升到了哲学本体论的高度；佛教和道教中关于个体修炼及宇宙论、自然观、认识论的思想精华也被摄取入内。

朱熹著述甚丰，涉及各个领域，主要有《四书章句集注》《周易本义》《楚辞集注》《诗集传》《资治通鉴纲目》《宋名臣言行录》，以及由门人编纂而形成的《朱子语类》《朱文公文集》等。朱熹生前在政治上并未取得较高的权位，但在社会上讲学授徒，著书立说，影响广泛，宋代有名的几大书院几乎都留下过他的足迹。他死后，其理学和著作得到宋理宗的推崇。从此，朱熹的学说成为理学正统，理学成为官方哲学，朱熹的《四书集注》成为明清两代官方的经学教科书（第一次立“四书”之名自朱熹始），朱熹也被后代统治阶级尊为“大贤”，其学说对后世学者产生了巨大而深远的影响，他的博览和精密分析的学风亦颇为后世学者所推崇。此外，其学说还曾传到日本，在德川时代颇为流行。

4．朱熹和陆九渊鹅湖之会

陆九渊（公元 1139 — 1193 年），字子静，号存斋，因曾结茅讲学于信州贵溪县象山（今属江西），自称象山翁，世称象山先生。抚州金溪（今属江西）人。理学家、教育家。无师承，受孟子、程颢和佛教禅学影响而独自创立“心学”。其学与兄九韶、九龄并称“三陆子之学”。陆九渊理学可称之为“心本论”，说“宇宙即是吾心，吾心即是宇宙”（杨简《象山先生行状》），“人皆有是心，心皆有是理，心即理也”（《与李宰书》）。试图通过心本论来证明所有圣人之教和一切封建伦理纲常都是人心所固有的“终古不变的，所以要自觉遵守和维护封建秩序。为学之道则是辨志、立大、知本，即辨别义利和公私，格除私欲，“先立乎其大”，知心即理，悟得本心，心有所主，“学苟知本，六经皆我注脚”（《陆九渊集》卷三十四），不必多读书，即可应天地万物之变。这是一种主观唯心主义理学，与朱熹客观唯心主义理学相对立。两人曾经有多次学术争辩，最为有名的就是鹅湖之会：宋孝宗醇熙二年（公元1175年），理学家兼史学家吕祖谦为了调和朱陆矛盾，邀约了陆九渊及其五兄九龄在信州（治今江西上饶）铅山鹅湖寺与朱熹会面以讨论理学问题。会上朱熹主张先“道问学”和“即物而穷其理”。陆九渊则主张先“尊德性”和“发明本心”。于是朱熹指责陆九渊“教人太简”，陆九渊则指责朱熹“教人支离”。醇熙十四年至十六年又进行了一次书信大辩论，主要讨论理学本体问题，朱熹认为理是本体，陆九渊认为阴阳是本体。朱陆几次辩论都没有分出高下，反而使理学内部的矛盾和问题明朗化。到了明朝中叶王阳明形成陆王学派时，就加速了理学的分化和解体。陆九渊一生不注重著书立说，死后由其子把他生前的一些东西汇编为《象山先生全集》。

明朝初期的统治者编织专制文网，把理学推向至尊位置、实行八股取士之后，程朱理学便成了封建政治教条而失去了进一步发展的生命力。虽然也产生了几位所谓的理学名家，如薛萱、吴与弼、胡居仁等，但也都是些死守先儒教条、不敢越雷池半步的因循守旧之辈。明英宗正统年间以来，农民起义四起，威胁到大明天子的宝座。这使得封建统治阶层中部分文人不得不寻求新的理论以挽救地主阶级面临的社会危机。于是出现了以王守仁为代表的主观唯心的王学。

二、阳明心学

王守仁（公元1472 — 1529年），字伯安，浙江余姚人。因筑室于故乡阳明洞中，世称阳明先生。明哲学家、教育家，弘治十三年（1499）进士。以镇压农民起义和平定叛乱而累官至兵部尚书。嘉靖六年（公元1527年）以两广总督兼巡抚之职到广西镇压大藤峡起义。卒于江西，谥文成。著作有《王文成公全书》。因其发展了陆九渊的学说而被后人并称“陆王心学”，或简称王学，也称阳明心学。阳明心学以“心”为本体，以“致良知”为目的，主要包含以下四个方面：

第一，“心外无物”“心外无理”的心本论。“心者身之主宰，目虽视而所以视者，心也；耳虽听而所以听者，心也；口与四肢虽言动而所以言动者，心也”，“凡知觉处便是心”（《传习录》下）。“心”即“我的灵明”，“我的灵明便是天地鬼神的主宰”，“离却我的灵明，便没有天地鬼神万物了”（同上）。“位天地，育万物，未有出于吾心之外者”（《紫阳书院集序》）。“先声游南镇，一友人指岩中花树，问曰：‘天下无心外之物，如此花树在深山中自开自落，于我心亦何关？’先生回答说：‘你未看此花时，此花与汝心同归于寂；你来看此花时，则此花颜色一时明白起来，便知此花不在你的心外”（同上，《王文成公全书》卷三）。“夫万事万物之理不外于吾心”，“心明便是天理”。“意在于事亲，即事亲便是一物；意在于事听言动，即事听言动便是一物。所以某说无心外之理，无心外之物”（《传习录》上），“且如事父，不成去父上求个孝的理；事君，不成去君上求个忠的理；交友治民，不成去友上民上求个信与仁的理。都只在此心，心即理也”（《传习录》下）。“心”不仅是万事万物的最高主宰，也是最普遍的伦理道德原则。

第二“知行合一”的认识论。朱熹说“知先行后”，他说：“心虽主于一身，而实管乎天下之理；理虽散在万事，而实不外于一人之心……外心以求理，此知行之所以二也。求理于吾心，此圣门知行合一之教，吾子又何疑乎？”（《传习录》中）“知行如何分得开？”“知之真切笃实处即是行，行之明觉精察处即是知”（《答顾东桥书》）。“今人学问，只因知行分作两事，故有一念发动虽有不善，然却未曾行，便不去禁止”，“我今说个知行合一，正要人晓得一念发动处，便即是行了。发动处有不善，就将这不善的念克倒了，须要彻根彻底，不使一念不善潜伏在胸中，此是我立言宗旨”（《传习录》下）。实质是恪守儒家伦理，成为圣人。

第三，“致良知”的伦理学说和修养论。“所谓致知格物者，致吾心之良知于事事物物也。吾心之良知，即所谓天理也。致吾心良知之天理于事事物物，则事事物物皆得其理矣。致吾心之良知者，致知也；事事物物皆得其理者，格物也。是合心与理而为一者也。”（《答顾东桥书》）“是非之心，不虑而知，不待学而能，是故谓之良知。是乃天命之性，吾心之本体自然灵昭明觉者也”(《大学问》)，“良知之在人心，不但圣贤，虽常人亦无不如此”(《答陆原静书》)。“致良知，不假外求”，“若能向里求，见得自己心体，即无时无处不是此道”(《王文成公全书》卷一)。为什么？“譬之植焉，心其根也。学也者，其培壅之者也，灌溉之者也，扶植而删锄者也，无非有事于根焉而已”(《王文成公全书·紫阳书院集序》)。如何“致良知”？“物者，事也。凡意之所发必有其事，意所在之事谓之物。格者，正也。正其不正以归于正之谓也。正其不正者，去恶之谓也；归于正正者，为善之谓也。夫是之谓格。”(《大学问》)然“破山中贼易，破心中贼难”。所以在本质上与朱熹“存天理，灭人欲”没有什么两样。

第四，王门“四句教”的教育观。“无善无恶是心之体，有善有恶是意之动，知善知恶是良知，为善去恶是格物。”(《传习录》下)“本体只是太虚，太虚之中，日月星辰，风露雷电，阴霾噎气，何物不有？而又何一物得为太虚之障？人心本体亦复如此……一悟本体，即见功夫，物我内外，一齐尽透……二君以后与学者言，务要依我四句宗旨。”(同上注)

与王守仁同时的还有两位气本论思想家：王廷相和罗钦顺，两人都主张物质的气是世界的本原，理在气中，气变理也变，既批判了朱熹“理在气先”和“理与气是二物”说法，也反对阳明“心学”，和王守仁进行了多次辩论，强调天地万物绝非心的产物。

三、理学与中国文化

程朱理学建成之后，曾在金国和蒙古国得到比较广泛的传播，产生了较大影响。元朝规定理学为官学，其影响超过了宋代。明承元制，崇奉朱学为正宗，直至明末清初之际王夫之等人对理学展开总批评、建立起唯物主义哲学体系之后，才宣告理学的终结。宋代理学家所建构起来的、以伦理为主体的哲学本体论，将中国文化重伦理的传统精神推到极致，从而对宋代以后的中国文化产生了广泛、深远而又复杂的影响，冯天瑜在《中国文化史纲》中把这种影响归结为礼治秩序重建、“内圣”经世路线高扬和理想人格的建树三个方面：

第一，理学体系的建构使得中国的礼治秩序在经过了魏晋六朝的乱世裂变之后得以重建。理学家们对“礼”重新诠释，使“礼”在以“理”为最高范畴的伦常系统中获得了至关重要的地位，仁义礼智信成了终古不易的天理，“礼”的权威性和永恒性在更高的层次上得以确认。而且，理学家们在哲学意义上确立了“礼”在宇宙大系统中的绝对权威，更对现实社会中的礼仪秩序加以描绘或规范，使之具体化。如二程曰：“父子君臣，天下之定理，无所逃于天地之间。”（《程氏遗书》卷五）朱熹则曰：“亲亲之杀，尊贤之等，皆天理也。”（《中庸章句》）理学家们无不在人伦关系中强制注入以“理”为依据的封建纲常伦理。经过理学家“天理化”的人伦关系，变成了一个具有贵贱等差秩序的网络，在重建传统礼治秩序的同时，使之得到了进一步的强化。其影响一直延续至今。

第二，理学体系的建构使得中国古代的经世路线由“外王”事功转为“内圣”修身。将原始儒家“内圣”之学提到空前的本体高度，从而造成中国经世（治世）路线的改变，这是理学的又一深刻影响。在孔子那里，“格物、致知、修身、齐家、治国、平天下”，内圣外王是一体的。后来孟子发挥了“内圣”之学，荀子则高扬“外王”之学。此后的秦皇汉武唐宗宋祖们都奉行“外王”经世路线，而且事功显赫。但是，统治者也发现，没有人性心灵的修养也不行。在西方，铸造灵魂和限制君权的任务由宗教和神学来完成。在宗法家国宗教占主导地位的中国，这一任务则是由理学家来完成的，即以“内圣”控“外王”，它要求人们不管做什么事，必须先学会修身做人。“内圣”之学对中国文化性格的影响深远而广泛。

第三，理学体系建构使得中华民族的理想人格得以完善和实现。理学家都行“圣人之教”，以求达到“内圣”的理想人格。这种理想人格的意蕴大体有三：一是“孔颜乐处”。二是“民胞物与”，“民吾同胞，物吾与也”，是天理与人伦相互沟融的经典概述，展示了中华民族博大而宽广的胸怀。三是浩然正气。宋代理学家建树理想人格的努力，对中华民族品格的形成产生了深远的影响。张载宣告："为天地立心，为生民立命，为往圣继绝学，为万世开太平"（《张子语录》，见《张载集》），文天祥高唱"人生自古谁无死，留取丹心照汗青"。由他们所传递下来的社会、历史、道义责任感，闪烁着理想人格的灿烂光辉。

第五章　中国传统文学

中国传统文学发展源远流长，与中国大历史、文化紧密相连，显示出特有的民族性、传承性、时代性的特征。它以汉民族文学为主，同时有兼容了其他少数民族的历史和文学，构成蔚为大观的中国古代文学。无论是中国古代的诗歌、散文，还是小说、戏曲，都有着明显的可以追寻的历史，并呈现出在创作和理论上的不断发展丰富、日臻完善的特点。每种题材的演进都是一部历史，而且脉络清晰，充分体现并显示着它的历史与文化的博大精深，显示出以中国古代文字为载体的中国古代文学在内涵上极为丰富和巨大的张力。

第一节　中国传统文学的特点

中国传统文学的特点，简要而论，主要有以下五个方面：第一，诗歌是中国传统文学的主流。中国诗歌源远流长，出现在文明时代之前，即人类还没有创造文字的时候，就已经出现了远古歌谣。中华民族重抒情轻叙事，中国传统文学各类体裁都含有诗歌化的倾向。第二，乐观的精神。中国传统文学的乐观精神根植于中国传统的哲学观念，这种乐观的精神在小说、戏剧中最为明显地表现出来，最典型的就是其中的大团圆结局，极少有真正意义上的悲剧（《红楼梦》是一个例外）。古代诗歌的乐观精神主要体现对人生的肯定和对生活的态度方面。第三，尚善的态度，主要体现为对理想主义的追求和对人格操守的坚守。与西方文学以“真”为美不同，中国传统文学以“善”为美。这方面主要植根于中国传统哲学和宗教的一些基本精神，如儒家以“仁”为核心崇尚“善”的思想体系。道家以自然为善，“上善若水，水善利万物而不争”。佛教以“慈悲行善”为其重要的核心价值之一。第四，含蓄美。不论是借景抒情、借典抒情，还是叙事说理，中国传统文学都显得含蓄隐秀。第五，语言表现典雅凝练。追求言不尽意，立象以尽意；大多采用典故、对偶等表现形式。

中国传统文学由于汉语的语言特点以及中国哲学、伦理的影响，形成了一些与外国文学不同的特征。汉语言文字是世界上历史最悠久，最古老的语言文字之一。汉语言文字对中国文学的形成和建设起着巨大的作用：第一，容易引起具体意象。由于汉字具有表意性特征，其自身排列有时就会引起某种具体的意象。如辞赋和骈文，就大量运用同形旁的字。中国文字的象征表意特征造成了一种独特的审美效果。第二，汉字一般为单文独义，一字一音，这就使中国诗歌的音节变化有了一整套独特而谨严的格律，并且在外观上构成整齐对称的形式美。第三，汉语有四声，诗人们利用汉语言的这种特性，写诗时注意字声安排，于是近体诗（五绝、五律、七绝、七律、排律）、词、散曲等诗歌体裁应运而生，并统领诗坛达千年之久。诗歌充分利用四声变化，造成了节奏鲜明、抑扬顿挫的艺术效果。第四，文言文作为特殊的书面语言，可与日常用语长期分离而保持官方语言的地位，这就发生了文学在文言和白话两个不同的轨道上运行，内容与形式皆有巨大的差异的现象。

中国文学除了因汉语汉字而具有自己的特征外，还具有其独特文学观念体系。这种观念体系受到中国传统思想体系的支配，以孔、孟为代表的儒家思想主要在以下几个方面影响中国的民族性格和文化思想：一是以“修身、齐家、治国、平天下”为核心的入世思想；二是以“仁、义、礼、智、信”为标准的道德观念；三是以“天、地、君、亲、师”为次序的伦理观念；四是以“允执其中”为规范的中庸哲学。在这些思想的支配和影响下，中国传统诗文注重教化功能，偏重于政治主题和伦理道德主题，将文学视为政治的附庸和说教的倾向一直被当作一种无可非议的倾向。君臣遇合，民生苦乐，宦海浮沉，战争胜败，国家兴亡，人生聚散，纲常序乱，伦理向背，等等，一直是中国文学的主旋律。无论是诗歌、散文，还是小说、戏曲，概莫能外。儒家的入世哲学和教化观念，给中国文学带来了政治热情、进取精神和社会使命感，但同时也抑制了自我情欲的释放、自由个性的迸发和自我意识的开掘，尤其是“存天理，灭人欲”的理学观念，使文学蒙上了教条主义的烟霭。与上述内容特点并行的是“中庸”美学追求，中国文学讲求中和之美，“乐而不淫，哀而不伤”，一般不把情感表达得过分强烈。中国旧体诗大都感情节制，思想含蓄，言有尽而意无穷，表现出浓厚的理性主义色彩。

在中国思想史上，儒、道两家的思想体系是互为补充的，儒、道、佛三家互为补充，分别给予中国文学不同的影响。“达则兼善天下，穷则独善其身”，儒家提倡入世，继承兼善精神；道家则主张“无为”，发展了独善思想。在中国文人身上，积极入世和消极避世思想往往交织在一起，此消彼长，“兼善天下”与“独善其身”成为古代士大夫互补的人生趋向。这在中国文学作品中有着鲜明的表现。虽然儒家思想对中国文学的影响占主导方面，但老庄哲学对中国文学艺术的影响也是巨大的。这种影响有两个方面：第一，“大音希声，大象无形”的观点揭示了艺术中虚和实、无和有的辩证法，所谓“有生于无”，这对于形成中国文学含蓄精练的艺术表现形态具有重要影响。中国文学极为强调以虚写实，以静写动的表现方法。中国传统文人不喜欢纤毫毕现地直接描述、自然描写，而把艺术感觉、艺术想象的空间留给读者自己去品味、揣摩和思寻，追索那些不可言传的大音、大象——艺术美的极致，创造出无声胜有声的艺术境界。第二，“大制不割”，“道法自然”。“不割”即强调一种自然的完整性，强调自然的纯朴、素朴、浑朴，然而，至高无上的、形而上的道，要求“法”形而下的自然，这里强调的是一种自然的美。因此中国文学艺术家向来把刻苦的技巧训练与不露刀斧凿痕的无技巧境界结合起来，“看似寻常最奇崛，成如容易却艰辛”，这是大多数中国传统作家毕生孜孜以求的艺术境界的写照，也是他们艺术道路的真实反映。由于上述两方面的影响，中国文学和西方文学相比，大致可以说，西方文学显得直截了当、率性任真，中国文学则委婉曲折、含蓄深沉；西方文学倾向于锋芒毕露深刻广大，中国文学则倾向于绵里藏针机智微妙；西方文学尚一泻千里的铺张，中国文学则尚尺幅万里的浓缩。这种审美总体倾向上的差异是明显的。

有人根据艺术对世界的审美关系的不同，将艺术分为表现的和再现的两种类型。再现的艺术力求按照感知和认知的方式客观地、准确地反映现实世界，使现实世界的表象与艺术的意象达到一致和重合；而表现的艺术则是以心灵外射的方式，根据主观意愿拆分现实表象的固有常态组合，并重新加以组合。一般而言，中国传统文学是倾向于表现的，这可以从体裁和创作方法的选取看出来。第一，在体裁上，中国传统文学偏重抒情，叙事文学兴起较晚，也较不发达。在整个诗歌史上，从《诗经》这部最早的古代诗歌总集开始，抒情诗蔚为大观，而叙事诗则总不够景气。中国古代小说创作冷清寂寞，直到魏晋南北朝才有所起色，但真正具有小说意识，是进入唐代以后的事情。长篇小说的产生更是明代的事情。中国戏剧文学则不仅产生得晚，而且充满浓厚的抒情气息，近于抒情诗的连缀的格局。中国戏曲假定性的虚拟表现手法，则更为某些表现派戏剧家（如十九世纪德国戏剧家布莱希特）所乐道。第二，在创作方法上，中国传统文学不重写实而重写意。比如古典诗歌中游历山川、探览名胜、凭吊古迹的题材，可以处理成叙事性或描述性的作品，但在众多的诗歌中，却往往是代之以象征、暗示、隐喻、抒情等艺术手段，而虚化了即目所见的景象。比如唐朝诗人陈子昂的《登幽州台歌》："前不见古人，后不见来者，念天地之悠悠，独怆然而涕下。"无一字关于幽州古台的具体描写，完全是人生的感喟，心灵的外射和意念的迸发。古诗常提倡情景交融，其实主要也是借景抒情，着眼点在于内心郁积情感的宣泄与抒发。

中国古代文学理论批评在自身发展中形成了自己的体系，有着整套与西方不同的范畴。它们不是玄虚的而是微妙的，往往拟象取譬以供参悟，不易落入言筌，如气、风骨、韵、味、意、神、体、肌理、格调、意境等。这些范畴经过不断演变、完善，内涵也日渐丰富，又逐渐在相互间交叉，形成网络，构成了体系，相对于西方的悲剧、喜剧、崇高、滑稽、幽默、典型等美学范畴，中国古代文论诸范畴表现出一些多义性特点，但更注意主客体的和谐。中国传统文学的这些总体特点，到五四以后发生了明显变化，如现代文学中由于小说、戏剧受到重视，就不再显示出抒情胜于叙事、表现多于再现的特点。古代文学中儒家思想的主导地位已被现代的民主主义和社会主义思潮所取代。文学理论也出现了许多新的范畴和概念，语言结构也发生了巨大的变化，这一切使中国文学形成了新的民族文学的特点。

第二节　中国古代诗歌

中国古代文学源远流长，博大精深。作为中国古代文化的最主要的载体和表达形式，中国古代文学对中华民族的统一和独特文化心理的形成，起着至关重要的作用。因此，学习和研究中国古代文学，是非常重要和必要的。自先秦至清代数千年以来，中国古代文学长盛不衰，名家辈出，灿若群星；文学作品更是精品繁富，浩如烟海。中国古代文学的体裁，就其大类而言，大致有诗歌（含词和散曲）、散文、辞赋、小说（含神话）、戏曲等诸种。

诗歌是一种阐述心灵的文学体裁，是世界上最古老、最基本的文学形式。它高度凝练，集中反映社会生活，用富于想象，富有节奏感、韵律美的语言和分行排列的形式来抒发思想情感。诗歌起源于上古的社会生活，因劳动生产、两性相恋、原始宗教等而产生的一种有韵律、富有感情色彩的语言形式。《尚书·尧典》云："诗言志，歌咏言，声依咏，律和声。"《礼记·乐记》："诗，言其志也；歌，咏其声也；舞，动其容也；三者本于心，然后乐器从之。"中国上古时代，诗、歌与乐、舞是合为一体的。诗即歌词，在实际表演中总是配合音乐、舞蹈而歌唱，后来诗、歌、乐、舞才各自发展，独立成体，诗与歌统称诗歌。中国古代诗歌，一般称作旧体诗，是指用文言文和传统格律创作的诗，广义的中国古代诗歌，可以包括各种中国古代的韵文如赋、词、曲等，狭义则仅包括古体诗和近体诗。

一、古代诗歌发展简述

中国古典诗歌最早起源于民歌，劳动创造了诗歌。《诗经》是我国的第一部诗歌总集。它收录了西周初年至春秋中叶约五百年间的诗歌作品305篇，也被称为“诗三百”。《诗经》按内容分为风、雅、颂，其中“风”为民歌，是其中的精华部分。《诗经》的主要表现手法是赋、比、兴。有人将“风、雅、颂、赋、比、兴”归纳为《诗经》六义。《诗经》是我国现实主义文学的光辉起点。

战国时期出现了中国文学史上第一位文人诗人和他在楚歌的基础上创制的诗体，这就是屈原和楚辞。因楚辞的代表作是《离骚》，故楚辞也被称为骚体诗。楚辞的特点是句子长短不一，形式灵活，多用“兮”字。《离骚》还常与《诗经》中的“风”并称为“风骚”，常用来代称文学作品，或代表现实主义和浪漫主义的创作传统。屈原，是中国文学史上的第一个伟大的爱国主义诗人，开创了我国诗歌浪漫主义的先河，《离骚》是其代表作。《离骚》是现存我国古代最长的一首政治抒情诗。屈原作品还有《九歌》（九为虚数，共十一篇）、《天问》、《九章》（九为实指）等。

代表两汉诗歌的最高成就为汉乐府诗和古诗十九首。乐府最先是指汉朝的音乐机关，主要任务是搜集歌辞，训练乐工。魏晋六朝将乐府所唱的诗叫“乐府”，于是乐府由官府名称演变成一种带音乐性诗体的名称。汉乐府最基本的艺术特色是叙事性，代表作《孔雀东南飞》。《孔雀东南飞》是现存古代最早最长的一首叙事诗，是汉乐府民歌发展的最高峰。它与北朝民歌《木兰诗》并称为“乐府双璧”。《古诗十九首》是乐府古诗文人化的显著标志，为南朝萧统从传世无名氏《古诗》中选录十九首编入《昭明文选》而成。《古诗十九首》深刻表现了文人在汉末社会思想大转变时期，追求的幻灭与沉沦，心灵的觉醒与痛苦，所抒发的也是人生最基本、最普遍的几种情感、思绪。艺术上，语言朴素自然，描写生动真切，具有浑然天成的艺术风格。标志着五言诗的成熟，对后世的抒情诗有直接的影响。

魏晋时期，文人五言诗开始兴盛，其代表是以三曹为代表的建安诗人及晋朝的陶渊明。“建安”是汉献帝的年号，文学史上的建安时期，一般指建安至魏初，即公元196至220年。建安文学以诗歌成就最为显著，此期许多作品从汉乐府民歌中吸取养料，生动反映了当时社会的动乱和人民流离失所的痛苦，体现了要求国家安定统一的愿望和理想。其情调慷慨悲凉，语言刚健有力，有鲜明的时代特色。建安诗歌的这种杰出成就和特色，形成后来被称为“建安风骨”的传统，即自建安文学后，称能反映社会现实，慷慨悲凉、刚健遒劲的作品有“风骨”。建安诗歌的主要代表是曹氏父子：曹操、曹丕、曹植，“建安七子”：孔融、陈琳、王粲、徐干、阮瑀、应玚、刘桢，七子中成就最高者是王粲。此外，还有女作家蔡琰。陶渊明，东晋末期南朝宋初期诗人，自号五柳先生，谥号“靖节先生”。陶渊明是两汉魏晋南北朝八百年以来最杰出的诗人，也是杰出的辞赋家与散文家，其诗今存一百二十五首。陶渊明诗感情真挚，朴素自然，有时流露出逃避现实、乐天知命的老庄思想，因此，陶渊明有“田园诗人”之称，也是田园诗派的鼻祖。他的诗从内容上可分为饮酒诗、咏怀诗和田园诗三大类。

唐代是我国古代诗歌发展的全盛期，李白、杜甫、白居易是世界闻名的伟大诗人。此外，还有其他许多的诗人，如满天星斗。这些诗人，今天知名的就还有两千五百多人，作品约有五万五千余首，主要保存在《全唐诗》中。唐诗的形式是多种多样的，古体诗主要有五言和七言两种；近体诗也有两种，一种叫作绝句，一种叫作律诗，绝句和律诗又各有五言和七言之不同。所以唐诗的基本形式基本上有六种：五言古体诗、七言古体诗、五言绝句、七言绝句、五言律诗、七言律诗。唐诗的发展可分为四个时期。初唐时期的代表作家是“初唐四杰”——王勃、杨炯、卢照邻、骆宾王；此外，还有陈子昂。盛唐时期，经济繁荣，国力强盛，唐诗发展至顶峰时期，题材广阔，流派众多，出现“边塞诗派”与“田园诗派”等。伟大的浪漫主义诗人李白和伟大的现实主义诗人杜甫，即是这一时期最杰出的代表。另有王维、孟浩然代表的田园诗派和高适、岑参代表的边塞诗派。中唐时期，成就最卓著的是白居易，他亲自参加领导“新乐府运动”，此外，刘禹锡、李贺之诗也颇有成就。

晚唐诗人较著名的有温庭筠、李商隐、杜牧、韦庄等。

词大大约在初唐产生，从中唐以后流行起来的新诗体。词即歌词，它跟乐府歌辞的辞是一个字，本指一切可以合乐歌唱的诗体。唐代称当时流行的杂曲歌词为“曲子词”，后来简称为词，这就是我们今天用以跟诗或曲对称的词。中唐以后，文人写词逐渐增多，温庭筠是其中写词最多、对后人影响也最大的作家。五代后蜀赵崇祚选录了温庭筠、皇甫松、韦庄等十八家的词为《花间集》，其中除温庭筠、皇甫松、孙光宪外，都是集中在西蜀的文人。他们在词风上大体一致，后世因称为花间词人。五代时期有几个与花间词人同时而稍晚的词家集中在当时南唐首都金陵，这就是南唐词人，重要作家有冯延巳、李璟和李煜，其中以李煜的成就为最高，影响也较大。

北宋词的发展可分为三个阶段：第一个阶段，晏殊、张先、晏几道、欧阳修等承袭“花间”余绪，为由唐入宋的过渡；第二个阶段，柳永、苏轼在形式与内容上所进行的新的开拓以及秦观、赵令畤、贺铸等人的艺术创造，促进宋词出现多种风格竞相发展的繁荣局面；第三个阶段，周邦彦在艺术创作上的集大成，体现了宋词的深化与成熟。这三个阶段在时间上非截然分开，而是互相交错在一起的。南宋词发展亦可以分为三个时期：南宋初期，宋金战争，豪放词风再度勃兴。因为国土沦丧，权奸当道，士大夫们深以为耻，于是发而为慷慨悲壮之音，辛弃疾、陆游为其中的杰出代表。南宋中期，蒙古灭金，宋廷苟安江南，词作讲求声律，竞尚辞藻，以姜夔、吴文英为代表。南宋后期，蒙古南侵，临安陷落，南宋行将灭亡，词人们不敢流露亡国之痛，只讲求咏物寓意功夫，以周密、张炎、王沂孙为代表。由于词在晚唐、五代、宋初多是酒席宴前娱宾遣兴之作，故有“词为小道、艳科”、“诗庄词媚”之说。随着词的发展，经柳永、苏轼，逐渐扩大了词的题材，至辛弃疾达到高峰，成为和诗歌同等地位的文学体裁。宋词基本分为婉约派、豪放派两大派，婉约派的代表人物是柳永、李清照、秦观、晏殊、晏几道、周邦彦、姜夔等，豪放派的代表人物是辛弃疾、苏轼、岳飞、陈亮、陆游、欧阳修等。

元代是元曲的鼎盛时期。一般来说，元杂剧和散曲合称为元曲，两者都采用北曲为演唱形式。散曲是元代文学主体。不过，元杂剧的成就和影响远远超过散曲。元曲的组成，包括两类文体：一是包括小令、带过曲和套数的散曲；二是由套数组成的曲文，间杂以宾白和科范，专为舞台上演出的杂剧。“散曲”是和“剧曲”相对存在的。剧曲是用于表演的剧本，写各种角色的唱词、道白、动作等；散曲则只是用作清唱的歌词。从形式上看，散曲和词很相近，不过在语言上，词要典雅含蓄，而散曲要通俗活泼；在格律上，词要求得严格，而散曲就更自由些。散曲从体式分两类：“小令”和“散套”，小令体制短小，通常只是一支独立的曲子（少数包含二三支曲子）；散套则由多支曲子组成，而且要求始终用一个韵。散曲的曲牌也有各式各样的名称，如《叨叨令》《刮地风》《喜春来》《山坡羊》《红绣鞋》之类，这些名称多很俚俗，这也说明散曲比词更接近民歌。元曲的发展可以分为三个时期：初期，从元朝立国到灭南宋。此时期元曲刚从民间的通俗俚语进入诗坛，有鲜明的通俗化口语化的特点和犷放爽朗、质朴自然的情致。作者多为北方人，其中关汉卿、马致远、王实甫、王小军、白朴等人成就最高。中期，从元世祖至元年间到元顺帝后至元年间。此期的元曲创作开始向文化人、专业化全面过渡，散曲成为诗坛的主要体裁，重要作家有郑光祖、睢景臣、乔吉、张可久等。末期，元成宗至正年间到元末。此时的散曲作家以弄曲为专业，他们讲究格律辞藻，艺术上刻意求工，崇尚婉约细腻、典雅秀丽，代表作家有张养浩、徐再思等。元曲作为“一代之文学”，题材丰富多样，创作视野阔大宽广，反映生活鲜明生动，人物形象丰满感人，语言通俗易懂，是我国古代文化宝库中不可缺少的宝贵遗产。

二、古代诗歌分类

中国古代诗歌可以从形式上分类，亦可以从题材上分类。

1. 从形式上通常可分为四类

第一类，古体诗，包括古诗（唐以前的诗歌）、楚辞、乐府诗，以及唐代及唐代以后按照古体诗的形制写的诗歌。古体诗不讲对仗，押韵较自由。第二类，近体诗，包括律诗和绝句。律诗要求诗句字数整齐划一，有五言、七言之分，简称五律、七律。通常的律诗为八句四联：首联、颔联、颈联、尾联，每首的二、三两联（即颔联、颈联）的上下句必须是对偶句。律诗要求通押一韵，限平声韵；第二、四、六、八句押韵，首句可押可不押，律诗每句中用字平仄相间。上下句中的平仄相对，有“仄起”与“平起”两式。绝句，又称截句、断句、绝诗。每首四句，通常有五言、七言两种，简称五绝、七绝。另外，律诗的格律要求也适用于绝句。第三类，词，又称为诗余、长短句、曲子、曲子词、乐府等。其特点是调有定格，句有定数，字有定声。按照字数不同，通常可分为长调（91 字以上）、中调（59 — 90 字）、小令（58 字以内）。词有单调和双调之分，双调就是分两大段，两段的平仄、字数是相等或大致相等的，单调只有一段。词的一段叫一阙或一片，第一段叫前阕、上阕、上片，第二段叫后阕、下阕、下片。第四类，曲，又称为词余、乐府。元曲包括散曲和杂剧。散曲兴起于金，兴盛于元，体式与词相近。其特点是可以在字数定格外加衬字，较多使用口语。散曲包括有小令、套数（套曲）两种。套数是连贯成套的曲子，至少是两曲，多则几十曲。每一套数都以第一首曲的曲牌作为全套的曲牌名，全套必须同一宫调。它无宾白科介，只供清唱。

2. 从题材通常可分为五类

第一类，写景抒情诗（包括山水田园诗），歌咏山水名胜、描写自然景色的抒情诗歌。古代一些诗人常寄情于山水，通过描绘江湖风光、自然风景平寄寓其思想感情。这类诗常将要抒发的情感寄寓在后描写的景物之中，这就是人们常说的寓情于景，风格大多清新自然。如张继《枫桥夜泊》、王维《山居秋暝》等。第二类，咏物言志诗，诗人对所咏之物的外形、特点、神韵、品格进行描摹，以寄托诗人自己的感情，托物言志，表达诗人的精神、品质或理想。如贺知章《咏柳》、王安石《梅花》等。第三类，即事感怀诗，因一事由而引发诗人的感慨，如送别、怀亲、思乡、念友等。如王勃《送杜少府之任蜀州》、李白《闻王昌龄左迁龙标遥有此寄》、柳永《雨霖林》等。第四类，怀古咏史诗，以历史典故为题材，或表明自己的看法，或借古讽今，或抒发沧桑变化的感慨。如辛弃疾《永遇乐・京口北固亭怀古》，杜牧《过华清宫》《泊秦淮》《赤壁》等。第五类，边塞征战诗，描写边塞风光和戍边将士的军旅生活，或抒发们乐观豪迈或相思离愁的情感，风格悲壮宏浑，笔势豪放。如王昌龄《出塞》《从军行》，陆游《关山月》等。

三、古体诗与近体诗的区别

古体诗是指唐代格律诗产生以前的诗歌形式，古体诗又称古诗或古风，主要形式有《诗经》、“楚辞”、“汉乐府”、“南北朝乐府”等，以及唐代及唐代之后按照古诗的形制写的诗歌。古体诗不受近体诗的格律的束缚，形式比较自由，即使在唐代也有很多诗人喜爱用古体写诗，如陈子昂《登幽州台歌》，白居易《琵琶行》，李白《梦游天姥吟留别》《秋浦歌》，李贺《李凭箜篌引》中的“歌”“行”“吟”“引”即是古诗的一种形式。

近体诗也叫今体诗，是相对于古体诗而言的格律诗。近体诗在南北朝的齐梁时期就已发端，到唐代成熟。古体诗与近体诗的区别主要表现在三个方面：第一，在用韵上，古体诗可用、可不用，用了可换韵；近体诗必须用，且不换韵，偶数句押韵，首句可入韵，也可不入韵。第二，在字数上，古体诗有三言、四言、五言、六言、七言以及杂言；近体诗，只有五言、七言两种。第三，在句数上，古体诗没有限制，可长可短；近体诗分为律诗和绝句，二者又可分别可分为五律、七律、排律和五绝、七绝。

四、中国古代诗歌音乐美

文学艺术的各种形式互相渗透、互相影响是文艺史上带有规律性的现象，而在各种文艺形式中，诗歌是最活泼、最有亲和力的一种。它和散文结合，成为散文诗；和戏剧结合，成为歌剧。它和绘画所使用的工具虽然不同，但是互相渗透和影响的关系却显而易见。至于诗歌和音乐的关系就更密切了。西方的文艺理论认为诗歌和音乐都属于时间艺术。音乐是借助声音构成的，诗歌也要借助声音来吟诵或歌唱，而声音的延续即是时间的流动。中国古代第一部诗歌总集《诗经》中的每一篇都可以合乐歌唱。《墨子·公益篇》里“弦诗三百，歌诗三百”的话可以为证。既然诗歌和音乐的关系如此密切，那么诗人在写诗的时候自然会注意声音的组织，既要用语言所包涵的意义去影响读者的感情又要调动语言的声音去打动读者的心灵，使诗歌产生音乐的效果

中国古代诗歌的音乐美，通常从节奏、音调、声情三个方面探讨。

1. 节奏

合乎规律的重复形成节奏。春夏秋冬四季的代序，朝朝暮暮昼夜的交替，月的圆缺，花的开谢，水的波荡，山的起伏，肺的呼吸，心的跳动，担物时扁担的颤悠，打谷时手臂的起落，都可以形成节奏。节奏能给人以快感和美感，能满足人们生理上和心理上的要求，每当一次新的回环重复的时候，便给人以似曾相识的感觉，好像见到老朋友一样，使人感到亲切、愉快。可见，仅仅是节奏本身就具有一种魅力。语言也可以形成节奏。每个人说话声音的高低、强弱、长短，各有固定的习惯，可以形成节奏感。这是语言的自然节奏，未经加工的，不很鲜明的。此外，语言还有另一种节奏即音乐的节奏，这是在语言自然节奏的基础上经过加工造成的。它强调了自然节奏的某些因素，并使之定型化，节奏感更加鲜明。诗歌的格律就建立在这种节奏之上。然而，诗歌过于迁就语言的自然节奏就显得散漫。不上口；过于追求音乐节奏，又会流于造作。不自然。只有那件既不损害自然节奏而又优于自然节奏的、富于音乐感的诗歌节奏才能被广泛接受。这种节奏一旦被找到，就会逐渐固定下来成为通行的格律。中国古代诗歌的节奏是依据汉语的特点建立的，主要由以下两种因素决定的。

第一，音节和音节的组合。汉语一个字为一个音节，四言诗四个音节一句，五言诗五个音节一句，七言诗七个音节一句，每句的音节是固定的。而一句诗中的几个音节并不是孤立的。一般是两个两个地组合在一起形成顿。顿，有人叫音组或音步。四言二顿，每顿两个音节；五言三顿，每顿的音节是二二一或二一二；七言四顿，每顿的音节是二二二一或二二一二。必须指出，顿不一定是声音停顿的地方，通常吟诵对顿需要拖长。顿的划分既要考虑音节的整齐，又要兼顾意义的完整。音节的组合不仅形成顿，还形成逗。

逗，也就是一句之中最显著的那个顿。中国古、近体诗建立诗句的基本规则，就是一句诗必须有一个逗，这个逗把诗句分成前后两半，其音节分配是：四言二二,五言二三,七言四三。著名学者林庚指出这是中国诗歌在形式上的一条规律，并称之为“半逗律”。他说:“‘半逗律’乃是中国诗行基于自己的语言特征所遵循的基本规律，这也是中国诗歌民族形式上的普遍特征。”揭示了“半逗律”，我们才能解释为什么有的句子凑成了四、五、七言却仍然不像诗，原因就在于音节的组合不符合这条规律。揭示了“半逗律”，还可以解释为什么六言诗始终未能成为主要形式，就因为二二二的这种音节组会无法形成半逗，不合乎中国诗歌节奏的习惯。还有一个有趣的现象，读四言诗觉得节奏比较呆板，五七言则显得活泼，其奥妙也在于音节时组合上。四言诗，逗的前后各有两个音节。均等的切分，没有变出。五七言诗，逗的前后相差一个音节，离变化于整齐之中，读起来就觉得活泼。四言二二,五言二三,七言四三，这是构成诗句的基本格律。符合了这条格律。就好像为一座建筑物树起了柱子。至于其他格律，如平仄、对仗，不过是在这柱子上增加的装饰而已。中国诗歌的格律似乎很复杂，说穿了就这么简单。

第二，押韵也是形成中国诗歌节奏的一个要素。押韵是字音中韵母部分的重复。按照规律在一定的位置上重复出现同一韵母，就形成韵脚，产生节奏。这种节奏可以把涣散的声音组成一个整体，使人读前一句时预想到后一句，读后一句时回想起前一句。中国古典诗歌的押韵，唐以前完全依照口语，唐以后则须依照韵书。根据先秦诗歌实际用韵的情况加以归纳，可以看出那时的韵部比较宽，作诗押韵比较容易，汉代的诗歌用韵也比较宽。魏晋以后才逐渐严格起来，并出现了一些韵书，如李登的《声类》、吕静的《韵集》、夏侯咏的《四声韵略》等，但这些私家著作不能起到统一押韵标准的作用。唐代孙㥏根据《切韵》刊定《唐韵》，此书遂成为官定的韵书。《切韵》的语音系统是综合了古今的读音和隋朝北方的读音，加以整理决定的，和当时任何一个地区的实际读音都不完全吻合。作诗押韵既然要以它为依据；自然就离开了口语的实际情形。这是古典诗歌用韵的一大变化。到了宋代，陈彭年等奉诏修了一部《广韵》，它的语音系统基本上根据《唐韵》，分四声，共两百零六韵。比较烦琐，但作诗允许“同用”，相近的韵可以通押，所以实际上只有一百十二韵。南宋淳祐年间刘渊增修《壬子新刊礼部韵略》，索性把《广韵》中可以同用的韵部合并起来，成为一百零七韵，这就是“平水韵”。元末阴时夫考订“平水韵”，著《韵府群玉》，又并为一百〇六韵。明清以来诗人作诗基本上是按这一百〇六韵。但“平水韵”保存着隋唐时代的语音，和当时的口语有距离，所以在元代另有一种“曲册”，是完全按照当时北方的语音系统编定的，以供写作北曲的需要。最著名的就是周德清的《中原音韵》，此书四声通押，共十九个韵部。现代北方曲艺按“十三辙”押韵，就是承袭《中原音韵》的。“十三辙”符合现代普通话的语音系统，可以作为新诗韵的基础。

总之，押韵是同一韵母的有规律的重复，犹如乐曲中反复出现的一个主音，整首乐曲可以由它贯穿起来。中国诗歌的押韵是在句尾，句尾总是意义和声音较大的停顿之处，再配上韵，所以造成的节奏感就更强烈。

2. 音调

色有色调，音有音调，一幅图画往往用各种色相组成，色与色之间的整体关系，构成色彩的调子，称为色调。一首乐曲由各种声音组成，声音之间的整体关系，构成不同风格的音调。一首诗由许多字词的声音组成，字词声音之间的整体关系，也就构成了诗的音调。声音的组合受审美规律支配，符合规律的称谐，违背规律的称拗。音乐中有协和音程与不协和音程，中国古典诗歌有律句与拗句。音程协会与否，取决于两音间的距离。诗句谐拗的区别，在于平仄的搭配。中国古典诗歌的音调主要是借助平仄组织起来的。平仄是字音声调的区别，平仄有规律的交替和重复，也可以形成书奏，但并不鲜明。它的主要作用在于造成音调的和谐。

那么，平仄的区别究竟是什么呢，音韵学家的回答并不一致。有的说是长短之分，有的说是高低之别。赵元任先生经过实验认为：“一字声调之构成，可以此字之音高与时间之函数关系为完全适度之准确定义。”（《中国语言字调的试验研究法》）这就是说平仄与声音的长短、高低都有关系。但这种测定并没有考虑上下文的影响。拿诗来说，一句诗里每个字读音的长短，要受诗句节顿规律的制约。同一个字在不同的位置上读音的长短并非固定不变的。例如，平声字应当是较长的音，但若在诗句的第一个音节的位置上就不能拖长，“君问归期未有期，巴山夜雨涨秋池。”这两句诗中的“君”字、“巴”字如果读成长音岂不可笑。相反，一个仄声字本来应该读得比较短，如果在一句五言诗的第二个音节的位置，或七言诗第四个音节的位置，却须适当拖长。例如：“君家何处讲，妾住在横塘”第二句的那个“住”字；“劝君更尽一杯酒。西出阳关无故人”中的那个“尽”字，都是仄声，却要读成长音。这样看来，在诗句之中平仄的区别主要不在声音的长短上，而在声音的高低土。可以说平仄律是借助有规律的抑扬变化，以造成音调的和谐优美。

齐梁以前并不知道声调的区别，齐梁之际才发现平上去入四种声调。《南史·陆厥传》云：“永明末，盛为文章，吴兴沈约、陈郡谢朓、琅琊王融以气类相推毂，汝南周颙善识声韵，约等文皆用宫商，以平上去入为四声，以此制韵，不可增减，世呼为‘永明体’。”《梁书·沈约传》云：“约撰《四声谱》，以为在昔词人累千载而不寤，而独得胸衿，究其妙旨、自谓入神之作。”《梁书·庚肩吾传》云：“齐永明中，文士王融、谢朓、沈约文章始用四声，以为新变。”从以上材料可以看出，周颙偏重于四声本身的研究，沈约致力于四声在诗中的应用。沈约在《宋书·谢灵运传论》中的一段话，可以说是运用四声的总纲领：“欲使宫羽相变，低昂互节，若前有浮声，则后须切响。一简之内，音韵尽殊；两句之中，轻重悉异。妙达此旨，始可言文。”所谓宫羽、低昂、浮切、轻重，都是指平仄而言。简单地说，就是要求一句之内或两句之间各字的声调要有符合规律的变化。沈约还创立了“八病”说，规定了八种应当避忌的声律方面的毛病。前四病“平头”“上尾”“蜂腰”“鹤膝”，都是属于声调方面的。“八病”是消极的避忌，转到正面就是平仄格律的建立。从永明年间的沈约到初唐的沈佺期、宋之问，这个过程大概有两百年。平仄的格律配上声韵和对偶的格律，再固定每首诗的句数、字数，就形成了律诗、绝句等近体诗。近体诗的平仄格律的基本规律有四条，只要掌握了这四条。自己也可以把平仄的格律排对出来。这四条规律是：一句之中平平仄仄相间；一联之内上下两句平仄相对；下联的上句与上联的下句平仄相粘；句末不可出现三平或三仄。概括起来只有一条原则，就是寓变化于整齐之中。整齐中有变化，变化中有整齐，抑与扬有规律地交替和重复着，造成和谐的音调。和谐的音调对于思想内容的表达，无疑会增添艺术的力量，这样说绝没有否定古体诗艺术表现力的意思，音调和谐只是诗歌艺术性的一个方面。从表现思想内容的需要出发，有时反而需要拗。是谐是拗，全在诗人的恰当运用。

除了平仄之外，古典诗歌还常常借助双声词、叠韵词、叠音词和象声词来求得音调的和谐。双声词和叠韵词是由部分声音相同的字组成的词，声母相同的叫双声词。韵母相同时叫叠韵词，叠音词是声音完全相同的词。李重华《贞一斋诗说》云：“叠韵如两玉相扣，取其铿锵；双声如贯珠相连，取其宛转。”王国维《人间词话》云：“余谓苟于词之荡漾处多用叠韵、促节处用双声，则其铿锵可诵，必有过于前人者。”铿锵、宛转，荡漾、促节的细微区别，虽未必尽然，但双声、叠韵的音乐效果是确实存在的，而且叠音词的效果也是一样，它们的音乐效果可以这样概括：即在一连串声音不同的字中，出现了声韵部分相同或完全相同的两个邻近的字，从而强调了某一个声音以及由此声音所表达的情绪，铿锵的越发铿锵，婉转的益见婉转，荡漾的更加荡漾，促节的尤为促节。至于象声词则是模仿客观世界的声音而构成的词，它只有象声的作用而不表示什么意义，象声同的效果在于直接传达客观世界的声音节奏。把人和客观世界的距离缩短，使人有身临其境之感。双声、叠韵、叠音、象声，这类词在中国古典诗歌里运用得相当广泛。如“参差荇莱”“青青子衿，悠悠我心”“聊逍遥以相羊”“迢迢牵牛星，皎皎河汉女”“田园寥落干戈后，骨肉流离道路中”“无边落木萧萧下，不尽长江滚滚来”“寻寻觅觅，冷冷清清，凄凄惨惨戚戚”，这些词用得恰当，不但增加了音乐美，也加强了抒情的效果。

3. 声情

以上所说的节奏和音调，是就声音论声音，是一首诗中各个字的字音的配合组织。然而，古典诗歌的音乐美并不完全是声音组合的效果，还取决于声和情的和谐，就像作曲时要根据表达感情的需要选择和变换节奏。写诗也要根据表达感情的需要安排和组织字词的声音，只有达到声情和谐、声情并茂的地步，诗歌的音乐美才算是完善了。

五、中国古代诗歌的语法特点

由于文体的不同，诗词的语法和散文的语法不是完全一样的。律诗为字数及平仄规则所制约，要求在语法上比较自由；词既以律句为主，它的语法也和律诗差不多。这种语法上的自由，不但不妨碍读者的了解，而且有时候还在一定程度上增加艺术效果。关于诗词的语法特点，此处略谈重要的四点。

1. 不完全句

本来散文中也有一些不完全的句子，但那是个别情况。在诗词中，不完全句则是经常出现的。诗词是最精练的语言，要在短短的几十个字中，表现出尺幅千里的画面，所以有许多句子的结构就非压缩不可。所谓不完全句，一般指没有谓语，或谓语不全的句子。最明显的不完全句是所谓名词句。有时候，表面上好像有主语，有动词，有宾语，其实仍是不完全句。如苏轼《新城道中》："岭上晴云披絮帽，树头初日挂铜钲。"这不是两个意思，而是四个意思。"云"并不是"披"的主语，"日"也不是"挂"的主语。岭上积聚了晴云，好像披上了絮帽；树头初升起了太阳，好像挂上了铜钲。毛泽东《忆秦娥·娄山关》："西风烈，长空雁叫霜晨月。""月"并不是"叫"的宾语。西风、雁、霜晨月，这是三层意思，这三件事形成了浓重的气氛。长空雁叫，是在霜晨月的景况下叫的。有时候，副词不一定要像在散文中那样修饰动词。例如毛泽东《沁园春·长沙》："恰同学少年，风华正茂；书生意气，挥斥方遒。""恰"字是副词，后面没有紧跟着动词。又如《菩萨蛮》（大柏地）里说："雨后复斜阳，关山阵阵苍。""复"字是副词，也没有修饰动词。应当指出，所谓不完全句，只是从语法上去分析的，不能认为诗人们有意识地造成不完全句。诗的语言本来就像一幅幅的画面，很难机械地从语法结构上去理解它。这里只想强调一点，就是诗的语言要比散文的语言精练得多。

2. 语序的变换

在诗词中，为了适应声律的要求，在不损害原意的原则下，诗人们可以对语序作适当的变换。语序的变换，有时也不能单纯了解为适应声律的要求。

它还有积极的意义，那就是增加诗味，使句子成为诗的语言。杜甫《秋兴》（第八首）云："香稻啄馀鹦鹉粒，碧梧栖老凤凰枝。"有人认为就是"鹦鹉啄馀香稻粒，凤凰栖老碧梧枝"，那是不对的。"香稻""碧梧"放在前面，表示诗人所咏的是香稻和碧梧，如果把"鹦鹉""凤凰"挪到前面去，诗人所咏的对象就变为鹦鹉与凤凰，不合秋兴的题目了。又如杜甫《曲江》（第一首）："且看欲尽花经眼，莫厌伤多酒入唇。"上句"经眼"二字好像是多余的，下句"伤多"（感伤很多）似应放在"莫厌"的前面，如果真按这样去修改，即使平仄不失调，也是诗味索然的。这些地方，如果按照散文的语法来要求，那就是不懂诗词的艺术了。

3. 对仗上的语法问题

诗词中要求严格的对偶，称为对仗。对仗主要包括词语的互为对仗和句式的互为对仗两个方面。对仗多用于骈体文。

对仗是中国古代诗歌格律的表现之一。对仗又称对偶、队仗、排偶。它是把同类或对立概念的词语放在相对应的位置上使之出现相互映衬的状态，使语句更具韵味，增加词语表现力。对仗有如公府仪仗，两两相对。对仗与汉魏时代的骈偶文句密切相关，可以说是由骈偶发展而成的，对仗本身应该也是一种骈偶。格律诗对仗的具体内容，首先是上下两句平仄必须相反，其次是要求相对的句子句型应该相同，句法结构要一致，如主谓结构对主谓结构，偏正结构对偏正结构，述补结构对述补结构等。有的对仗的句式结构不一定相同，但要求字面要相对。再次，要求词语所属的词类（词性）相一致，如名词对名词，动词对动词，形容词对形容词等；词语的"词汇意义"也要相同。如同是名词，它们所属的词义范围要相同，如天文、地理、宫室、服饰、器物、动物、植物、人体、行为、动作等同一意义范围内的词方可为对。对仗的运用有宽有严，因而出现各种不同类型，有工对、邻对、宽对、借对、流水对、扇面对等。在内容上则有言对、事对、正对、反对等名目。

词语对仗的要求是词义必须同属一类，如以山川对山川，以草木对草木等；词性必须基本相同，如名词对名词，动词对动词等；平仄必须相对，即以平对仄或以仄对平；结构必须对称，即以单纯词对单纯词，以合成词对合成词；另外，要避免同字相对。句式的对仗，主要是句子的结构相同，如以主谓短语对主谓短语，以动宾短语对动宾短语等。对仗可使诗词在形式上和意义上显得整齐匀称，给人以美感，是汉语所特有的艺术手段。对偶又是什么呢？对偶就是把同类的概念或对立的概念并列起来，例如“抗美援朝”，“抗美”与“援朝”形成对偶。对偶可以句中自对，又可以两句相对。例如“抗美援朝”是句中自对，“抗美援朝，保家卫国”是两句相对。一般讲对偶，指的是两句相对。上句叫出句，下句叫对句。

对偶的一般规则是名词对名词，动词对动词，形容词对形容词，副词对副词。仍以“抗美援朝，保家卫国”为例：“抗”“援”“保”“卫”都是动词相对，“美”“朝”“家”“国”都是名词相对。实际上，名词对可以细分为若干类，同类名词相对被认为是工整的对偶，简称“工对”。这里“美”与“朝”都是专名，而且都是简称，所以是工对；“家”与“国”都是人的集体，所以也是工对。“保家卫国”对“抗美援朝”也算工对，因为句中自对工整了，两句相对就不要求同样工整了。对偶是一种修辞手段，它是作用是形成整齐的美。汉语的特点特别适宜于对偶，因为汉语单音词较多，即使是复音词，其中词素也有相当的独立性，容易造成对偶。对偶既然是修辞手段，那么，散文与诗都用得着它。例如《易经·乾》云：“同声相应，同气相求。”《诗经·采薇》云：“昔我往矣，杨柳依依；今我来思，雨雪霏霏。”这些对仗都是适应修辞的需要的。但是，律诗中的对仗还有它的规则，而不是像《诗经》那样随便的。这个规则是：一是出句和对句的平仄是相对立的；二是出句的字和对句的字不能重复。

4. 炼句

炼句是修辞问题，同时也常常是语法问题。诗人们最讲究炼句；把一个句子炼好了，全诗为之生色不少。炼句，常常也就是炼字。就一般说，诗句中最重要的一个字就是谓语的中心词（称为“谓词”）。把这个中心词炼好了，这是所谓一字千金，诗句就变得生动、形象了。著名的“推敲”的故事正是说明这个道理的：相传贾岛在驴背上得句：“鸟宿池边树，僧敲月下门。”他想用“推”字，又想用“敲”字，犹豫不决，用手作推敲的样子，不知不觉地冲撞了京兆尹韩愈的前导，韩愈问明白了，就替他决定了用“敲”字。这个“敲”字，也正是谓语的中心词。谓语中心词，一般是用动词充当的。因此，炼字往往也就是炼动词。现在试举一些例子来证明。凡涉及省略（不完全句），涉及语序（包括倒装句），涉及词性的变化，涉及句型的比较，等等，也都关系到语法问题。古代虽没有明确地规定语法这个学科，但是诗人们在创作实践中经常接触到许多语法问题，而且实际上处理得很好。

第三节　中国古代散文和辞赋

从中国古代文学发展看，以诗歌（广义上的诗歌，包括诗和词）、散文两类最为发达。诗歌和散文一直都在中国古代文坛上占据正统地位，在古代文人口中，被称为“诗文”（散文这个词，是在五四之后才出现的）。二者之中，古代诗歌一般篇幅简短，宜于抒情；古代散文则可长可短，写景、叙事、抒情和议论无所不能，内容更加广泛丰富，形式更加自由灵活，少受约束。长期以来，我国的古代散文除了产生不可胜数的实用性散文外，还产生了大量优美的具有文学性的散文。需要指出的是，中国古代散文，即古人所谓的“文”，和现在的散文完全不是一个概念。中国古代散文包容范围极广，概念内涵非常宽泛；其面貌和所涵盖的文章类别亦极为纷繁复杂。简单地说，古代散文可以说是狭义的文言文，既包括了除去诗歌、小说、戏剧等文学体裁之外的一切叙事性、议论性、抒情性的用文言所写成的文体。

一、中国古代散文的体制分类

中国古代散文，就其体制而言，可分为散体文和骈体文两大类。

散体文是狭义的古代散文，又称“古文”。它的体式语言最为灵活自由，句式长短错落，用语自然，和古代口语较为接近。它是先秦两汉流行的文体。唐宋以来，人们又以之为学习的对象，因先秦两汉时代古远，所以当时的人们就把这种文体称为“古文”。作为中国古代文学样式的“古文”，其含义与现代我们以古文指古代文章的意义有所区别。

骈体文简称骈文。它讲究形式的整齐工致。要求文章中的句子两句相对，如四字句对四字句，六字句对六字句等。同时上下句的词语要对称，虚词对虚词，实词对实词。它在音节上，出句与对句讲究平仄相对。在修辞上，骈文讲究多运用典故和华丽的辞藻。骈文孕育于东汉，至魏晋南北朝大盛，唐以后稍衰，但仍旧产生了不少作品。

除古文、骈文之外，还有一种特殊的文体——辞赋。辞赋实际上是韵文，它的体制结构、用词造句，接近古文、骈文，但又像诗歌那样押韵脚，所以其性质介乎于“诗”“文”之间，也可以说辞赋就是中国古代的散文诗。不过，古人也常把辞赋归为“文”的范围。中国古代的韵文，除辞赋外，还有颂、赞、铭、箴、碑等体，其正文常用四字句（也有例外），押韵脚，有时候前面还有一段散体的序，后代也把它们归入“文”一类。

二、中国古代散文的发展历史

中国古代散文具有数千年悠久发展的历史。大致说来，它基本可以分为先秦两汉、魏晋南北朝、唐宋元明清三个历史时期。

1. 先秦两汉时期

如果说《诗经》是中国最早的诗歌总集的话，那么《尚书》就是中国最古的散文集。它包含了尧、舜二帝和夏商周三代的政治文献，有的记载重大事件，有的是帝王、大臣发布的文、诰、命、训、誓等，以说教为主。《尚书》各篇文辞均颇质朴，但其中既有记叙文，又有论说文，实为后代中国古代散文的发源。

到了周代后期的春秋、战国时代，随着整个社会文化的发展和思想界的活跃，中国古代散文也获得很大发展和辉煌成就。这一阶段的古代散文主要包括历史散文和诸子散文两大类。历史散文以《左传》《国语》《战国策》为代表。《左传》《国语》相传系左丘明所编，记载了春秋时各国的政治、军事事件，贤能之士的嘉言懿行，谋臣辩士的谋略和说辞。它们总体上是记叙性的历史散文，但其中不少言论、说辞，则属于论说文一类。《左传》的文学性尤强，不论写事件发展或人物言谈举止，都很简练生动，语言温文尔雅，成为后代文家学习的典范。《战国策》由西汉刘向汇集了战国时代许多辩士和纵横家的辩论言辞，因而论说文的成分更浓。《战国策》较之《左传》文辞更为流畅，句子长短错落，富有气势，标志着历史散文在该时代的进一步发展。

战国时代，学术思想界趋向活跃，形成了诸子百家争鸣的局面。他们各自发表其有关政治、军事、文化、社会、人生、经济等各方面的见解，撰成专著，这就是诸子散文。其中文学性颇强的有属于儒家的《论语》《孟子》《荀子》，属于道家的《庄子》，属于法家的《韩非子》等书。就文辞和艺术表现看，《论语》强调的是通过记载孔子的言行，来反映其伟大的人格修养和思想。《孟子》则文风雄健顺畅，《荀子》浑厚缜密，《庄子》汪洋恣肆而富于想象，《韩非子》博辨富瞻，可说是各具特色，皆为后世所称道和取法。诸子散文旨在发展议论见解，以论说为主，但作者为了说服读者，往往多方取譬，运用了不少的寓言故事来说明事理，由此增强文章的形象性和感染力，也使以论说为主的诸子散文增添了不少叙事成分。 先秦时代的历史散文和诸子散文，旨在记载历史，发表有关政治、社会等方面的主张，原本都是实用性文章，由于一部分著作和篇章，记人记事生动，语言富有文采，因而具有文学价值，并对后代的古代散文产生了深远的影响。

两汉散文，就其主要方面讲，也是以记叙为主的历史散文和以说理为主的论说文两大类。历史散文以《史记》《汉书》为代表。司马迁的《史记》，内容以记叙先秦至西汉武帝时各方面的历史人物为主，它记人叙事活泼生动，语言流畅雄健，达到了中国古代传记文学的高峰，作者笔端常带感情，把满腔爱恨倾注在历史人物的描绘上面，因而被鲁迅称为“史家之绝唱，无韵之离骚”。班固的《汉书》，文学性虽然不如《史记》，但一部分篇章也很动人，其文辞整饬渊雅，极具特色。后人往往《史》《汉》并称，把它们视为纪传体史书的双璧。

两汉子书也产生了不少，著名者如刘安《淮南子》、王充《论衡》等，具有很高的文学价值。两汉论说文成就更为突出，诸如臣僚给皇帝的奏议、奏疏一类的文章，大抵结合当时实际，陈述治国安邦之道，虽然文辞一般比较质朴，但剖析事理，论证严谨，所以被后人视为论说文的楷模。其代表作家有贾谊、晁错、董仲舒等。

汉代的辞赋十分发达，有大赋、小赋之分。大赋多铺陈帝王功业及其生活，以规模阔大、气魄宏伟著称。如司马相如的《子虚赋》《上林赋》，极写帝王苑囿之盛、田猎之乐。稍后的扬雄，有《甘泉》《羽猎》诸赋。这些赋写得铺张扬厉，多以歌功颂德为宗旨。到了东汉，班固的《东都赋》《西都赋》，张衡的《东京赋》《西京赋》仍是散体大赋中的煌煌巨作。小赋则上承屈原《卜居》《渔父》和宋玉《风赋》《登徒子好色赋》的传统，多抒情叙志、讽世贬俗之作，很受重视。张衡《归田赋》、蔡邕《述行赋》等作品都是抒情小赋代表作。

两汉的散文，已由先秦的以著作为主转变为著作、单篇并重，这说明单篇文章的逐渐发展和丰富。

2. 魏晋南北朝时期

魏晋南北朝时期是骈体文章发达盛行的时期。骈偶、辞藻、音韵、用典可以说是该时期骈文语言四项比较普遍性的要求。从艺术上看，骈文主要是要求文章具有特点的修辞美。由于古汉语单音词多的特点，容易形成骈偶句。在先秦散文中，已经出现了不少骈偶句，到了汉代，辞赋散文中的骈偶成分逐步增多，以致到东汉时，通篇骈偶或以骈偶为主的文章开始流行。所以后人常把这个时期的文学称为八代文学。八代指东汉、魏、晋、宋、齐、梁、陈、隋八个朝代，这里魏代表三国，以南朝宋、齐、梁、陈四代代表南北朝。这个时期的骈文，也有一个发展的过程。东汉骈文开始抬头，魏晋进一步重视骈偶工整、辞藻美丽；南朝则更强调音韵和谐，用典精切。骈文的修辞美要求，一步步的加强。其代表作家有曹魏的曹植、曹丕、王粲，西晋的陆机、陆云、潘岳，南朝前期的鲍照、江淹，后期的庾信、徐陵等，他们都擅长骈文和诗赋。特别是庾信、徐陵的骈文在对偶、辞藻、音韵、用典诸方面都十分精美，达到了当时骈文艺术的高峰。后代把两人的骈文称为“徐庾体”。骈文发展到南朝，句式更加整齐，大量运用四字句、六字句，甚至有的文章通篇运用四字句、六字句，所以也有人把骈文称为“四六文”。

先秦两汉主要是记叙文和论说文，而魏晋南北朝时期的散文则在两者的基础上又出现了许多着重抒情写景的作品。曹魏的曹植、曹丕的若干书札以流露出浓厚的抒情倾向，还包含一些写景的片断，为这类作品开了先河。此后两晋南北朝这类作品不断昌盛，如鲍照的《登大雷岸与妹书》、孔稚圭的《北山移文》、丘迟的《与陈伯之书》、王羲之的《兰亭序》等，都长于抒情写景。还有像地理著作《水经注》，写景篇章更为繁复，文笔优美。抒情本是诗歌着重表现的内容，过去的散文也绝大多数都偏重于记事说理。而此时期的散文中抒情成分的明显增加，标志着散文脱离了偏重实用性的轨道，像诗歌靠拢，形成了文章的诗歌化。这种现象可以说是此时期文学趋向独立和自觉的一个重要表现。

这时期的散体文创作，由于受到了流行的骈文的影响，也有向骈文学习模仿的现象。比如《文心雕龙》，这样的论说文也采用了工整的骈文写成。《文心雕龙》的雅俗思想值得重视，刘勰崇尚雅正，标举雅丽，认为文学创作要内容纯正，符合“雅”的规范，形式方面要语言精练、辞采华美；刘勰从作品的内涵及风格出发，认为风、雅相通，俗可以转化为雅；他还认为“雅丽”作为诗文创作的审美追求，作家创作应该做到内容与形式的辩证统一。刘勰论文以人为中心，认为有人之雅才有文之雅。从总体上看，《文心雕龙》尚雅轻俗，刘勰是将具体作家作品、文学现象等放到文学史发展进程中来看待“雅”与“俗”之关系的。还有陈寿的《三国志》和范晔的《后汉书》，特别值得一提的是南朝刘义庆的《世说新语》，它的性质介于历史传记和小说之间，以简练的文笔，刻画了魏晋名流的言谈举止和风貌，栩栩如生，其中有许多脍炙人口的篇章。这些著作虽用都是散体文写作，句子也常常十分整齐，多四字句，中间还常夹杂骈偶句，风格与骈文相近。这可以说是该时期骈文鼎盛下散体文语言的一个特点。

此时期的辞赋也产生了不少，以小赋居多。在形式上，它们更注重骈偶、辞藻、音韵等方面的运用，即用骈体来写作，古人称为骈赋。在内容上，它们往往着重抒情写景，如鲍照的《芜城赋》、谢庄的《月赋》、江淹的《恨赋》《别赋》、庾信的《小园赋》等。

先秦散文，或为史书，或为诸子，都是学术性著作。两汉散文，除了史书、子书外，又出现了不少单篇文章，可以说是著作和单篇文章并行的时代。魏晋南北朝时期的古代散文，则以各种单篇文章为主，史书、子书退居次位，这也文学独立性的增强和古代散文的发展。

3. 唐宋元明清时代

此时期是古文复兴，骈文退居次要地位的时期。唐代早期，依旧是骈文主导，但到了唐代中期，一部分文人对当时流行的骈文刻意追求华丽辞藻和公整格式、音韵甚为不满，认为它们不利于创作和在社会生活中起积极的作用，从而提倡先秦两汉时代的古文，也就是散体文。唐代古文家中，以韩愈、柳宗元的成就最为杰出。到了北宋中期，不少文人继承了韩、柳的学说，进一步提倡古文，形成了浩大的声势，终于使古文取代了骈文过去长期的统治文坛的局面。宋代的古文家，以欧阳修、苏轼的成就最为突出，其次还有王安石、苏洵、苏辙、曾巩等。这六人和韩、柳一起被后世称为唐宋八大家，代表了唐宋古文的辉煌业绩。唐宋古文继承了先秦两汉古文的优秀传统，其语言形势比较自由，冲破了骈文的种种束缚，增强了古代散文的表现力，从而在记叙、议论、抒情和写景等诸方面都产生了很多佳作。苏轼曾赞誉韩愈的作品是“文起八代之衰”，就是说韩愈的古文改变了八代骈文文风绮靡、气骨衰弱的局面。但这里必须指出，唐宋古文家固然反对骈文，但对过去骈文中的不少优点也有所汲取、借鉴和发展，而不是一味地反对。

唐宋时代，辞赋也出现了新面貌。唐宋古文家运用古文形式来写作辞赋，语言形式也比较自由流动，产生了杜牧《阿房宫赋》、欧阳修的《秋声赋》、苏轼的《赤壁赋》等著名篇章。后人把先秦两汉的赋称为古赋，魏晋南北朝时期的赋称为骈赋，唐宋以后这类自由流动的赋称为文赋。

元代时间短促，散文成就不高。明代的古文家颇多，早期有宋濂、刘基等。特别是刘基的散文长于通过寓言形式来讽世贬俗，很有特色。明代中后期长生了不少文学流派，有以李梦阳、何景明为首的前七子，以李攀龙、王世贞为首的后七子。他们都兼长诗文，在散文方面主张学习秦汉古文，文风比较艰深。同时，还有以归有光为代表的唐宋派，取法唐宋古文，文风比较平易流畅。到了明末，又有公安派、竟陵派，两派在散文创作方面都主张自由的抒发性灵，公安派文风自由活泼；竟陵派文风则崇尚幽深奇峻。明代后期的一部分文人喜爱写作短篇散文，形式自由，富有风味，表现了士人的日常生活情趣，后人称这类作品为晚明小品。

清代初期，著名古文家有侯方域、魏禧、汪琬等，其后又出现了一些古文流派。最著名的是以方苞、姚鼐为首的桐城派，沿袭了明代唐宋派的轨迹，重视取法《史记》、唐宋八代家之文，强调文风雅洁。至鸦片战争及清末，著名文家有龚自珍、魏源、梁启超等，他们的作品旨在挽救国势衰退，文章多关心现实，成为现代散文的前驱。

此时期总体说来，古文占据主导地位，但骈文仍旧继续流行，只是势力较为削弱。唐代的骈文名家、名篇都产生了不少。王勃《滕王阁序》和骆宾王《讨武曌檄》是唐代的骈文代表作。到了宋代，不少骈文虽讲求对偶，但受古文文风的影响，词语比较清澄，不尚华丽，句调也较为疏朗，形成了骈文的新风貌。清代中后期骈文复兴，有洪亮吉、汪中、阮元等名家。

以上简单的记叙三个时期中国古代散文的一些代表作家作品和重要流派。此外，还有不少作品，作者虽然不是散文名家，但个别的作品却是广泛流传的名篇佳作。如诸葛亮的《出师表》、李密的《陈情表》、范仲淹的《岳阳楼记〉等，这些也是值得我们注意的。总之，中国古代的散文是我国历代文人创作的主要体裁，一直流传到了今天。古代丰富的散文作品，是前辈遗留给我们的珍贵文化遗产。

三、中国古代散文的特点

1. 文字特点

汉语言文字是其最显著的民族特征，方块字，单音节、一词多义、同义词、近义词丰富，助词多应用于表达感情，语法关系往往通过词序表现等特点。古代散文的章节美、匀称美、节奏感强、言简意赅、表情方式多样化等等特点，几乎都和汉语特征分不开的。

2. 追求实用

从甲骨卜辞到青铜铭文，无不如此。郭豫衡先生的《中国散文史》中的先秦两汉散文，大都可以归结到实用文体之中。即使到了所谓文学的自觉时代之后，中国古代散文的实用特性也依然没有消减。诚如曹丕所说："盖文章，经国之大业，不朽之盛事。年寿有时而尽，荣乐止乎其身，二者必致之常期，未若文章之无穷。"这里所说的经国大业、不朽盛事，其实多是指各种实用的文体，绝不是现代意义上的文学创作。又比如唐宋时代大量的制诰、谏疏、碑志、序记、笔记、题跋、书简等，也都是实用的文体。所有这些，很难排除在散文史研究之外。至于大量优秀的文学性极强的散文作品，有很多也具有实用的价值。其实这一特点不仅仅是散文，中国的诗也是如此，这大约与儒家所倡导的加强文学与政治的关系紧密相连，所谓文学创作的作用之一便是"迩之事父，远之事君，多识于鸟兽草木之名"。马积高《赋史》再版后记谈到自从左思以来对于赋的创作的一个实用方面的追求，有较为详细的介绍。但追求实用，并非不重视文采。《左传》哀公二十五年："仲尼曰：志有之，言以足志，文以足言；不言，谁知其志；言之无文，行而不远。"

3. 崇尚真实

孔子早就提出"情欲信"，后来的欧阳修也提出"事信"的原则。从《老子》、《庄子》到司马迁的《史记》、王充的《论衡》，无不把"真"字放在至高无上的地位。人们称《史记》为实录，老杜的诗为"诗史"，无不包含着这一重含意。

4. 提倡简洁

刘勰《文心雕龙·徵圣》谓圣人之文"虽精义曲隐，无伤其正言；微辞婉晦，不害其体要。体要与微辞偕通，正言共精义并用。"中国古代散文主张一言褒贬，言简意赅，正如刘知几评说《左传》"其言简而要，其事详而博"，在简要中见详博，贯多以少，举少见多，这也成为中国散文创作的一个重要的传统。

第四节　中国古代小说

小说是四大文学样式（散文、小说、诗歌、戏剧）之一，是以塑造人物形象为中心，通过完整故事情节的叙述和深刻的环境的描写反映社会生活的一种文体，它是拥有完整布局、发展及主题的文学作品。

一、关于“小说”一词的缘由与小说的起源

“小说”一词最早见于《庄子·外物》：“夫揭竿累，趣灌渎，守鲵鲋，其于得大鱼难矣；饰小说以干县令，其于大达亦远矣。”“县”乃古“悬”字，高也；“令”，美也，“干”，追求。是说举着细小的钓竿钓绳，奔走于灌溉用的沟渠之间，只能钓到泥鳅之类的小鱼，而想获得大鱼可就难了。靠修饰琐屑的言论以求高名美誉，那和玄妙的大道相比，可就差得远了。春秋战国时，学派林立，百家争鸣，许多学人策士为说服王侯接受其思想学说，往往设譬取喻，征引史事，巧借神话，多用寓言，以便修饰言说以增强文章效果。庄子认为此皆微不足道，故谓之“小说”，即“琐屑之言，非道术所在”的“浅识小道”，也就是琐屑浅薄的言论与小道理之意，正是小说之为小说的本来含义。东汉桓谭在其所著的《新论》中，对小说如是说：“若其小说家，合丛残小语，近取譬论，以作短书，治身理家，有可观之辞。”认为小说仍然是“治身理家”的短书，而不是为政化民的“大道”。东汉班固在《汉书·艺文志》中云：“小说家者流，盖出于稗官。街谈巷语，道听途说者之所造也。孔子曰：‘虽小道，必有可观者焉，致远恐泥，是以君子弗为也。’然亦弗灭也。闾里小知者之所及，亦使缀而不忘。如或一言可采，此亦刍荛狂夫之议也。”这是史家和目录学家对小说所做的具有权威性的解释和评价。班固认为小说是“街谈巷语、道听涂（同“途”）说者之所造也”，虽然认为小说仍然是小知、小道，但从另一角度触及小说讲求虚构，植根于生活的特点。

关于追溯小说的起源，主要有三个方面：一是寓言故事。如《孟子》《庄子》《韩非子》《战国策》等书中都有不少人物性格鲜明的寓言故事，它们已经带有小说的意味。二是史传。如《左传》《战国策》《史记》《三国志》，描写人物性格，叙述故事情节，或为小说提供了素材，或为小说积累了叙事的经验。三是文人笔记。这一点在魏晋南北朝时期尤为明显，文人笔记大都记载一些轶事、掌故、素材。

二、中国古代小说发展述略

中国小说历经前秦的古代神话小说、汉晋六朝的志人志怪小说、隋唐的传奇小说、宋元的话本小说、明清的章回小说、现当代的白话小说以及近年来兴起的网络小说约三千多个春秋的洗礼。按照小说的历史时期，可划分两大阶段，即新文化运动以前，可称作古典小说阶段，新文化运动以后，可称作现代小说阶段。古典小说萌芽于先秦，发展于两汉，雏形于魏晋南北朝，形成于唐代，繁荣于宋元，鼎盛于明清。

先秦两汉时期，当时社会出现的神话传说、寓言故事、史传文学成为古典小说叙事的源头。神话传说已经具备人物和情节两个基本因素，散见于诸子百家书中的寓言典故提供了借鉴经验，历史著作有比较完整的结构、人物形象和历史背景。

1. 魏晋南北朝志怪小说与轶事小说

魏晋南北朝小说的作者多为魏晋以来的文人方士，他们或托古籍以衒人，或直记当时异闻轶事，这些小说按其题材内容可分为志怪、轶事两类，这两类小说虽内容形式不同，但它们都形象地反映了魏晋南北朝时期的人情风物，它们曲折地表现了时代精神。现今保存下来的志怪小说，有托名东方朔的《十洲记》和《神异经》，托名郭宪的《别国洞冥记》，托名班固的《汉武故事》和《汉武帝内传》，托名曹丕的《列异传》，晋张华的《博物志》，王嘉的《拾遗记》，晋祖台之的《志怪》，荀氏的《灵鬼志》，戴祚的《甄异传》，干宝的《搜神记》，托名陶潜的《搜神后记》，宋王琰的《冥祥记》，刘义庆的

《幽明录》，梁吴均的《续齐谐记》，等等。其中保存得完好和影响较大者，是《博物志》和《搜神记》。这些志怪小说的内容十分芜杂，有的记述远方绝域山川异物，如《神异经》《十洲记》《别国洞冥记》《博物志》；有的夸饰野史轶闻，如《汉武故事》《汉武帝内传》《拾遗记》；还有的讲说鬼神怪异等神教故事，如《列异传》《搜神记》《搜神后记》《冥祥记》《幽明录》等。它们的作者，或文人，或教徒；作书的目的，或“发明神道之不诬”）《搜神记·自序》），或“意在自神其数”（鲁迅《中国小说史略》），总之，在一定程度上都有鬼神迷信色彩。因为并不是有意识创作文学小说，是“以为幽明虽殊途，而人鬼乃皆实有，故其叙述异事，与记载人间常事，自视固无诚妄之别”（《鲁迅〈中国小说史略》〉。所以，这类小说中荒诞迷信成分甚多。但是，在这些志怪小说中，也保存着一些内容健康、有社会意义的民间故事，这些故事多取材于社会的现实生活，反映了社会下层人民的思想愿望。

轶事小说是在汉代郡国举士制度推行中，知识分子清谈品题风气影响下逐渐发展起来的。因此，这类小说的内容特点多是对历史人物或现实人物的品评，实际上就是他们的轶事汇集。由于书中涉及人物很广，事情覆盖社会生活的各个方面，因此它的现实性很强。较著名的有托名刘歆的《西京杂记》，晋裴启的《语林》，郭澄之的《郭子》，宋刘义庆的《世说新语》，梁沈约的《俗说》、殷芸的《小说》，北魏邯郸淳的《笑林》等，其中以刘义庆的《世说新语》成就最高。《世说新语》是刘义庆和他门下的许多文人，杂采众书与搜求民间轶闻经过加工润色编纂成的。全书分三十六门类，如《德行》《言语》《政事》《文学》《方正》《雅量》等，主要记述了汉末至东晋以来社会文人名士的言行风貌，书中较清楚地反映了魏晋时代士族阶级的精神面貌与生活方式，在一定程度上又揭露了统治阶级的荒淫无耻和残忍凶狂。它暴露了社会的黑暗面，有发人深省、激人抗争的启迪作用，不失为一部现实性很强的文学作品。

2. 唐传奇

唐代，古代小说的发展趋于成熟，形成了独立的文学形式——传奇体小说，由此我国的小说脱离历史领域而成为文学创作。中国小说在魏晋南北朝时期还处于萌芽阶段，这时期的小说大抵篇幅短小，文笔简约，缺少具体的描绘。到唐代传奇产生，情况有了很大的改变。唐代传奇内容除部分记述神灵鬼怪外，大量记载人间的各种世态，人物有上层的，也有下层的，反映面较过去远为广阔，生活气息也较为浓厚。在艺术形式上，篇幅加长，“叙述宛转，文辞华艳，与六朝之粗陈梗概者较，演进之迹甚明”（鲁迅《中国小说史略》）；部分作品还塑造了鲜明动人的人物形象。唐代传奇的出现，标志着中国古代短篇小说于成熟。宋代洪迈云：“唐人小说，不可不熟。小小情事，凄婉欲绝，洵有神遇而不自知者。与诗律可称一代之奇。”（《唐人说荟》例言引）他把唐传奇同唐诗相提并论，给予很高的评价。唐传奇的发展可分为前期、中期和后期三个阶段。

唐传奇前期作品现存很少，质量也不及中期，但已显示出唐传奇的特色和创新精神。唐传奇中最早的《古镜记》，相传为隋末唐初人王度作，内容不脱六朝志怪小说余风。它以古镜为线索，把十多个怪异故事连缀起来组成长篇，叙述较为细致，较之笔记式的六朝小说是一大进步。《补江总白猿传》一般推测亦为前时期作品。作者不详，内容属志怪一类，情节较曲折，描绘也较具体生动，初步显示出唐传奇的艺术创新特色。《古镜》《白猿》两篇，标志着中国小说从六朝志怪向唐传奇发展的过渡形态。另外，张鷟《游仙窟》、张说《绿衣使者传》等，都描写了市民生活，说明这时期的传奇，有些已在内容题材上摆脱了六朝志怪小说传统，着重表现人情世态，向新的领域扩展。

唐代中期是唐传奇的繁荣阶段，作品多，名家也多，一些最优秀的单篇传奇，几乎都产生在这一时期。鲁迅曾指出：“惟自大历以至大中中，作者云蒸，郁术文苑，沈既济、许尧佐擢秀于前，蒋防、元稹振采于后，而李公佐、白行简、陈鸿、沈亚之辈，则其卓异也。”（《唐宋传奇集》叙例）这时期的传奇作品，从内容题材上看，大致可分为神怪、爱情、历史、侠义诸类。其中有些作品内容交叉，如神怪兼爱情类的题材就很多，其他题材也有结合的。神怪类如沈既济《枕中记》，李公佐《南柯太守传》；神怪兼爱情类如陈玄佑《离魂记》，李朝威《柳毅传》；爱情类如白行简《李娃传》，蒋防《霍小玉传》，历史类如陈鸿《长恨歌传》和《东城老父传》为代表。

唐代后期单篇传奇现存很少，写得较好的是薛调《无双传》、无名氏《灵应传》、《东阳夜怪录》诸篇。此时期传奇专集则大量出现，蔚成风气。其中比较著名的，除牛僧孺《玄怪录》、李复言《续玄怪录》可能在文宗朝稍前时期所作外，计有郑还古《博异志》、薛用弱《集异记》、袁郊《甘泽谣》、裴铏《传奇》、康骈《剧谈录》、皇甫枚《三水小牍》等。

3. 宋元话本

宋元话本有各种不同的家数和名称。小说家的话本称作小说，都是短篇故事。讲史家的话本称作平话，一般篇幅较长，讲的是历史故事。还有称作诗话的，如《大唐三藏取经诗话》。但有的书并不标明体裁。话本的文字详略也有不同，大体上可以分为繁本和简本两种类型。繁本是语录式的或经修订加工的底本，语言通俗流畅，接近口语。简本是提纲式的资料，只记下一些故事梗概，往往是从传奇文和笔记小说中摘录下来的。如《清平山堂话本》中的《蓝桥记》就是裴铏《传奇》中《裴航》故事的节要。现存宋元话本，无论小说还是平话，多数是简本；有些明代所刻选本所收的小说，似经过后人的加工整理，在艺术上比较完整。

小说家的话本，据《醉翁谈录・小说开辟》记载，从题材上分为灵怪、烟粉、传奇、公案、朴刀、杆棒、神仙、妖术等八类，并举出了《红蜘蛛》《卓文君》《三现身》《十条龙》《拦路虎》《赵正激恼京师》等一百多种话本篇目。有的话本流传至今，如《红蜘蛛》有元刻本残页；《警世通言》里的《万秀娘仇报山亭儿》当即《十条龙》；《拦路虎》见於《清平山堂话本》。还有《也是园书目》和《述古堂书目》（抄本）所著录的宋人词话，有《种瓜张老》《错斩崔宁》《西湖三塔》《简帖和尚》《合同文字记》《风月瑞仙亭》等，见于明人编印的《清平山堂话本》和《古今小说》等书。讲史的代表作是《新编五代史平话》。说经包括说参请、说诨经等，都没有话本流传。只有《大唐三藏取经诗话》（另一版本题作《大唐三藏法师取经记》），与佛经故事有一定关系，它就是《西游记》的雏形。

4. 明清小说

明代小说出现了空前繁荣的局面。从明代开始，小说这种文学形式才充分显示出它的社会作用和文学价值，打破了正统诗文的垄断地位，在文学史上，取得了与唐诗、宋词、元曲相提并论的地位。明代小说在宋元时期的说话艺术的基础上发展起来的。明代文人创作的白话短篇小说称为“拟话本”，就是直接摹拟学习宋元话本的产物；长篇小说如《三国演义》《水浒传》《西游记》等，亦多由宋元说话中的讲史、说经演化发展而来。嘉靖以后，文人独立创作的反映现实的长篇小说如《金瓶梅》，亦取资于讲唱文学的写作经验。明中叶以后，随着宋元话本的整理刊行，文人摹拟话本而创作白话短篇小说之风日盛。今存最早的明人辑印的话本集是嘉靖年间洪楩编的《清平山堂话本》，收集作品较多而对后世影响较大的是天启年间冯梦龙编辑的《喻世明言》（初题《古今小说》）、《警世通言》和《醒世恒言》，合称“三言”。每集收话本四十篇。包括宋元话本、明代拟话本两部分。明末凌濛初仿“三言”创作的《初刻拍案惊奇》《二刻拍案惊奇》，合称“二拍”，则基本上是凌氏创作的拟话本。明代白话短篇小说反映了广泛的社会生活面。其中爱情婚姻题材占有重要地位，表现了对爱情婚姻自主要求的肯定和对封建礼教及门第观念的批判，如《杜十娘怒沉百宝箱》《乐小舍拚生觅偶》《玉堂春落难逢夫》等。在《蒋兴哥重会珍珠衫》《卖油郎独占花魁》等篇中，反映了市民阶层的爱情婚姻观念。

清代是中国小说史上继明代之后又一个小说创作和传播的高峰时代。明代许多伟大优秀的小说在这时都得到了重印以及更广泛流传的机会。清代文人作家也创作了数量众多的伟大和优秀的小说，曹雪芹的《红楼梦》、吴敬梓的《儒林外史》和蒲松龄的《聊斋志异》就是其中的杰出代表。它们的出现，标志着中国古代白话小说和文言小说艺术的最高成就。清代小说反映了更广阔的生活面，上至封建统治集团人物，下及社会底层的劳动群众，纷纷在作品中登场。故事情节常常在日常生活的场景中展开，描写的风格因之已由昔日的粗线条逐渐向细线条演变。如《红楼梦》，可以说是中国封建社会生活的百科全书。它的笔触几乎批判了整个封建社会上层建筑和整个的封建统治阶级，形象而有预见地反映了封建社会必然没落和崩溃的趋势。《儒林外史》和《聊斋志异》，则独特地选择了知识分子这个社会阶层的视角，通过对他们的生活遭遇和精神境界的描绘，入木三分地揭露了科举制度的弊端和罪恶。有的作品以农民起义为题材，反映和歌颂了受压迫、受剥削的人民群众的反抗、斗争。《官场现形记》等，通过对封建官吏形象的刻画，淋漓尽致地抨击了官场的窳败和黑暗。

三、中国古代小说的特点

1. 注意人物行动、语言和细节的描写，在矛盾冲突中展示人物形象

现代小说多注重人物的心理描写，强调挖掘人物内心的潜意识。而我国古代小说则着重于描绘事物之间的外在联系和人与人之间比较明显的矛盾冲突，把刻画人物的行动、语言和具有典型意义的细节作为塑造人物形象的重要手段。如《林教头风雪山神庙》，随着林冲这一主要人物的出场，引出一系列的矛盾冲突，通过人物的对话来揭示他们的身份和彼此间的关系，表现他们的性格。在故事的高潮，即“雪地杀人”一场，主要突出林冲的英雄形象。而关于火盆、酒葫芦、破败的草厅、山神庙顶门的石头等细节，则体现了结构的缜密，也为情节的发展埋下伏笔。

我国古代小说多为英雄传奇，为了表现人物叱咤风云的英雄人生，作者往往在户外安排了一个个便于其施展非凡勇力和过人智慧的场所；他们或南征北战、纵横驰骋，或行色匆匆，长亭短亭，频繁地转换着活动空间。他们所遇到的一个个矛盾冲突也是外在的，很少来自人物内心激烈的思想冲突；或沙场较武、杀几员战将；或晓风残月、吟诗斗智。一些作者的笔触很少深入人物的内心世界，仅靠人物的行动和语言来塑造人物。由于缺乏人物内在世界的真实凸现，人物的性格往往是由作者规定好了的，人物的语言和行动往往只围绕人物的主要性格，缺少变化和行动的依据，因此，这样的人物性格比较单一，不丰满，缺乏立体感。如《三国演义》中的英雄人物张飞，除了忠这一封建臣子的共性以外，就只有勇猛这个性格特征了，他的一系列言行只是这个性格的注脚，缺少发展变化。如丈八长矛、大吼三声、刚硬的扎须都是这一性格特征的外部表现。

2. 情节曲折，故事完整，这是中国古代小说独特的艺术传统

唐传奇中许多名篇的布局，异常宏伟、严谨而巧妙，故事情节发展富于戏剧性，头尾完整，中间一步步展开各种复杂的矛盾冲突而始终围绕一条主线，显得紧凑、明晰。明清长篇小说，一部作品往往有虚写、有实写、有详写、有略写，各得其所。在具体的描写中巧妙地运用各种记叙方法，参差错落，波澜起伏，曲折有致、显得摇曳多姿许多故事，每个故事又有相对的完整性和独立性，但又与其他故事紧紧相连，一环扣一环，互相牵制，从而展示了农民起义的如火如荼的广阔画面。

3. 语言准确简练，生动流畅，富于个性化

这是古代小说吸收民间口语、继承古代散文的传统而形成的又一重要特点。它们常常寥寥数语就能生动鲜明地勾勒出人物的精神面貌。如《世说新语》“管宁割席”的故事：管宁、华歆共园中锄草，见地有片金，管挥锄与瓦石不异，华捉而掷去之。又尝同席读书，有乘轩冕过门者，宁读如故，歆废书出看。宁割席分坐，曰：“子非吾友也。”只用六七十个字，就细致地描写了两件生活小事。显示了两人对金钱、权贵的不同态度，突出地表现了管宁蔑视金钱权贵，严于择友的品质。即便描摹得穷形尽相，细致入微，也能看出作者提炼加工语言所达到的生动、丰富、洗练、准确的程度。像鲁智深拳打镇关西的描写就是如此。

4. 叙述方式明显带有说书人的印记

叙述是表述小说生活内容的一种方式。中国的古代小说原本就是“说书”，所以它的叙述方式总是带有说书人的印记。“看官听说”，“这正是善有善报、恶有恶报”，“且把闲话休题，只说正话”，就是古代小说典型的叙述口气。作为编造故事的叙述人是无所不知、无所不能的。为了使故事变得更加离奇，可以编造一些巧合，或者使人物死而复生，或者让生者毫无根据地死去。如《林教头风雪山神庙》中巧遇李小二，就是为了需要而设置的巧合。还可以打断故事的进展发一通议论，如《林教头风雪山神庙》中的“原来天理昭然，佑护善人义士，因这场大雪，救了林冲的性命”就是如此。

第五节 中国古代戏曲

中国戏曲主要是由民间歌舞、说唱和滑稽戏三种不同艺术形式综合而成。它起源于原始歌舞，是一种历史悠久的综合舞台艺术样式。经过汉、唐至宋、金才形成比较完整的戏曲艺术，它由文学、音乐、舞蹈、美术、武术、杂技以及表演艺术综合而成，约有三百六十多个种类。其特点是将众多艺术形式以一种标准聚合在一起，在共同具有的性质中体现其各自的个性。比较著名的戏曲种类有：京剧、昆曲、越剧、豫剧、粤剧、川剧、秦腔、评剧、晋剧、汉剧、河北梆子、湘剧、黄梅戏、湖南花鼓戏等。

一、中国古代戏曲的起源

在原始社会，氏族聚居的村落产生原始歌舞，并随着氏族的逐渐壮大，歌舞也逐渐发展、提高。如在许多古老的农村，还保持着源远流长的歌舞传统，如“傩戏”；同时，一些新的歌舞如“社火”“秧歌”等适应人民的精神需求而诞生。正是这些歌舞演出，造就出一批又一批技艺娴熟的民间艺人，并向着戏曲的方向一点点迈进。

戏曲最早起源于原始歌舞。许多古文物和古文献的记载都说明，原始歌舞是先民节日庆典中的内容，它再现氏族采集、渔猎、驯养农耕、战争生活和男女爱悦，并表达出对天地、神灵、图腾的敬畏，以及对生殖的崇拜。原始歌舞产生之始，就与先民宣泄情绪的心理和寄托祝愿的观念结合在一起，具有氏族群体祀神娱神的性质。从艺术发生学的角度去看，先民们创造的这种宣泄情绪、寄托祝愿的歌舞，显示出如下特点：一是对生活的再现。对表现对象的模拟，已是在表演了，属于原始的表演艺术。二是它把歌唱、舞蹈（动作）和器乐（如石器）结合到一起。三是祭祀娱神的仪式性和审美娱人的观赏性兼而有之。可以这样认为，在那些如醉似狂的状态中，在那些象征性、拟态性的动作中，就含有戏剧的因子，它们是原始的表演艺术。最初的歌舞，无不是全民性的歌舞，后来分化出擅歌擅舞的专门人才。在歌舞中分化出这种特别善歌舞的能人，女性称为巫，男性称觋。殷商占卜卜辞中的“巫”是象形文字，即一人双手执牛尾的象形，这说明“巫”是从舞者中分化出来的。巫觋主祭司舞，装神弄鬼。先民相信他们可以上达人的祈愿，下传神之旨意。在氏族部落和奴隶社会的神权、族权统治下，巫觋享有特殊地位，他们又是人类中最早的歌舞艺术家和教师。他们是专职的装扮者，即从衣着、动作、形貌上来摹拟、装扮成神和鬼。这种装扮就存在着戏剧的萌芽。

春秋时期，从古巫中又分化出“优”，优以歌舞、诙谐、作乐、耍杂技等，服侍于帝王左右，娱人而不娱神。优，统称乐人，他们能歌能舞，又能调笑滑稽。擅辞令调笑的称俳优；善演奏器乐的称伶优。以服侍国君的特殊条件，优常能在调笑戏谑、隐喻的谈吐中发挥讽谏作用。《史记·滑稽列传》记载了有名的“优孟衣冠”的故事：楚国宰相孙叔敖为楚国争夺霸权地位，立下过汗马功劳。没想到死后家境萧条，儿子的生活都很困难。优孟便穿上孙叔敖的衣服，扮作他的模样去讽谏楚庄王。楚王听后很受感动，反省自己对故旧照顾不周的错误，马上改正，给孙叔敖的儿子封赠田地奴隶。优孟把一个已死的人扮演得惟妙惟肖，去打动劝说君王。他是在以演戏的方式从政。“优孟衣冠”后来就成为演剧的代称。虽然它算不上是真正的戏剧，但完全是一段扮演人物，且有情节的表演。内中蕴含戏剧的因素，是极其明显的。其谐谑调笑的语言艺术，对后来的戏曲有着深远影响。

汉代出现了“百戏”（又称散乐，与宫廷中的“雅乐”相对应），它实际上是汉代民间歌舞、杂技、武术、魔术的总称。汉武帝时，设置乐府，采集巷陌歌谣，推动乐舞的发展。丝绸之路的开辟，又促进了中原与西域的文化交流和各民族的艺术汇合。于是，百戏演出盛况空前，连宫廷也开始主持大规模的百戏集演活动了。在百戏集演之中，有一种运用技艺的戏剧化的表演，这就是角抵戏。角抵原是两个人角力以强弱定胜负的技艺表演，后世的相扑、摔跤即源于此。它有着很好的观赏性和娱乐性。当时的艺人力图用角抵的技艺去表现生活故事。这样就促使角抵向戏剧的转化，成为角抵戏。如《东海黄公》。

二、中国古代戏曲发展述略

1. 唐代的歌舞戏和参军戏

到了隋唐，中华大地经历了许多的战争和社会动荡。各民族之间虽然经历了强烈的政治冲突，但却推进着彼此的文化融合。隋代出现了集中外乐舞的“九部乐”，唐代增为十部，足见歌舞之盛。在民间艺术的浸染下歌舞向戏剧又靠拢了一步。这时有所谓大面，又称代面，即戴着面具演出的戏。著名剧目是《兰陵王入阵曲》。据说，北齐兰陵王高长恭勇冠三军，但容貌俊美。但他觉得不足以威慑敌人，便戴上木刻面具上阵。此戏曾传至日本。《兰陵王》《拨头》《踏摇娘》这三个唐代有名的歌舞戏，都各有简短却完整的故事，有人物，有冲突。情节的发展，走向规定的结局。

唐代除了歌舞戏的铺衍，还有参军戏的兴起，它是在俳优表演的优戏基础上发展起来的。参军戏名称来自一名犯官。因他原是个参军，故曰参军戏。在实际演出中，参军一词已失去了官职的含义，而衍化为角色名称，并形成一种固定的格式：两个演员相互问答，以滑稽讽刺为主，在科白、动作之外还加进了歌唱及管弦伴奏。其中一个叫参军，即那被讽刺的对象，比较愚笨迟钝；戏弄参军的叫苍鹘，比较伶俐机敏。参军、苍鹘都是扮演戏中人物的角色名称，实际上已构成“行当”。中国戏曲有角色行当之分，就是从参军戏开始的。不少戏剧史家不无根据地指出：“参军”这个角色，就相当于后世戏曲中的净角；“苍鹘”的角色，即相当于丑角。唐代诗人李商隐在《骄儿》一诗中有“忽复学参军，按声唤苍鹘”之句，足见晚唐时期连做游戏的孩子也懂得如何按既定的行当，来摹仿参军戏了。参军戏与歌舞戏的亲和关系，加速了二者间的渗透，为即将形成的中国戏曲预示了一种将歌舞、科白、表演融为一体的基本格局。

唐代中后期，经历了“安史之乱”，唐中央政权逐渐削弱，社会生活日趋动荡，民心不安。这时的统治者非常提倡宗教，寺庙活动频繁。它既是百姓祈福求佛的所在，又成为散乐在民间活动的中心。在庙台戏场演出的有歌舞、伎艺，也有僧尼讲经。这时的僧尼讲经也就成了人们的一种娱乐方式。讲经有“讲经”与“俗讲”两种。俗讲又是以歌唱、说白相间，反复说唱一则曲折故事的艺术形式。它唱白相间、韵散结合的表达方法，奠定了中国戏曲唱念并用、韵散结合的文学结构。这种艺术形式除了说唱者以第三人称身份叙事之外，还出现了说唱者模拟第一人称口吻叙事的情形。所谓第一人称，就是说唱者隐去自己的身份，去模拟故事中人物的语言、态度、声音和口气。于是，俗讲与变文就具有了表演人物的戏剧因素，在文学上开启了由说唱转化为戏剧的大门。

2. 宋金杂剧

顺应着长篇故事边说边唱的讲唱方式，一位生活在北宋中期的讲唱艺人孔三传（生卒年不详），首创了一种以唱为主的讲唱艺术，叫诸宫调。诸宫调在演唱时，不再限于一支曲子，也不再限于一个宫调了。它是根据故事情节的需要来选择、连缀不同的宫调、曲子。宫调曲子的更替，依循着故事起伏的脉络，以故事为音乐的命脉，用音乐渲染故事。这样，诸宫调就成为以故事为重心的文学——音乐组合体。可以说，这是讲唱艺术的高级形态，它把故事与音乐相结合的整体性带给了戏剧。最著名的董解元《西厢记诸宫调》是根据唐代元稹的《莺莺传》改编的。原作只有几千字，董解元却用 14 种宫调、1993 套曲子来唱叙一个美丽动人的爱情故事。它对后来王实甫的《西厢记》产生了直接影响。像董解元《西厢记诸宫调》这样精彩的叙事文学，一旦与“可以扮演出来”的戏剧因素相结合，势必孕育出中国戏剧。因此，说它是在文学与音乐的组合上奠定了中国戏剧的最初格局，一点也不过分。

宋代的都市生活开始活跃，唐代首都入夜实行宵禁，宋代京城却是通宵夜市，买卖不绝。如此繁华热闹，市民娱乐的夜生活也就必不可少了。大量聚集而居的城市平民对文化娱乐的需求，催发了固定演出场所的出现，叫作勾栏（或称瓦棚），用今天的话来说，就是游艺场。勾栏（瓦棚）的百戏杂陈，为戏剧的全面综合创造了有利的社会环境和丰沛的艺术滋养。宋代承继了古代的古优的传统精神和参军戏的表演成就，又吸纳了其他歌舞伎艺，形成了宋杂剧。从现存文献记载里，大致可以了解到宋杂剧的演出情况：戏一般是以一场三段或两段的方式进行。第一段叫艳段，表演寻常熟事；第二段称正杂剧，表演故事内容比较复杂一点的事；第三段是散段，专演引人发笑的趣事。宋杂剧已有四五个演员。其中“末泥”“引戏”行当的任务，似乎主要还在于组织演出。来源于参军、苍鹘的行当，在这里叫副净、副末。扮演女脚的叫“装旦”，还有一个专门演官员的叫“孤”。宋金对峙以后，宋杂剧传入金朝统治的北方，称金院本或统称宋金杂剧。

3. 元代戏曲

元代是我国戏曲繁荣兴盛的时期。元代戏曲主要分为杂剧和南戏两大类，二者各有自己的发展轨迹。由于南戏在元代前期处于发展的薄弱阶段，还不能与杂剧一争高下，所以代表元代最高文学成就的是元杂剧。元杂剧之所以能够以深刻的思想与精湛的艺术取得与唐诗、宋词并称的地位，产生一批传世不衰的艺术品，至关重要的原因是一批杰出的文人以他们的文学生命来参与戏曲的创作，以他们自身的文学素养提高了元杂剧的审美档次，使得元杂剧创作精致化和典范化。

元杂剧有完整的艺术形态，剧本主要由唱曲、宾白和表演三部分组成。在体制上，元杂剧以折为单位，一本通常为四折，个别也有一本五到六折的。此外每本还加有一场或两场戏，称为“楔子”，位置或在折前或在两折之间，用来介绍人物、情节等。每本在结尾时有一对或两对对子，称为“题目正名”。在音乐方面，元杂剧有严格的规定，一折戏只用一套曲子，由同一宫调的不同曲子组成，而且同一套曲子的排列顺序也比较固定。元杂剧用北曲演唱，乐器主要使用琵琶等弦乐，风格豪放激越。在角色设置上，元杂剧角色分为三大类：末类、旦类、净类。一本戏中只由一人主唱，由正末演唱的戏称为“末本戏”；由正旦演唱的戏称为“旦本戏”。元杂剧中用“科范”来规定动作表情或指示舞台效果，简称“科”。

在元代近百年的时间里，北杂剧创作风靡全国，作家云起，涌现出一批成就卓著的戏剧作家和演员，剧本成千上万，洋洋大观。著名的剧作家有被誉为“元曲四大家”的关汉卿、郑光祖、白朴、马致远等。重要的作品分别有《窦娥冤》（关）、《单刀会》（关）、《望江亭》（关）、《倩女离魂》（郑）、

《梧桐雨》(白)、《汉宫秋》(马)等脍炙人口的佳作。伟大的戏剧家王实甫创作了被称为是“天下夺魁”的《西厢记》，成为元代戏曲最高成就的代表。其中，关汉卿的《窦娥冤》、马致远的《汉宫秋》、白朴的《梧桐雨》以及纪君祥的《赵氏孤儿》被称为元杂剧的四大悲剧。

4. 明代戏曲

明代戏曲包括传奇戏曲和杂剧，分别在宋元南戏和金元杂剧的基础上发展衍化而来。作为两种不同的戏曲艺术形式，它们各自走着不同的发展道路。传奇戏曲的前身是产生于浙江温州一带的南戏，是明代主要戏曲形式。其发展以正德前与嘉靖后为界，大致可分为两个时期。元末明初五大传奇《琵琶记》与荆（《荆钗记》)、刘（《白兔记》)、拜（《拜月亭》)、杀（《杀狗记》）的出现，是杂剧时代向传奇时代转变的标志。初期传奇作品极少。据载成化、弘治年间留下的作品较多，姚茂良的《精忠记》、王济的《连环记》和沈采的《千金记》较著名。嘉靖以后传奇创作大盛，出现了李开先的《宝剑记》、传为王世贞（一说其门人）作的《鸣凤记》、梁辰鱼的《浣纱记》三部重要作品。万历期间，传奇创作进入高潮，形式也更加丰富，著名的作品有高濂的《玉簪记》、周朝俊的《红梅记》等。吴江的沈璟、临川的汤显祖是这一时期最重要的剧作家。沈璟所作传奇有《义侠记》、《红蕖记》等17种，今存7种。以他为首的吴江派，创作重视音律，强调戏曲语言本色，维护昆腔的地位。汤显祖的传世之作有《紫钗记》《牡丹亭》《邯郸记》和《南柯记》，世称“玉茗堂四梦”，其中的《牡丹亭》成就最高。以他为首的临川派，接受海盐腔、弋阳腔等“杂调”影响，反映现实、抒写情性强调“自然”，不受曲律束缚。

明代杂剧也可分前后两期。前期上承元杂剧，作品不少，但成就不高，且大量宣扬封建道德，可以藩王朱有炖的作品《诚斋乐府》为代表。其后有康海的寓言剧《中山狼》、王九思的抒情剧《杜甫游春》，颇具特色。嘉靖以后的杂剧创作出现了较大变化，纯粹的北曲杂剧逐渐蜕变为由南曲写成或是南北合套的南杂剧。著名的作品有杨慎（一说许潮）的《太和记》、李开先的《园林午梦》、汪道昆的《五湖游》、梁辰鱼的《红线女》等，而以徐渭的短剧《四声猿》(包括《狂鼓史》《雌木兰》《女状元》和《玉禅师》）影响最大。

5. 清代戏剧

清代戏剧以前期为盛，可视为明代戏剧的延续，但创作的生气已有所衰退。明末清初以李玉、李渔为代表，前者多迂腐的说教，后者则偏于单纯的娱乐。康熙年间洪昇的《长生殿》、孔尚任的《桃花扇》代表了清代戏剧的最高成就，在某些方面继承了晚明戏剧的精神，但情绪上有一种浓厚的空幻迷惘之感。李玉于明亡以前所作戏剧，以“一笠庵四种曲”，即《一捧雪》《人兽关》《永团圆》《占花魁》最为有名，合称“一人永占”。此外，《清忠谱》写作年代不详，但吴伟业的序作于清初，剧本大概也是清初所作；《万里圆》（又名《万里缘》）、《千钟禄》（又名《千忠戮》）都作于清初。李渔是清代前期重要的剧作家和戏剧理论家。剧作有《笠翁传奇十种》，戏剧理论主要见于收入《笠翁一家言》的《闲情偶寄》。康熙年间，随着清朝统治趋向稳定，明亡的阵痛归于平静，文人们开始更多地以一种空幻与伤感的情绪来看待明清之际的历史兴亡。这时在戏剧方面出现了洪昇的《长生殿》和孔尚任的《桃花扇》这两部名作，前者以安史之乱为背景，后者直接以南明政权的覆灭为背景，把美好爱情的丧失和政治的变乱相联系，取得感人的效果，它们在不同程度上都与上述社会情绪有关联。而两位作者也因他们的优秀创作，获得“南洪北孔”的称誉。

三、中国戏曲的主要特点

中国的戏曲与希腊悲剧和喜剧、印度梵剧并称为世界三大古老的戏剧文化。中国历史上最先使用戏曲这个名词的是宋代刘埙，他在《词人吴用章传》中提出“永嘉戏曲”。他所说的“永嘉戏曲”就是后人所说的“南戏”“戏文”“永嘉杂剧”。从近代王国维开始，才把“戏曲”用来作为中国传统戏剧文化的通称。中国传统戏曲的特点略述如下：

第一，戏曲是一门综合艺术，是时间艺术和空间艺术的综合，这种综合性是世界各国戏剧文化所共有的，而中国戏曲的综合性特别强。中国戏曲是以唱、念、做、打的综合表演为中心的戏剧形式，它有丰富的艺术表现手段，它与表演艺术紧密结合的综合性，使中国戏曲富有特殊的魅力。它把曲词、音乐、美术、表演的美熔铸为一，用节奏统驭在一个戏里，达到和谐的统一，充分调动了各种艺术手段的感染力，形成中国独有的节奏鲜明的表演艺术。

第二，中国戏曲中最重要的一个特征是虚拟性。舞台艺术不是单纯模仿生活，而是对生活原形进行选择、提炼、夸张和美化，把观众直接带入艺术的殿堂。

第三，中国戏曲另一个艺术特征是程式性，如关门、上马、坐船等，都有一套固定的程式。程式在戏曲中既有规范性又有灵活性，所以戏曲艺术被恰当地称为有规则的自由动作。

综合性、虚拟性、程式性，是中国戏曲的主要艺术特征。这些特征，凝聚着中国传统文化的美学思想精髓，构成了独特的戏剧观，使中国戏曲在世界戏曲文化的大舞台上闪耀着它的独特的艺术光辉。

第六章　中国传统史学

历史，包括自然发展史和人类社会发展史。狭义的历史，指的是后者。在中国古代，文史哲相通而统一于文。由于历史与现实之间具有“相因之义”，史学的作用在于鉴往知来，垂训于后；对普通人来讲，懂点历史，上可知治国安邦，下可启迪做人。

据《左传》记载，鲁襄公二十五年（公元前548年）夏天，齐国发生宫廷政变，大夫崔杼杀死国君齐庄公。目睹这一事件的太史依照孔子奠立的“春秋笔法”如实在史册上写道：“崔杼弑其君。”崔杼把太史也杀了。太史的大弟又把弑君兼杀太史一事如实记下。崔杼把太史大弟也杀了。太史的二弟又如实地记下崔杼弑君和连杀两位太史的事。崔杼又杀了太史的二弟。太史的小弟又不怕死地记下崔杼弑君以及连杀三名太史的经过。崔杼一看这情景，只好服软了，没敢再杀他。这时，在通往王宫的路上跑来另一位太史，手里还拿着史册，准备在小弟死后再续写这段史实。中国史学的这一早期典范，充分说明了史学的求真精神，信史是用生命谱写出来的。

第一节　中国古代史学发展述略

据考古资料显示，约在早于距今约五至七千年的裴李岗文化晚期或者仰韶文化早期时代，中原地区从母系氏族社会过渡到了父系氏族社会。同时，原始社会平等被打破。而据历史记载，夏朝已经开始君王世袭，周朝建立完备的封建社会制度至东周逐渐解构，秦朝统一各国政治和文字及度量衡，并建立中央集权政治。这中央集权的专制制度自汉朝一直延续到清朝。1911 年孙中山领导的辛亥革命，推翻了清王朝两百多年的统治，同时也结束了延续两千多年的封建君主制，建立了中华民国，但并没有改变中国的半封建半殖民地的社会状况。直到 1949 年 10 月 1 日毛泽东宣告中华人民共和国正式成立，中华民族才结束了近代以来百余年的被列强凌辱宰割的状况，获得完全的民族独立。中国史学按照历史发展的阶段性，大致可以分为以下几个阶段。

一、先秦时期

先秦时期是中国史学的奠基时期。我国是世界上史学发达最早的国度之一。早在远古我们的祖先就注意积累租保存以往的经验，那时没有文字，人们用脑记口说和结绳刻木等方法记事，记载人类童年时期的实践活动。人类学家从至今还没有文字的民族那里知道有结绳、刻木这种方法，但这种记录却无法保存永久，口头传说有的却一代一代流传下来，并且被后人用文字记载下来，这些古代的传说，就是我们知道的最早的历史，如“女娲补天”“后羿射日”“黄帝战蚩尤”“鲧禹治水”等。中国有大量的有关远古时代的历史传说，这些历史传说还不能称为史学作品，但已经包含着史学的因素，可以视为中国史学的源头。

夏商时期，文字的出现和历法的产生并不断成熟，为史学的出现创造了条件，史学开始萌芽。有意识地历史记载逐渐成为统治者经常性的活动和国家的大事。《尚书・多士》云：“惟殷先人，有册有典。”“册”是由多片竹简编成的书籍，也就是历史文献。“典”是放在架子上的竹简。这时也有了起草文书、记载史事、兼管国家典籍的史官。商代甲骨卜辞中有“作册”“史”“尹”等字。“史”是负责记事兼有巫官身份的人，《说文》“史，记事者也”；据王国维考证，“作册”等于“内史”。“尹”是掌管文献者。甲骨文中还有“册六”、“编六”等字样，说明商代编纂文献的规模很大。商代还设左学、右学，让贵族“学于古训”，也就是学习历史。商代史学的初步发展表明，历史学在中国已有专人专职掌管，成为国家上层建筑的一个组成部分，受到国家统治者的重视。中国很早就有史官的设置，这在世界上是独一无二的。当然，最初的史官并不像后世那样专门，而是巫史合一，兼司人事和神事，所以巫史不分。后来史官才逐渐从神职中分离出来，专司人事。随着史官的设立，有关历史的记载日益增加，出现于殷商时期的甲骨文和金文，就有不少关于史事的记载。

周代史学比之商代进一步发展，表现在两个方面：第一，周代史官的分工更加细致。《周官》一书有“六史”之说，其中有大史、小史、内史、外史、左史、右史，其职掌也相当明确。据柳诒徵统计，周代有史官不下千余人，著名的有周初的太史尹秩、宣王时的太史盖及尹吉甫、穆王时的左史戎夫、幽王时的伯阳父。国家设史官记事，继承了殷商传统。可见，中国编纂史事的创始人是国家的法定官员，史官乃国家职能机构的一部分，这是官办史学。这种具有强烈政治色彩的面貌为中国史学所独有，古希腊史事的编写者为民间诗人，古埃及文献的记录者是祭司。不同的民族文化传统从一开始便在史学上打下了自己的烙印。第二，西周时出现了有系统文字记载的历史文献，这就是《尚书》、古《史记》、太史盖所作的《春秋》以及《周志》等，但流传至今的只有《尚书》。《尚书》是我国和世界上最早的一部史书，其中的《盘庚篇》成书于公元前十四世纪，可追溯的历史已有三千三百多年，比古希腊的《荷马史诗》、古印度的《古事记》和《波斯古经》要早六百年八百年。《尚书》中保存了夏商周特别是西周初期的一些重要史料，它属于以记言为主结合记事的一种史书，其中不少篇章已寓有“经世”之意，表现了农业文明的务实精神。《尚书》的出现还丰富了周代的教学内容，《尚书》被列为教科书之一，而在诗、书、礼、乐四门课程中，《书》是其中独 立的一门，足以证明早在西周时历史学已成为专门学科。春秋战国时期，史学有了长足的发展。当时各诸侯国都设有史官记载本国的史事，如“晋之《乘》、楚之《梼杌》、鲁之《春秋》”（《孟子·离娄下》）随着文化的下移和私学的兴起，出现了私人著史，孔子根据鲁国国史编成《春秋》，不仅创立了编年体史学体裁，开启了私人修史之先河，而且形成了寓褒贬、别善恶的笔法，这本书等于是当时的一部近现代史，后来人们就把本书记载的东周前期称为“春秋时代”。孔子因此书被人们尊为“中国史学之父”。此后，史学迅速发展，史著逐渐增多。春秋战国时期的史学著作主要有两类：一是以记事为主的编年体史书，如《春秋》《左传》《世本》《竹书纪年》；二是以分国记事为主的国别体史书，如《国语》《战国策》等。《左传》记事起于鲁隐公元年（公元前722年），终于鲁哀公二十七年（公元前468年），与《春秋》大体一致。但《春秋》记事简略，类似“大事记”。《左传》记事详明，是第一部成熟的编年体史书。《战国策》记事上接春秋，全书十卷，分东周、西周、秦、齐、楚、赵、魏、韩、燕、宋、卫、中山十二国策，主要记载了战国时期策士们的活动和言论。该书是现存战国时期唯一的具有系统性的史书，后人把本书记载的东周后期称为“战国时代”。

二、汉魏晋南北朝时期

汉魏晋南北朝是中国史学的确立期。本时期史学作为一门独立的学科出现，有如下几个方面的标志：

第一，司马迁和班固两位史学家及其史学巨著《史记》《汉书》的出现，为史学的确立奠定了坚实的基础。西汉武帝时，伟大的史学家司马迁写成《史记》一书，开创了史学的新纪元。首先，司马迁著《史记》具有明确的史学思想作指导，即“究天人之际，通古今之变，成一家之言”（《报任安书》），“述往事，思来者”（《太史公自序》）。其次，《史记》开创了新的史书体例，成为中国历史上第一部纪传体通史。第三，作者根据自己的识见对史料进行了组织加工，寄寓了作者对历史事件、历史人物和社会发展的独到见解和思想。东汉时班固沿用《史记》的体例编修成《汉书》，（后世又称《前汉书》，与《后汉书》相区别）这是我国历史上第一部纪传体断代史。《史记》与《汉书》对后世产生了巨大影响，并称“史汉”，作者并称为“班马”或“马班”。从此以后，纪传体逐渐成为中国古代史学的主要体裁。东汉末年荀悦奉献帝之命写成《汉纪》，对我国史学发展也具有重要影响。

第二，魏晋南北朝时期，史著数量大为增加，史著种类繁多。据学者统计，《汉书·艺文志》中“春秋”项目下所收史部著作是十一种三百五十余卷；到梁阮孝绪《七录》“记传录”所收，四百余年间增至一千两百种一万四千八百八十卷，也就是说种类增加了一千多倍，卷数增加四十多倍。与《史记》、《汉书》并称为“前四史”的《后汉书》、《三国志》都成书于这一时期。从记事时限上看，有通史，有断代史；从体裁上看，纪传体与编年体相辅而行，纪传体的地位得到巩固，编年体蓬勃发展；人物传记、史评史注、地理方志等类史籍也大量涌现。《七录》的“记传录”分为十二个门类，《隋书·经籍志》“史部”则分为十个门类，即正史、古史（即编年体史书）、杂史、霸史、起居注、旧事、职官、仪注、刑法、杂传、地理、谱系、簿录等。唐代刘知几《史通·杂述篇》云：“爰及近古，斯道渐烦。史氏流别，殊途并骛。榷而为论，其流有十焉：一曰偏记，二曰小录，三曰逸事，四曰琐言，五曰郡书，六曰家史，七曰别传，八曰杂记，九曰地理书，十曰都邑簿。”这还没有包括完全。由于佛教和道教的发展，佛教与道教史书在纪传体史籍中正式占一席之地，有关僧人与道士的传记开始出现，佛经目录之学也建立起来，如梁慧皎《高僧传》、释僧祐《出三藏记集》等。

第三，在观念上史学摆脱了经学附庸的地位，成为学术领域一门独立的学科。首先是史部著作的独立。从典籍的分类来看，史学著作摆脱了隶属于《春秋》，作为经部附属品的地位而独立了，这意味着史学成为独立的学科。在西汉末刘歆《七略》中，《春秋》是“六艺”中一家，视为经类著作。《汉书·艺文志》则把《国语》、《世本》、《战国策》、《太史公百三十篇》（即《史记》）、《汉著记》（颜师古注：若今之起居注）等史学著作都列入“《春秋》家”，史书没有独立地位。这种情况到魏晋时发生了变化，曹魏时郑默整理皇室藏书，编为《中经》，西晋秘书监荀勖据《中经》编成《中经新簿》，分群书为四部：甲乙丙丁。其中丙部的书就是史书，史书这才成为一个门类。到东晋时，著作郎李充厘定四部，对荀勖的次序有所更动，乙部为史书，从此史书在书籍的四部分类法中属于第二大类即乙部（经史子集），一直延续到近代，所以过去史学又称为“乙部之学”。史学成为一门独立的学科，还表现在魏晋南北朝时期继承先秦以来太史记录当代史事的传统而加以改革，设立专职史官，不再兼管天文历法，四百年间没有中断。东汉时，征调担任各种官职的名儒硕学，入值东观即国家图书馆，从事撰述国史。魏明帝太和年间（公元 227 — 232 年）始置专职的著作郎一人，协助著作郎的有佐著作郎（刘宋以后改名叫著作佐郎）。孙吴有左国史、右国史之职。此后历朝都有专职史官，只是名称有所变化而已。“史学”二词也在这一时期出现，南朝刘宋时国家设置“文、史、玄、儒”四科学馆，史学为其中之一。

三、隋唐时期

隋唐是中国古代史学的发展、繁荣时期。这种发展、繁荣主要表现在如下几个方面：

第一，史书体裁、数量进一步增多。唐代官修正史和私人撰写的历史著作数量很多，体裁十分丰富。除了修撰前代史外，还有大量记载本朝历史的著作，这些书在内容和体例上丰富多彩，有纪传类、编年类、典章制度类、职官类、仪注类、法令类、诏令类、地理类、谱牒及职官姓名类、杂史杂说小说类、类书类等。《新唐书·艺文志》云：“藏书之盛，莫盛于开元，其著录者，五万三千九百一十五卷，而唐之学者自为之书，又两万八千四百六十九卷。呜呼，可谓盛矣！”这仅是唐开国百十年间的成就。数量之多，超过以往任何时期。

第二，正史编撰成就斐然，纪传体处于独尊地位。唐开国后，统治者十分重视史书的编撰，李渊父子都组织人力修史。李渊说修史的目的是“裁成义类，惩恶劝善，多识前古，贻鉴将来”。李世民说：“大矣哉！史籍之为用也”，“览前王之得失，为在身之龟镜”，“以古为镜，可以知兴替”。中央设史馆专司修史，一时著名公卿宰相如魏征、房玄龄、褚遂良、令狐德棻等皆兼领史职，选拔博学多识之士充任史职。被列为正史的二十四史中的八部是在这个时期修成的，占三分之一。这八部史书是：《晋书》《梁书》《陈书》《北齐书》《周书》《南史》《北史》《隋书》。

第三，官修史书制度正式确立。隋唐以前，中国史书大都出于私家人撰述，《史记》《汉书》皆此类。虽有奉敕修撰的史书，如陈寿《三国志》、魏收《魏书》等，但仍是个人著作，与私撰并无多大区别。杨坚开皇十三年（公元593年）下诏云："人间有撰集国史臧否人物者，皆令禁绝。"（《隋书·文帝纪》）将国史的纂修权垄断于政府之手。李世民贞观三年（公元629年）设四史馆于禁中，专修国史，并令宰相监修，才正式建立政府修史制度。这一做法为后世各朝所效法，影响深远。

第四，出现了史学理论专著。唐代著名史学家刘知几所著《史通》，是中国历史上第一部史学理论专著。该书系统总结了中唐以前的史书体例，使纪传体史书的编纂更加规范、严谨，也日趋程式化；还系统考察了中唐以前史官制度和史书编纂，开启了史学史先河；并提出史家修养的标准，成为历代公认的一种人才观，即"才、学、识"。刘知几提出了一整套修史的具体方法和要求，推进了史书编纂的完善，使史学批评走上独立发展的道路。《史通》的出现，标志着中国史学的成熟，标志着中国史学发展到一个新的阶段。

第五，出现了专门记载典章制度的史书。中唐杜佑所著《通典》是我国历史上第一部专门记述历代典章制度沿革变迁的通史著作。它的出现标志着一种新的史体——政书体（或称典制体）的创立，从而为史学的发展开辟了一条新的途径。苏冕纂集唐初至德宗九朝沿革损益之制，成《会要》四十卷，开创了我国史书"会要"新体制，即分门别类记载一代典章制度沿革变迁的专书。

第六、史学范围继续扩大，表现如下：一是杂史大量出现，如《贞观政要》《国史补》《明皇杂录》《安禄山事迹》《封氏闻见记》等；二是小说向历史笔记演变，如志怪、志人小说。流传至今的有五十余种；三是诏令与奏议单独立目。

四、五代辽宋金元时期

五代辽宋金元时期是中国古代史学的开拓发展时期，主要表现在史学继承前代史学传统的基础上，在记述对象和著作体裁等方面都开辟了新的领域。主要表现如下：

第一，正史的编修取得新的成就。后晋刘昫等纂修的《唐书》（后称《旧唐书》）是现存最早的系统记载唐代历史的史书。北宋薛居正著《五代史》（后称《旧五代史》）是最早系统记载五代历史的史书。欧阳修等编修的《新五代史》《新唐书》补充了不少新史料，而又文字简练。但因为删削了《旧唐书》的不少材料，使新、旧《唐书》又各具价值，不能互相代替。元脱脱等奉敕修撰了《宋史》《辽史》和《金史》。其中《金史》最为完善，《宋史》则是二十四史中规模最大的一部。

第二，产生了三部通史巨著。司马光主编的《资治通鉴》是中国古代史书中一部最大的编年体史书，也是中国第一部编年体通史；郑樵的《通志》两百卷，其中的“二十略”内容宏富，在许多方面填补了古代史学和文化学术史的空白。马端临的《文献通考》是一部记载历代典章制度的通史，也是规模最大的一部记述历代典章制度的著作。该书上起三代，下至南宋嘉定末年，对宋史研究尤具价值。

第三，南宋袁枢所作《通鉴纪事本末》以事为主，把《资治通鉴》中凡属同一事件的材料分类编纂，首创纪事本末体，成为中国历史编纂学发展过程中一个重要的史书体裁。

第四，这一时期史学的拓展还表现在各种专史、别史、杂史、野史及方志、地理志著作大量出现。宋代的金石学独具特色，代表作有宋徽宗赵佶的《宣和博物图》、欧阳修的《集古录》、赵明诚的《金石录》等。民族史得到大发展，《辽史》《金史》《契丹国志》《大金国志》《蒙古秘史》等都是这一时期撰成的民族史著作。方志学、地理学著作大量出现，重要的著作有宋代周淙的《乾道临安志》、乐史的《太平寰宇记》、王存的《元丰九域志》、范成大的

《吴郡志》、王象之的《舆地纪胜》、祝穆的《方舆胜览》、欧阳忞的《舆地广记》，元代官修的《大元大一统志》。由于中外交通和交流的发展，还出现了记载域外地理文化的专书，如宋代越汝适《诸蕃志》、徐兢《宣和奉使高丽图经》，元代汪大渊撰《岛夷志略》等。

五、明清时期

明清时期是中国史学的全盛和嬗变时期。明清两代中国封建社会渐趋衰落，资本主义萌芽产生并得到缓慢发展，随着社会生活中新经济因素的出现和增长，史学出现了新的特点。本时期史学名家众多，优秀史著不断撰成。

第一，私人修史之风兴盛，著史之旨趣发生重大变化。明代著名思想家李贽著《藏书》《续藏书》，对历史人物重新进行分类评价，批评陈腐的理学思想，带有浓厚的反传统色彩，是当时进步史学思潮的力作。王夫之、顾炎武、黄宗羲等高举“经世致用”的旗帜，写出了一些充满新气息的史著。以黄宗羲为代表的浙东学派把史学提高成为与经学同等地位的历史哲学。王夫之的《读通鉴论》《宋论》，顾炎武的《日知录》，黄宗羲的《明夷待访录》，等等，对封建纲常名教和封建专制主义进行抨击，具有启蒙色彩。史评史论有新的发展，以清代章学诚的《文史通义》成就最大。

第二，黄宗羲《明儒学案》是我国第一部学术思想史专著。该书据明代学者文集语录，划分诸家学术思想宗旨与流派，立十九学案，记两百零八人；首列《师说》，以下分述诸家，论列程朱理学、陆学、阳明之学，儒学等。每案首列小序，述其学术渊源与要旨；再立小传，分载学者生平、经历、著作、师承，最后摘其文集，语录等，以见其思想。该书取材精审，评价切要。黄宗羲另一部学术思想史著作《宋元学案》，由全祖望等续成，记宋元学者两千余人，组织细密，议论平正，与《明儒学案》同称中国学术思想史佳作。

第三，类书、丛书、目录书的编修出现高潮。《永乐大典》是我国历史上最大的一部类书，也是中国的百科全书式的类书。此书由明解缙等奉敕编纂，计两万两千九百卷。此书只有抄本，无刊印，明亡时正本、副本俱毁。至清乾隆年间正本已佚失两千四百余卷，咸丰、光绪年间仅存六十四册。后经多方搜集得七百二十卷。清代康熙、雍正年间编撰的《古今图书集成》一万卷，目录四十卷，是我国现存规模最大、资料最丰富的类书。清乾隆年间开四库馆，纂成《四库全书》，成为中国历史上最大的一部丛书。这些类书和丛书的编成，对保存我国的古代典籍起了重要作用。在编修《四库全书》的同时，清代又撰成《四库全书总目提要》两百卷，提要介绍诸书作者生平，内容大旨，著述源流，考辨文字增删，篇帙分合，成就得失以及版本等方面的优劣，代表了中国古典目录学的最高成就。

第四，清代史学继浙东学派兴起考史派。浙东学派主张“证史致用”，自然会走上考史的道路；清代文化上的高压政策，也迫使文士著书躲避政治上的风险，因此兴起考据之风。清代考据学在校勘古籍、考证史实、辨伪、辑佚及改撰增补旧史等方面，都取得了许多超越前人的成果，历史考证方面的重要著作有钱大昕的《廿二史考异》、王鸣盛的《十七史商榷》、赵翼的《廿二史札记》等。

第五，地理志和方志编修在清代发展到鼎盛时期。明末清初顾祖禹撰《读史方舆纪要》，内容着重记述政区沿革和军事险易成败之迹，体例严密，考订精详，为后人历史地理研究必读之书。魏源撰《海国图志》介绍西方国家历史、地理、科学、文化，阐发了作者富国强兵的政治理想。方志学在清代成为专门之学，清代所修方志体例谨严，数量众多，种类齐全，盛况空前。

第六，明清两代的官修史书，数量和种类上都超过了以往任何时期。官修正史有《元史》和《明史》。其他重要的官修史书有《大明会典》、《明实录》、《清实录》、《清会典》、“续三通”（《续文献通考》《续通典》《续通志》）、“清三通”（《清文献通考》《清通典》《清通志》）等。

第二节 史书体裁和史学名著

中国古代史学著作体裁多样，呈现出百花争艳的景象。初唐时的《隋书》把史书分为十三类，清朝乾隆时期编的《四库全书总目》将史类书籍分为十五类：正史（纪传体）、编年、纪事本末、别史、杂史、载记、诏令奏议、职官、政书、传 记、时令、地理、目录、史评、史钞。这种分类概括虽不全面，但已经说明中国古代史书体裁和类别的丰富多彩。

一、编年体

按照年、月、日时间顺序记载历史事迹的史书，称为编年体。这种体裁的优点是史事和时间的紧密结合，给人以明确的时间观念。孔子编订的《春秋》是我国现存最早的一部编年史。孔子修《春秋》体现了他的政治立场，达到“惩恶扬善”之目的，这就是“寓褒贬、别善恶”的春秋笔法。相传鲁国太史左丘明撰成的《左氏春秋传》(简称《左传》)，这是继《春秋》之后产生的又一部重要的编年史，其体例更加完备，记事更为翔实，文字更加优美，代表了先秦编年体史书的最高水平。东汉末年，荀悦撰成《汉纪》，这是关于西汉一朝的编年体断代史。体例严整、文字简洁、叙事明确。到了宋代，司马光撰《资治通鉴》，使编年史得到飞跃发展。《资治通鉴》是一部编年体通史，以时间为纲、事件为目，从周威烈王二十三年（公元前 403 年）写起，到五代的后周世宗显德六年（公元 959 年）征淮南停笔，涵盖十六朝一千三百六十三年的历史，共两百九十四卷。该书体例严谨，结构完整，叙事翔实，注重考证；文字优美质朴，生动传神。在编纂方式上，撰者既坚持了编年体以时间为序的特点，又吸取了纪传体自己为首尾的写史方法，对某些史事的叙述比较集中。《资治通鉴》代表了中国古代编年体史书的最高成就，问世以后备受世人推崇，自宋以后，代有续作。南宋有《续资治通鉴长编》《续资治通鉴》。另外，清末陈鹤编《明纪》属于明代编年史。这样一来，从《春秋》《左传》《资治通鉴》到《明纪》，形成了自春秋至明末近两千四百年前后衔接的编年史。编年史也形成了一个世代相继、贯通古今的庞大史书体系。

编年体在发展过程中，产生了几个分支，主要有“起居注”“实录”和“纲目”。“起居注”是帝王言行的记录，魏晋以后的有起居注的编修。“实录”

是专记某一皇帝统治时期史事的编年体史料长编，即大事记。自唐以后，每一皇帝死后，都由史官撰修先帝实录。“纲目”是编年记事的一种形式，始创于南宋朱熹的《通鉴纲目》。它以编年形式叙事，每叙一事，先拟标题，叫“纲”，其下简单叙事，叫“目”。问世以后，为后代史学家所效法。“起居注”“实录”“纲目”记录的内容常被史家采入正史。古人通常认为历史主要是帝王将相史，而不是下层社会的活动史。

总的来看，编年体的优点是便于查考历史事件发生的具体时间，便于了解同一时间不同历史事件的联系，并可避免叙述重复。缺点是不能集中叙述每一历史事件的全过程，难以记载不能按年编排的事迹。一个人的活动，散见于各年之中，难以完整系统地记述其生平事迹。

二、纪传体

纪传体，“纪”是指皇帝的传记，按年编写；“传”指将相和名人的传记。按这种体裁写的史书纪传体史书。本纪、列传是纪传体的主体，故成为纪传体。

纪传体创始于司马迁的《史记》。司马迁（公元前145或前135—前87年？），字子长，西汉夏阳（今陕西韩城，一说山西河津）。他继承父志，忍辱发愤（受宫刑），艰苦著述，以毕生精力写成《史记》（原名《太史公书》）一书，为中国史学竖起了一座不朽的丰碑。此书分为本纪、表、书、世家、列传五部分。“本纪”以帝王为中心，按年月日顺序，记载帝王的政绩言行，兼及当时的重大事件，相当于全书的总纲。“表”分年表和月表几种，按时间顺序，提纲挈领地谱列史实，相当于大事记。“书”是各种制度的专史。“世家”记载诸侯列国和部分重要历史人物，如陈涉、孔子等人的事迹。“列传”主要记载重要历史人物的生平事迹，如《廉颇蔺相如列传》；也有部分列传记载少数民族、邻近国家的历史（朝鲜、日本）。《史记》在每篇之末，都附有一段评论性的文章，叫“太史公曰”发表作者对历史人物，历史事件的看法，有时还有非常深刻的评论。如“天下熙熙，皆为利来；天下攘攘，皆为利往”“桃李不言，下自成蹊”。

《史记》创立的这种体例，以纪传为主，表书为辅，组成一个有机的整体，故后人称之为纪传体。其突出的优点：一是记述了上起传说中的黄帝，下至汉武帝太初年间近三千年的历史，是我国上古历史的一次大总结。二是将各种历史人物、历史事件及社会生活的各个方面有机地汇于一书，纵横条贯，气势恢宏，展现了上古时期我国社会各个层面的生活场景，是我们研究古代社会最好的一部大百科全书。三是司马迁在《史记》中爱憎分明。他既歌颂了陈胜、吴广反对暴秦的行为；又指责了一些暴君，酷吏的罪行，并且敢于直截了当地记载当时统治者汉武帝的功过，表现了一个史学家“秉笔直书”的大家风范。四是这部史书文笔简洁，语言生动，描写人物栩栩如生，塑造了众多性格迥异的历史人物。正因为如此，《史记》曾被鲁迅先生评价是“史家之绝唱，无韵之离骚”。《史记》问世之后，成为史家竞相学习的仿效的楷模。

东汉班固著《汉书》，沿用《史记》体例而略有变更。班固是东汉杰出的外交家班超的弟弟，其父班彪是汉朝著名的史学家。《汉书》记载了西汉一朝的历史，是我国第一部断代史。班固因窦宪谋反案受牵连死于狱中，没有写完《汉书》，缺少的部分是由它的妹妹班昭等完成的。《汉书》凝聚着班固全家的心血。《汉书》将《史记》的“书”为“志”，并“世家”入“列传”，分为纪、表、志、传四部分，专记西汉一代历史。其中的“志”补充了新的内容，开拓了新领域，刑法志、五行志、地理志、艺文志；纪传部分内容也更加翔实。《史记》《汉书》以后，历代史学家仿照纪传体撰著了大量史书，形成一个贯通古今、连续不断的庞大的纪传体史籍体系。魏晋南北朝时，范晔的《后汉书》、陈寿的《三国志》也是纪传体，此二书与《史记》《汉书》并称为“前四史”。

纪传体与“正史”有密切的关系。“正史”就是最重要、最正规、据群史之首的史书。今天我们说的“正史”是特指由清乾隆帝诏订的二十四史，二十四史都是纪传体。这二十四史是清代乾隆年间下诏编订整理的，总计3229卷，记载了上至黄帝，下至明末共四千多年史事，即《史记》《汉书》《后汉书》《三国志》《晋书》《宋书》《南齐书》《梁书》《陈书》《魏书》《北齐书》《周书》《隋书》《南史》《北史》《新唐书》《新五代史》《宋史》《辽史》《金史》《元史》《明史》《旧唐书》《旧五代史》，合称“二十四史”。1949 年后，“二十四史”重新整理，流行版有中华书局点校本。后来又有人把《新元史》《清史稿》放进去，合称“二十六史”。

纪传体的优点是以人物为中心，便于考见各类人物的活动情况，而且有范围更宽广的历史容量，便于通观历史发展的复杂局面。其缺点是记事分散于本纪、列传、书（志）等篇中，不能完整叙述每一历史事件的过程。

三、纪事本末体

纪事本末体是以历史事件为中心的史书体裁，南宋袁枢的《通鉴纪事本末》首创这一体裁。此书根据《资治通鉴》原文，区分事目，将每一历史事件独立成篇，标以相应的题目，每篇按年月顺序述其始。这种编撰方法，可补编年、纪传二体之不足，完整叙述历史事件的全过程。此后不少史家效仿这一体裁，上接下续之作不断问世，如明代冯琦、陈邦瞻《宋史纪事本末》、陈邦瞻《元史纪事本末》，清代高士奇《左传纪事本末》、谷应泰《明史马事本末》等。纪事本末体史书记事形成了一个贯通古今的独立体系，与编年体、纪传体鼎立为三，被称为中国古代史书编纂的三大体裁。纪事本末体的缺点是难以说明同时期各种历史事件之间的联系，不利于读者了解某时期的历史全貌。

四、政书

史学界一般把以事为中心，记述典章制度的史书叫政书。我国有关典章制度方面记载起源很早，比如《史记》中的“书”就记载了天文、地理、文物制度，但是作为一种体例完备、独立成书的史体，是到唐代才正式出现的。政书中有综述历史典章制度的，叫作典制通史；也有记述一代典章制度的焦点之断代史。

综述典章制度的典制通史创始于唐代杜佑的《通典》。他花了三十六年时间撰成《通典》两百卷。记事上起传说中的黄帝，下迄唐玄宗天宝末年。全书将历代典制分为食货、选举、职官、礼、乐、兵、刑、州郡、边防九门，每门又分若干目。每目皆标有目名，其下以朝代先后为序，依次记述历代典制。《通典》统括历代各种典制于一书，分类编述，这样完善编纂的体例，开我国典制通史之先河。

南宋郑樵的《通志》两百卷，记事上起三皇，下止隋末，是一部纪传体通史。全书的精华“二十略”，实际上是各种典制的简编通史。宋末元初马端临仿《通典》体例撰成《文献通考》，记事自上古至南宋宁宗时期，是继《通典》《通志》之后规模最大的一部记述历代典章制度的著作。作者考证翔实，区分类目，排比编纂，即“通考”。这种方法实开后世历史考证学的先声。《通典》《通志》《文献通考》后人合称为“三通”。清乾隆年间，诏修“续三通”和“清三通”。清代官修“六通”与“三通”合称为“九通”。1935年，商务印书馆将民国初年刘锦藻的《清朝续文献通考》，与旧有的“九通”合印，称为“十通”。“十通”共两千六百六十卷，实为我国典章制度的渊海。

典制断代史主要有“会要”和“会典”二类。“会要”是我国古代史书中的一个重要门类，是把一个朝代各种典章制度材料分门别类加以汇编的典制史书。过去所谓正史，从《史记》开始，一般都有“书”或“志”，综述一朝一代的典章制度。会要体史书，与正史中的书、志性质相近。此体创始于唐德宗时苏冕所撰《会要》四十卷，记唐初至代宗时典故。宣宗时崔铉等人撰《续会要》四十卷，记德宗至武宗时典故。王溥采择唐宣宗以后故事加以续补，撰成《新编唐会要》，后世省称之为《唐会要》。全书一百卷，分五百一十四目，“于唐代沿革损益之制，极其详该”，是我国第一部完整的会要体史书。宋代重视本朝会要的编纂，专设会要所，前后重修续修十余次，成书两千二百余卷，但未刊行；元人灭宋，稿本北运；元修《宋史》各志，多取材于此；明修《永乐大典》，曾将其中史实分别采入相关卷帙，今存有清人所辑《宋会要辑稿》，有很高的史料价值。元修《经世大典》，为会要的别名。另外，还有人补撰前代会要，先后有南宋徐天麟的《西汉会要》《后汉会要》，清代姚彦渠的《春秋会要》、龙文彬的《明会要》、杨晨的《三国会要》等。这些书资料虽不出旧史范围，但经分门别类地排比整理，起到了便于查检之效。

“会典”也是记载一代典章制度的史书，但与会要有别，有人认为是会要的别体。它不像会要那样按典制内容分类编次，也不像会要那样记载一些历史事实，而是采取按职官分类的体制，“以官统事，以事隶官”，把一代典制分列于各有关官署和官职之下，内容多是制敕诏令和具有律令性质的办事成例，亦少叙源流因革。此类史书始于成书于唐玄宗时的《唐六典》。此书三十卷，以三师、三公、三省、九寺、五监、十二卫等为目，述其职司、官佐、品秩。其中的制度规程在当时并未完全实行，但唐人讨论典章亦常加引用，其中不少内容能够反映当时政治经济实况。元明清各代统治者对会典的编纂非常重视，《元典章》其实就是元代的会典。明政府多次修纂《明会典》，其体例大要，以六部为纲，详叙各衙门的职掌及历年事例，并附有官服礼仪插图。《清会典》初修于康熙三十三年（公元 1694 年），后经乾隆、嘉庆重修；光绪朝重修成会典一百卷，事例一千二百二十卷，图两百七十卷。

五、史评史论体

史评、史评体著作按其评论对象不同分为两种，一是对史事或历史人物的评论，二是对史书的评论，这样的著作常常包含更多的史学思想和史学理论内容。对史事或历史人物进行评论，目的是总结历史上治乱兴衰的经验教训，认识历史人物的功过是非，为现实服务。司马迁的《史记》每篇结尾都有太史公论赞，实际上就是史实或人物评价，这种形式为后世所沿袭。汉代以后，其他形式的史论作品也很多。史论专著最早出现在两晋。此后，这类史书不断出现，明清之际的王夫之《读通鉴论》是这方面的杰作。此书三十卷，每卷又分若干篇，每篇皆根据《资治通鉴》所载史事，选择历史人物或事件若干进行分析评论，颇多精辟见解，对后来思想界影响很大。

史书评论是对历史著作的评论。这种史评起源很早，《左传》中就有对

《春秋》笔法的评论。南朝梁代刘勰《文心雕龙》中有《史传》一篇，专门评述史学著作。唐代刘知几的《史通》是第一部史学评论专著。刘知几（公元 661 — 721 年），字子玄，唐朝彭城（今江苏徐州）人，自武则天长安二年（702 年）起，长期担任史官，撰修国史。《史通》是他数十年钻研史学的结晶，也是我国最早的史学理论著作。此书分内篇、外篇两部分，各十卷；内篇阐述史书的源流、体例和编撰方法；外篇论述史官建置沿革和史书得失。该书总结了此前史学发展的经验教训，提出了较为系统的史学理论和方法，在史家修养、治史宗旨、修史制度、史学体裁与体例、史学源流等方面都提出很多独到见解，几乎涉及了历史学研究的全部理论问题。他认为史家必须兼有“史才”“史学”“史识”三长，而以史识最为重要；一部好的史书应“以实录直书为贵”，记录史事应该“善恶必书”，“不掩恶，不虚美”，不能“曲笔诬书”；史书应该记载“事关军国，理涉兴亡”的大事，等等，体现了他的卓越史识。清章学诚的《文史通义》是与《史通》齐名的史学评论名著。章学诚（公元 1738 — 1801 年），字实斋，浙江会稽人。一生著述甚丰。《文史通义》分内篇五卷和外篇三卷，内篇多半泛论文史，外篇论修志条例，在史学理论上颇多创见。章学诚与刘知几并称，是我国古代杰出的史学理论家。

六、方志

方志即地方志，是记述地区历史的著作。从记载的范围划分，又可分地区记载历史的全国性的总志和以某一地区为中心编写的地区志两类，如州、郡、府、县等志。有的书称某州志、某县志、某郡志、某府志，也有的书称“图经”“风土记”“景物略”等。方志是我们了解某一地区详细历史的重要史书。方志起源很早，西周有“六史”之说，其中有“小史”《周官》云：“小史掌邦国之志。”所谓“邦国之志”即当时各诸侯国的历史。《尚书》中有《禹贡》一篇，分别记述古代九州的政治制度、行政区划、山川分布、交通物产、水土治理、贡赋等级等内容。此篇写作年代论者异说纷纭，一般认为当在战国时期，是我们所能见到的最早的地理书，具有总志的性质，可以视作后世方志书的滥觞。

地方志的编撰，东汉时开始兴盛。《隋书·经籍志》记载光武帝刘秀曾下诏编撰其家乡志书，曰《南阳风俗传》，于是“郡国之书，由是而作”，郡国之书即各州郡与诸侯国之方志。东汉时还出现地图与文字相配合以说明某一地区历史和地理的方志，如但望著《巴郡图经》。魏晋南北朝时，各地普遍编写地方志，所记载这一时期的方志著作多达两百四十余种，但大多数没有流传下来。东晋常璩的《华阳国志》十二卷，是现在能够见到的最早的方志专著，记载上古迄东晋永和三年（公元347年）巴蜀地理、人物等。因所记之地人致相当《禹贡》之梁州，北界在华山之阳，因以“华阳”为名。所载各州历史、郡县沿革、山川道路、物产风俗、民族以至名宦大姓及其部曲等，多较汉晋地理、郡国之志为详，并将地理记载、历史编年和人物传记合为一编，对后世方志编纂具有深远的影响。

隋唐时期，地方志的编写取得突出成就，出现了几部著名的总志类著作。如隋代的《诸郡物产土俗记》《区宇图志》《诸州图经集》，唐太宗之子魏王李泰组织编纂《括地志》，中唐时宰相李吉甫编修的《元和郡县图志》等。这些著作适应统一王朝行政管理的需要而编撰，对认识当时全国各地政治、经济、地理、文化极具价值。其中，《括地志》五百五十卷，序略五卷，根据贞观年间所规定都督府和州县建置，博采经传地志，旁求故老旧闻，详载各政区建置沿革、山川物产、风俗、古迹、掌故、人物等，内容极其丰富，可称地理总志巨制。唐太宗曾称赏此书：“博采方志，得于旧闻；旁求故老，考于传信；内殚九服，外极八荒；简而能周，博而尤要；度越前载，垂之不朽。”（《全唐文》）此书南宋后散佚，后有辑本。《元和郡县图志》写成于唐宪宗元和八年（公元813年），是唐代的一部地理总志，对古代政区地理沿革有比较系统的叙述。该书在魏晋以来的总地志中，不但是保留下来的最古的一部，而且也是编写最好的一部。《四库全书总目提要》云：“舆地图经，隋唐志所著录者，率散佚无存；其传于今者，唯此书为最古，其体例亦为最善，后来虽递相损益，无能出其范围。”

宋元时期是我国方志编纂的成熟时期，志书大量涌现，体例更加完备，规模超迈前代。宋以前的志书，大多详于地理而略人文历史。宋代志书在继承前人经验的基础上，于地理之外广采博览，出现了包罗万象的“博物之书”，方志的内容大大丰富起来。随着内容的扩大，体例也相应出现了创新，分章设科，门类齐全，反映了更加广阔的社会历史文化内容。北宋乐史撰《太平寰宇记》两百卷，按北宋初行政区划分篇，叙事以州府为单位，均载其沿革、领县、境界、户口、风俗、姓氏、人物、艺文、土产、古迹、山川、要塞等，对后来的方志产生了深远影响，在方志史上具有里程碑式的作用，代表了地理总志著作体裁的成熟。北宋宋敏求撰《河南志》、《长安志》，皆以内容广博著称。南宋周应合修纂的《建康志》、曹叔远修撰的《永嘉谱》、范成大修撰的《吴郡志》，都是宋代方志的杰作。元代修撰的《一统志》是规模空前的全国地理总志，全书七百五十五卷，后来又增补为《大元一统志》一千三百卷，为后世《大明一统志》《大清一统志》创立了范例。

明清时期是方志编纂的极盛时期，方志编纂制度化，修志活动蜂起，成果丰硕。所谓“盛世修史”，明清统治者都把修史修志作为文治盛事加以重视。朝廷屡下制敕，要求各地修志，而且颁布条例，统一规范格式。明成祖永乐十年（公元 1412 年）朝廷颁布《修志凡例》十六则，详细规定志书的门类条目以及各类目的编写原则。清政府则明确规定各省、府、州、县的方志每六十年一修，各地长官皆以修志为己任。明清时编修志书数量众多，明代修志多达两千八百九十二种；清代修志达到鼎盛，乾隆、嘉庆时兴起国修志的热潮，志书数量大大增加，我国现存方志八千七百余种，其中清代修撰者占五千余种。志书的门类亦修成序列，明清时方志有全国性的总志、省级的通志、府志、州志、县志、乡志、镇志、村志、山志、庙志、寺志，还有军事防卫性质的卫所志和边关志等，许多著名的学者亦参与其事。方志把一地的自然、地理、政治、经济、军事、文化、人物等历史与现状，荟萃一书，可补正史之缺，具有重要的学术价值和文化意义。

第三节　中国古代史学的地位与传统

中国古代史学在中国传统文化中占有独特、崇高的地位，不仅表现在中国史学具有双重文化含义和双重文化功能，在内容上涵涉中国文化的各个方面，而且在深度和广度上也更丰富了传统文化的内涵。中国古代史学还具有其他学科难以替代的教育功能，对民族精神的塑造持续发挥着巨大作用，并影响着通俗文化的发展。中国古代史家以其不朽的优良传统，为推动社会进步和弘扬优秀民族文化做出了重大贡献。

一、中国古代史学的重要历史地位

第一，中国古代史学在中国文化中占有着独特、崇高的地位。梁启超《中国历史研究法》指出："中国于各种学问中，惟史学为最发达；史学在世界各国中，唯中国为最发达。"这不仅是由于史学作为中国古代文化的重要组成部分，在经、史、子、集的四部分类中始终位居其二；更重要的还在于中国古代史学涉及中国文化的各个方面，如政治、经济、军事、法律、教育、科技、文学、艺术、哲学、宗教与社会生活等。可以说，中国古代的史部典籍是中国古代文化的渊海。中国之所以被称为世界文明古国，在很大程度上就因为悠久历史和灿烂文化通过史书的大量记载而保存下来。

第二，就深度和广度而言，中国古代史学的发展丰富了传统文化的内涵。这主要表现在其众多的宏伟巨著，如《史记》《汉书》《左传》《资治通鉴》《通典》《通志》《文献通考》等，不仅为文化的发展提供了广袤、深邃的背景和丰富的文献资料，而且以宽阔的视野为中国文化的历程拓宽了道路。以《史记》为例，东汉桓谭《新论》云："通才著书以百数，惟太史公为广大，余皆残丛小论。"后世学者都认为《史记》的宏大气魄和内涵对古代文化有着广泛而深刻的影响。就文化基础看，除了专门的历史学家，中国古代的各类文化巨人无不具有深厚的史学修养，仅就先秦而言，在儒、墨、道、法四大学派中，像孔子、孟子、荀子、墨子、老子、庄子、韩非子等大师，即无一例外。这就更加说明，中国古代史学的发展极大丰富了传统文化的内涵。

第三，中国古代史学还具有其他学科难以替代的教育功能，对传统文化尤其是民族精神的塑造持续发挥着巨大作用。《二十四史》即写出了众多具备崇高品质的令后人景仰的历史人物，还通过各种体裁的众多史籍的记载，使得许多人物的优秀品质被逐渐凝聚、积淀和升华，并不断再现和塑造着中华民族的崇高精神。以爱国精神说，文天祥的事例就非常典型，他所以能成为名垂千古的民族英雄，其主要原因之一就是由于其少时曾接受多方面的历史教育，使他树立了要学习英雄人物、流芳百世的信念，最终以实际行动谱写了“人生自古谁无死，留取丹心照汗青”的不朽诗篇。更重要的是，他的英雄事迹又通过历史记载继续激励着后人，造就出一批又一批英烈，更加弘扬了爱国主义，可见其作用之大。所以鲁迅虽一方面对国民的“劣根性”无情批判，另一方面也充分肯定了民族精神的优良传统，并指出了中国古代史学的这种作用：“我们自古以来，就有埋头苦干的人，有拼命硬干的人，有为民请命的人，有舍身求法的人……虽是等于为帝王将相作家谱的所谓‘正史’，也往往掩不住他们的光辉，这就是中国的脊梁。”（《且介亭杂文·中国人失掉自信心了吗》）

第四，在中国文化的发展过程中，中国古代史学对通俗文化的发展也起着积极的推动作用，其主要表现就是许多通俗文学、艺术和蒙学读物都取材于历史著作。关于通俗文学，如唐代兴起的俗讲变文，有不少即取材于历代正史，有的也取材于稗官野史，经过俗讲师的不断再创作而成，宋元时期流行的讲史也如此。尤其是《三国演义》这部著名的历史小说，它“三分史实，七分虚构”，显著推动了通俗文化的发展。从艺术方面来看，如音乐作品《十面埋伏》，美术作品《荆轲刺秦王》，戏剧《赵氏孤儿》《高祖还乡》等，也都是根据《史记》记载的真实事件创作而成。至于童蒙读物，乃是通俗文化的一个重要方面。其内容相当广泛，其中不少即取材于史书，并有着很大的影响，如《十七史蒙求》《三字经》《幼学琼林》等。这些童蒙读物都包含着丰富的历史知识，对传统文化的传播和普及曾起到很重要的作用。

二、中国古代史学的优良传统

中国古代史学在漫长的发展历程中形成了许多优良传统。这些传统独具品格，既是古代史家的优秀品德、思想、学风和经验的集中体现，也是中华民族的智慧结晶。

1. 会通古今，经世致用

中国古代史家及其著述一般都具有上下贯通、包容一切的恢宏气象，这种气象最早在《史记》中被充分体现出来，司马迁明确提出“究天人之际，通古今之变，成一家之言”的写作宗旨。使得会通古今、重视通史的撰述成为中国古代史学的主流，特别是隋唐以后随着史学的更加成熟，各种形式的优秀通史曾不断涌现。即使对通史颇多微词的刘知几，也以“总括万殊，包吞千有”的胸襟，纵论古今史学，写出了《史通》这样一部古代史评通史。还有杜佑编撰的《通典》、司马光的《资治通鉴》、郑樵的《通志》、袁枢的《通鉴纪事本末》、马端临的《文献通考》、李贽的《藏书》《续藏书》、赵翼的《廿二史札记》等。这些著作都以博通的内容、广阔的视野，展现了历史的恢宏气象。即使是断代史书，其中也不乏鸿篇巨制，《汉书》就是一例，故刘知几《史通》称赞此书“究西都之首末，穷刘氏之废兴，包举一代……言皆精练，事甚该密”。中国古代史学的这一传统，有力地促进了史学的繁荣和发展，并影响、造就了许多史学大师和名家。

中国古代史家著史研史，常常不是作为衣食之道，也不单纯为保存史料，或发思古之幽情，而是为了经世致用，以回答和解决现实问题或为将来提供借鉴为己任。这种经世致用的思想有时表现为史家以自己的史学事业作为实现个人济世安邦的政治理想的途径，他们著史常常胸怀强烈的使命感，着眼于现实和未来。孔子著《春秋》是为了惩人心，救乱世，所以别善恶，寓褒贬，“乱臣贼子惧”。司马迁著《史记》，其理想是“究天人之际，通古今之变，成一家之言”，从而探寻“成败兴坏”之理，以前事为“后事之师”。杜佑生活在唐朝由盛转衰的中唐时期，想通过对历代典章制度的研究，为统治者施政提供借鉴，“征诸人事，将施有政”（《通典·自序》），故历三十五年，撰成《通典》，备述历代典制损益沿革，努力从历史中总结出解救时弊的方略。北宋曾巩云：“史者，所以明夫治天下之道也。”（《南齐书序》）司马光撰《资治通鉴》的目的就是总结历史上的统治经验，为宋代统治者提供鉴戒。明清之际的王夫之有感于国家的兴亡，长期隐居湖南石船山著书立说，怀着极大的悲愤写下的史论著作《读通鉴论》，深入探讨历史上的经验教训，其中所包含的人文主义和民主思想的萌芽，百余年后对晚清近代民主思潮起到了酵母作用。

中国古代史学经世致用的学风还表现在史学家历来重视史学的道德教化功能。中国古人早就认识到历史具有教育感化作用，《易传》云：“君子多识前言往行，以畜其德。”要求史书的撰写应该具有劝善惩恶的功能，把历史上的善人善行载入史册，加以肯定褒扬，使其流芳千古为世楷模；对历史上的恶人恶行要加以否定和贬斥，使其遗臭万年为人所不齿，从而达到激浊扬清的目的。刘知几对史学的这种道德感化功能进行过论述：“苟史官不断，竹帛长存，则其人已亡，杳成空寂，而其事如在，皎同星汉。用使后之学者，坐披囊箧，而神交万古，不出户庭，而穷览千载，见贤而思齐，其利甚博。乃生人之急务，为国家之要道，有国有家者其可缺之哉！”（《史通·史官建置》）孔子的《春秋》并不只是客观记载史实，而是在字里行间寓褒贬态度，如杀、弑、诛等词的选用，都意在说明事件的性质和行为的正误，甚至罪恶的轻重，这就是“《春秋》笔法”，或曰“微言大义”。这一传统为后世所发挥和继承。章学诚《文史通义》云：“史文之有褒贬，《春秋》以来未有易焉者也。”历代史书都出于正义，记录下不同时期的明君贤相、忠臣义士、民族英雄等各种为国家、民族和人类进步事业做出贡献人物的事迹，为后世树立了无数令人敬仰的楷模和典范。同时也记录了不少昏君庸相贪官 污吏奸佞小人等祸害国家和人民的败类，给予揭露和抨击。那些志士仁人的崇高人格、英雄事迹和杰出贡献又激励了一代又一代人，成为中国文化遗产中宝贵的精神财富。司马迁是以历史上那些遭受磨难而发愤著书而名垂史册者为榜样，忍辱含垢，完成了《史记》的写作。

经世致用的史学学风还体现在中国人重视史学的鉴古察今的作用。这种思想由来已久，《诗经・荡篇》云：“殷鉴不远，在夏后之世。”西周统治者说：“我不可不鉴于有夏，亦不可不鉴于有殷。”（《尚书・召诰》）《管子・形势篇》云：“疑今者察之古，不知来者视之往。”《战国策・赵策一》云：“前事之不忘，后事之师。”因此，取鉴资治成为中国古代史学的重要使命。历史上那些有所作为的政治家总是努力从历史经验教训中寻求借鉴。汉朝建立，汉高祖刘邦便对陆贾说云：“试为我著秦所以失天下，吾所以得之者何，及古成败之因。”（《史记・郦生陆贾列传》）汉初统治者正是吸取了秦朝二世而亡的教训，治国理政方面取得了重要成功，汉代出现被称之为“文景之治”的盛世。唐代统治者注意修史以达到借古鉴今的目的，《旧唐书・令狐德棻传》记载令狐德棻向高祖李渊的建议：“如文史不存，何以贻鉴今古？”李渊下诏修史，言其意义便是：“裁成义类，惩恶劝善，多识前古，贻鉴将来。”李世民及其大臣都努力借鉴隋朝灭亡的教训，以达到天下大治。当五部史书修成，史臣呈送太宗时，太宗说：“朕睹前代史书，彰善瘅恶，足为将来之戒。秦始皇奢淫无度，志存隐恶，焚书坑儒，用缄谈者之口。隋炀帝虽好文儒，尤嫉学者，前世史籍，竟无所成。数代之事，殆将泯绝。朕意则不然，将欲览前王之得失，为在身之龟镜。”（《册府元龟》卷五百五十四）他还说：“以古为镜，可以知兴替。”（《贞观政要・任贤》）正是在吸取亡隋的教训的基础上，李世民实行了许多开明的政策，其统治下出现了著名的“贞观之治”。关于史学的鉴古资治作用，清代的王夫之《读通鉴论・叙论》做过这样的总结：“得可资，失亦可资也；同可资，异亦可资也。故治之所资，唯在一心，而史特其鉴也。”又云：“故论鉴者，于其得也，而必推其所以得；于其失也，而必推其所以失。”其读通鉴论》便是一部史论巨著。

2. 秉笔直书、刚正不阿的治史态度

秉笔直书是我国古代史学的一个优良传统，我国古代史家历来把史事记录视为持大义、别善恶的神圣事业，他们力图在自己的著作中保存历史的本来面目，不虚美，不隐恶，以直书为荣，以曲笔为耻。为了达到实录的目的，他们秉以公心，不为利诱，不畏权势，不避风险，甚至不怕坐牢，用生命来

维护历史的真实和人格的尊严。不少史家高风亮节成为后世楷模。在中国历史上，那些刚正不阿的史家代不乏人，受到人们的颂扬和爱戴。《左传·襄公二十五年》记载春秋时齐国权臣崔杼杀了齐庄公，之后齐国数位太史据实直书，皆遭崔杼杀害的事迹（本章开头已述）。此事后来被民族英雄文天祥写入《正气歌》。司马迁生活在汉武帝时代，但在《史记》中却如实记载了汉朝开国之君刘邦及当朝皇帝刘彻等最高统治者的种种劣迹和荒唐行为。三国时吴国人韦曜，孙皓为帝时任中书仆射、侍中，领左国史。奉孙皓之命修国史，却不愿遵从孙皓之命将孙皓之父孙和列入本纪。因为孙和未曾即帝位，他坚持把孙和记人列传。此事引起孙皓不满，将他下狱。韦曜不为所屈，冒死违旨，最后被杀害。北魏崔浩奉诏编写北魏国史，成《国书》三十卷，并在京城东郊的交通要道立石刊载其书，“以彰直笔”。由于详备而无所避讳，其中直书了北魏拓跋氏一些不愿人知的早期历史，遭到权贵的忌恨而被杀害，夷三族，受牵连而死者达 128 人。这就是崔浩“国史之狱”。东晋孙盛著《晋阳秋》，如实记载了桓温战败的史实，桓温威胁其子：“若此史遂行，自是关君门户事。”（《晋书·孙盛传》）孙盛的儿子们叩首号泣，请孙盛为全家百口计，修改其书，孙盛却不改初衷。唐朝褚遂良负责记唐太宗的起居注，李世民想看一看都记了什么，遭到褚遂良的拒绝。李世民又问如果自己做了错事，是不是也要记录下来，褚遂良明确告诉他：“臣职当载笔，君举必记。”（《旧唐书·褚遂良传》）吴兢参与《则天皇后实录》的撰写，如实记载了魏元忠的行为，宰相张说恐于己不利，想让史官“删削数字”，吴兢严正指出：“若取人情，何名为直笔！”（《唐会要·史馆杂录》）南宋袁枢兼任国史院编修官，负责修宋朝国史的传记部分，原宰相章惇的后人“以其同里”，婉转地请袁枢为章惇的传记进行“文饰”，袁枢立刻回绝云：“子厚（章惇字）为相，负国欺君，吾为史官，书法不隐，宁负乡人，不可负天下后世公议！”后来宰相赵雄读到袁枢编写的部分，赞叹他“无愧古良史”（《宋史·袁枢传》）司马迁受腐刑之辱，痛不欲生，撰写《史记》完成一代通史的理想成为其精神支柱。东汉蔡邕被王允下狱，“乞黥首刖足，继成汉史”（《后汉书·蔡邕传》）。王允不听，杀之，受到后人的非议。都把著史看得比自己生命更重要的人。此类事例不胜枚举，正是有了这种秉笔直书的传统和那些刚正不阿、舍生取义的无数史家，我国产生了大量的“信史”和“实录”，为后世正确认识历史提供了丰富而可靠的文化遗产。如果不能尊重历史，随意抑扬，趋炎附势，曲笔阿谀，则会遭到世人的非议和鄙弃。魏收撰《魏书》，其时列传诸人之子孙犹有存者，魏收每以修史睥睨侪辈，云：“举之则使上天，按之当使入地！”其书成，“众口喧然，号为秽史”（《北史·魏收传》）。刘知几《史通·直书》极力表彰那些仗义直书的良史，称之为“君子之德”，而贬斥那些阿隐取容篡改历史者，以为乃“小人之道”，还说：“盖烈士徇名，壮夫重气，宁为兰摧玉折，不作瓦砾长存。若南、董之仗气直书，不避强御；韦、崔之肆情奋笔，无所阿容。虽周身之防有所不足，而遗芳余烈，人到于今称之。与夫王沈《魏书》，假回邪以窃位，董统《燕史》，持谄媚以偷荣，贯三光而洞九泉，曾未足喻其高下也。”

当然，治史中的曲笔也是客观存在。例如唐代李世民发动玄武门之变，杀死其兄太子李建成，逼父让位，他的史臣便多所回护，连李世民自己也感到改篡太多。后来根据他的建议，史官们又作了修改，但在这一事件的定性上却大力美化太宗，把兄弟相煎的统治阶级内部斗争写成李世民为社稷为百姓除害的正义之举。为了说明其即帝位的合法性，史官们还对建唐过程中李渊和李世民兄弟的活动和作用进行了大量篡改，造成后出的正史、《资治通鉴》夸大李世民的作用而贬低李渊等人的倾向。正如刘知几所云：“人禀五常，士兼百行，邪正有别，曲直不同。《史通》有《曲笔》一篇，列举了曲笔的种种表现，斥之为“作者之丑行，人伦所同疾”，“记言之奸贼，载笔之凶人”；而且“史之不直，代有其书”，有的“其事已彰”，有的则“往贤所不察“，甚至“逮乎近古，无闻至公”。历史上也确有魏收、王沈和贞观史臣之辈，他们部分地歪曲了历史真相，读史者必须具有鉴别真伪的眼光。

3. 重视人事、罕言鬼神的科学精神

重视人事是中国古代史学另一个优良传统，即对历史兴亡和社会发展的解释方面重视人事，否定天命鬼神的作用。西 方史学本来是以对原始神话传说否定的面貌出现，在它的童年时期便确立了求真求实的原则，古希腊和古

罗马史学就形成了以人的活动为历史主体的人本史观。但后来由于君主专制腐朽、社会衰败和经济崩溃中断了史学的正常发展，基督教史学取得了全面的胜利，神本史观代替了人本史观，西方史学成为宗教服务的工具。在中国，古代史学家虽然不可能完全摆脱天命鬼神观念，但他们在利用史料复原和解释历史时，总是把着眼点放在人的因素，而没有归结为天命鬼神的力量。这一传统起源很早，孔子虽然也讲天命，但他却“子不语怪力乱神”（《论语·述而》）。受其影响，中国古人很早就趋向将原始神话历史化。春秋时期天神观念发生动摇，《左传》里记载了不少怀疑甚至否定天道鬼神的言论，并产生了“天道远，人道迩”的重要思想。司马迁生活在汉武帝时代，董仲舒大力宣扬“天人感应”学说，可是司马迁并没有从天命或天意的立场解释历史的发展。《史记》“究天人之际”，强调了历史兴亡过程中人的因素。楚汉相争，项羽兵败，乌江自刎，临死前以为“天之亡我，非战之罪也”，司马迁批评项羽：“身死东城，尚不觉寤，而不自责，过矣。乃引‘天亡我，非用兵之罪也’，岂不谬哉！”（《史记·项羽本纪》）当然，古代史书中也有部分宗教迷信的内容，如南朝诸史中对历朝皇帝们的神化和佛化，各正史著作中的《五行志》中各种祥瑞谶言鬼神荒诞之事。但这些在史学中不是主流，也不是重要的，而且常常受到抨击和批判。刘知几云：“夫论成败者，固当以人事为主，必推命而行，则 其理悖矣。”（《史通·杂说》）他还提出，凡神怪故事祥瑞图谶之类，皆不应写入史书。司马光反对神鬼怪异之说，强调人事在国家兴亡中的作用，认为国家盛衰取决于执政者的道德，不在于鬼神的护佑，在上宋仁宗书中说：“国之兴衰，在德之美恶，固不系葬地、时日之吉凶也。”（《言山陵择地札子》）《资治通鉴》也极少记载鬼神迷信故事。

4. 重视史家修养

对史家修养的高度重视也是中国古代史学的一大优良传统。因为史家修养的高低，将直接影响到他们能否直书与曲笔，影响到历史著作的质量，从而也将严重影响到经世致用、以史为鉴的史学作用和价值。这种重视史家修养的传统，至少可追溯到春秋时期。孔子将董狐誉为“良史”，就体现出他对史家修养的重视。随着史学的发展，古代史家对此认识也越来越深，提出了许多重要见解。如班固《汉书·司马迁传赞》评论司马迁的《史记》:“自刘向、扬雄博极群书，皆称迁有良史之才，服其善序事理，辨而不华，质而不俚。其文直，其事核，不虚美，不隐恶，故谓之实录。”就是从“实录”的角度充分肯定了司马迁的史家修养。令狐德棻《隋书·经籍志》则进一步指出:“夫史官者，必求博闻强识、疏通知远之士，使居其位，百官众职，咸所贰焉。是故前言往行，无不识也；天文地理，无不察也；人事之纪，无不达也。内掌八柄，以诏王治，外执六典，以逆官正。书美以彰善，记恶以垂戒，范围神化，昭明令德，穷圣人之至赜，详一代之亹亹。”尤其是刘知几，更是从理论上全面系统地论述了史家修养问题。他明确提出，史家必须都具有“史才”“史学”和“史识”的修养。以后章学诚又补充了“史德”，强调应尊重客观事实，不能因为主观的好恶而改变对历史的真实记载。这样，德、才、学、识就成为对史家素质修养的全面要求及评论史家的标准。当然，由于儒家学说在古代曾长期居于支配地位，史家修养也无不浸透着封建伦理道德观念。乃至可以说，宣传三纲五常就是它的主要任务和具体内容之一。袁宏撰《后汉纪》，在《序》中就公开宣称:“夫史传之兴，所以通古今而笃名教也……今因前代遗事，略举义教所归，庶以弘敷王道。”这就不能不影响到历史著作的客观与真实。尽管不能苛求古人，但也应当指出其历史局限，继承发扬其优良传统。

第七章　中国古代科学技术

科学是指人们关于自然现象和规律的知识体系，包括数学、物理、化学、天文、地理、生物学，农学、医学等学科。技术一般被理解为关于工具、物质产品以及他们被用来达到实用目的的方式的知识，分为纺织、建筑、机械、冶金、车船、兵器、陶瓷、造纸、印刷等部门。也就是说出于论述上的需要，此处所说的科学技术暂时排除了人文社会科学。

中国古代科学技术取得了辉煌的成就，对近代欧洲科学的发展产生了巨大的影响。英国近代著名科学家李约瑟在《中国古代科学技术史》中云："我们必须记住，在早些时候，在中世纪时代，中国几乎在所有的科学技术领域，从制图学到化学炸药都遥遥领先于西方。从我们的文明开始到哥伦布时代，中国的科学技术常常为欧洲人所望尘莫及。"

第一节　中国古代科技的主要成就

中国是世界上古人类文明发展较早的地区之一。在远古时代，萌芽状态的科学技术主要体现在生产工具的制作和发展。在先秦诸子百家之中，相对来说，墨家则是比较重视科学和技术。在两汉时期，大多科学技术的许多门类已经定下其后影响悠久的模式，并且出现了实际上是为后世树立了样板的各种著作。产生宋元理学的时代精神，促成了宋元时期中国传统科学技术发展顶峰时期的到来。明清时期，是中国古代科学技术的继续发展期和衰微的时期。

一、天文学

中国古代的天文学是十分发达，不仅取得了很高的成就，而且得到十分广泛的普及。因此，中国古代的农夫村妇都懂得“七月流火”“三星在户”的意思。

“七月流火”出自《诗经·豳风》：“七月流火，九月授衣。”其真实含义并不是说七月的酷暑炎热，而是一种天文现象。“七月”指夏历的七月，“流”指移动、落下，“火”指星名“大火星”（不是绕太阳运行的火星），即二十八星宿当中的心宿。“大火星”是一颗著名的红巨星，能放出火红色的光亮，每年夏历的五月黄昏，位于正南方，位置最高。夏历的七月黄昏，“大火星”的位置由中天逐渐西降，“知暑渐退而秋将至”，人们把这种现象称作“七月流火”。所以“七月流火”实际是说在夏历七月，天气渐渐转凉，每当黄昏的时候，可以看见大火星从西方落下去。

“三星在户”的“三星”是指参宿三星，即猎户星座中组成猎户腰带的三颗等距离明星。当参宿三星位于正南方，正对门户（古代中国人的房子大多是坐北朝南）的时候，春节就到了（三星高照，春节来到）。这三颗星在民间被比附为福禄寿三星，因为参宿三星非常明亮壮观，使人联想中国民间“福、禄、寿”三星并列，福星怀抱幼孙的福运相，禄星高冠博带的高官相，寿星高额白眉的寿者相，都给人以吉祥感。《诗经·绸缪》云：“绸缪束楚，三星在户。今夕何夕，见此粲者。子兮子兮，如此粲者何！”

1. 天象记录

我国古代天象记录十分准确、丰富，而且从未间断。有关于太阳黑子、彗星、流星雨、新星、超新星的记录，资料相当丰富。《汉书·五行志》有“汉元帝永光元年（前43年）四月……日黑居仄，大如弹丸”的描述，而汉成帝河平元年（前28年）“日出者，有黑气，大如钱，居日中”，这些是世界公认的最早太阳黑子记录，比西方早1000多年。由于史不绝书，我国天文学史工作者据记载加以统计，发现太阳黑子高峰周期为1133年，与现代的研究数据非常相近。《春秋》鲁文公十四年（前613年）秋七月，“有星孛入北斗”，是明确的彗星记载；而《淮南子·兵民略》记载传说“武王伐纣，东南而迎岁，彗星出，而授殷人其柄”，这是早在大约公元前1057年看到彗星的记录，应为世界最早的了。中国古代关于彗星的记载，到隋末已达500次以上。例如哈雷彗星，就有从鲁文公十四年到清宣统二年（1910年）共31次记载，在全世界是最完整的。关于日食，《尚书·胤征篇》提到天文官羲和没有及时预报日食，被国君仲康杀死的事。据推算，大约发生在公元前2137年10月22日，人们现在仍在研究这条记载的真实性。而《诗经·小雅》中“十月之交，朔月辛卯，日有食之”则有两种推算结果，即周幽王六年十月（公元前776年9月6日）或周平王三十六年（公元前735年11月30日），无论如何，比西方最早记录的古希腊泰勒斯所说的日食至少早一百九十一年。我国从公元前770年至公元1874年，有记载的日食共九百八十五次，其中年月不符合实际的仅有八次。

大约从公元前三世纪起，我国已能预报日食的初亏和复圆的方向，以后益加精确，时间误差由日、时降为刻。从汉初到公元1785年记录的月食为五百七十四次。《竹书纪年》有“夏帝癸十五年，夜中星陨如雨”。到《左传》鲁庄公七年，“夏四月辛卯夜，恒星不见，夜中星陨如雨”。后者是世界最早记下的天琴座流星雨。至于著名的狮子座流星雨，《新五代史·司天考》记载：“唐明宗（后唐皇帝李嗣源）长兴二年九月丙戌（931年10月16日）众星交流，丁亥（17日）众星交流而陨”。也是世界最古的记录。中国古代在天象记录方面，对现代天文学贡献最大的是新星和超新星的记录。所谓新星，是指光度突然增至原来的几万倍、几十万甚至几百万倍的爆发性变星。“超新星”是指“爆发时光度突然增至原来的一千万倍”以上的新星，我国古代把新星和超新星称作客星。殷商时代《甲骨文词》中已载有“七日新大星并火”等记录。而从汉代开始，这种记载见于典籍。关于超新星的记载最早见于《后汉书·天文志》：“中平二年十月癸亥，客星（新星）出南门中。”中国古代关于新星和超新星的记载，到十七世纪末已有六十多条，最早的见《后汉书・天文志》“中平二年十月癸亥”，即185年12月7日。又如《宋会要》“至和元年五月”（公元1054年6—7月）的“天关客星”，现在天上仍有它爆发后的遗迹——蟹星云。在我国史书上有记录的，在十八世纪以前出现的新星和超新星约有九十多个。这是古代恒星观测上的伟大成就。

2. 天体测量

天体测量是通过测定天体的位置和天体到达某个位置的时间来为各种科学目的服务的一门学问。我国古代在这方面成绩卓著。尤其是在测天仪、星表、星图、测定子午线长度等方面取得的巨大成就。

第一，测天仪器。不论是天体测量、天象记录或是历法制定，都离不开测天仪器。我国一直重视制造和改进天文仪器，并且构成了以漏壶、浑仪、浑象、简仪为主的传统天文仪器系统。漏壶又叫漏刻，是古代的一种记时仪器，漏壶装水以记时。在《周礼夏观》中，已记有周代有专人管漏壶之事。浑天仪是我国古代观测天体位置的仪器。浑天仪又叫浑仪，浑象。许多文献记载，我国远在五六千年以前葛天氏、皇帝、尧舜时代，就已经创制了世界上最早的测天仪器，即浑仪。简仪，是我国古代观测天体坐标的仪器。现代天文台大型光学望远镜的一些装置就是由简仪的结构演化而来的。我国元代郭守敬于1276年制出简仪，在其后三百多年里，不论是在设计思想还是在制造水平上，都遥领世界之先。郭守敬曾在1276年在全国范围内设立了二十六个观测站，进行过大规模天文测量。由东汉天文学家张衡所创制的浑象，后经宋人苏宋的发展，成为世界上最早的天文钟。

第二，恒星观测和星图测绘。中国古代在恒星观测方面，先民认识最早的是南箕北斗，《诗经・小雅》中有“维南有箕，不可以簸扬；维北有斗，不可以挹酒浆”的句子，形象地表达了北斗之星只是形状像酒斗（勺子），箕宿四星形状像簸箕。统治阶级则将一些星星以官职名来称呼，故有“星官”之说，《史记・天官书》最早最系统地描述了全天星官，共九十一个，包括恒星五百余颗。为了量度日、月运动的相对标志，也需要将恒星位置建立起来，为此，把北半球所见星空划分为“三垣二十八宿”，共三十一个大区，三垣按其与北极（天顶）的距离依次为紫微垣、太微垣和天市垣，而二十八宿，是处在天赤道（是地球赤道平面往外扩张，与想象中的天球面即有限宇宙的封闭球面相交所成之圆周）附近的星官，它们的位置由赤经（入宿度）和赤纬（去极度）表达，由于实际上这些星官分布的不均匀性，相邻距离有的稍近，有的稍远，叫作“距度”。它们可以分成四组，即：东方七宿（角、亢、氐、房、心、尾、箕），北方七宿（斗、牛、女、虚、危、室、壁），西方七宿（奎、娄、胃、昴、毕、觜、参），南方七宿（井、鬼、柳、星、张、翼、轸）。总体上布列于天赤道一周。而西方则是按“黄道十二宫”来划分。有了这些标志星座，太阳、月亮在天球面上的视运动路径（黄道、白道）也就便于描述了。为了准确测量这些星座的赤道系坐标，当时制作了符合这种赤道制式的仪器，主要是浑仪，由固定的圆环（上有刻度，表示赤经、赤纬）和可绕直径转动的圆环组成，后者可以支承“窥管”（中空的管子，从一端去看另一端指向的星空某一位置），经过调节可使窥管瞄准星空的任一区域。通过这些手段，楚国的甘德、魏国的石申描述了世界公认最早的星表，即“甘石星表”（公元前四世纪）。石氏星表比希腊天文学家测编的西方最早的星表早二十年。石申所用的赤道坐标系，欧洲1598年才有。

将分布在天空上的恒星，按照他们的球面视觉位置投影在平面上的图叫作星图。秦汉以前我国就有了星图。三国时陈卓绘制了一张有283组，1464颗星的全天星图；约于初唐绘制的“敦煌星图”，标有1350颗星，是世界上现存星数最多而又最古老的星图；宋代黄裳于公元1190年所作，由王致远于公元1247年所建的闻名世界的苏州石刻天文图，上刻1434颗恒星，也是我国流传至今的最早，最完整的星图之一。

第三，子午线长度确定。子午线长度是天文学、地理学上的一项极其重要的数据。世界上通过实际测量而算出子午线长度的工作始于我国唐代。因编制历法的需要，唐朝和尚张遂（一行）于公元724年发起了规模宏大的实际测定子午线长度的活动。他发起在全国二十四个地方测量北极高度和夏冬二至、春秋二分的日影长度，并设计了一种叫“复矩图”的仪器，其工作之精细，规模之宏大，是“史无前例”的。他计算出的“大约三百五十一里八十步而极差一度”(《新唐书·天文志》),即子午线上一度长的数据,是世界上首次子午线的测量,对后人从事天文大地测量提供了科学依据。

3. 历法

我国古代天文学的最主要组成部分是历法,古代历法的内容包括年月日的安排,日、月食的预报和节气的调整等。据史料记载我国远在一万年前氏族公社期的“人皇氏”时期就发明了用“十天干”和“十二地支”搭配以记时的方法。这是人类历法的开端。关于记日,殷墟甲骨文中已有用干支记日的记载。所谓“干支”就是干枝,以天为干,以地为支,也是一种天地阴阳观念的表现。“天干”十个:甲、乙、丙、丁、戊、己、庚、辛、壬、癸;“地支”十二个:子、丑、寅、卯、辰、巳、午、未、申、酉、戌、亥(十二地支对应十二生肖:子鼠,丑牛,寅虎,卯兔,辰龙,巳蛇,午马,未羊,申猴,酉鸡,戌狗,亥猪)。十干和十二支依次相配排列组合,组成六十个基本单位,古人以此作为年、月、日、时的序号,叫“干支纪法”。天干和地支依次组合为六十个单位,其组合方式是天干的单数配地支的单数,天干的双数配地支的双数,从甲子开始,至癸亥终,称为“六十甲子”,每个单位代表一天。六十甲子周而复始,循环不断。从殷商中叶直至公元1911年,中国官方都是使用这一计日方法,是世界上使用时间最长的纪日方法。

第一,岁实的确定。岁实即一年的天数,夏历、阴历、周历都是使用四分历(春夏秋冬),每年的天数是365.25日,这是当时世界上最精密的数值。南朝时期的祖冲之凭着多年学习的天文历史知识,制定了《大明历》,考虑了“岁差”现象,置闰规则改为391年内设144个闰月,以及推算回归年是365.2428148日,与现代数据约差46秒,交点月是27.21223日,与现代数据只差一秒。唐代僧一行主持编制《大衍历》(公元727年),强调实测。他运用梁令瓒研制的“黄道游仪”重新观测记录大批符合天象的数据,还领导全国大地测量,否定了“南北地隔千里,影长相差一寸”的陈词滥调,实测出地面子午圈上1度弧之长为129.22公里。元代郭守敬在阳城告成镇观象台建立了高表(40尺),装添了景符(利用小孔成像原理)使测日影精度大大提高;设计了简仪(浑仪的分解),设计了仰仪、七宝灯漏、星晷定时仪、水运浑象、日月食仪等仪器，他参与和最后领导完成《授时历》(公元1280年)，这是中国古代历法的优秀典范，仅以它所定的回归年长度365.2425日为例，就与现在世界通用的格里高利历的数据是一样的，但比后者早提出3个世纪。

第二，置闰与节气。我国古代使用的阴阳合历，以朔望月的长度为一个月的平均值。全年12个月，大月各30天，共6个月，小月各29天，也有6个月。这样全年共有354天，比一个回归年少11.25天，积三年即少一个月以上的时间，所以必须置闰(设立闰月)。在阴历中确立了19年7闰的方法。这比西方早许多年。后来祖冲之创制的《大明历》对闰法作了改进，把19年7闰改为391年144闰，更符合天象实际了。

为了让历法更好的配合天象合自然季节，用以安排农业生产，古人还创制了“二十四节气”。从史料上看，中国最早出现的是“二分”合“二至”，即春、秋分合夏、冬至(春分、秋分、夏至、冬至)。《吕氏春秋》又出现了立春、春分、立夏、立秋、秋分、立冬等节气。到西汉初年的《淮南子》，则出现了全部的二十四节气。实际上，所谓二十四节气是地球在围绕太阳公转的轨道上的二十四个不同的位置，因其位置不同，其所反映的气温、物候、雨量变化页不同，古人以此变化来确定它们的名称。这是中国古人的独创。二十四节气表如下：

春季	立春 2月3—5日	雨水 2月18——20日	惊蛰 3月5——7日
	春分 3月20——22日	清明 4月4——6日	谷雨 4月19——21日
夏季	立夏 5月5——7日	小满 5月20——22日	芒种 6月5——7日
	夏至 6月21——22日	小暑 7月6——8日	大暑 7月22日——24日
秋季	立秋 8月7——9日	处暑 8月22——24日	白露 9月7——9日
	秋分 9月22——24日	寒露 10月8——9日	霜降 10月23——24日
冬季	立冬 11月7——8日	小雪 11月22——23日	大雪 12月6——8日
	冬至 12月21——23	小寒 1月5——7日	大寒 1月20——21日

附:《二十四节气歌》:“春雨惊春清谷天，夏满芒夏暑相连。秋处露秋寒霜降，冬雪雪冬小大寒。每月两节不变更，最多相差一两天。上半年来六廿一，下半年是八廿三。”

二、数学

中国古代的劳动人民在广泛实践的基础上，建立了世界上最先进的数学方法，直到十六世纪，我国数学在最主要的领域一直居于世界领先地位。特别是中国古人独特创造的十进位位值制记数法，是世界其他古代民族所没有的。中国古代的几何学有着极其辉煌的成就。测高望远之学形成了重差理论，土地的丈量与容积的量测产生了面积和体积理论，提炼成出入相补的一般原理。勾股测量学及勾股定理的证明，圆周率推导和计算，等等，这些成就表明，中国古代几何学既有丰硕的成果，又有系统的理论。

1. 先秦数学

先秦数学的主流是实用，建立了先进的十进制值制记数法，出现“九九乘法表”，发展了各种实用的计算方法与测绘方法及工具，深刻地影响了后世数学的发展。

方圆是古代几何学中最基本的图形，规矩就是当时最基本的的绘图与测量工具，规是圆规，用以画圆或正圆；矩就是直角曲尺，用以画方或正方。在成书于公元前二世纪的《周髀算经》中记载了周初周公与数学家商高的一次谈话中论述了矩的使用方法：“平矩以正绳，偃矩以望高，覆矩以测深，卧矩以知远，环矩以为圆，合矩以为方。”这是古代长期使用矩进行测绘的经验总结。“平矩以正绳”是平、直的法；“环矩以为圆，合矩以为方”是以矩代规可以画圆和用矩画方的方法；“偃矩以望高，覆矩以测深，卧矩以知远”都是利用相似勾股性质或比例线段性质测量高、深、广、远的方法，也就是推求第四比例项的方法。

春秋战国时代城墙的建筑已开始绘制平面图。由于手工业、土木工程等的发展，积累了较多的几何知识。百家争鸣中，由于辩论的需要，推动了逻辑学的发展。这种因素的结合，就导致了理论几何学的萌芽。在这方面，惠施等人因辩论哲学与逻辑问题而有所涉及，而真正进行了较广泛研究的是墨子及其学派。在春秋末年，人们已经掌握了完备的十进制记数法，普遍使用了算筹这先进的计算工具，尽管没有一部先秦的数学著作留传后世，但人们通过田地及国土面积的测量、粟米的变换、收获及战利品的分配、城池的修建、水利工程的设计、赋税的合理负担、产量的计算、测高望远等，积累了大量的数学知识，当时的数学知识分成了方田、粟米、衰分、少广、商功、均输、盈不足、方程、旁要九个部分，称为“九数”，形成了后来《九章算术》的基本框架。

2. 汉代数学

周秦以来逐渐发展起来的中国古代数学，经过汉代更进一步的发展，已经逐渐形成了完整的体系。中国传统数学自古就受到天文历法的推动，秦汉时期天文历法有了明显的进步，涉及的数学知识水平也相应提高。西汉末年编纂的《周髀算经》是一部以数学方法阐述的天文著作，用对话一问一答的形式写出的，提出勾股定理的特例和提出测太阳高、远的方法，为后来重差术的先驱。另一本数学著作《九章算术》历代数学家把它尊为“算经之首”。它的计算技术在当时的世界是第一流的，全书共分九章，一共搜集了两百四十六个数学问题，连同每个问题的解法，分为九大类，每类算是一章。书中记载了当时世界上最先进的分数四则运算和比例算法、解决各种面积和体积问题的算法以及利用勾股定理进行测量的各种问题、开平方和开立方的方法、求解一般一元二次方程（首项系数不是负）的数值解法、联立一次方程解法、第一次阐述了负数概念和正负数的加减法运算法则。其中盈不足的算法更是一项令人惊奇的创造。对世界数学的发展，尤其是中国传统数学的发展有着深远的影响。

以《九章算术》为代表的中国数学体系，其特点是以解决社会实际问题为主要目的，以算筹为重要计算工具，以十进制值制的记数系统进行运算，其内容包括算术、代数、几何等各方面，这个数学体系在其自身的发展历程中逐步走向高峰，呈现着久盛不衰的局势。

3. 魏晋南北朝数学

中国古代数学到了魏晋南北朝，在理论上有了新的发展，其中赵爽和刘徽的工作被认为是中国古代数学理论体系的开端。三国时代赵爽的《周髀算经注》，对《周髀算经》做了详尽的注释。自从赵爽注释《周髀算经》后，中国传统数学里才开始有证明过程的论述。刘徽的《九章算术注》，不仅对原书的方法、公式和定理进行一般的解释和推导，且在论述过程中多有创新，更撰写《海岛算经》，应用重差术解决有关测量的问题。刘徽其中一项重要的工作是创立割圆术，为圆周率的研究工作奠定理论基础和提供了科学的算法。刘徽藉“割圆术”求得圆周率的值为3.1416，准确至四位小数，后世称之为“徽率”。祖冲之、祖暅父子在《九章算术 刘徽注的基础上，将传统数学大大向前推进了一步，成为重视数学思维和数学推理的典范。其著作《缀术》有比刘微更精密的圆周率近似值，其中正确的球体积量法公式，三次方程解法等，内容非常丰富，可惜已失传。祖冲之在估算圆周率值介乎3.1415926和3.1415927之间，也是世界上第一位把圆周率的值计算准确至七位小数的人。此外，祖冲之还用355/113（称为密率）代替准确度较低的22/7（称为疏率）作为圆周率的近似分数。然而，究竟祖冲之用什么方法把圆周率的值计算准确至七位小数，而他又怎样找出355/113作为圆周率的近似分数呢？这些问题在中国数学史上至今仍是个谜。

南北朝时期的数学发展依然蓬勃，《孙子算经》《夏侯阳算经》《张丘建算经》就是这个时期的作品。《孙子算经》给出“物不知数”问题，导致求解一次同余组问题。《张丘建算经》的“百鸡问题”引出三个未知数的不定方程组问题。

4. 隋唐数学

中国古代数学经过汉唐间近千余年的发展，逐渐地形成了一个完整的体系。继魏晋南北朝时期数学的高度理论化发展之后，隋唐期的数学主要以实用算法的进步和数学教育制度的确立为特色，其间最突出的成就是三次方程与二次内插法。与此同时，中国与印度的文化交流为传统数学的发展注入了新的血液。唐中期天文学家僧一行编制了《大衍历》，创立了不等间距二次内插法，还有其他数学成就，如三次差分、等差级数求和、二次方程求根公式等。特别是在印度数学的影响下，一行编制了世上最早的正切表。隋唐时期在教育制度上设置了由国家掌握的学校国子监，其中也设置了数学科目，当时所用的教科书，也由国家统一编订。这是在历史上第一次由皇帝颁行的第一套数学教书《算经十书》，由许多数学著作中选出来的，最后定为国子监学习用和科举考试用的必读书。这十部算经显示了汉唐千余年间中国数学高度展的水平。这十部算经包括《周髀算经》《九章算术》《海岛算经》《孙子算经》《夏侯阳算经》《张丘建算经》《五曹算经》《五经算术》《缉古算经》和《缀术》。

5. 宋元数学

宋代社会经济繁荣，传统数学必须加快改革与简化旧有的筹算。而印刷术也在这个时候获得发扬，同时唐朝科举考试所设的明算科，至宋朝中止了，数学脱离了科举考试的束缚，向一个更为广阔天地迈进。宋元是中国数学史上的黄金时代，宋元数学在很多领域都达到了当时世界数学的巅峰。宋元数学成就较高的是秦九韶、李治、杨辉、朱世杰。这一时期数学著作有贾宪的《黄帝九章算法细草》、刘益的《议古根源》、秦九韶的《数书九章》、李冶的《测圆海镜》和《益古演段》、杨辉的《详解九章算法》《日用算法》和《杨辉算法》、朱世杰的《算学启蒙》和《四元玉鉴》。

宋元时期数学的杰出成就包括增乘开方法、大衍求一术、天元术、四元术、招差术、垛积术、勾股形解法新的发展、球面直角三角形的研究、纵横图的研究、小数的应用、高次方程解法、多元高次方程组消去法、联立一次同余式解法、三斜求积术。在许多数学的重要领域之内，中国数学在世界上处于遥遥领先的地位。宋元时期的中国数学远远超过同时代的欧洲，如高次方程解法较欧洲早出八百年多年，多元高次方程组消去法较欧洲早出近五百年，联立一次同余式解法较欧洲早出五百多年。元朝以后，存在有许多不利于数学发展的社会因素，使进入十四世纪之后，元代数学逐渐萧条，出现了后继乏人、理论停顿的现象。

6. 明代数学

明代是中国数学史上的一个特殊时期，一方面曾经长期发达并在宋元时期达到其顶峰，且取得了一系列辉煌成就的中国传统数学，在元代后期渐趋萧条，出现了后继乏人、理论研究停顿的现象，并一直持续到明代后期。另一方面，元末明初出现了大量的民间实用数学书，其特点是内容浅显，多为日用尤其是商业计算所必须，系统的理论叙述不复存在，书中将各种公式和法则编成歌诀，方便了记忆、推广和使用；明朝出现的一批有关珠算的著作，珠算理论已成系统，最著名的是程大位的《算法统宗》，大大促进了民间实用数学的普及与发展。经过长期的发展与演变，到了十六世纪中叶珠算终于完全取代了筹算，实现了中国古代计算工具的重大改革，在实用数学与珠算并不断发展的同时，明代的数学研究却在逐渐衰退着，不但不能有所创造，连宋元时期已取得的数学成果也逐渐被人遗忘。

明代末年的历法改革向理论数学提出了迫切要求，而经衰退的传统数学却能为之提供必要的基础。另外一方面，由传教士带来的西方数学乘虚而入，从而改变了中国古代数学的发展方向。明末徐光启和利玛窦合译欧几里得的《几何原本》前六卷和李之藻、利玛窦合译的《同文算指》出版以来，西方的笔算、纳皮尔筹算、三角学、对数、几何学、代数学内容以及纳皮尔筹、比例规、计算尺等数学工具都传入了中国。

7. 清代数学

清代前期是中国数学继明代较为沉寂以后的一个复兴时期。清初古算书散佚殆尽，人们对传统学的了解主要通过明代程大位的《算法统宗》而获得。清初的外国传教士为了传教事业而将西方科学知识带进中国，借以得清朝统治者和中国士人好感。清初最有影响的数学家梅文鼎能全面理解掌握中西数学，他的数学研究范围广，成就大。清朝统治者，尤其是康熙皇帝对西方先进的科学知识产生了浓厚兴趣，带头钻研学习，御定《数理精蕴》五十三卷，全面系统地介绍了当时传入的西方数学知识，由此在中国知识分子中成了一股学习西学的新风气。后来由于雍正时期开始对传教士实行禁压政策，逐渐走向闭关锁国，朝廷加强了思想统治，知识分子受到打击，政府这种高压政策迫使大批知识分子走向研究古籍考据经典的方面。随着考据之风的兴起，形成了发掘、校勘、整理、注释古书的热潮，改变了过去的研究方向。《四库全书》收入数学著作二十六部，基本上把宋元以前的主要数名著都发掘出来了，使大批数学遗产重放光明。清代后期，洋务运动促进了西学的引入，数学家们在研究传统数学时则能注意吸收新的方法，中西数学开始合流，从而奠定了近代数学家在中国发展的基础。中国数学家在幂级数、尖锥术等方面已独立地得到一些相当于积分学的成果，在不定分析和组合分析方面也获得了出色的成绩。但总体看来，还不到西方同期的数学水平。数学家李善兰用了四年时间译出《几何原本》后九卷，至此中国有了完整的《几何原本》中译本。又译出《代数学》《代微积拾级》《圆锥曲线》等。数学家华蘅芳翻译的数学书有《代数式》《微积溯源》《三角数理》《代数难题解法》《决疑数学》《算法解法》，其中《决疑数学》以初次将概率论引入中国而特别引人注意。华蘅芳译的数学书内容比李善兰译的书平易而广博，译文也明白通畅，其中有的书被当时的各种学堂选为课本，这使高等数学的基础知识和基本方法得以广泛传播，在中国数学现代化的过程起了启蒙作用。

早在明末清初，西方传教士带来了《几何原本》等数学著作，这种不用筹算，不用珠算，而用笔算的抽象的系统的数学令中国数学家耳目一新，徐光启非常推崇欧几里得的《几何原本》，他认为这是一本训练思维的好书，“举世无一人不当学”，从那时起，这本书对中国的初等数学教育开始产生重要的影响。随着西方数学的不断引入，中国近代数学的研究活动亦就此发端，李善兰于公元 1872 年发表中国第一篇有关素数的研究论文《考数根四法》（所谓数根就是素数），有很高水平，清末研究数的论还有华蘅芳的《数根术解》《求乘数法》和《数根演古》，二十世纪初数学家周达著有《福慧双修馆算稿》，其成就主要在初等几何、数论和组合数学三方面。从西学传入，伴随清末废科举，兴学校的教育改革，从根本上转轨，西算被指定为各学校的教科书，从而取代了传统数学的地位。

中国古代数学问题举例：

百鸡问题：“鸡翁一，值钱五；鸡母一，值钱三；鸡雏三，值钱一。百钱买百鸡，问鸡翁母雏各几何？”——《张丘建算经》

塔灯问题：“远望巍巍塔七层，红光点点倍加增；共灯三百八十一，请问各层几盏灯（问问塔尖几盏灯）？”——程大位《算法统宗》

鬼谷子问徒：孙膑，庞涓都是鬼谷子的徒弟。一天鬼谷子出了这道题目：

他从 2 到 99 中选出两个不同的整数，把和告诉孙，把积告诉庞；庞说：我虽然不能确定这两个数是什么，但是我肯定你也不知道这两个数是什么。孙说：我本来的确不知道，但是听你这么一说，我现在能够确定这两个数字了。庞说：既然你这么说，我现在也知道这两个数字是什么了。请问这两个数字是什么？为什么？

三、医学

早在公元前二百年的春秋战国时代，《内经》《难经》等经典著作的成书，就确立了中国医学独特的理论体系，并一直有效地指导着中医药的诊疗实践。中医药学体系是以中国古代盛行的阴阳五行学说来说明人体的生理现象和病理变化，阐明其间的关系，并将生理、病理、诊断、用药、治疗、预防等有机地结合在一起，形成了一个整体的观念和独特的理论，作为医药学的基础。其内容包括以脏腑、经络、气血、津液为基础的生理、病理学；以望、闻、问、切“四诊”进行诊断，以阴阳、表里、虚实、寒热“八纲”进行归纳治疗的一整套临床诊断和辨证施治的治疗学；以寒、热、温、凉“四气”和酸、甘、苦、辛、咸“五味”来概括药物性能的药物学；以“君臣佐使”“七情和合”进行药物配伍的方剂学；以经络、腧穴学说为主要内容的针灸治疗学；此外还有推拿、气功、导引等独特的治疗方法。经历代不断发展和完善，成为中国文化史上一份极其宝贵的遗产。

1. 中医学理论概况

中医学作为中国古代科学的重要组成部分，可以说独具特色，至今与西医并驾齐驱。中国医学知识起源甚早。传说有神农氏勇尝百草，为民治病的传说。春秋战国时期，出现了医和、扁鹊等名医，还有《五十二病方》《足臂十一脉灸经》、《阴阳十一脉灸经》《导引图》等医学著作，诊断手段、治疗方法在当时水平较高。在此基础上，春秋战国时期产生了我国现存最早的传统医学著作《黄帝内经》，为我国传统医学理论体系奠定了基础。中医学阴阳五行学说、脏象学说、经络学说、形神学说、天人学说五大理论体系，均起始于《黄帝内经》。其中，形神学说是探究生存环境与人体的关系的。

汉代名医首推张仲景和华佗，他们对中国医学发展做出了巨大的贡献。张仲景（约公元 150 —约 219 年），名机，字仲景，南郡涅阳县（今河南省南阳市卧龙区，一说为河南省邓州市穰东镇）人。东汉末年著名医学家，被称为医圣。相传曾举孝廉，做过长沙太守，所以有张长沙之称。张仲景广泛收集医方，写出了传世巨著《伤寒杂病论》（即今《伤寒论》《金匮要略》两部分）。该书确立的辨证论治原则是中医临床的基本原则，也是中医的灵魂所在；在方剂学方面，总结和创制的两百余种处方，贯彻了“理（医学理论）、法（治疗原则）、方（处方、药（用药）”一致的原则，治疗效果显著，至今仍为人们所应用。这是中国第一部从理论到实践、确立辨证论治法则的医学专著，是中国医学史上影响最大的著作之一，是后学者研习中医必备的经典著作，广泛受到医学生和临床大夫的重视。后人根据《伤寒杂病论》整理的《伤寒论》《金匮要略》二书，与《黄帝内经》《神农本草经》并称为“中医学”四大经典。华佗（约公元前 145 年— 208 年），字元化，又名旉，汉末沛国谯（今安徽亳县）人，三国著名医学家。少时曾在外游学，钻研医术而不求仕途。他医术全面，尤其擅长外科，精于手术，被后人称为外科圣手、外科鼻祖。他精通内、妇、儿、针灸各科，外科尤为擅长，行医足迹遍及安徽、山东、河南、江苏等地。他曾用“麻沸散”使病人麻醉后施行剖腹手术，是世界医学史上应用全身麻醉进行手术治疗的最早记载。他又仿虎、鹿、熊、猿、鸟等禽兽的动态创作名为“五禽之戏”的体操，教导人们强身健体。后因不服曹操征召被杀，所著医书《青囊书》已佚。但汉末成书的《神农本草经》，收载药物达三百六十五种，是我国第一部系统的药物学专著，大大推动了后世中药学的发展。

魏晋时期中医中药在理论、实践上都有新的提高。魏晋之际名医王叔和著成我国最早的脉学专著《脉经》，详细描述了脉象所反映的各种病症。东晋葛洪编撰的《肘后备急方》，书中收集了大量救急用的方子，这都是他在行医、游历的过程中收集和筛选出来的，他特地挑选了一些比较容易弄到的药物，即使必须花钱买也很便宜，改变了以前的救急药方不易懂、药物难找、价钱昂贵的弊病。他尤其强调灸法的使用，用浅显易懂的语言，清晰明确的注明了各种灸的使用方法，只要弄清灸的分寸，不懂得针灸的人也能使用。

隋唐医学又取得了新的成就。隋唐两代有医学专科学校太医署，出了不少医学人才，有名的有巢元方、孙思邈、王焘、王冰等。巢元方是隋朝第一名医，有《诸病源候论》，是中国当时十分完备的医学巨著。唐代王焘辑有我国第一部医学类书《外台秘要》四十卷，为保留古代医方和医书做出了贡献。王冰，道士，号启玄子，注释《黄帝内经素问》九卷，为保存和传播古代医学文献做出了贡献。孙思邈（公元 581 — 682 年），京兆华原（今陕西耀县人）人，唐代最著名的医学家，也是有名的道士。小时也是因为病魔缠身才学的医，一学便不可收拾，并博涉经史百家学术，除了做道士精通老庄外，还兼通佛典。成名后医德高尚。他钻研医学，善于博采众长，对于医学方面有特长的人，不远千里去求教，他医德高尚，对待病人，无论贫富、贵贱、亲疏，都一视同仁。他曾拒绝隋文帝、唐太宗、唐高宗授予的官职，但从不拒绝病人求诊。著医书取名《千金方》，千金难买是也。《千金方》分为《千金翼方》（三十卷，载方五千三百余首）和《千金要方》（载药物八百余种，载《翼方》未载之方两千余首）。鉴于他的贡献，后人尊之为“药王”。此外，唐高宗命李绩重修《本草》，于 659 年以官方名义颁行全国，名《唐新本草》，这是中国也是世界上第一部国家药典，早外国最早即 1494 年意大利《佛罗伦萨药典》835 年。

宋代官方对医学事业极为重视，宋初官修药典有《嘉示右本草》《开宝本草》《图经本草》。元丰六年（公元 1083 年），四川名医唐慎微将《嘉示右本草》和《图经本草》合并，又添大量内容，成《经史政类急备本草》，简称《政类本草》。载药物 1558 种，多附图，并记述采集、炮制方法，兼收方剂 3000 多首。政和六年（公元 1116 年），曹孝忠重加校订，更名为《政和新修经史政类急备本草》，简称《政和本草》，沿用近 500 年，直到李时珍《本草纲目》出世。宋太宗淳化三年（公元 992 年），王怀隐等以《千金要方》《千金翼方》与《外台秘要》为蓝本，编成《太平圣惠方》。该书广集汉唐以来各家方书及民间医疗经验，按脏腑病症分类汇编而成。分 1670 门，录方 16834

首，首列诊断脉法、用药法则，后按各科论述疾病的病原、症状，多采用《诸病源候论》内容，末列各科方剂及其他医疗方法，为宋代医方巨著。宋绍兴二十一年（公元 1151 年）官方设立专门经营药品的机构“惠民和剂药局”，收集医家和民间验方，制成丸剂、散剂等中成药出售，并把其方汇编成书，这就是《和剂局方》(《太平惠民和剂局方》的简称)。该书详列主治病证、制剂方法。大观中经际师文等校正，订为五卷，载方两百九十七首。后又于绍兴、宝庆、淳示右等年代多次重修、增补，扩充为十卷。是效果由国家颁布的第一部配方手册。此外，北宋太医局医科下设九科，首先将产科和眼科等单独设科，是医学史上的重大进步。南宋宋慈《洗冤集录》是世界上最早的法医学专著，在世界法医学史上也有很大影响。该书曾被译成荷、英、法、德、朝、日等国文字。

金元时期，以刘完素、张从正、李杲、朱震亨为代表，形成四家四大医学流派。金代刘完素研究《素问》长达 35 年，著有《素问玄机原病式》、《素问病机气宜保命集》《素问药证》等书。他据《素问》病机十九条，阐明六气过甚皆能化火的理论，所以治法上多用寒凉药，并创制了不少治疗伤寒热病的方剂，对后世瘟病学说有所启发，后人称之为“寒凉派”。金代张子和继承刘完素的学说而有新的见解，治病以祛邪为主，调养以饮食为宜。认为“先论攻其邪，邪去而元气自复”。善用“汗、吐、下”三法，并谓三法能兼众法，切责医者滥用补药与平稳药贻误病人之非。并对情志疗法颇有研究。著有《儒门事亲》十五卷，主要阐述运用汗、吐、下三法治病的理论和临床经验，并列举了各类病二百多例用以说明其攻邪治法的疗效。所以，人称“攻下派”。金代李东垣以《黄帝内经》理论为基础，治病重视脾胃，见解独到。著有《脾胃论》三卷（公元 1249 年），指出“脾土为万物之母”，脾胃伤则元气衰，“内伤脾胃，百病由生”。认为饮食不节、劳役所伤和情绪失常，易使脾胃受伤、正气衰弱而致病；因此治法上应重视调理脾胃和培补元气以扶正祛邪，又著《内外伤辨惑论》，提出热病应分辨“外感”或“内伤”，并详细论述了调理脾胃的临床经验。丰富了内伤脾胃方面的理论和经验。由于他主张以补脾胃为主，所以称“补土派”，或称“温补派”。元代朱震亨继承上述三家医学而有所发挥，著《格致余论》《局方发挥》，创论疾病多由“阳有余，阴不足”所致，治当“滋阴降火”，人称“滋阴派”，或称“养阴派”。

明代医学的伟大成就是李时珍编定药典巨著《本草纲目》。李时珍（公元1518—1593年），字东壁，号濒湖，斯州（治今湖北蕲春）人，明代著名的医药学家。其编定的《本草纲目》是中国古代药学史上部头最大、内容最丰富的药学巨著，是中国医药宝库的极为珍贵的科学遗产。李时珍在自己采药的实践基础上，参考历代有关书籍八百余种，对药物加以鉴别考证，纠正了古代本草书籍中药名、品种、产地等某些错误，又收集整理宋、元以来民间发现的药物，充实内容，历时27载完成是书。全书共190多万言，分为16部，62类，52卷，收载药物1892种，比前人增加374种。载入药方11096个，比前人增加四倍，同时绘制1160幅插图，形象地表现了各种药物的复杂形态，以便辨认。每种药物对它们的名称、产地、形态、栽培、采集方法、性味、功能主治和制作方法都做了详细的解释，有图则绘图。该书系统地总结了中国十六世纪以前的药物学知识与经验，还对新增的药物加以科学分类，具有初期植物形态分类学的内容，把中国药物学研究提高到了一个新阶段，是中国药物学、植物学的宝贵遗产，对中国药物学的发展做出了巨大贡献。

中医学的又一突出成就就是针灸，它在世界上是独一无二的疗法。所谓“针灸”，就是用针和灸两种方法刺激特定的穴位，以达到温通经脉、调和气血、消除病因的目的。针灸依据的理论是历史悠久的“经络学说”。对针灸疗法的探讨和总结，魏晋时代有皇甫谧《针灸甲乙经》，这是世界上最早的针灸学专著。北宋时针灸专家王惟一写成《铜人腧穴针灸图经》，进一步普及和规范了针灸疗法。清代杨继洲著《针灸大成》，徐凤著《针灸大全》，高武著《针灸聚英》，称为明代“三大针灸巨著”。

2. 中药学

中国古代就有“神农尝百草”的传说。《诗经》中已经记载了一些可以做药的植物，如“苯苢”（车前）、“蝱”、（贝母）、“蓷”（益母草）等。《山海经》更明确地提到一百二十多种药，包括植物、动物、矿物三类，并提到了它们的简单用法和治疗性能，有的还用来预防疾病。如“萆荔，食之使人无子”“箴鱼，食之无疫疾”，等等。书中记载的一些药物，有的名称比较特殊，还不能明确指出是现代的哪一种药，有待进一步考证，但这也足以说明，当时对药物已有一定的认识了。由于古代的药物主要来自自然界的植物，因而人们把药物学著作称作“本草”。成书于东汉的《神农本草经》，是我国现存最早的药物学专著，书中记载药物三百六十五种，分上、中、下三品。该书对每一味药的产地、性质、采集和主治的病症，都有详细的记载。对各种药怎样互相配合应用，以及简单的制剂，都做了概述。更可贵的是当时的人们通过大量的治疗实践，已经发现了许多特效药物，如麻黄可以治咳喘，大黄可以泻下，常山可以疗疟，等等。这些都已用现代科学分析的方法得到证实。

南北朝时期，陶弘景整理成《本草经集注》，共得药物七百三十种。该书首创按药物的自然属性和治疗属性来分类的新方法，将这些药分为草、木、米食、虫兽、玉石、果菜和有名未用等七类，这种分类方法后来成了我国古代药物分类的标准方法，在以后的一千多年间一直被沿用，并加以发展。唐代官方主持编修了一部药物学著作《新修本草》。该书总结了一千多年来的药物学知识，并由各地征集实物标本，绘制成图，成为一部图文并茂的药物学专著。书中共载药物八百四十四种，分为九类。《新修本草》就是我国古代的第一部药典。

古代中药学的发展到明代达到了高峰。李时珍编定《本草纲目》五十二卷，记载药物一千八百九十二种。该书以单一的药物为纲，由同一药物派生或演化的附属物为目，对每一药物的名称、栽培养殖、收采、炮制、药性、应用、方剂等有关内容，旁征博引，考正鉴定，十分详明。该书还涉及古代自然科学许多领域，诸如动物、植物、化学、矿物、地质、农学、天文、地理等学科。后来已被全部或部分地译成日文、英文、德文、法文、拉丁文、俄文等多种文字，在世界上广泛流传。

中国古代医学家利用“草根树皮，石头虫鱼”，为保护人民的健康做出了巨大贡献。中药学具有许多独特的内容和特点：

第一，中药学有一套独特的理论系统。这些理论知识是根据对疾病的认识，对药物的自然属性和在人体内的治病作用等概括出来的。中药有“四气”“五味”“升降”“浮沉”“归经”的属性。藏医学中更把药物的性能分成“六味”“八性”和“十七效能”。这些独特的认识是其他任何医疗系统中所没有的。四气是“寒热温凉”，五味是“辛苦咸酸甘”。寒凉药能治热性病，凡发热的病多用寒凉药；凡是机体虚弱、体温偏低、手足冰凉的病症，多用温热药。升降浮沉指的是药物在体内发挥作用的趋向，升浮指向上向外的趋向，反过来就是沉降。如麻黄可发汗，升麻有消除下坠感觉的作用，因而属升浮药。一般说，凡是植物的花、叶部分，多具升浮作用，如辛夷、苏叶等；凡是子实和矿石类物质，多是沉降药（当然有例外），如代赭石、枳实等。古代对药物的这些认识是通过长期实践概括总结出来的，经得起当代科学的检验。

第二，人们在治病过程中，积累和总结了对药物加工改造的独特方法，称作“炮制”（或“炮炙”）。中药的炮制方法极其丰富，大致分水制、火制和水火共制等几类。水制如用酒泡、醋泡、水漂等；火制如炒、焙、煅等；水火共制如蒸、煮等。炮制是中药治疗过程中不可缺少的一个环节，它的目的是消除毒性，增强药效，改变性能，便于服用、保存和去除杂质。如乌头、附子、半夏这些药，都有比较大的毒性，不经炮制加工，吃了要中毒，而用姜、明矾浸泡加工后，毒性就去除了，药效仍保存下来。又如生地黄是凉性药，可以用来治热性病；如果把地黄经过反复多次蒸熟晒干，却变成温性的，可以补血。加工炮制后，去掉杂质，可以做成便于服用和贮存的小片或其他剂型。所有这些，形成了我国中药独特的炮制学。

第三，中药的复方配伍以及采用药物的不同部位和剂型，也是独具一格的。一般说，中医大多采用复方的形式治病，一张方子，少则三五味，多的可达几十味。这些药物之间，互相配合，互相钳制，常常由于配伍的不同，甚至剂量的变化，而达到不同的治疗作用。两千多年前的《黄帝内经》中就已有简单的复方，汉代张仲景的《伤寒杂病论》也记有许多复方，以治疗不同的病症。如桂皮和麻黄合用，用来发汗治外感病；麻黄和杏仁、石膏等合用，却又是用来治喘咳壮热的；如麻黄配合白术、生姜，又变成消肿的方剂。再以当归为例，如果用完整的全当归，可以补血；如果用的是当归尾梢，却起行血活血的作用。同一味药的不同部位和不同配伍，作用这样不同，这是通过极其细心的观察和长期的实践取得的知识。在古代漫长的岁月中，为了适应不同的治疗需要，人们又发明了多式多样的治疗剂型。目前常用的汤剂、丸剂、散剂等，在两千多年前就有了。古代的药物剂型，包括外用、内服，多达一二十种。有不少固定的方剂，已制成固定的剂型，沿用千百年。汉代张仲景《伤寒杂病论》中的“白虎汤”、唐代的“四物汤”、宋代的“至宝丹”、藏医学中的“珍珠丸”等中成药，至今仍然在临床中发挥有效的医疗作用。

中国古代就已经有了多种特效药物。除去上述《神农本草经》中提到的以外，其他如鸦胆子治疗痢疾（阿米巴痢疾），苦楝、雷丸杀虫，海藻治甲状腺肿，动物肝脏（含各种维生素）治疗夜盲等等，都具有科学的道理。葛洪《肘后备急方》中就有应用绞取青蒿汁治疗疟疾的记载。已经证实，青蒿中含有抗疟药“青蒿素”，它的医疗作用比奎宁等常用抗疟药还好。古代的炼丹术在客观上也为中药的发展起了积极作用。由炼丹制出的产物，后来在外科上得到应用，如红升丹、白降丹等，至今仍是外科常用的药品。

3. 临床治疗技术

第一，人工呼吸技术。东汉张仲景在《伤寒杂病论》中记载了人工呼吸法的应用。书中说遇到自杀时间不长或自杀后心脏还有热气者时，就马上对其进行人工呼吸。而国外的人工呼吸术的应用，比我国至少晚一千六百年。第二，全身麻醉外科手术。东汉末年的神医华佗，已经应用酒服麻沸散作为麻醉剂做外科手术。这种麻醉法在世界上具有很大的影响。第三，免疫法。晋代道士葛洪著有《肘后备急方》一书，书中记载了“疗狂犬咬人方”，就是人被狗咬后，迅速将咬人的狗杀掉，取其脑髓，敷于被咬之处，以防狂犬病，因为狂犬的脑中有大量狂犬病毒，这已被现代科学所证实。这是世界史上最早的免疫法。第四，人痘接种法。早在十六世纪，我国就发明了预防天花的人痘接种法。公元1688年，俄国医生来北京学习此法，此法后从俄国传统至法国和欧洲各地。第五，针灸疗法。针灸疗法是中国医学中的一枝奇葩。早在两千多年前的春秋战国时期，针灸疗法就已相当普及。西晋时《针灸甲乙经》问世，促进了后世针灸学的发展唐代，针灸疗法被列入医学里程。秦汉

以后，针灸疗法传到朝鲜、日本、东南亚和中亚各国。宋元以后，又传到欧洲，至今欧、亚许多国家仍采用针灸疗法

第二节　中国古代重大发明

从有文字记载开始，至公元十六世纪之前，中国古人对世界科技文明和创新文化的贡献是辉煌的举足轻重的。四大发明不是中国人的结论，而是对中国文明持现实态度的外国学者的论断。四大发明的文化价值为世界所公认，当代美国学者德克波德（Derk Bodde）云："倘使没有纸和印刷术，我们将仍然生活在中世纪。如果没有火药，世界也许会少受点痛苦，但另一方面，中世纪欧洲那穿戴盔甲的骑士们可能仍然在他们有护城河围绕的城堡里称王称霸，不可一世，而我们的社会可能仍然处在封建制度的奴役之下。最后，如果没有指南针，地理大发现的时代可能永远不会到来，正是这个地理大发现的时代刺激了欧洲的物质文化生活，把知识带给了当时人们还不了解的世界，包括我们美国。"英国哲学家弗兰西斯·培根指出，印刷术、火药、指南针、造纸术"这四种发明已经在世界范围内把事物的全部面貌和情况都改变了：第一种和第四种是在学术方面，第二种是在战事方面，第三种是在航行方面；并由此又引起难以数计的变化来：竟至任何教派、任何帝国、任何星辰对人类事务的影响都无过于这些机械性的发现了。"由于培根在科学和哲学方面的崇高影响，四大发明学说得到广泛认同和传播。

但是四大发明之说并不一定能准确全面地反映中国古代科学技术发明的成就，它是从东西方交流这一层面所做的评判，尤其是四大发明作为推动欧洲资本主义发展的强大动力在西方历史上取得了令人瞩目的成就。于是，这几项西方当时最缺乏、最需要的技术被当作了中国最重要的科学技术成就。其实，中国古代的科学技术成就远不止这四大发明，在农耕技术、铁铜冶炼、油煤开采、机械制作、中医药学、天文数学、陶瓷、丝织和酿酒等方面都取得了丰硕而巨大的成就，这些和国计民生、和人们的日常生活密切相关的领

域中所取得的成就，极大地推动了中国古代生产力和社会生活的进展。有些发明的价值是远远超过四大发明的，很多发明，起码可以和四大发明的伟大成就相提并论。此处先从已经享誉世界的四大发明入手，对中国古代的重大发明作一个简要的介绍。

一、造纸术

造纸术相传是由东汉时代的宦官蔡伦所发明，但是也有考古证据说明，造纸术在更早时期就存在，而蔡伦只是一位改进造纸术的重要发展者，并把造纸术大规模投入商业使用。

虽然《后汉书·宦者列传》记载，东汉宦官蔡伦（公元63 —公元121年）发明了造纸过程，并建立了造纸新材料的使用。不过在中国发现的古老填充及包装纸制品1986年6月甘肃天水放马滩5号汉墓出土的地图，即西汉天水放马滩纸地图，证明西汉初年已有书写用的纸张，而且质量较好，工艺成熟，达到了较高的生产水平。到公元三世纪，作为书写媒介的纸已广泛为大众所使用，它取代了传统但更昂贵的媒介如竹简、帛书、木板，以及可后来入窑烧硬的湿黏土板等。目前所知最早、上书文字的纸片，是在阿拉善盟查科尔帖的一处烽火台遗迹里发现的。当时正值公元110年，东汉军队在一次匈奴南侵后放弃驻防该地。在公元105年由蔡伦确立的造纸过程中，将桑树树皮、麻纤维、旧亚麻布、与渔网混合物加水煮烂，均匀搅拌成泥；然后置入带芦苇织成底垫的木制平板木筛以捞起纸浆，这可在稍后抖掉水分并摊在阳光下晒干，这样加工的纸被称为“蔡侯纸”。虽然古埃及有纸草纸、欧洲有羊皮纸、我国古代还有丝絮纸和作书写用的缣帛纸，但只有植物纤维制造的蔡侯纸对世界造纸业的发展及人类文化的传播具有深远影响，其基本工艺一直沿用至今。根据史书记载和后人研究，蔡伦造纸术的基本点，归纳起来就是用植物纤维为原料，经过切断，沤煮、漂洗、舂捣、帘抄、干燥等步骤制成的纤维薄片。没有经过造纸基本步骤处理的纤维薄片，不具备纸的基本性能，就不能称之为我国古代传统概念上的纸。世界上最早的纸是埃及的纸莎草纸，而欧洲中世纪则普遍使用羊皮纸，这两种纸因为原料单一，改进余地有限，被使用复数种类材料的中国纸所取代。中国造纸术在公元七世纪经朝鲜传到日本。公元八世纪中叶传到阿拉伯联合酋长国。到公元十二世纪，欧洲才仿效中国的方法开始设厂造纸。

二、指南针

指南针的发明是汉族在长期的实践中对物体磁性认识的结果。古代中国人接触了磁铁矿，开始了对磁性质的了解。人们首先发现了磁石引铁的性质，后来又发现了磁石的指向性。经过多方的实验和研究，终于发明了可以实用的指南针。指南针的始祖大约出现在战国时期。它是用天然磁石制成的。样子像一把汤勺，圆底，可以放在平滑的“地盘”上并保持平衡，且可以自由旋转。当它静止的时候，勺柄就会指向南方。古人称它为“司南”。《韩非子》中就有：“先王立司南以端朝夕。”“端朝夕”就是正四方、定方位的意思。《鬼谷子》中记载了司南的应用，郑国人采玉时就带了司南以确保不迷失方向。司南由青铜盘和天然磁体制成的磁勺组成，青铜盘上刻有二十四向，置磁勺于盘中心圆面上，静止时，勺尾指向为南。根据《史记·孝武本纪》记载汉武帝时胶东有个栾大，献给汉武帝一种斗棋。这种棋子一放到棋盘上就会互相碰击，自动斗起来。汉武帝看了非常惊奇。原来来大的棋子是用磁石做的，能互相吸引碰击，只是汉武帝不懂这个道理罢了。北宋的沈括在《梦溪笔谈》中提到另一种人工磁化的方法：“方家以磁石摩针锋，则能指南。”按沈括的说法，当时的技术人员用磁石去摩擦缝衣针，就能使针带上磁性。现在看来，这是一种利用天然磁石的磁场作用，使钢针内部磁畴的排列趋于某一方向，从而使钢针显示出磁性的方法。这种方法比地磁法简单，而且磁化效果比地磁法好，摩擦法的发明不但世界最早，而且为有实用价值的磁指向器的出现创造了条件。南宋陈元靓在《事林广记》中介绍了另一类指南鱼和指南龟的制作方法。这种指南鱼与《武经总要》一书记载的不一样，是用木头刻成鱼形，有手指那么大，木鱼腹中置入一块天然磁铁，磁铁的S极指向鱼头，用蜡封好后，从鱼口插入一根针，就成为指南鱼。将其浮于水面，鱼头指南，这也是水针的一类。指南龟是当时流行的一种新装置，将一块天然磁石放置在木刻龟的腹内，在木龟腹下方挖一光滑的小孔，对准并放置在直立于木板上的顶端尖滑的竹钉上，这样木龟就被放置在一个固定的、可以自由旋转的支点上了。由于支点处摩擦力很小，木龟可以自由转动指南。当时它并没有用于航海指向，而用于幻术。但是这就是后来出现的旱罗盘的先声。要确定方向除了指南针之外，还需要有方位盘相配合。最初使用指南针时，可能没有固定的方位盘，随着测方位的需要，出现了磁针和方位盘一体的罗盘。罗盘有堪舆用的罗经盘和水罗盘、旱罗盘。

指南针一经发明很快就被应用到军事、生产、日常生活、地形测量等方面，特别是航海上。指南针在航海上的应用有一个逐渐发展过程。成书年代略晚于《梦溪笔谈》的《萍洲可谈》中记有："舟师识地理，夜则观星，昼则观日，阴晦则观指南针。"这是世界航海史上最早使用指南针的记载。文中指出，当时只在日月星辰见不到的时候才使用指南针，可见指南针刚开始使用时，使用还不熟练。二十几年后，许兢的《宣和奉使高丽图经》也有类似的记载："惟视星斗前迈，若晦冥则用指南浮针，以揆南北。"到了元代，指南针一跃而成海上指航的最重要的仪器了，不论昼夜晴阴都用指南针导航了，而且还编制出使用罗盘导航，在不同航行地点指南针针位的连线图，叫作"针路"。船行到某处，采用何针位方向，一路航线都一一标识明白，作为航行的依据。但是，指南针在中国古代主要被堪舆家们用于相宅相墓。这一发明后来经阿拉伯传入欧洲，对欧洲的航海业乃至整个人类社会的文明进程，都产生了巨大影响。

三、火药

古代中国人发明火药至今已有一千多年了。当时发明的火药，现在叫黑火药；因为它呈褐色，又有人叫它褐色火药。它是硝酸钾、硫黄、木炭三种粉末的混合物。这种混合物极容易燃烧，而且燃烧起来相当激烈。这是因为硝酸钾是氧化剂，加热的时候释放出氧气。硫和炭容易被氧化，是常见的还原剂。把它们混合燃烧，氧化还原反应迅猛进行，反应中放出高热和产生大量气体。假若混合物是包裹在纸、布、皮中或充塞在陶罐、石孔里的，燃烧的时候由于体积突然膨胀，增加到几千倍，就会发生爆炸。这就是黑火药燃烧爆炸的原理。火药顾名思义就是“着火的药”。触火即燃是它主要的特性。那又为什么叫它做“药”呢？在春秋晚期（公元前六世纪），有一个叫计然的人就说过：“石流黄出汉中”，“消石出陇道”。石流黄就是硫黄；消石就是硝石，古时还称焰硝、火硝、苦硝、地霜等。可见早在春秋战国时期，木炭、硫黄、硝石已经为人们所熟知。在我国第一部药材典籍汉代的《神农本草经》里，硝石、硫黄都被列为重要的药材。即使在火药发明之后，火药本身仍被引入药类。明代著名医药学家李时珍所著的《本草纲目》中，说火药能治疮癣、杀虫、辟湿气和瘟疫。更主要的是火药的发明来自人们长期的炼丹制药的实践中。火药的名称就是这样获得的。

和其他发明创造一样，火药的发明也经历了一个长时间的实践和认识过程，随着生产的发展、社会的进步而逐步完善。对炭、硫、硝三种物质性能的认识，为火药的发明准备了条件。在我国封建社会的上升阶段，由于医药学和炼丹活动的发展，特别是通过长期的实践，至迟在唐代，人们在伏火硫黄、伏火硝石的多次实验中观察到，点燃硝石、硫黄、木炭的混合物，会发生异常激烈的燃烧。在宋代无名氏的《诸家神品丹法》卷五中载有“孙真人丹经内伏硫黄法”，即采用“伏火法”制作火药，并对火药的性能有了较为准确的认识。

火药发明之后，唐末宋初人们已经采用火药箭了。这是火药应用于武器的最初形式。随后又在石炮的基础上，创造了火炮。火炮就是把火药装成容易发射的形状，点燃引线后，由原来抛射石头的抛石机射出。火药运用在武器上，是武器史上一大进步。宋真宗咸平三年（公元 1000 年），有个叫唐福的神卫水军队长，把他所制的火箭、火球、火蒺藜献给宋朝廷。火药武器的出现反过来推动了火药的研究和大规模生产。北宋以熟悉法令典故而著称的宰相曾公亮等编写的军事著作《武经总要》里不仅描述了多种火药武器，还记下了当时的三种火药配方。在宋代，民族矛盾、阶级矛盾都十分尖锐，战争接连不断，这就促使火药和火药武器有更快的发展。据记载，当时的军器监规模宏大，分工比较细，雇用工人曾经达到四万多人。监下分有火药作、青窑作、猛火油作、火作（生产火箭、火炮、火蒺藜等）等十一个大作坊。而火药的生产放在第一位，可见火药、火器在兵器中的地位。

早在唐代，我国和波斯、印度、阿拉伯等一些国家通过海上的贸易往来很频繁，就在这时，硝随同医药和炼丹术由我国传出。当时阿拉伯人把硝叫作“巴鲁得”，意思就是“中国雪”，波斯人却叫它做“中国盐”，但是他们只知道用硝来炼金、治病和做玻璃。直到公元1225年到1248年间火药才由商人经印度传入阿拉伯国家。欧洲人在公元十三世纪后期通过翻译阿拉伯人的书籍，才知道火药。主要的火药武器大多是通过战争西传的。元代初期，成吉思汗和他的子孙在西征中亚、波斯的交战中，阿拉伯人才知悉包括火箭、毒火罐、火炮、震天雷在内的火药武器，进而掌握了火药的制造和使用。欧洲人又是在和阿拉伯的战争中，接触和学会了制造火药和火药武器的。英法各国直到公元14世纪中期，才有应用火药和火器的记载。火药、火器传到欧洲，不仅改变了作战方法，重要的是帮助资产阶级把封建骑士阶层炸得粉碎，为资本主义的到来做出了贡献。所以恩格斯明确地评价说：“火药和火器的采用绝不是一种暴力行为，而是一种工业的，也就是经济的进步。”（《马克思恩格斯选集》第三卷）

四、活字印刷术

活字印刷术开始于隋朝的雕版印刷，经宋仁宗时毕昇的发展完善，产生了活字印刷，并由蒙古人传至了欧洲，所以后人称毕昇为印刷术的始祖。

雕版印刷是用刀在一块块木板上雕刻成凸出来的反写字，然后再上墨，印到纸上。每印一种新书，木板就得从头雕起，速度很慢。如果刻版出了差错，又要重新刻起，劳作之辛苦，可想而知。北宋刻字工人毕昇在公元1004年至1048年间，用细质且带有黏性的胶泥，做成一个个四方形的长柱体，在上面刻上反写的单字，一个字一个印，放在土窑里用火烧硬，形成活字。然后按文章内容，将字依顺序排好，放在一个个铁框上做成印版，再在火上加热压平，就可以印刷了。印刷结束后把活字取下，下次还可再用。这种改进之后的印刷术叫作活板印刷术。这种印刷方法虽然原理简单，却与现代铅字排印原理相同，使印刷技术进入了一个新时代。北宋科学家、政治家沈括曾在《梦溪笔谈》中有一篇文章叫《活板》就详细介绍了活板印刷术的全过程。

后来，元代著名农学家与机械学家王祯发明了木活字，并创造出比较简捷的适于汉字复杂特点的转盘排字方法。后来又发明了金属活字，使活字印刷得到了改进。唐代的雕刻印本传到日本，公元八世纪后期日本完成了木板《陀罗尼经》以后又传到朝鲜民主主义人民共和国、阿拉伯联合酋长国一带和东欧。公元十五世纪，德国人学会了用合金铸字，从此毕昇首创的活字印刷在欧洲各地推广开来。

四大发明在人类文明史上的重要地位，是中国成为文明古国的标志之一。古代，我国的科学技术在许多方面曾经居于世界前列，但过去的光辉历史不等于现在的荣耀。公元五世纪后，欧洲处在封建社会之中。在这个漫长的时期里，我国的科学技术一直在向前发展，而欧洲的科学技术却停滞不前。到了十五、六世纪，由于封建制度的瓦解和资本主义制度的逐步形成。欧洲的近代自然科学得以诞生，并突飞猛进，超越中国，领先于世界。从此，中国的科学发展基本上就一直落后于西方国家。西方列强利用中国发明的纸张、印刷术，传播科学知识，普及教育。利用中国发明的指南针、火药，探索世界。最后，直接打到了中国。在清朝，强迫中国割地赔款，使中国成为一个半殖民地半封建的国家

五、医疗保健：中医药、麻沸散、针灸、接种人痘

中医药方面上文述之已详。

麻沸散：早在公元前几百年的战国时期，中国名医扁鹊就配制了可以让人麻醉以施行手术的“毒酒”，而公元三世纪的名医华佗更是配制了全身麻醉

剂麻沸散给患者动了腹部手术。但华佗后来被曹操杀死，麻沸散也就失传了。据《后汉书》记载，华佗使用麻沸散先后成功地做过开腹切肠、开腹取胎、切除肿瘤等手术。华佗所进行的手术在今天看来依然是难度很大的大型手术，麻沸散的发明更是一项划时代的重大贡献，远远走在世界的前面。华佗的麻醉术和麻沸散对中国后世医学有很大影响，宋元明清时代，出现了局部麻醉和正骨专科麻醉等等方法。可惜后人无法找到麻沸散的确切配方。十九世纪之初的欧洲尚没有可靠的手术麻醉剂，据说拿破仑的御医给伤兵动手术的唯一法宝就是动作的极端快速，以减轻伤员的痛苦，他在一夜之中曾经动了一百多个截肢手术。1844 年，美国人柯尔顿使用笑气（一氧化二氮）做麻醉药，但效果不理想。直到 1848 年，美国人莫尔顿又使用乙醚做麻醉药，从此才得到广泛应用。

针灸：风靡世界的针灸疗法操作简便、适应病症广。针灸疗法所依据的人体经络系统既无解剖实体，也无法在各种医学检验中显现图像，那些密密麻麻的、各有奇异美丽名字的、成百上千的穴位，不过是光洁皮肤上一些毫无痕迹的虚拟的点。但是针灸的疗效却如此确切而神速，甚至能达到针到病除的奇效，可谓是中国中医体系中最不可思议的医疗技术。这项伟大技术是始自何时，何人创造，已经无法考究了。但对这种古老技术的记载，往往和黄帝、伏羲的名字连在一起。约成书于战国时期的《素问 · 病能论》云：“有病颈痈者，或石治之，或针灸治之而皆已。”《史记 · 扁鹊仓公列传》亦云：“或不当饮药，或不当针灸。”东晋葛洪《抱朴子 · 勤求》云：“被疾病则遽针灸。”可见其历史之久远。针灸技术本来还包括灸，就是在身体的某些特定穴位进行炙烤，以取得特殊疗效，但是针法比灸法疗效大得多，于是在谈到针灸时，大多是在谈针法。最初的针灸大致经过了从砭石—石针—骨针—竹针木刺—青铜针—铁针—金银针这样一个发展变化过程。也许古代人类偶然发现把砭石扎在身上某些受伤或病痛的特殊部位会减轻疼痛，促进愈合，这就是针灸的起源。

接种人痘：中国古代在免疫学上的重大成就就是最晚于工业 16 世纪发明了接种人痘以预防天花传染的卓越技术。这项发明为英国人琴纳于 1796 年发明牛痘接种和 1979 年世界卫生组织宣布在全世界消灭了天花病这两项光辉胜利开辟了道路。中国本来没有天花，天花是公元二世纪左右从国外经南方传入的。对于这种可怕的传染病，中国医学家一直在进行战胜它预防它的可贵探索。是什么时候发明出了接种人痘的有效方法呢？有三种说法，即始于公元八世纪的唐代的赵氏鼻苗法、公元十一世纪的宋代峨眉山神医和公元十六世纪明代安徽宁国种痘三种。这几种说法都是古代以毒攻毒医疗思想的体现，都是采取天花病人结痂和脓汁接种到健康人身上以达到预防天花的目的。一般学者从论据充分、有旁证资料的角度出发，多承认公元十六世纪之说，但是也都认为人痘起源于唐代、宋代之说应该不是空穴来风，有一定道理。接种人痘防疫技术的推广，清代康熙皇帝有莫大功劳。由于康熙坚决推广人痘接种，且成功率达到 97% — 98% 之高，因此天花流行的猖獗势头被遏止了。种痘技术公元十七世纪相继传到欧洲、美洲，也传到了中国的邻邦日本和朝鲜，他们在十八世纪初也推广了这项技术。英国的一位人痘接种技师琴纳（E.Jenner）在中国人的人痘接种基础上于 1796 年创造牛痘接种成功。牛痘在 1805 年传入中国。人类彻底消灭了烈性传染病天花，琴纳的牛痘和中国人的人痘都做出了不可磨灭的伟大贡献。

六、天文地理：星表和星图、地动仪、测量子午线

星表和星图：中国古代天文学产生很早，一些新石器时代出土的文物如甲骨文和陶片上已经有象征天文观测的图形和文字。战国时齐国的甘德和魏国的石申是两位著名的皇家天文学家，石申著有《天文》八卷，甘德著有《天文星占》八卷，均已失传。后人将一些古书中引录的这两部著作的片断加以辑录，称为《甘石星经》。甘德和石申都记录了一些恒星的名称、方位，两人的记录互有交叉，所以三国时代的天文学家陈卓将甘德、石申、巫咸三家所记录的恒星汇总起来，共得全天 283 个星官（即古代为了观测方便把所观察到的恒星分成的小组，和后世星座的含义不同）、1464 颗星，并以不同的颜色标在星图上，后人依此绘制星图，制造浑象（一种天文仪器）。《甘石星经》中，石申区划的星官有 120 个，计 815 颗，甘德区划的星官有 146 个，计 687

颗。最有价值的是，石申还列出120个星官的标准星具体坐标值，并对120颗标准星具体坐标值加以测定，列出其赤道坐标，其中，二十八宿以“距度”和“去极度”记述，其他恒星则用“入宿度”和“去极度”记述。所谓“距度”就是指二十八宿沿赤道自西向东排列，每一宿选出一个代表星，叫作“距星”，“距度”就是两“距星”之间的“赤经差”。“入宿度”就是这颗恒星和“距星”之间的“赤经差”。“去极度”指该恒星和天极的角度。由此可见，星表采用了赤道坐标系统，也就是以赤经和赤纬两个坐标表示天球上任一天体位置。石申表述了一个完全数量化的著名星表《石氏星经》。以赤道坐标系统记录恒星的坐标值，是古代中国天文学的一项独特的重大贡献，而西方天文学都是以黄道坐标来标注恒星位置的。和战国时代同时的希腊还是采用从巴比伦沿袭下来的黄道坐标系统，到了十六、十七世纪之后才使用赤道坐标系统，直到现在。赤道坐标和黄道坐标系的互相参照，提高了天文观测和记载的精确度。

地动仪：东汉的著名天文学家张衡是制造天文仪器的专家，他发明的候风地动仪制作得十分精致严密。张衡的地震仪是一个精铜制成的大酒桶形的容器，直径八尺，八面有八条头朝下的龙，龙口里衔着铜丸，每条龙下方蹲着一只张着嘴的铜制蟾蜍。仪器中间悬有一根极其灵活的中心柱，叫“都柱”，上粗下细，平时，处在一种不稳定平衡状态，下有东、西、南、北、西北、西南、东南、东北八个方向的轨道。八个龙头就是八个曲杠杆，铜珠就靠曲杠杆压着，当地面有了一点震动，受到一个惯力，这只重心很高的“都柱”下端就会向前方产生极其微小的位移，整个都柱就会向后方，也就是地震方向倒去，触动曲杠杆，那条龙口里的开关就张开，把嘴里的铜丸吐到蟾蜍口中，并发出响亮的声音，这样就知道在这个方向发生了地震。其精妙处就在于，“一龙发机，而七首不动。”这架候风地动仪安装在当时东汉的首都洛阳，几次地震预报都很准确。在国外，直到十三世纪在波斯的马哈拉才出现了一样原理的地震仪器。这种利用物体的惯性拾取、扩大地震波，进行远距离测量的原理，一直到现在还在使用。

僧一行测量子午线的成就，前已述及，此处从略。

七、数学：十进位制和二进位制、圆周率

正整数逢十进一位，逢百进二位，逢千进三位，这种以十为基数的十进位制，今天看起来是十分简单合理、自然而然的事情，但是人类还是经过艰辛探索才创造了这种进位制的。中国使用十进位制在全世界最早。中国古代最早的记数体系见于甲骨文，约形成于公元前十六至前十一世纪，它采用十进非位值制记数制，独立的符号共发现了十三个，记数时用一种特别的乘法组合原则，被称为乘法累数制。单位词是十、百、千、万，对十以上的数目多以合文书写。到公元前五世纪左右，出现了计算用的算筹，它采用纵横两种布筹方法，为了避免位数相混，记数时纵横相间，成为世上最早的十进位值制记数体系。十进位制之所以在中国最早出现，和中国固有的文化是分不开的，汉字是方块字而不是拼音文字，极大地促进了十进位制的形成。而欧洲人正式采用十进位制的最早证据，是公元 976 年的一份西班牙文的抄本。十进位制是中国对人类做出的不可磨灭的重大贡献。

二进位制是电子计算机的运算基础，而二进位制的发明人是德国杰出数学家莱布尼茨（G.W.Leibniz，公元 1646 – 1716 年），不过他发明二进位制是受了中国古代“先天八卦”的启发。易经八卦相传是伏羲画卦，周文王重卦，太公作爻辞，是一双鱼太极图，四周围绕有乾坎震艮巽离坤兑八卦，这八卦就是由长短划不同排列组合而成的符号。它的象征意义是无极生太极，太极生两仪，两仪生四象，四象生八卦，八卦生六十四卦。每一卦都是由阳爻（—）和阴爻（——）构成。如果以阳爻（—）为 1，以阴爻（——）为 0，按照二进位制的逢 2 进 1 的规则，则这从乾到坤的 64 卦均可以用 0 和 1 两个数字表示出来。如第一卦乾卦为 111111 = 63，第二卦为 011111 = 62，第三卦为 101111 = 61，这样排列下去，第六十二卦为 010000 = 2，第六十三卦为 100000 = 1，最后一卦为 000000 = 0。统观这从乾到坤的六十四卦的排列，其二进位制数序排列恰好为从 63—0 的自然数顺序排列，真是天衣无缝，巧夺天工！当时，德国大数学家、微积分和数理逻辑的创始人莱布尼茨正在

为创造一部乘法机而遇到困难，一筹莫展，正好他的朋友、到中国去传教的教士白晋（J.Bouvet）从中国归来，带来了《六十四卦次序图》和《六十四卦方位图》，莱布尼茨如获至宝，顿时感到阴阳两个对立矛盾的面千变万化的奇妙，对易经和八卦以及它最初的发明者伏羲充满敬意，受到点拨和启发，产生了他的二进位制的最早灵感。他认为，“只有 0 和 1 的二进位制不但具有简洁的形式，更可以表示宇宙间所有的量。这是上帝的语言！所有的数通过 1 和 0 的方式表达，是何等美妙！”其实早在莱布尼茨之前，北宋的哲学家邵雍就在他研究《易经》的著作中提出了比较完备的二进位制思想，可惜没有传播开来。

祖冲之计算圆周率的成就，前已述及，此处从略。

八、工业：钢铁冶炼和铁器制作

钢铁冶炼和铁器制作：人类早期炼得的熟铁通常叫块炼铁，它是铁矿石在八百到一千摄氏度左右的条件下，用木炭直接还原得到的。出炉产品是一种含有大量非金属夹杂的海绵状固体块。块炼铁和生铁比较起来，有如下几个缺点：一是它不能从炉里流出，取出铁块时，炉膛要受到不同程度的破坏，不能连续生产，生产率比较低，产量比较小。二是成形费工费时。三是所含非金属夹杂比较多，要通过反复锻打才能排除。四是含碳量往往比较低，因而很软。生铁的冶炼温度是一千一百五十到一千三百摄氏度，出炉产品呈液态，可以连续生产，可以浇铸成型，非金属夹杂比较少，质地比较硬，冶炼和成形率比较高，从而产量和质量都大大提高。由块炼铁到生铁是炼铁技术史上的一次飞跃。1964 年，江苏六合程桥镇出土一件春秋晚期的铁块，经鉴定是白口生铁。这是到现在为止我国出土并且经过科学分析的最早生铁实物。战国中晚期，铁器在我国农业、手工业生产中占据了主导地位。据不完全统计，目前出土的战国铁质生产工具大约十六种左右，其中多数是生铁和它的柔化处理件，块炼铁处于辅助地位。这表明这时我国生铁生产已经有了比较大的发展。洛阳水泥制品厂战国早期灰坑遗址出土过一件铁铲，铲体基本锈蚀，只在銎部（装柄的孔）有部分金属残留，在金相显微镜下显示了黑心可锻铸铁组织，基体是铁素体，上面分布着团絮状退火石墨。这是到现在为止世界上经过科学分析的最早的铸铁可锻化退火处理件。战国中晚期后，可锻化处理工艺有了比较大的发展，主要表现在：第一，分布地域更广了。在北方，目前经分析过的有河北易县燕下都遗址的铁镢、铁锄、铁䦆等，在南方有湖北包山出土的空首斧、湖南长沙出土的铁铲等。第二，部分器件已经处理得比较好，器件断面基本上是可锻铸铁组织，中心没有白口铁残余，如燕下都的铁䦆等。汉代到南北朝时期，铸铁可锻化技术发展到比较成熟的阶段：一是使用范围有了进一步扩展。近年在山东薛城、河南南阳、渑池和巩义市，北京清河和大葆台，湖北铜绿山等地，都发现了这类器件。二是技术水平有了进一步提高。凡处理过的器件，中心很少有白口铁组织残留，石墨发育比较好，形态多和现代可锻铸铁相当。这些可锻铁中，有白心的，也有黑心的，多数是农具。

炒铁是古代中国钢铁冶炼的另一重大发明，是一种简便有效的炼铁术。方法是把含碳量过高的可锻铸铁加热到半流体状态，再和铁矿石粉混合起来不断“翻炒”，让铸铁中所含碳元素不断渗出、氧化，从而得到中碳钢或低碳钢。如果继续炒下去，就得到含碳更低的熟铁。这种方法始于西汉，东汉的《太平经》中就明确记载了炒铁技术，在河南巩县的古冶铁遗址中也发现了以炒铁制作的铁币和炒铁炉。

其他方面，还有陶瓷技术、酿酒技术、养蚕缫丝技术、茶叶种植加工技术等，都是中国古人为人类的生产生活做出重大贡献的发明创造。

第三节　中国古代科技的特点和近代落后的原因

中国古代的科学技术成果作为中华民族灿烂文化的一个重要组成部分有着辉煌历史，并处于当时那个时代的世界最前列。中国古代的科技成果不仅对于中华民族几千年来屹立于世界民族之林做出了重大的贡献，而且对世界各国科技的发展都产生了重要影响。

一、中国古代科技的特点

中国古代科学技术成就几乎全是中国人自己独自创造出来的，这一点与古希腊科学技术的发展不同。正是这种独创的科技成就的长期发展，历代继承，才形成了中国古代的科学技术体系。著名英国科技史家李约瑟博士在他所著的《中国科学技术史》的序言中曾对此做出了公正的评价："中国的这些发明和发现往往远远超过同时代的欧洲，特别是在十五世纪之前更是如此（关于这一点可以毫不费力地加以证明）。"

第一，连续性和阶段性特征，即中国古代科学技术的发展，特别是科学思想的发展，既有连续性，又显示出阶段性高潮的特点。中国古代社会从五帝、夏、商、周、春秋战国直至清末，一直绵延不断，既不曾发生过像罗马帝国那样中断无继的历史悲剧，也不曾经历西欧中世纪的黑暗时代。这就使我国古代科学技术的发展得以世代相传、连续积累，并在这个基础上走向自己的巅峰。

在漫长的历史长河中，春秋战国、两汉（尤其是东汉）与宋元（尤其是北宋）时期，中国古代科学技术的发展基于政治、经济、文化、社会等方面的内外因素又都显示出阶段性的高潮。春秋战国时期可以说是我国古代科学技术的全面奠基时期，也是第一次大发展时代。由于新兴封建制度优胜于奴隶制度，其成就不仅赶上而且超过了早期科学技术最发达的古希腊。两汉时期是中国古代科学技术发展的又一高峰期，一方面，由于科技本身经过了春秋战国的长期酝酿、积累和实践，到这时达到了量变足以引起质变的地步；另一方面，社会统一与安定，经济的持续发展，为科技活动和科技新高潮的到来创造了良好的外部条件。它呈现出科技人才辈出，科技著作大批问世，科技成果辉煌，科技对生产的渗透与协调日益显著等诸多特点。

宋元时期是中国古代科学技术达到高度发展阶段的又一高潮时期。中国科学技术自两汉而后，经魏晋南北朝充实和提高，到隋唐五代技术发展，并呈现一股继续高涨的趋势。这种趋势因宋元时期经济发展、文化昌盛、理学形成、战争和其他需要而得到强化。统治阶级为满足自身、政权和社会对科学技术的多方面需要，通过完善教育体系，举行多元化考试，奖励发明创造和培养扶植科技人才等措施，助长、推动和促进了科技的发展，而安定富裕的社会环境和发达的出版业则又提供了良好的研究条件。求索物理，格物致知，怀疑、探索、创新的学风催促知识分子们考察和研究自然事物以及如何使之有利于国计民生。国内各民族之间的文化交流与国外的文化交流，也加速着科技的发展。这一切使宋元时期成为中国古代科技发展的黄金时代，不论天文、地学、生物、数学、物理、化学均有突出成就。

明清时期虽相对于前发展势头明显下降，但明末清初中西科学成就交融的起步，清代传统科技仍然缓慢推进。

第二，实用性特征，即以满足封建自然经济和统治阶级生活等需要为目的的实用科学技术得到发展。我国古代科学技术特点是在封建社会初创的秦汉时期形成的，从建立与巩固新的封建秩序出发，要求科学技术直接为发展生产服务，因此它更多地具有实用性的色彩。实用科学特别注重生产实践和直接经验，注重工艺过程、工艺方法和实际操作的效益。具有实际经验的工匠、文人、医生对实用科学做出了巨大贡献。实用科学把研究的最后落脚点放在应用上，如把天文学的研究建立在观测的基础上，以便更好地为修订历法服务。中国传统数学在古代形成了以计算见长，以解决实际问题见长的体系。各项技术的发明则直接同工程建设、工农业生产工具的改进、军事工程设施、武器的改进联系在一起，因而，其实用性、应用性更加突出。由于封建社会绵延两千多年，中国科技在秦汉时期形成的这种特色，也就被进一步定型，几乎成为一种前后继承的固有模式。

应用性强这一特点并不排除中国古代在自然观的研究上具有较高的理论性，也并不排除各门科学技术中都有的理论性的探讨。但从总体上、从主导方面来看，中国古代科学技术基本上属于经验科学。由于在延续两千多年的中国封建社会中，自给自足的小农经济一直是社会生产的基础与主体，它对科学技术能提供的经验往往是片断而零星的，不可能有其系统性，这样，在这个基础上进行的科学抽象当然多数也就只能是经验性的；同时，在这样的社会生产条件下为科学实验与观测所提供的仪器设备，总体上也必然是既有限又简陋的，这就使科学家们对自然现象的观测受到限制，对其本质的揭示只能停留在描述阶段。而这种情况，与着眼于实用要求，特别关注工艺技巧与可操作性是密切相关的。

重视经验而忽视理论抽象的传统在很大程度上限制了中国古代科技向高级形态的发展，这一缺点在中国古代实用科学体系终于走到了经验科学形态的尽头之后便暴露出来，它使中国古代科学迟迟难以过渡到近代科学形态。

第三，与农业关系密切的学科得到更大发展。由于我国古代的封建经济主要是农业经济，国家又采取重农抑商的政策，因此，与农业关系密切的学科，如天文学、农学、地学、医学等在中国古代都得到较大的发展。先秦以来，一直强调以农为本，编造历法，授民以时是历代王朝必须从事并给以极大关注的重大事项。又如作为地学分支之一的气象学，远在三千多年前，在我国殷代甲骨文中，就有关于天气实况的记录，《卜辞》里还表达出人们已有预知天气状况的要求，这些都是和当时农业生产的需要相适应的。水利工程与水文知识的发展同样与农业灌溉、防止水患侵袭、保障皇粮军粮运输等需求紧密相连，因此，都江堰、郑国渠、龙首渠、黄河大堤、海塘、京杭大运河等我国古代水利工程都是闻名世界的杰作。与这些学科不同，一些与手工业生产关系密切的学科，如力学、物理学等都不像与农业关系密切的一些学科那样发达，也不成体系。

第四，儒学化的特征。科技是在文化背景中发展起来的，必然受到文化的深刻影响。中国古代科技亦是如此，这主要表现在以下两个方面：一是儒家文化对科学家的影响，中国古代科学家成长于儒家文化的氛围中，他们的人格素质，价值观、学识受到了儒家思想的熏陶，甚至与儒家没有明显的分界；二是儒家文化对科学研究的影响，这主要体现在儒家文化影响了科学家的科研动机、知识基础和研究方法等。儒家文化这种深刻影响的结果便是使中国古代科技具有明显的儒学化特征。中国古代科技中的数学、天文学、地理学、医学和农学五大学科都具有显著的儒学特征，中国古代的科学是儒学化的科学。

第五，有机宇宙观、元气论是指导中国古代科学技术发展的主流思想。英国著名科学史家李约瑟在他的《中国科学技术史》中提出这样的看法："当希腊人和印度人很早就仔细地考虑形式逻辑的时候，中国人则一直倾向于发展辩证逻辑。与此相应，在希腊人和印度人发展机械原子论的时候，中国人则发展了有机宇宙的哲学。"他认为西方机械论是把世界看作一台机器，而中国哲学则把宇宙看作是一个有机体。俄国现代物理学家普里高津在阅读了李约瑟的著作以后，在其《从存在到演化》写道："正如李约瑟在论述中国科学和文明的基本著作中经常强调的，经典的西方科学和中国的自然观长期以来是格格不入的，西方科学家向来是强调实体（如原子、分子、基本粒子、生物分子等），而中国的自然观则以关系为基础，因而是以关于物理世界的更为'有组织的'观点为基础。"中国传统学术思想着重研究整体性和自发性，研究协调和协和，即把自然界看作是一个有机整体，立足从整体来把握事物及其规律，强调把握事物之间的关系，这些都是中国传统学术思想的特点。中国古代科学家们基于人类社会与自然关系的深刻理解，强调了人与自然、自然与社会的联系。

第六，官办为主。几千年来，天象记录、历法编制都是连续不断，代代相传，和它相关的大型天文仪器的研制、大规模的天体测量、水利工程的兴建与治水理论的探讨、地理志的编纂、一些大型药典的修撰等方面，都是在"士"的积极参与下由官方组织庞大人力、物力来完成的。另外，技术的绝大多数精华也都掌握在官办企业及其人员手中。《考工记》《武备志》《营造法式》等技术著作也都是在官办情况下编纂完成。对各门科学技术有重要贡献的著名科学家或技术专家多数人又均出身于官僚世家，许多本人也都是现任的高官。李约瑟在《中国与西方的科学与社会》一文中指出："无论是理论方面还是应用方面，科学都相对具有'官办'性质"，天文学家"只不过是皇帝的文职公仆而已"，"而文化更低、更下一层的技师和工匠也无疑同样具有这种官僚性质。其部分原因，几乎各个朝代的作坊为国家所有。另一个原因是不少在某些朝代，如西汉盐业及炼铁业等大多数具有先进技术的行业都为国家所有。除此之外，还有一种明显的现象，一些技师是追随某个显赫官员个人的食客。”

当封建社会处于上升时期，或经历调整社会关系阶段，统治阶级的施政在一定程度上反映了社会发展的客观趋势，在历史上或多或少起着进步作用的时候，依附于统治阶级的“士”必然为其所用。统治阶级为了治国安民，巩固其统治，也为了满足他们本身骄奢极欲的生活和寻求上天保佑、长生不死的梦想，必然在一定程度上关心生产的发展和天时地利的情势，追求好的保健、医疗手段与观赏玩乐、享受生活的物质条件，而这样也就不得不求助于科学技术的力量，必须组织一批“士”为实现其目的服务，而传统一经形成，在封建社会往往就会很自然地沿袭下去，从而形成我国古代科技官办为主的特征。

第七，形成大一统的技术结构。中国古代科学技术从春秋战国时期开始逐渐赶上其他文明古国，继而在长达千余年之久的“大一统”封建社会的兴衰时期持续发展并始终处于世界领先地位。中国是农业古国，历代封建统治者出于巩固政权的需要都推行“以农立国”的政策，大兴水利就是这一政策的集中体现，水利工程既是农业经济的需要，又是大一统社会结构的要求。单靠小农经济不可能产生大规模的水利工程，来自大一统社会结构的推动是古代中国水利技术始终保持领先地位的重要原因。中国古代最著名的建筑奇迹万里长城是为了满足国防需要建立起来的；京杭大运河是为了满足隋炀帝游乐的需要；郑和下西洋所产生的航海技术是为了满足政治需要而发展起来的；冶金、纺织、制瓷、四大发明等无一不是如此，它们都是为了满足封建社会的政治、经济、军事等方面的需要而存在、发展的。中国古代的技术大多是围绕巩固大一统社会的需要发展起来的，并最终形成了大一统的技术结构。封建大一统社会结构决定了中国古代技术的命运：在长达千余年之久的封建时代成就了辉煌，随着明清时期封建王朝日趋衰落而逐渐终结。

二、中国近代科技发展迟滞的原因

中国古代科学技术曾经在世界文明史上写下了光辉灿烂的篇章，但当西方经过文艺复兴的洗礼，近代科技开始生机勃勃迅速发展之际，它却反而进展迟缓，越来越落到了西方的后头。认真总结中国科技自清代以来发展迟缓的原因，对于发展中国现代科技文明可以有许多启示。

第一，社会转型迟滞，影响近代科技发展。中国古代科技思想比较重视总结实践经验，而轻视理论概括和抽象，因此古代科技具有很强的实用性，而忽视抽象科学的研究。古代科技中的天文学、农学、医学成就比较突出，就反映这一特点。近代科技以实验事实为依据，并具有严密的逻辑体系，这与中国古代科技思想迥然不同。在由传统社会向近代社会的转型过程中，中国由于对外实行闭关锁国政策，对内实行重农抑商政策压制新的生产关系的发展，导致中国社会发展远远落后于西方。社会整体转型的迟滞同时导致科技思想转型也没有跟上世界科技思想的发展潮流。这是近代以来我国科技落后的重要原因。

第二，政府对科技的重视程度不够。中国古代儒家文化占据统治地位，儒家讲求入世主张“学而优则仕”，大量知识分子为科举考试皓首穷经，对科技发展不够重视。统治者大力提倡儒学对科技的发展重视不够，直到十九世纪六十年代清政府中的守旧派依旧将西方的先进科技称为奇技淫巧，即使主张学习西方的洋务派，也只是对西方的部分实用技术感兴趣，对西方的科技缺乏全面的认识。政府对科技的漠视使中国古代的科技人员社会地位低下，历史上能够青史留名的科技人才寥寥无几。与中国形成鲜明对比的西方，早在 1624 年英国的议会就通过“专利法”鼓励和保护私人发明，极大地推动了近代英国的科技发展。

第三，重“道”轻“器”等传统观念对科技发展的束缚。其一，自汉武帝“罢黜百家，独尊儒术”之后，儒家思想一直是中国封建时代的正统思想。儒家重“道”轻“器”，重人文轻理工，慎修身斥技艺，提倡“君子不器”。儒家所追求的是“修身、齐家、治国、平天下”，在儒生们的心目中“穷天理，明人伦，讲圣言，通世故”乃是做学问的主要目的和任务。因此，儒家学者一般说来大都是思想者而少实行家，这种思想观念确实不利于科技的发展。其二，中国传统伦理思想对科技发展的限制和束缚。“利用”“厚生”的科技活动自然不能违背“正德”的宗旨，以儒家伦理教条来限制科技发展的事例屡见不鲜，在“身体发肤，受之父母，不敢伤毁”观念的束缚下，人体解剖学在中国很难发展就是一个显例。

第四，科举制的教育制度逐渐成为科技发展的障碍。教育是科学发展的动力之一。科举制虽然对我国古代科学技术的发展起过直接的促进作用，但随着历史的发展，科举制度对近代的科学技术发展越来越起着阻碍作用，其诸多弊病也日益显现。统治者出于巩固江山、理维护统治的功利性目的，注意力主要放在“文武之道”上，通过科举考试的方式将社会上的“优秀人才”笼络在自己身边，这就造成科技人才难以成长。由于封建统治者维护传统的理学和皇权统治，无法代表中国先进生产力的发展要求，因此虽然在十七世纪初至二十世纪初受西方科学技术影响，中国发生多次关乎科学技术发展的历法、教育制度以至官僚制度的变革，令人遗憾的是这些变革始终摆脱不了皇权统治至上观念的束缚，最终科技还是难以得到应有的发展。

第五，社会动荡影响科技发展。鸦片战争后中国社会动荡不安，晚清虽然有大批的有志青年出国留学，学习西方先进的科学技术试图挽救民族危亡。但是政局不稳，吏治腐败，报国无门。尤其是清朝结束后中国长期陷入战乱之中，中国的科技发展缺乏一个稳定的社会环境，这也在一定程度上影响中国科技的发展。

第八章　中国古代艺术

中国古代艺术并没有被古代学者作为一个整体来把握，因为各门艺术不像在西方那样具有相等的地位，而是等级高低不一，诗文最高，其次是书法与绘画，再次是建筑、雕塑等。但是，各门艺术都既发挥自身和特殊功能，又按照中国文化的总体要求展示了各自的风采，创造了高度的辉煌。本章就分别介绍中国艺术的主要门类：建筑、雕塑、书法、绘画、音乐和舞蹈，叙述它们的历史流变、基本类型和美学原则。

第一节　中国古代建筑艺术

从陕西半坡遗址发掘的方形或圆形浅穴式房屋发展到现在，已有六七千年的历史。修建在崇山峻岭之上、蜿蜒万里的长城是人类建筑史上的奇迹；建于隋代的河北赵县的安济桥，在科学技术同艺术的完美结合上，早已走在世界桥梁科学的前列；现存的高达 67.1 米的山西应县佛宫寺木塔，是世界现存最高的木结构建筑；北京明、清两代的故宫，则是世界上现存规模最大的大规模建筑群，不仅华贵精美，而且保存完整。中国的古典园林以其独特的艺术风格，成为中国文化遗产中的一颗明珠。这一系列现存的技术高超、艺术精湛、风格独特的建筑，在世界建筑史上自成系统，独树一帜，是我国古代灿烂文化的重要组成部分。

一、中国古代建筑发展述略

中国古代建筑的发展，大致可分为以下六个阶段：

1. 先秦时期是原始住居与建筑雏形的形成期

在五十万年前的旧石器时代，中国原始人群就已知道利用天然的洞穴作为栖身之所，北京、辽宁、贵州、广东、湖北、浙江等地均发现有原始人居住过的崖洞。到了新石器时代，黄河中游的氏族部落，利用黄土层为墙壁，用木构架、草泥建造半穴居住所，进而发展为地面上的建筑，并形成聚落。长江流域，因潮湿多雨，常有水患兽害，因而发展为杆栏式建筑。对此，古代文献中也多有“构木为巢，以避群害”“上者为巢，下者营窟”的记载。据考古发掘，约在距今六、七千年前，中国古代人已知使用榫卯构筑木架房屋（如浙江余姚河姆渡遗址），黄河流域也发现有不少原始聚落（如西安半坡遗址、临潼姜寨遗址）。这些聚落、居住区、墓葬区、制陶场，分区明确，布局有致。木构架的形制已经出现，房屋平面形式也因造做与功用不同而有圆形、方形、吕字形等。这是中国古建筑的草创阶段。

公元前二十一世纪夏朝建立，标志着原始社会结束，经过夏、商、西周、春秋、战国，在中国的大地上先后营建了许多都邑，夯土技术已广泛使用于筑墙造台。如河南偃师二里头早商都城遗址，有长、宽均为百米的夯土台，台上建有八开间的殿堂，周围以廊。此时木构技术较之原始社会已有很大提高，已有斧、刀、锯、凿、钻、铲等加工木构件的专用工具。木构架和夯土技术均已经形成，并取得了一定的进步。西周兴建了丰京、镐京和洛阳的成周；春秋、战国的各诸侯国均各自营造了以宫室为中心的都城。这些都城均为夯土版筑，墙外周以城濠，辟有高大的城门。宫殿布置在城内，建在夯土台之上，木构架已成为主要的结构方式，屋顶已开始使用陶瓦，而且木构架上饰用彩绘。这标志着中国古代建筑已经具备了雏形，不论夯土技术、木构技术还是建筑的立面造型、平面布局，以及建筑材料的制造与运用，色彩、装饰的使用，都达到了雏形阶段。这是中国古代建筑以后历代发展的基础。

2. 秦汉时期是中国古代建筑发展史上的第一个高潮期

公元前221年秦始皇吞并了韩、赵、魏、楚、燕、齐六国之后，建立起中央集权的大帝国，并且动用全国的人力、物力在咸阳修筑都城、宫殿、陵墓。今人从阿房宫遗址和始皇陵东侧大规模的兵马俑列队埋坑，可以想见当时建筑之宏大雄伟。此外，又修筑通达全国的驰道，筑长城以防匈奴南下，凿灵渠以通水运。这些巨大工程，动辄调用民力几十万，几乎都是同时并进，秦帝国终以奢欲过甚，穷用民力，二世而亡。

西汉继秦，经过约半个多世纪的休养生息之后，又进入大规模营造建筑时期。汉武帝刘彻先后五次大规模修筑长城，开拓通往西亚的丝绸之路；又兴建长安城内的桂宫、光明宫和西南郊的建章宫、上林苑。西汉末年还在长安南郊建造明堂、辟雍。东汉光武帝刘秀依东周都城故址营建了洛阳城及其宫殿。总秦、汉四百余年间，由于国家统一，国力富强，中国古建筑在自己的历史上出现了第一次发展高潮。其结构主体的木构架已趋于成熟，重要建筑物上普遍使用斗栱。屋顶形式多样化，庑殿、歇山、悬山、攒尖、囤顶均已出现，有的被广泛采用。制砖及砖石结构和拱券结构有了新的发展。

3. 六朝是传统建筑持续发展和佛教建筑传入的时期

两晋南北朝是中国历史上一次民族大融合时期，此期间传统建筑持续发展，并有佛教建筑传入。西晋统一中国不久，就爆发了“八王之乱”，处于西北部边境的几个少数民族领袖，率部进入中原，先后建立了十几个政权，史称十六国时期。到了公元460年，北魏才统一了中国北方，继而又分裂。在南方，晋室南迁建立了东晋政权，接着先后出现了宋、齐、梁、陈四个朝代。这就是历史上的南北朝时期。自此，中国南北两方社会经济才逐渐复苏，北朝营建了都城洛阳，南朝营建了建康城。这些都城、宫殿均系在前代基础上持续营造，规模气势远逊于秦、汉。

东汉时传入中国的佛教南北朝发展起来，南北政权广建佛寺，一时间佛教寺塔盛行。据记载，北魏建有佛寺三万多所，仅洛阳就建有一千三百六十七寺。南朝都城建康也建有佛寺五百多所。在不少地区还开凿石窟寺，雕造佛像。重要石窟寺有大同云冈石窟、敦煌莫高窟、天水麦积山石窟、洛阳龙门石窟、太原天龙山石窟、峰峰南响堂山和北响堂山石窟等。这就使这一时期的中国建筑，融进了许多传自印度（天竺）、西亚的建筑形制与风格。

4. 隋唐是中国古代建筑发展史上的第二个高潮期

隋唐时期的建筑既继承了前代成就，又融合了外来影响，形成一个独立而完整的建筑体系，把中国古代建筑推到了成熟阶段，并远播影响于朝鲜、日本。

隋朝虽然是一个不足四十年的短命王朝，但在建筑上颇有作为。它修建了都城大兴城，营造了东都洛阳，经营了长江下游的江都（扬州）。开凿了南起余杭（杭州），北达涿郡（北京），东始江都，西抵长安（西安），长约2500公里的大运河。还动用百万人力，修筑万里长城。隋明帝大业年间（公元605 — 618年），名匠李春在现今河北赵县修建了一座世界上最早的敞肩券大石桥安济桥。唐代前期，经过一百多年的稳定发展，经济繁荣，国力富强，疆域远拓，于开元年间（公元714 — 741年）达到鼎盛时期。在首都长安与东都洛阳继续修建规模巨大的宫殿、苑囿、官署。在全国，出现了许多著名的手工业和商业城市，如广陵（扬州）、泉州、洪州（南昌）、明州（宁波）、益州（成都）、幽州（北京）、荆州（江陵）、广州等。由于工商业的发展，这些城市的布局出现了许多新的变化。唐代在都城和地方城镇兴建了大量寺塔、道观，并继承前代续凿石窟佛寺，遗留至今的有著名的五台山佛光寺大殿、南禅寺佛殿、西安慈恩寺大雁塔、荐福寺小雁塔、兴教寺玄奘塔、大理千寻塔，以及一些石窟寺等。此期间，建筑技术更有新的发展，木构架已能正确地运用材料性能，建筑设计中已知运用以“材”为木构架设计的标准，朝廷制定了营缮的法令，设置有掌握绳墨、绘制图样和管理营造的官员。

5. 宋辽金时期建筑的进一步发展期

从晚唐开始，中国又进入三百多年分裂战乱时期，先是梁、唐、晋、汉、周五个朝代的更替和十个地方政权的割据，接着又是宋与辽、金南北对峙，因而中国社会经济遭到巨大的破坏，建筑也从唐代的高峰上跌落下来，再没有长安那么大规模的都城与宫殿了。由于商业、手工业的发展，城市布局、建筑技术与艺术都有不少提高与突破。譬如城市渐由前代的里坊制演变为临街设店、按行成街的布局。在建筑技术方面，前期的辽代较多地继承了唐代的特点，而后期的金代则继承辽、宋两朝的特点而有所发展。在建筑艺术方面，自北宋起就一变唐代宏大雄浑的气势，而向细腻、纤巧方面发展，建筑装饰也更加讲究。

北宋崇宁二年（公元1103年），朝廷颁布并刊行了《营造法式》。这是一部有关建筑设计和施工的规范书，是一部完善的建筑技术专书。颁刊的目的是为了加强对宫殿、寺庙、官署、府第等官式建筑的管理。书中总结历代以来建筑技术的经验，制定了“以材为祖”的建筑模数制。对建筑的功限、料例作了严密的限定，以作为编制预算和施工组织的准绳。这部书的颁行，反映出中国古代建筑到了宋代，在工程技术与施工管理方面已达到了一个新的历史水平。

6. 元明清是中国古代建筑发展史上的第三个高潮期

元、明、清三朝统治中国达六百多年，其间除了元末、明末短时割据战乱外，大体上保持着中国统一的局面。由于中国古代社会的发展已届尾声，社会经济、文化发展缓慢，因此建筑的历史也只能是最后的发展高潮了。元代营建大都及宫殿，明代营造南、北两京及宫殿。在建筑布局方面，较之宋代更为成熟、合理。明清时期大事兴建帝王苑囿与私家园林，形成中国历史上一个造园高潮。喇嘛教建筑的营造，完全是出于清朝廷的政治需要，一时间蒙、藏、甘、青等地广建喇嘛庙，仅承德一地就建有十一座。这些庙宇规模宏大，制作精美，是中国古代建筑发展史上的一个畸形。明清两代距今最近，许多建筑佳作得以保留至今，如京城的宫殿、坛庙，京郊的园林，两朝的帝陵，江南的园林，遍及全国的佛教寺塔、道教宫观，及民间住居、城垣建筑等，构成了中国古代建筑史的光辉华章。

二、中国古代建筑的独特形制与特点

中国古代建筑形成了其独特的形制，究其原因：

第一，儒家思想对中国古代建筑形制产生了的巨大影响：一是儒学提倡礼制，以礼为治国之本和个人立身行事的准则，由此产生了建筑上的多种类型及其形制，如殿堂、宗庙、坛、陵墓等；二是儒学主张君权至上，皇帝是受命于天的万民之主，故建有以宫室为中心的都城宫殿，用来体现君权至高无上；三是儒学主张敬天，对天地的祭祀是历朝大祀，故建有天坛、地坛、日坛、月坛，以及社稷、先农诸坛；四是儒学主张孝亲法祖，故有宗庙、陵墓之建营；五是儒学主张中正有序，故有建筑平面布置的方整对称，昭穆有序，从而形成都城、宫城及建筑群体严格的中轴对称布局形制；六是儒学主张尊卑有序、上下有别，注重用建筑来体现尊卑礼序，举凡建筑的开间、形制、色彩、脊饰，都有严格的规定，不得违制僭越。

第二，多民族国家丰富多彩的建筑形制和风格。中国是一个统一的多民族国家，全国境内居住着汉、蒙古、藏、回、维吾尔等五十六个民族。这些民族所居住的地域，由于东西南北的自然环境与气候条件存在差异，也由于不同地区各自产有不同的建筑材料，所以世代以来，他们便依自然条件与可能提供的材料，按照各自生产和生活的不同需要与习惯，创造了互不相同的建筑，并在长期发展中形成各自的建筑做法与建筑风格。在北方黄土地区，古代人们利用黄土的特性，或用土坯，或夯土筑墙，以此筑成房屋，或构筑成窑洞作为住居。后来又用黄土烧制砖瓦，用以盖房既方便又耐久。在南方，气候潮湿多雨，人们便以竹木为建筑材料构筑房屋居住。西南少数民族地区地处亚热带，常用竹木搭成杆栏式建筑。而青藏高原，少雨干旱，昼夜温差大，则多砌筑厚墙式平顶碉房。蒙古族地区，依逐水草而居的游牧习惯而搭制帐篷式住房（蒙古包），这种房屋易于拆架迁移。西部伊斯兰教建筑则喜欢采用尖拱形建筑。总之，古代各族人民，因依自然条件与当地可能提供的建筑材料，按照自己的生活方式与需要，各自构筑了不同民族风格的建筑，共同丰富了中国古代建筑的内容，共同为发展中华民族的古代建筑做出了各自的贡献。

第三，中外交流对建筑技术与建筑艺术的巨大影响。在中国的古代，特别是自两晋南北朝以后，建筑技术与建筑艺术与东西邻国都有广泛交流，给中国古代建筑注入了新的血液，出现了不少新的建筑类型，如石窟寺、佛教塔等。同时，中国建筑也对邻国的建筑产生了深远的影响。早在公元三世纪，源于印度的石窟造像，就由克什米尔、阿富汗一带的大月氏国传入中国西部天山南麓的库车、拜城一带，而后继续东传。十六国时期，在甘肃敦煌初凿莫高窟。北魏时又东传进入黄河流域，陆续开凿了山西大同云冈石窟、甘肃永靖炳灵寺石窟、天水麦积山石窟、河南洛阳龙门石窟。北齐时又开凿了山西太原天龙山石窟，以及河北邯郸的南、北响堂山石窟等。这些石窟到了隋唐继续开凿并向南延伸。佛塔也是传自印度的一种建筑，中国古代的一些塔形大多由印度移植而来，如喇嘛塔、金刚宝座塔。

约在公元七世纪，伊斯兰教开始传入中国。同时，伊斯兰教建筑也伴随传入。它或由波斯经中国新疆传入内地，或由海上传至东南沿海的广州、泉州、杭州、扬州等地。自唐代以后，许多阿拉伯、波斯商人长期留居中国。他们根据其宗教信仰需要兴建礼拜场所，这就有了清真寺。如建于唐代的广州怀圣寺、泉州圣友寺。以后历宋、元、明、清，在中国西部和沿海地区，兴建了众多的清真寺，特别是元代，仅大都就有清真寺三十五座。这些寺院将阿拉伯、西亚建筑形制与建筑艺术传入中国，经过长期的融合，形成中国清真寺，出现了不少新的建筑形式，如礼拜殿、后窑殿、邦克楼（宣礼塔）、墓祠、经堂、讲堂等。其平面布局、屋顶式样、装修与装饰，都带有许多阿拉伯特点与风格，丰富了中国古代建筑的内容。

正是因为自然、社会、人文等因素的影响，中国古代建筑形成了明显的特色：一是以木构架为主的结构方式中国古。代建筑惯用木构架作房屋的承重结构，这种结构系统约在春秋时期已初步完备并广泛采用，到了汉代发展得更为成熟。二是独特的单体造型。中国古代建筑的单体，大致可以分为屋基、屋身、屋顶三个部分。单体建筑的平面形式多为长方形、正方形、六角形、八角形、圆形，这些不同的平面形式，对构成建筑物单体的立面形象起着重要作用。三是中轴对称、方正严整的群体组合与布局。中国古代建筑群的布置总要以一条主要的纵轴线为主，将主要建筑物布置在主轴线上，次要建筑物则布置在主要建筑物前的两侧，东西对峙，组成为一个方形或长方形院落。当一组庭院不能满足需要时，可在主要建筑前后延伸布置多进院落，在主轴线两侧布置跨院（辅助轴线）。这种严整的布局并不呆板僵直，而是将多进、多院落空间，布置成为变化的颇具个性的空间系列。四是变化多样的装修与装饰。中国古代建筑对于装修、装饰特为讲究，凡一切建筑部位或构件，都要美化，所选用的形象、色彩因部位与构件性质不同而有别。五是写意的山水园景。中国古典园林的一个重要特点是有意境，它与中国古典诗词、绘画、音乐一样，重在写意。造景家用山水、岩壑、花木、建筑表现某一艺术境界，故中国古典园林有写意山水园之称。

第二节　中国古代雕塑艺术

中国古代雕塑是中国史前至清代以可塑或可雕刻的材料制成具有三维空间的造型艺术作品。圆雕与浮雕是其主要形式，此外尚有透雕、线刻等。依材料可分为泥塑、陶塑、瓷塑、木雕、玉雕、石刻、砖雕、骨牙雕刻、竹雕、金属铸像等众多品种；按用途大致可区分成纪念性雕塑、工艺装饰雕塑、建筑雕塑、园林雕塑、陵墓雕塑、明器雕塑、宗教造像、案头雕塑等不同门类。中国古代雕塑创作非常发达，各个历史时期在不同的雕塑领域有着辉煌的建树。

一、中国古代雕塑发展述略

1. 史前雕塑

中国在旧石器时代晚期已出现雕刻艺术品，如河北兴隆县的一处洞穴堆积中，曾出土两截刻划着复线水波纹及斜格纹的鹿角化石，刻纹清晰优美，经测定距今约一万三千年，是旧石器时代晚期骨雕艺术的珍贵实例。进入新石器时代后，陶塑与泥塑成为当时最流行的雕塑品种，此外还有玉雕、骨牙雕、木雕等品种。仰韶文化、马家窑文化及大汶口文化的陶塑作品，多属工艺装饰雕塑，其中不乏优秀遗例。甘肃礼县高寺头出土仰韶文化的陶塑少女头像、陕西洛南出土人头形器口红陶壶、天水柴家坪与陕西扶风姜西村出土仰韶文化浮雕陶人面等，皆是各具特色的人像陶塑佳作。

2. 夏商周雕塑

夏商周时代除陶塑、玉石骨牙雕刻继续发展之外，青铜雕塑的成就尤为突出，东周的彩漆木雕亦颇足称道。商代和西周的雕塑，不论是圆雕或装饰性浮雕，均讲究左右对称，格调神秘瑰奇。至战国时代才突破了这种程式，向着生动活泼的方向发展。夏代的陶塑以河南偃师二里头出土陶羊、陶虎、陶龟及陶蟾蜍为代表，用捏塑加锥划方法制成，形象朴拙，特征鲜明。商代前期的陶塑以郑州二里岗出土者为代表，有跽坐人像、陶虎、陶羊、陶猪、陶龟及陶鱼，品种增多。商代铸铜技艺卓越，青铜雕塑成就辉煌。1989 年冬江西新干商墓出土长着犄角的青铜双面神头像，也是具有地区特色的商代铸铜杰作。商周时代的鸟兽形铜尊、卣，是青铜工艺雕塑的优秀典范。西周的作品如陕西宝鸡出土的牛尊、长安出土的邓中牺尊、郿县李村出土的盠驹尊等，均于洗练的动物造型上饰以华丽的纹饰，显得格外庄重典雅。战国时的作品如河北平山出土的错金银猛虎噬鹿铜器座、安徽寿县出土的错银铜卧牛及云南江川出土的牛虎形铜祭案，则以生动活泼见长。战国时代，建筑装饰雕塑有了初步发展。齐国流行树木对兽纹半瓦当，燕国流行对兽、饕餮纹半瓦当，秦国流行奔鹿纹与凤鸟纹圆瓦当，皆模印而成，浮雕式的动物图案生动有致。此外，燕下都还出土抵角兽纹砖与虎头形陶水管，装饰效果颇佳。

3. 秦汉雕塑

秦汉时代伴随着统一的中央集权制封建国家的建立与巩固，雕塑艺术被统治者视为宣扬功业的有力工具，得到蓬勃发展，在陶塑、大型石雕及青铜铸像等方面，成就尤为突出。秦代陶塑艺术的代表作是 1974 — 1976 年在陕西临潼西杨村秦始皇陵从葬坑发现的陶塑兵马俑，有武士俑七千多个、驷马战车一百多乘、陶战马一百多匹。形体与真人真马等大，用模制与手塑相结合的方法制成，外施彩绘，手法写实。武士俑分为步兵、骑兵、弩兵等兵种，多数为威武刚强的形象。它们被埋藏在三个俑坑中，构成军阵场面，是秦始皇“示强威、服海内”思想的产物，显出不可一世的磅礴气势。存世的汉代铸铜名作有西安汉长安城遗址出土的铜羽人，兴平出土的鎏金铜马，广西贵县、贵州清镇平坝、河北徐水等地出土的大型青铜马，甘肃武威出土的青铜车马仪仗俑等。武威雷台东汉墓还出土一件三足腾空、一足踩在飞鸟背上的铜马，造型精绝，被誉为青铜雕塑史上的奇葩。

4. 魏晋南北朝雕塑

魏晋南北朝是中国历史上封建割据、战乱连绵的时代。现实的苦难为宣扬出世义理的佛教提供了良好的传播土壤，建寺造塔、开窟雕像之风极盛。东汉后期在四川、苏北、鲁南等地萌芽的佛教造像，魏晋时期逐渐扩展。江苏、浙江一带的东吴凤凰、天玺纪年墓，西晋元康及东晋永昌纪年墓，均出土贴塑佛像的越窑青瓷罐。模印而成的佛像，皆着通肩袈裟，衣纹在胸前下垂，双手执衣裾，结跏趺坐。其形象与四川彭山及绵阳东汉崖墓出土摇钱树上的坐佛像相仿。中原北方在十六国北朝时期，佛事大盛。存世佛教造像，除有后赵建武四年（公元 338 年）、夏胜光二年（公元 429 年）及北魏纪年的金铜佛像与造像碑之外，尤以石窟雕塑为大宗。始凿于十六国晚期的有永靖炳灵寺石窟、敦煌莫高窟、及天水麦积山石窟。北魏时期，由皇室显要开凿的有大同云冈石窟、洛阳龙门石窟和巩县石窟寺。雕造于文成帝兴安二年至和平年间（公元 453 — 465 年）的云冈“昙曜五窟”，是北魏早期佛教造像的杰出代表，雕刻题材基本沿袭十六国晚期，增加千佛、十大弟子等内容，佛像造型风格亦同前期，较多地保留着犍陀罗雕像特征。

5. 隋唐五代雕塑

隋唐五代是中国雕塑艺术的鼎盛时期。佛教造像的进一步中国化与世俗化，陵墓仪卫雕刻题材的拓展与制度的形成，陶瓷雕塑的精美多样等，构成隋唐雕塑繁花似锦的局面。隋开国之初，立即下诏复兴佛法。唐代倡导佛教更是不遗余力，除武宗李瀍反佛外，其余诸帝皆为佛教与道教的积极维护者。敦煌莫高窟、永靖炳灵寺、天水麦积山、洛阳龙门、太原天龙山等石窟，隋唐继续开窟造像，规模超过北朝。唐代石窟造像最优秀的遗迹是龙门石窟、初唐的潜溪寺窟与奉先寺摩崖大龛。山西五台山唐建中三年（公元 782 年）重建的南禅寺大殿，因地址偏僻，未遭武宗会昌灭佛之祸，殿内保存着 17 尊彩塑，体态安详，丰腴得度，颇足称道。从唐高宗与武则天合葬的乾陵开始，唐陵石刻形成定制。石刻品种有华表、翼马、鸵鸟、石马、控马人、文武侍臣、客使、蹲狮等，格调庄严肃穆。五代十国的陵墓雕刻以精细见长，而气势不如唐代。典型遗例有成都前蜀王建墓，包括陵前的石刻侍臣、墓室内的王建坐像、抬棺武士石像及雕饰伎乐图像的石棺床等。唐代陶瓷雕塑最出色的代表，是西安、洛阳、扬州、山西、甘肃等地唐墓出土的三彩釉陶塑，它始于高宗朝，盛于玄宗开元时期，其绚丽色彩与优美造型最能体现盛唐气象。

6. 宋辽金元雕塑

宋元时期由于城市商业的发展和推崇儒家理学思想，开窟造像之风已不如前代之盛。元代统治者信奉喇嘛教，发端于西藏的喇嘛教造像从元代开始流布华北、杭州等地。四川大足北山与宝顶山是宋代开窟造像规模最大、艺术水平最突出的地方，为宋代造像精品。华北的元代宗教造像，以北京昌平居庸关过街塔石砌券门洞两壁的浮雕佛像与四天王像最为精美。这一时期寺庙雕塑遗迹丰富。河北正定隆兴寺大悲阁宋开宝四年（公元 971 年）铸造的四十二臂观音立像，高逾二十二米，为中国现存铜像之冠。辽代塑像保留着较多的唐代遗风，造型妩媚多姿，以蓟县独乐寺辽统和二年（公元 984 年）塑造的十一面观音像为代表。宁夏贺兰县宏佛塔天宫内发现的西夏彩塑佛像与比丘像，躯体虽残，而头像五官停匀，结构准确，堪称西夏雕塑珍品。金代塑像以大同善化寺的五方佛与护法诸天像为代表。宋辽金元时代在绘画与雕版印刷术蓬勃发展的推动下，雕砖艺术成就卓著。河南偃师酒流沟宋墓镶嵌的雕砖，以平面浅浮雕形式，刻画侍女砍鲙、厨炊、抱瓶等家务劳作及杂剧角色，刀法遒劲，形象生动，非常出色。故宫博物院收藏定窑白瓷孩儿枕，曲阳定窑遗址文物保管所收藏的白瓷仕女枕，内蒙古哲里木盟收集的定窑白瓷罗汉，北京元大都遗址出土的影青瓷塑观音等，也都是宋元瓷塑精品。

7. 明清雕塑

明清是中国封建社会晚期，也是雕塑艺术更加世俗化并走向繁缛衰萎的时期。开窟造像之风骤歇，寺庙塑像与陵墓雕刻形式华丽而缺乏内在精神。建筑雕饰有所发展，技艺提高。工艺小品雕塑有不少卓越的创造。杭州岳飞墓有明洪武四年（公元 1371 年）复建时雕造的石羊、石虎、石马、武将、文臣、武臣等神道石刻，武将呈惊愕悲戚神态，文臣表情恭肃安详，堪称明代石刻最优秀的作品。明清建筑装饰雕刻有重大发展。不少公共建筑物的门户、阶陛、檐柱、照壁、额枋及屋脊，运用金属铸像、石刻、琉璃彩塑、砖刻及木雕等作装饰。雕刻题材有龙凤云水、珍禽瑞兽、松竹花卉、历史故事及吉祥文字等，力求雅俗共赏；雕刻形式多种多样，技艺很高，如太原崇善寺门口有明代铸造铁狮，北京颐和园门口有清代铜铸鎏金蹲狮，作成对布局，以壮门户观瞻。明清的工艺雕刻与案头小品雕塑蓬勃发展，能工巧匠层出不穷，出现流派纷呈、百花竞艳的景象。由故宫博物院珍藏的明代瓷塑达摩，歌颂了天竺高僧不畏艰险、渡海来华弘扬佛法的崇高精神，堪称形神兼备、立意不凡的艺术珍璧。清代的工艺雕刻，以故宫博物院珍藏的大禹治水青玉山子最为著名。

二、中国古代雕塑艺术的特点

1. 中国古代较少纯粹的雕塑艺术品

中国远古时期重礼教，尊鬼神，艺术重心倾向于工艺美术，在礼器、祭器上发挥艺术天才，并且同样也形成传统，影响深远。从陶器、青铜器、玉器及漆器等工艺品发展出以装饰功能为主的实用性雕塑，在历代都占有主流地位。可分为两大类：一类是纯粹的工艺品，例如象形器皿和供摆设的小型工艺雕刻；一类为建筑（包括陵墓）装饰雕刻，如南朝王陵石刻辟邪和唐代顺陵石狮。实用性除反映在装饰雕刻上以外，还反映在明器艺术与宗教造像上。明器是随葬用品，其中雕塑品占有重要地位，主要是俑和动物雕塑，如秦始皇陵陪葬坑兵马俑和唐三彩俑、马。俑是人殉的取代物，动物雕塑也用来代替活体陪葬，它们的实用性很强，并非纯粹的雕塑艺术品。宗教造像也是如此，它们是供信徒顶礼膜拜所用的，以佛教造像最有代表性。

2. 中国古代雕塑的装饰性相当突出

这是它孕育于工艺美术所带来的胎记，无论是人物还是动物，也无论是明器艺术、宗教造像还是建筑装饰雕刻，都普遍反映着传统悠久的装饰趣味。最显著的例子是云岗北魏露天坐佛、南朝的辟邪和唐代的石狮。佛像的对称式坐姿和图案化的袈裟衣纹处理，使之显出浓厚的装饰性。和写实的西方宗教神像相比，中国佛像因装饰性的虚拟成分，更带有一种非人间性的神秘，但又包含一种蔼人的亲切，因为装饰性既不同于生活真实，却又是中国人在生活中无处不在司空见惯的艺术真实，所以有此效果。同时，装饰性对于增强佛像所要求表现的庄严肃穆气氛，也十分有效。

3. 中国古代雕塑具有明显的绘画性

中国古代雕塑和绘画是一对同胞兄弟，都孕育于原始工艺美术。从彩陶时代起，塑绘便互相补充、紧密结合。到二者都成熟之后，仍然“塑形绘质”，在雕塑上加彩（专业术语称作“妆銮”）以提高雕塑的表现能力。现存的历代雕塑，有许多就是妆銮过的泥塑、石刻和木雕。在中国古代，绘画受到比雕塑高得多的重视。雕塑始终由工匠从事，文人士大夫极少参与。早期绘画的作者也只有工匠，但从东汉晚期开始，文人士大夫乃至帝王参与了绘画创作，从此成为中国古代绘画创作队伍的骨干力量。他们是国家、社会及文化的统治者，自然也统治了绘画，使绘画地位高高凌驾在雕塑之上，并以其艺术观念影响雕塑，因而雕塑染上了明显的绘画性。其绘画性表现为不是注意雕塑的体积、空间和块面，而是注意轮廓线与身体衣纹线条的节奏和韵律。中国古代雕塑绘画性强，自有一种东方趣味，符合中国古人的欣赏习惯，他们是从绘画艺术的角度去看待雕塑艺术的。

4. 中国古代雕塑具有意象性

中国雕塑和绘画很迟才脱离工艺美术的母体而独立门户。在漫长的几千年间，它们只是工艺美术品的两种装饰手段，这是塑绘不分的主要原因，也是线刻和平面性浮雕，即画刻高度结合的中国式造型方法特别发达与持久的主要原因。装饰不求再现，只追求表现物象，因此发育出中国雕塑与绘画不求肖似（高度写实地再现自然）的共同品格，形成了高度的意象性特点。如秦始皇陵兵马俑虽然表现出高于其他时代的写实性，但那也仅仅集中在俑的头部刻画上，而且形象也只是分为几种类型，不是每一件都各不相同，身体部分则无一例外是十分写意的。就是比较写实的头部，也不能和西方雕塑同日而语，它只是像中国画有工笔一样比较深入细致而已，本质上依然属于意象性造型。其他汉唐陶俑、霍去病墓石刻、历代宗教造像无不显示意象性特点。它们和中国画一样，追求神韵，不求肖似。

5. 中国古代雕塑注重刻画头部

中国古代雕塑既然是意象性的，注重“以形写神”，必然也像中国绘画一样，注重头部的刻画。从原始时代起，人面或人头，在工艺装饰中就受到特别重视，这应是中国古代造型艺术发展为特别重视传神的原因之一。在今天民间雕塑和农民画中，头部仍是艺术家首要表现的部分。头部以外的人体部分，便被看作是从属的，较为次要的中国古代雕塑虽然不如西方雕塑结构准确分明，却另有一种完美性，神完气足，很不易临摹到那种境界。龙门奉先寺大佛、服侍菩萨与天主力士像都严重头大身小，但依然很美，非常典型地说明了中国古代雕塑的这一特点。

6. 中国古代雕塑语言精练

中国古代雕塑始终没有发明西方雕塑的造型术（modelling）来精确地塑造物象，而多从感觉和理解出发，像中国画一般运用经济的语言，简练、明快，以少胜多而又耐人寻味，常常给人运行成风、一气呵成、痛快爽利的艺术享受。夸张乃至变形来强调人与动物的神韵，是普遍运用的手法，汉代四川说唱俑和霍去病墓石兽最有代表性。这些作品只是服从作者对物象的感觉和理解，他们所关心的不是准确比例和真实效果，而是说唱者眉飞色舞，手舞足蹈的表演神情以及虎、象、马、牛、野猪等动物的不同习性和旺盛活力。

7. 中国古代雕塑注重含蓄之美

中国古代文学，尤其是古代诗学追求含蓄蕴藉，这和中华民族的气质、生活条件、地理环境、哲学思想、伦理道德观念等文化因素密切相关。表现在造型艺术上便是注重含蓄美、内在美。雕塑亦然，中国古代雕塑给人的感觉不像西方古典雕塑那样一览之下、历历在目，而是神龙露首不露尾、含不尽之意于象外。没有剑拔弩张，向外张扬的火气，而是像中国书画用笔藏锋那样将力量包裹在内部，给人更多品尝的余味。例如严阵以待的秦始皇陵兵马俑、载歌载舞的汉唐女俑、孔武威风的唐代天王力士，乃至雄强猛厉的南北朝辟邪和唐代石狮，都有这种效果。

8. 中国古代雕塑风格往往体现了中国古代哲学精神

儒家哲学尊天命，受其影响，中国艺术反映为崇高、庄严、壮丽、重穆、典雅等风格。道家哲学崇自然，在艺术上则表现为飘逸、雄浑、淳厚、古朴、淡泊、天真、稚拙等等风格。中国画和雕塑都具备这两个系统的风格特征，例如佛教造像和陵墓仪卫性雕刻，一般具备前一系统的风格，龙门奉先寺大佛最为典型。中国画和雕塑有意返璞归真、退熟回生，追求一种内在美，一种原始美，一种大巧若拙的哲学精神境界。

9. 中国古代雕塑的佛教特点

佛教美术源于古代印度，中国的佛教雕塑源自古印度的犍陀罗、马土腊和芨多等地区与时代的佛教雕塑。中国艺术家在学习摹仿过程中，逐步将它们加以改造，使其既保存了某些原产地的样式，又更多地体现出中国特色。因此，在欣赏中国古代佛像时，适当对照希腊、印度的古代雕刻进行比较，有助于加深认识和理解各自的美感区别。同时需要了解佛教造像的经规仪轨，各种佛经人物依身份不同而有不同的造型（如有的三头六臂，有的千手千眼），不同的服饰标识（如佛和罗汉著朴素的袈裟，菩萨则衣饰华丽）、不同的姿势（如接引佛才站着，其他佛皆取坐姿）等，都有固定的要求。如不了解，很容易觉得佛教造像怪诞和雷同。

上述各种特点，都不是孤立的，它们互相关联。我们在欣赏中国古代雕塑时，需要综合各个特点来认识，才可能得出比较合理的结论，承认它们确实还有不少好处。特点不一定就是优点。但有了特点，一种艺术就有了它存在与发展的理由和价值。中国艺术，包括中国雕塑之所以能一枝独秀地屹立在世界艺术之林，全在于它有着与众不同的许多特点。

第三节　中国古代书法艺术

书法是中国古代艺术门类中最具民族特色的表现形式。书法家凭借汉字字形结构，运用中国特有的毛笔、黑墨和纸张，点画出无比美妙的姿态风神。可以说，书法是无声的音乐、抽象的绘画、纸上的舞蹈。李泽厚先生在《美的历程》中把书法视为中国艺术精神的典型体现："书法由接近于绘画雕刻变而为可等同于音乐和舞蹈。并且，不是书法从绘画而是绘画要从书法中吸取经验、技巧和力量。运笔的轻重、疾涩、虚实、强弱、转折顿挫、节奏韵律，净化了的线条如同音乐旋律一般，它们竟成了中国各类造型艺术和表现艺术的魂灵。"

一、汉字是一个图像的世界

汉字作为与西方表音文字不同的文字系统，在字形方面有其鲜明的特征。表音文字是由一定数量的字母的不同线形排列构成字词的，因而它在视觉空间上表现为一维性。汉字的构件是笔画，由笔画组成的汉字，是一种平面性结构，因而它在视觉空间上表现为二维性，乃至有如绘画所表现的三维空间。在中国，书写之所以能够成为艺术，首先就在于书写对象是具有形体美的不同结构的汉字。

中国文字起源于形，它是根据事物的实际形状描摹而成的象形文字。按照东汉文字学家许慎的总结，汉字的造字方法为"六书"，即象形、指事、会意、形声、转注和假借。"六书"中的转注和假借实际上只是用字的方法，真正的造字方法有象形、指事、会意、形声四种。象形就是指字形描摹事物的实际形状。如"人"的甲骨文字体像一个人侧立的形象；"牛"甲骨文取牛头形状。指事就是用简单的符号或用象形字加符号，来表示一些不能具体描画出来的抽象事物。如"本"最初的意思是指树的根部，为表达此意，古人就在“木”字下加一横来表示。再如“孕”字以曲线包裹“子”字，形象地表明母亲怀胎于腹中。会意是用两个或两个以上的字合成一个字，表示一个新的意思。如“休”由“人”和“木”两个字组成，人靠着树，表示休息的意思。形声也是由两个字合成，一个字表示意义，叫形旁，一个字表示读音，叫声旁，如“梅”字中“木”是形旁，表示与树木有关，“每”是声旁，表示这个字的读音。由此可见，用上述方法造出的汉字，几乎都与图像有关，可以说，汉字组成了一个图像的世界。

古代中国人在用汉字记录书写时，又不断探索着汉字书写的快捷和形体之美，从而使汉字字体有了不断演变和积累的过程。商代甲骨文是中国现存最古老的成系统的汉字。甲骨主要出土于商代晚期都城殷（今河南安阳小屯村）。甲骨文是先民在俯仰观照自然万物的基础上产生的，它把事物的形态凝固为抽象的线条和结构，它与自然的这种亲缘关系，使得中国书法与自然形成了天然的内在联系。它的字形或正方或长方，基本奠定了汉字的方块形体。甲骨文的笔锋雄劲古拙，字形结构疏朗错综，体现了商代文字已具有了书法意趣。

金文是指铸造或刻凿在青铜器上的文字，产生于商代，兴盛于西周。商代金文的笔画首尾尖锐出锋，中画肥厚，直线条较多，行款错落参差，周代金文发展为工整平稳。甲骨文字大小不一，线条或粗或细，金文则用笔方正，粗细划一。周代金文肥笔已很少出现，不露或很少露锋，因而显得均匀圆润，规整完满。甲骨文和金文通过多样的曲直线条和空间构造，表现出或古拙或浑厚庄重的风格。书法运笔（用刀）已有轻重、徐疾、转折顿挫的变化，初步具备了用笔、结构、章法这三个书法要素。

秦统一中国后，出现了通用全国的文字小篆。小篆是在战国时秦国文字大篆的基础上简化整理而来。小篆的字形是长方的，线条是圆转的，结构讲究均衡匀称，用笔追求瘦劲俊逸。流传至今的小篆作品有李斯书写的《泰山刻石》。此外还有一些刻在秦度量衡上的文字，较之于官方文字的典雅宽舒，这些文字自然朴实。两汉以后，篆书的实用功能逐渐丧失，但在艺术和装饰领域仍然代不绝书，例如，印章上使用的字体大多选用篆书。

隶书产生于战国末年，极盛于东汉时期。隶书的出现是中国文字史上的一次重要变化，它将小篆线条的圆转变为方折，形体上突破了线条结构，改变了结字原则，有了不同的点画用笔，书写时讲究提按轻重的变化。隶书为书法艺术的发展开拓了广阔的前景，也为草书与楷书的出现奠定了基础。隶书是实用的，其书写比小篆简易而疾速，保存至今的汉代隶书碑刻，以及二十世纪后期出土的西汉帛书与竹简上的墨迹隶书，向我们展示了隶书的书法：笔法上藏锋起笔，厚重而富有内劲，笔毫效果显著；结构上字形多呈方正，结体庄重，点划均匀，给人以舒展大度的感觉。

用汉隶书写虽较小篆简捷，但仍不能适应快速书写的需要。西汉时期，人们为了更方便快捷地书写文字，将隶书结体变为简约，笔画出现牵带钩连的现象，但字与字之间仍相对独立，并保留了隶书的书写意味，这就是中国草书的最初形态，被称为“章草”。到了东汉末年，章草经进一步草化而发展出“今草”。今草已完全摆脱了隶书法则的束缚，体势变横为纵，字与字之间笔势相连。如今草创始人张芝的草书，笔势连绵，奔放而富于变化，草书特有的审美意趣和艺术风格开始形成。

东汉至魏晋，在隶书和章草的基础上孕育并形成了楷书，楷书比汉隶少波磔，形体方正，笔画平整，便于书写，又因书写规范，比草书好辨认，所以一直流行应用，至唐代已完全成熟。在楷书的基础上人们又简化点面，吸收草书的连绵笔势，形成了行书。

中国书法在字体类型上分为篆、隶、楷、草、行五类，这五类字体在汉代已大体具备，为魏晋以后书法艺术各书体日趋成熟与完美，奠定了全面的基础。

在中国文字史和书法史上，各种字体和各种书体新旧共处，在积累中发展。一种新字体的出现，并不意味着旧字体的消亡，旧字体虽然失去了实用性，但其艺术价值却为后人所珍视，他们保留、积累旧体，并发展新体。于是，书法艺苑中各种品式的字体与各种风格的书体，百花齐放，争奇斗艳，蔚为大观。汉字字体的演变，也不意味着汉字图像化特征的丧失。各种书体充分利用线条在空间中流动的特点，极尽汉字线条的内部变化，从而一个汉字可以在书法中有十几乃至上百种写法，变态万端，意蕴丰富，虽各具风貌，但线的结构、线的意味、线的流动不离汉字作为象形字的母型。宗白华在《中国书法里的美学思想》云：“所以中国人这支笔，开始于一画，界破了虚空，留下了笔迹，既流出人心之美，也流出万象之美。罗丹所说的这根通贯宇宙、遍及于万物的线，中国的先民极早就在书法里、在殷墟甲骨文、在商周钟鼎文、在汉隶八分、在晋唐的真行草书里，做出极丰盛的、创造性的反映了。”“通过结构的疏密、点画的轻重、行笔的缓急，表现作者对形象的情感，发抒自己的意境。”

二、书法艺术的发展与时代风格

魏晋时期是中国书法承上启下的重要时期，篆、隶、楷、行、草诸体渐臻完善。鲁迅说魏晋是“文学自觉的时代”，魏晋既是“文学的自学”，同时也是其他艺术，特别是书法和绘画艺术的自觉。书法家们不仅探索着书法的体势、结体和章法之美，而且自觉追求笔意和笔韵，注重以形写神，通过优美的线条，表现自己对美的理解和对自然的体察和赏悟。王僧虔《笔意赞》说：“书道之妙，神采为上，形质次之。”这里的“神”就是表现对象的个性特征和个性风采。如何做到“神采为上”，魏晋书法家在艺术实践中总结了意在笔先、调动想象、力求传神的创作三昧。王羲之《书论》对书法创作过程作了如下的总结：“夫欲书者，先乾研墨，凝神静思，预想字形大小、偃仰、平直、振动，令筋脉相连。意要笔前，然后作字。”这都表明，从魏晋开始书法已成为个性化的艺术。晋代是书法史上的黄金时代，代表人物有王羲之、王献之父子及钟繇。王氏父子并称“二王”，在书法史上享有崇高的地位，对于促进楷书、行书、草书的成熟和发展有着重要的贡献。王羲之的代表作《兰亭序》被誉为“天下第一行书”。其书法在结体上不囿于平正均匀，而是追求灵动流畅。一个字的线条有主有次，有正有侧，整行字似断还连，如行云流水，在流动中达到呼应平衡，诚如唐太宗在《晋书·王羲之传赞》中所称：“烟霏露结，状若断而还连；凤翥龙蟠，势如斜而反直。”在用笔上线形多变，运笔提按处，有顿挫，有轻重，骨力内蕴，圆润挺秀。王献之擅长行书与草书，传世的行草书《鸭头丸帖》笔致纵放，往往数字一笔通贯，气势酣畅，姿态横生，较之王羲之的书法，更具动态之美。人们常用“唐诗晋字汉文章”来概括不同时代文学艺术的标志性成果，“晋字”即指东晋书法，可见两晋书法在中国艺术史上地位之高。

南北朝时期楷书盛行。南朝重要的书法家僧智永是王羲之的七世孙，他的书法融多种书体之长，法度谨严，稳健秀雅，《真草千字文》为草、楷书结合的典范，极受后世推崇。他还将正楷用字的方法归结为“永字八法”，即点为“侧”，横画为“勒”，直笔为“努”，钩为“挑”，仰横为“策”，长撇为“掠”，短撇为“啄”，捺笔为“磔”。以“永”字的笔画为例，说明用笔方法，简便易学。北朝书法以碑刻独步书法艺苑。北魏时的摩崖石刻、墓志等的书体，风格多样，有朴拙而尚存隶意的，有雄劲而含阳刚之气的，也有舒畅流丽、开隋唐楷法先河的。北朝碑以北魏成就最高，其书体被称为“魏碑体”或“魏体”，是楷书的一种，对后世书法产生了重要的影响。

唐代是书法艺术的高峰。欧阳询、虞世南、褚遂良是初唐书法名家，他们融二王之流美与魏碑之凝重于一体。其中欧阳询尤负盛名，其书法世称“欧体”，所书写的《九成宫醴泉铭》是唐代楷书精品，标志着楷书入唐后已完全成熟。颜真卿的崛起为楷书带来刚劲雄健之气。他熔铸众长，纳古法于新意之中，生新法于古意之外。颜体楷书刚健雄厚，大气磅礴，布局上字与字、行与行之间都较紧密，端庄稳重，最能反映大唐文化生气勃勃、厚实稳重的精神风貌。颜真卿字与杜甫诗、韩愈文、吴道子画被并称为“四绝”，均为唐代艺术的标志性成果。颜真卿以后成就卓著的是柳公权。柳公权于颜体用笔肥厚、体法茂密的书风中另辟蹊径，转向清瘦一路。他的书法偏重骨力，笔画清瘦，体态峻丽，后人把颜书与柳书并称为“颜筋柳骨”。

唐代书法的成就是多方面的，欧阳询、颜真卿、柳公权所代表的一系工于楷书，善于新变但讲究法度；孙过庭、张旭、怀素为代表的一系长于草书，挥毫落纸自由率意，不为法度所拘。孙过庭在《书谱》中提出书法艺术要因时而变，重在表现性情。传世的草书《书谱》墨迹，笔势纵放不羁，摇曳多姿。张旭的草书较之孙过庭更为纵逸奔放，他的字大量使用连笔，如骏马驰坡，似飞流直下，用笔刚柔变化，字形跌宕多姿，纯以主观情感和意向为引导以游动笔线，结构点划，以及变换轻重缓疾的节奏。杜甫《饮中八仙歌》称张旭草书“挥毫落笔如云烟”，他的草书当时已负盛名，被称为“狂草”，与李白歌诗、裴旻剑舞同号为“三绝”。怀素也以狂草著称，《自叙帖》共七百多字的篇幅，写来笔无停滞，一气呵成，最能体现他的艺术才情和个性。

宋代书法注重表现文人意趣，苏轼、黄庭坚、米芾、蔡襄四位书法家成就最高，四家的成就集中体现在行书作品上。苏轼在艺术上追求独创与个性，所谓“出新意于法度之中”；又崇尚自然与传神，所谓“如行云流水，初无定质”。他的行书时而工整若楷，丰腴淳厚，时而流走若草，自然天成，可谓笔随意转，触处生春。黄庭坚的行书也具有鲜明的个性，他运笔果断锋利，横画不平，竖画不直，长撇大捺，于线条变化中呈现奇崛峭拔的书风。康有为《广艺舟双楫》认为“宋人书以山谷为最，变化无端，深得《兰亭》三昧”，这种创新书体对后人颇有影响。米芾运笔自成一家，大多迅疾灵动，结体与笔致独具机杼，变化多端，在腾挪跌宕中体现其矫健的笔力与率真的性情。苏轼评米芾书有“超逸入神”“风樯阵马，沉着痛快”的称誉。较之于米书的俊迈壮伟，蔡襄的行书则以温雅端丽自成风貌。除四家外，宋徽宗赵佶的“瘦金体”也颇具特色。他的字线条纤细流畅，给人以优雅清新的感觉，传世名作有《瘦金书千字文》。

元代最有成就的书法家是赵孟頫。他取法魏晋，兼擅各体，尤以楷书与行书冠绝当时。他的楷书于法度严谨中见秀美，被称为“赵体”，与欧阳询、颜真卿、柳公权等唐代名家齐名。

明清两朝，书法名家比肩接踵，佳作如云。明代后期“吴门书派”异军突起，代表者为祝允明、文徵明和王宠。祝允明楷书师魏晋，狂草师怀素，而以草书成就尤高。他的字笔画豪纵，墨气充盈，洋洋洒洒，绝无滞塞之感。文徵明精于楷书和行书，代表作《前后赤壁赋》通篇作蝇头小楷，写来清劲雅秀，笔笔法度俨然。王宠的小楷也自具面貌，前人对其小楷有“拙中见巧”之评。在文、祝、王的影响下，明末一些富有个性的书家更追求抒发胸臆、体现自我情趣，代表书家有张瑞图、董其昌、倪元璐、黄道周、王铎和米万钟等。

清代因乾隆皇帝对赵孟頫的书法有专好，以致赵体风行天下。同时也有一批书法家勇于突破樊篱，另辟天地，以鲜明的艺术个性挺立书苑。如郑板桥融汇隶、楷、行、草、篆诸体，形成自具风格的“板桥体”，线条洒脱，结构自由活泼，信手写来，天趣盎然。清代中后期由于金石出土较多，不少书家崇尚古代金石碑版的文字，并在书法中刻意效法，碑学因此取代帖学，涌现了一批篆隶名家，其中邓石如、赵之谦、吴昌硕等享誉极高。他们的作品兼有沉雄刚毅和安雅自然的意趣，为中国书法的继续发展开辟了新的局面。

第四节　中国古代绘画艺术

中国绘画起源于史前时代，存世的彩绘陶器上的纹饰，以及岩画、壁画、地画等绘画遗迹，或浑厚、或纤细，古朴生动地再现了先民的生产方式、生活状况和原始信仰。夏商周三代青铜器物上的装饰画，人物与兽类富于动感，刻画简练，已具有很强的艺术表现力。战国时期的帛画是中国绘画艺术从萌芽走向成熟的标志，出土于长沙楚墓的《人物龙凤图》和《人物御龙图》是极其珍贵的战国帛画。帛画是用毛笔在绢帛上绘制而成，战国帛画开启了中国绘画材料运用的先河。它以线条为主要造型手段，在墨线勾勒的轮廓中加以色彩渲染，开始讲究气韵生动，这都标志着中国绘画民族风格的形成。秦汉帛画在战国的基础上又有长足的进步，所画物象繁密复杂，线条纤细精巧，敷涂的色彩也更为富丽。马王堆出土的西汉T形帛画，以线描为主骨，加以设色烘染，反映了传承战国帛画但技法更为成熟的特点。除帛画外，汉代的墓室壁画、画像石、画像砖空前繁荣。画像砖是汉代最富特色的美术样式，它是用刻有画面的木范压印在未干的砖坯上烧制而成，出窑后再涂上颜料，使画面更为绚丽。画像砖的题材广涉汉代社会生活的各方面，堪称一部刻画在砖上的历史教科书，而且线条简洁挺拔，形象生动传神。

魏晋南北朝时期文士积极参与绘画，一种便于展玩的卷轴画开始流行，绘画逐渐成为独立的艺术门类。这些文士具有较高的文化艺术修养，加之这一时期学术思想活跃，儒、道、佛交汇融合，玄学勃兴，雅好山水、谈玄论道、品评人物、鉴赏诗画蔚成风气，促进了绘画艺术取得开创性的成就：一是随着人的觉醒和文艺的自觉，绘画中宗教神学色彩趋于淡化，人性的色彩日渐突出，人物画臻于成熟。二是除人物画外，中国画三大基本门类中的山水画和花鸟画此时已处于萌芽发展阶段。山水花木等自然景观虽然还只是人物画中的衬景，但线条勾勒中已见粗细疏密的变化之妙，别具古拙的情韵。三是壁画的创作繁盛一时，此时壁画主要有墓室壁画和石窟壁画。墓室壁画多取材于墓主生前的生活场景，生活气息浓郁，形象刻画细致入微。如发现于南京西善桥南朝墓的砖印壁画《竹林七贤与荣启期图》，画中八人的神态举止各异，个性特征十分鲜明。石窟壁画主要是以佛教为题材的宗教画。创建于前秦的敦煌莫高窟留存有北魏、西魏、北周时期的佛教壁画。莫高窟经以后历代的扩建，现有洞窟 492 个，窟内壁画达 4.5 万余平方米，规模之大举世罕见。四是绘画理论卓有建树。如东晋顾恺之提出的人物画重在“传神写照”，“以形写神”，山水画贵在“迁想妙得”等理论，对于后世绘画追求形神兼备具有深远的影响。南朝刘宋宗炳撰有中国第一部山水画理论文献《画山水序》，提出山水画的创作应以“畅神”为旨归，强调创作中的精神自由和主体意兴的表达。南朝齐、梁间的谢赫在所著《古画品录》中，提出气韵生动、骨法用笔、应物象形、随类赋彩、经营位置、转移摸写等六法论，一直是中国古代品评绘画的最高美学准则。中国绘画的创作与理论经魏晋南北朝卓有成就的奠基，发展到隋唐宋元，人物、山水、花鸟画呈现缤纷多彩的全盛局面。

一、人物画

人物画是中国画中成熟最早的画科。魏晋南北朝主要是人物画的时代，顾恺之提出以形写神论就是针对人物画的创作。《晋书·顾恺之传》载顾恺之论人物画："四体妍媸，本无阙少妙处，传神写照，正在阿堵（眼睛）中。"传神论的提出标志着中国古代人物画从魏晋开始，已从表现外在美进入到表现内在精神美的阶段。

唐代是人物画创作的繁荣期，名家辈出，留下不少国宝级名作。唐初阎立本的《步辇图》描绘唐太宗李世民会见吐蕃使者禄东赞的情景，图中唐太宗气宇堂堂，禄东赞神情严肃，典礼官沉稳，扶辇侍女秀美，均得形神兼备之妙。其《历代帝王图》描绘了从西汉到隋代的十三个帝王肖像，各帝王的外貌特征和精神气质逼真欲现。司马炎目光炯炯，不怒而威；刘备沉稳而略显疲惫；孙权潇洒旷达，神情闲逸；陈叔宝则神情尴尬，显得平庸无能。盛唐时道释人物画和仕女画盛极一时，吴道子作为道释画大家，一生创作了大量的宗教壁画。其线条的运用于转折顿挫、飞扬流动中见功力，所描绘的人物服饰，有"天衣飞扬，满壁风动"的效果，画史上有"吴带当风"之说。另外，张萱和周昉都以仕女画著称，他们的绘画题材取之现实生活，以仕女活动反映盛唐的社会生活。唐代人物画像中成就杰出的还有韩滉、孙位等。孙位传世名作《高逸图》，所画为魏晋时高士逸人"竹林七贤"，前三人在流传中已缺失，但从现存的四个人物来看，人物表情微妙，或傲世，或自得，或闲适，或清高，人物的不同个性逼真欲现，从其神态中，似乎可以揣摩到他们丰富的内心世界。

宋代人物画题材拓展，风格多样。武宗元长于宗教画，传世的《朝元仙仗图》为道教壁画稿本，此图纯为白描，描绘五方帝君率仙官、玉女、伎乐和仪仗朝拜天始元尊的情景。衣纹用兰叶描技法，行云流水般的线条产生迎风飘举、动态宛然的视觉效果，深得吴道子"吴带当风"的真髓。李公麟以白描人物画著称，代表作《五马图》主要以墨笔单线勾勒，略敷淡彩，通过线条刚柔粗细的变化，把五马五人的造型和神态描绘得呼之欲出。南宋后期的梁楷以减笔写意人物画独步当时画坛，《图绘宝鉴》称其画风"皆草草，谓之减笔"。唐以来吴道子、李公麟一系以勾勒工致见长，梁楷则以酣畅的泼墨画法别开蹊径。所作《泼墨仙人图》除人物五官及腹部作简括的细笔勾勒外，袖袍皆以阔笔水墨恣意刷扫，酣畅淋漓地表现了仙人的蹒跚醉态。这种大写意人物画法，开创了水墨写意的先河。宋代风俗画表现平民阶层和市民生活习俗，拢世相百态于笔底，成就令人瞩目。张择端的《清明上河图》是风俗画中的稀世珍品。整幅长卷生动反映了北宋汴梁的繁盛景象，图中各色人物多达五百五十余，情貌兼具，历历在目。酒肆、茶坊、客栈、店铺鳞次栉比，大小船只或泊或驶。作者综合运用人物、山水等画科的技法，采用中国绘画的散点透视法，以长卷的形式表现宏阔的场景，对人情世态的描绘巨细无遗，具有极高的艺术价值和历史价值。

宋代以降，较之于山水画的繁荣，人物画相对沉寂，但历代仍有师承前代、力求创新的人物画高手，他们追求传神，彰显性灵，在美术史上留下不少极具个性的名作杰构。元代赵孟頫的人物画体现了用笔和施色的深厚功底，传世的《红衣罗汉图》绘一天竺僧，人物目光深邃，神情凝聚，线条凝练，设色浑穆，画法严谨。何澄的《归庄图》则另呈风貌，以方折笔画人，枯笔焦墨画山石树木，疏淡的笔墨与画中陶渊明的闲适气质相得益彰。

明代人物画或以白描取胜，或以工笔重彩见长，个性鲜明。吴伟的人物画精于白描，其《武陵春图》纯用白描，笔墨简练，形象清丽。唐寅、仇英的仕女画多工笔重彩，他们善用工细的线条勾画出人物秀美的造型，脸部用白粉烘染出脂玉般的质感，衣裙则敷色浓艳，斑斓绚丽中极富色彩对比的美感。唐寅的《王蜀宫妓图》、仇英的《人物故事画册》等都是精湛之作。明末陈洪绶的人物画技法新颖、笔力矫健，自成风格。他擅长运用劲健的线条塑造人物，造型古拙，有金石质感，其画风人称“高古奇骇”。他在版画插图的领域也有杰出的贡献，重要的作品有《九歌图》《水浒叶子》《博古叶子》《西厢记插图》等。

清代画坛也涌现了不少开拓创新的人物画画家，如金农的自画像和佛像等肖像画，构思不守成法，线条简练疏朗，看似率意而为，实则拙中见巧，画如其人，不事雕绘的画风正是其率真性格的表露。又如黄慎的人物画以写意见长，泼墨处浓笔酣畅，勾画处丝丝入扣，《渔翁渔妇图》等都神完气足的佳作。

二、山水画

山水画起源于六朝，发展到隋唐已成为完全独立的画科。隋唐杰出的山水画家有展子虔、李思训、李昭道、王维、张璪等。李思训的代表作《江帆楼阁图》为绢本大青绿山水，近处密林清幽，远处烟波浩渺，空间深远，层次丰富，较之展子虔《游春图》，不仅气势雄浑，而且在青绿为质的基础上以金碧为纹，即在山石坡脚勾以金线，形成青绿山水和金碧山水的画法，这都标志着山水画技法的高度成熟。盛唐山水画出现了变革创新，对此做出贡献的主要是吴道子和王维。吴道子山水画真迹已无存世，苏轼称其欣赏吴道子山水画真迹时，感受到“笔所未到气已吞”的震撼力。王维是文人画的始祖，苏轼曾说王维画“画中有诗”，这已成为千古定评。王维将超越尘俗的精神意趣完全融入静谧而又神秘的山容水态中，画意与诗情契合无间。技法上创立了“破墨山水”的画法，即墨经加水形成深浅浓淡的层次，用以渲染山石的凹凸、高下和阴阳，水墨代替了青绿敷色，浓丽也一变而为清淡。至此，山水画形成了青绿山水和水墨山水两系。晚唐五代山水画的皴法也已成熟。皴法用以表现山石、峰峦和树身表皮的各种脉络纹理。表现山石峰峦的主要有披麻皴、雨点皴、卷云皴等，表现树身表皮的则有鳞皴、绳皴等。五代时期北方以荆浩、关仝为代表，创立了全景式的水墨山水画派。关仝的代表作为《关山行旅图》，所画为关陇一带的峻岭险山，旅人商贾点缀其中，于雄浑中平添了生活气息，笔力则雄健粗壮，颇具北方画派的特点。在南方，有以董源、巨然为代表的江南山水画派，他们擅长皴法，通过繁密浑圆的雨点皴等，着意表现江南云蒸霞蔚、草木葱郁、山水萦绕的景致。董源的《潇湘图》、巨然的《万壑松风图》等，都是水墨灵动、秀润清淡的杰作。

宋代山水画名家辈出，水墨山水和青绿山水画都有长足的发展。北宋前期李成、范宽独步画坛，李成长于“平远法”，用如烟的淡墨创造空蒙缥缈的意境，咫尺之间有千里之势；范宽善用雨点皴，笔墨浓重，精微出于雄健。北宋中期的郭熙是声望极高的山水画家，代表作《早春图》绘早春山水，画山用卷云皴，画树用蟹爪枝技法，画中峰峦轻烟缭绕，苍松古木虬枝似鹰爪，笔墨浓淡有致。北宋中、后期米芾、米友仁父子创立“米点山水”画派，即以墨点形成墨韵迷离的效果，最适合表现江南烟雨迷蒙的景致，传世的有米友仁的《潇湘奇观图》。南宋的刘松年、李唐、马远、夏圭被称为“南宋四家”，他们的山水画又体现出新的特点。如李唐的《清溪渔隐图》采用局部特写的手法，删繁就简，笔墨刚劲，这种截景式构图和大斧劈皴的画法，代表了南宋山水画的新画风。

元代是中国古代山水画发展中的重要转折期，文人画家强调个性表现，于简率中体现意境的含蓄空灵，隽永传神。赵孟頫是元代山水画大家，他主张师法自然，提出“云山到处是吾师”的著名观点。并倡导“书画同源”，以书入画，诗、书、画、印结合，奠定了中国古代后期山水画注重笔墨情韵和文人意趣的基础。著名的《鹊华秋色图》《水村图》等，用披麻皴或荷叶皴法，干墨、淡墨层层点破，线条萧疏细秀，气韵深远灵动。元代后期，黄公望、王蒙、吴镇、倪瓒并称“元四家”。《富春山居图》《九峰雪霁图》是黄公望的重要作品，其画构图简练，笔法丰富，干与湿参用，墨与色融合，具有古雅高洁的艺术魅力。倪瓒的山水画以疏简为特点，代表作《渔庄秋霁图》于近处描绘树数株，水面空阔，山峦平远，笔墨干枯简练，创造了一种荒寒旷远的画境，将元代山水画的用笔技巧推向新的高度，其技法与画品对明清画坛产生了深远的影响。

明代山水画繁荣兴盛，流派林立。明初山水画家师承元代，王绂综合各家之长，善画山水竹石，简逸与厚重兼而有之。戴进是浙派的主要开拓者，其后期画风由工整细腻一变而为粗放简逸，笔法犀利顿挫，苍劲淋漓，开浙派山水画风的先声，传世名作有《溪堂诗思图》《春山积翠图》。吴伟也是浙派名家，他的《长江万里图》笔致简劲，结构疏朗，万里江山尽收笔底，画风酣畅洒脱。明代中期苏州地区形成吴门画派，以号称“明四家”的沈周、文徵明、唐寅、仇英成就最高。唐寅的山水画多为高山峻岭，善用细长的线条绘出山的轮廓，山势方折硬峭，烟江与垂柳则缥缈柔曲，于苍劲中透出秀逸，传世名作有《落霞孤鹜图》等。此外，漆工出身的仇英善画笔法谨严、设色浓丽的大青绿山水，《桃源仙境图》《莲溪渔隐图》等都是画中精品。明代晚期松江画派异军突起，松江古称华亭，故此派又称华亭派。董其昌作为华亭派的代表，在绘画理论和山水画创作方面颇多建树。他倡导文人画，主张“读万卷书，行万里路”，以提高个人修养和人文底蕴。他提出“南北宗”之说，以南宗为文人画派，扬南抑北。他的山水画主要师法元四家，擅长运墨，墨色鲜明并富有层次，又长于设色，其青绿山水色彩淡雅，光色鲜润，从而形成古雅而简远、淡逸而洗练的风格特色。董其昌的传世作品较多，代表作品有《高逸图》《关山雪霁图》《秋兴八景图》等。

清代山水画家或追仿古人，或变异创新，风格多样。明末清初在安徽徽州地区形成了新安画派，该画派特色鲜明，成员多为明末遗民，其画大多表现山林荒寒萧疏的野趣，透露隐逸情调和感伤意趣。在南京有以描绘金陵一带山容水态为主的“金陵八家”，其中龚贤成就尤高。他的画善用层层渲染的“积墨法”，层岭叠嶂经墨色浓重的密笔皴染，更显得气象峥嵘。清初更是流派纷呈，山水画坛呈繁荣景象。明王时敏、王鉴、王翚和王原祁并称“清初四家”，他们取法元人，刻意仿古，代表作多为临仿画，如王时敏的《仿王维江山雪霁图》、王鉴的《仿宋元山水册》、王原祁的《仿王蒙山水轴》等。清初富于创新精神的山水画家是“清初四僧”，包括曾出家为僧的原济（石涛）、朱耷（八大山人）、髡残（石溪）、渐江（弘仁）。他们在明亡后遁迹释门，作消极反抗，艺术上不为旧法所囿，借古开新，利用经改造的传统艺术，抒写胸臆。四僧中八大山人精于花鸟，山水画也独具个性，如《秋山图》构图深远，以荒山、怪石、枯木、败叶等意象，营造出索漠萧条的况味，寄寓国破家亡的悲凉心境。石涛自称“搜尽奇峰打草稿”，师法自然，鼎新革旧，他的山水画构图新奇，多用截取法，即把最富于自然美的一段截取下来，笔法灵活多变，不拘一格，代表作《搜尽奇峰图》《山水清音图》等都是颇具灵心巧思的结构。清康熙、雍正年间扬州画派崛起，该画派名家众多，代表人物是被称为“扬州八怪”的八位画家。他们出身贫寒，体恤民情，艺术上勇于标新立异，个性鲜明，多作花卉，山水画也有佳作。如高翔的山水画笔墨清新凝练，画高远之景，笔法繁复，画平远之景，简洁明晰，构图平中见奇，意境清旷野逸，《山水》轴、《樊川水树图》诸作，反映了扬州画派山水画的成就。中国传统的山水画发展到清代后期，趋于衰微，而新的变革，也在酝酿之中。

三、花鸟画

花鸟画是指以花卉、竹石、禽鸟等为描绘对象的画科，主要有工笔设色和水墨写意两大技法体系。相对于人物、山水而言，花鸟画产生较晚，其作为独立画科的出现，始于中唐。五代时花鸟画取得巨大的进步，徐熙和黄筌是这一时期重要的花鸟画大家。徐熙在画法上重视骨气、用笔和墨法，他的画先用墨笔绘出花卉的枝叶和花萼，然后施以轻色淡彩。黄筌在画法上讲究工整艳丽，先用淡墨细勾轮廓，然后用重彩渲染，从而形成徐熙野逸而黄筌富丽的两种画风，画史上称之为“徐黄异体”。徐、黄画花鸟都注重以形写神，形神兼备，其画法和艺术旨趣对后世有较大影响。

花鸟画发展到两宋空前鼎盛。借花鸟传递人的精神情感和生命力量，将人的心灵和性情浸润到花姿鸟态中，已成为花鸟画家的共识。他们在艺术上追求画法的创新，题材领域也不断拓展。北宋前期的赵昌、易元吉、崔白等长于写生花鸟，所画花卉色彩自然，禽兽栩栩欲活。宋徽宗赵佶是成就斐然的花鸟画大家，他的画取景构图慧眼独具，技法精湛，风格多样；就美学风格言，讲究工细规整，鲜艳富丽，形神兼备，富丽精工，如《瑞鹤图》《杏花鹦鹉图》《芙蓉锦鸡图》等。宋徽宗是宫廷画院的领袖人物，画史上称宫廷专职画家的作品为“院体画”，当时的院体画形成了一种新的画风，被称为“宣和体”，对后世的工笔花鸟画具有深刻的影响。北宋中后期著名的文人画家有文同、苏轼、郑思肖等。文同善画墨竹，并提出“画竹必先得成竹于胸中”的著名理论。苏轼喜画枯木竹石，他将绘画、书法、文学熔于一炉，不求形似，但求神似，笔墨省净而意在象外。郑思肖的《墨兰图》是传世名作，画兰而不画土，谓之“露根兰”，以此寄托国土沦丧之悲。

元代花鸟画创作的最大特色是水墨写意的梅、兰、竹、菊画盛极一时。

水墨写意清逸雅致，正符合当时士大夫以素净为美的审美旨趣，而梅兰竹菊的清高坚贞，又能够寄托人品节操的正直有节。元代擅长画梅兰竹菊的画家很多，其中以画墨竹著称的就有柯九思、倪瓒等。所画墨竹追求笔墨韵味，如竹叶以浓墨画正面，以淡墨画背面，疏密相间，浓淡有致，趣味盎然。王冕以画墨梅见长，绘梅枝笔力遒劲，画梅花以色或墨没骨点出花瓣，又以浓墨勾蕊点萼，传世的《墨梅》画卷花繁蕊密，生气涌动。元代花鸟画大多注重移情于物，因而意味隽味，含不尽之意于画外。

明代的水墨写意花鸟画进一步发展。明四家中的沈周和唐寅，既工山水，也擅长写意花鸟。如沈周的《牡丹图》为粗笔写意画，水墨厚润，笔法简练。其后的陈淳、徐渭诸家把水墨写意花鸟推向新的境界。陈淳号白阳山人，徐渭号青藤道人，画史上二人并称“白阳青藤”，均以大写意画风享誉画坛。如徐渭的《墨葡萄图》即是水墨大写意的杰作之一，此画纯用水墨画成，构图新奇，画面上老藤错落下垂，枝叶纷披，串串葡萄倒挂枝头，晶莹欲滴，运笔似草书飞动，酣畅淋漓。画上题诗云：“半生落魄已成翁，独立书斋啸晚风。笔底明珠无处卖，闲抛闲掷野藤中。”画与诗珠联璧合，生动表现了作者才情卓绝而身世坎坷，以及对世道不公的愤慨不平，同时也体现了他“不求形似求生韵”的艺术追求。

花鸟画在清代同样争胜斗艳。朱耷是水墨写意花鸟画的巨匠，所画怪石、花草、虬松及虫鱼禽鸟，造型怪诞夸张，笔法雄健，墨色淋漓。如代表作《荷石水禽图》，画中两只水鸭单足而立，一仰头，一缩颈，皆白眼向人，活现出对俗世不屑一顾的孤傲神气。而所画荷花笔法纵恣简括，墨色浓淡相间，朴茂中洋溢着灵动的气韵。石涛的写意花卉也别开生面，传世作品有《花卉图》册。石涛作画讲究“不似之似”“无法之法”，他画的荷花、芍药、秋菊与寒梅等，构图与笔墨的运用出人意表，不同凡响，笔下花卉神采飞扬，墨气四射。扬州八怪也多擅长水墨写意花鸟。郑燮善画兰、竹、石，尤精墨竹，重要作品有《衙斋竹图》《墨竹图》《兰竹石图》等。其画多用墨笔，重在表现景物的清、劲、瘦、节。画面主体突出，竹虽几株，兰仅几丛，但风骨独标，神情逼肖，既是自然造化的艺术再现，也是思想与人品的写照。金农对梅情有独钟，他画梅之树干，施以淡墨，一笔而成，画梅枝则用浓墨，然后勾花点蕊，通过笔墨疏密浓淡的变化，写出寒梅清逸冷峻的精神。及至晚清，以赵之谦、虚谷、蒲华、任颐、吴昌硕为代表的海派花鸟画异军突起，他们兼采众家之长，锐意创新，既为晚清画坛添上了浓重一笔，也开启了近代绘画的新格局。

第五节　中国古代乐舞艺术

音乐与舞蹈在其起源之初曾经密不可分，随着诗歌的兴起，乐和舞又与诗结合在一起，成为中国传统表演艺术重要的文化特征。从远古迄于隋唐，歌舞一直是表演艺术的主流。隋唐以降，诗、乐、舞经综合提高，又把传统的戏曲表演艺术不断推向高峰。民间各族乐舞是中国传统音乐、舞蹈文化的重要资源，当其被采撷进入宫廷后，经专业乐师的加工提高，不仅彰显着礼仪的功能，而且趋于典雅华美。西周的雅乐、唐朝的燕乐凝聚着传统乐舞的精华。以佛教音乐和道教音乐为两大体系的宗教音乐，也丰富了中国传统的音乐文化。

一、中国传统乐器概述

《礼记·乐记》云：“金石丝竹，乐之器也；诗，言其志也；歌，咏其声也；舞，动其容也。三者本于心，然后乐器从之。”对上古诗、乐、舞三者结合的混生艺术的特征作过精辟概括。在古文献所记载的有关远古音乐的传说中，曾提到鼓、磬、钟、箫、管、笙、琴、瑟等古乐器。其中部分实物经考古发掘相继面世。如山东大汶口文化遗址出土的“陶壶”，蒙以鳄鱼皮即为早期的打击乐器鼓。二十世纪八十年代于河南舞阳贾湖出土的十八支七音孔或八音孔的骨笛，距今已约有八千年历史。

商代乐器中最引人注目的是出现了青铜制乐器，有湖北崇阳出土的马鞍钮铜鼓，为两面蒙皮的双面鼓，音响较之单面鼓更为洪亮。周代乐器的种类丰富多样，有文献可考的就达七十多种。随着礼乐制度的完善，以钟磬为主配以多种乐器合奏的“金石之乐”臻于成熟。其中的甬钟在西周中晚期已发展到八件为一编，一钟可以发出不同的两音。1978 年湖北随县曾侯乙墓中出土的战国乐器多达 120 余件，种类之丰富已囊括“八音”。“八音”是周代对乐器所做的系统分类，它是依据金、石、土、革、丝、木、匏、竹等不同的乐器制作材料来分类的。曾侯乙墓中出土的乐器，既有钟、磬、鼓等打击乐器，也有琴、瑟、箫、笙、篪等管弦乐器。令人叹为观止的是由多达六十五件大小不一的甬钟组成的大型编钟，可以演奏旋宫转调、旋律多变的乐曲，最能代表先秦时代乐器制作的水平。

秦汉以后，乐器的制作更为精良，如马王堆汉墓出土的琴已有七弦。随着中原与周边民族文化交流的日益密切，一些新乐器相继被引入。如箜篌、琵琶在汉代传入中原后，经改进成为具有丰富表现力的民族乐器。唐代对多元文化兼收并蓄，许多外来的乐器已得到普遍使用，如琵琶、羯鼓等都是当时音乐演奏的主打乐器。宋元以后，不仅传统乐器继续沿用，而且琵琶等多种乐器经改进方便了演奏，扩大了音域。一些新的乐器也被创制出来，如嵇琴是一种拉弦乐器，它在北宋开始流行，此琴即胡琴类乐器的前身。各类擦弦乐器的发展，对于宋元琴乐的繁荣具有重要的意义。明清各民族文化进一步交融，与欧亚国家也有文化上的交往，中原本土乐器、少数民族乐器与外来乐器融通兼用，改进提高。这时的乐器总类已超过四百种，中国传统音乐的配器已基本齐备。如拉弦类乐器除二胡外，又有了四胡、京胡、板胡，以及蒙古族的马头琴、维吾尔族的艾捷克、藏族的根卡等。乐器种类的多样与制作的精良，为乐舞的繁荣提供了物质条件。

二、诗乐舞三位一体发展概述

中国古代乐与舞从其诞生之初就是混合共生的。《吕氏春秋·古乐》云：“昔葛天氏之乐，三人操牛尾，投足以歌八阕。”所谓“葛天氏之乐”，就是上古传说时代的音乐，初民手握牛尾，伴着手击石器的节奏，边舞边唱，体现了乐与舞糅合的原始情状。原始乐、舞的产生，与初民切身的生活密切相关，或是日常生活情状的重演，或是巫术活动的重要组成部分，载歌载舞既是情感宣泄，也用以祈求“神人以和”。可以推测，在文字产生之前漫长的历史长河中，初民不断创造着新的歌舞，原始乐舞的数量是巨大的。

周王朝建立后，周公“制礼作乐”，“乐”与“礼”密切配合。周代将传说中的黄帝、尧、舜和夏、商、周三代的乐舞合为六部，此即“六代之乐”，包括黄帝之乐《云门》、尧之乐《大咸》、舜之乐《九韶》、禹之乐《大夏》、商之乐《大濩》、周之乐《大武》。这是历史上第一个雅乐体系。“六乐”又称“六舞”，表明在周代礼乐文化中，乐与舞是合二为一的。据《周礼》记载，西周以“大司乐”为首的宫廷乐师多达一千四百余人，不仅表演各类乐舞，而且采集民间诗歌及各地乐曲。《诗经》的作品涵盖地域广，历时长，其收集、整理和编集，主要借助于周朝的“采诗”制度和王朝乐师。《诗经》中的风、雅、颂也因音乐而得名，“风”是各地的俗乐，“雅”是王朝京畿地区的音乐，西周雅乐兴盛，其歌词大都载于“大雅”“小雅”中，“颂”是宗庙祭祀的舞曲。《诗经》时代，乐、舞、诗三者已经紧密地结合在一起，奠定了三位一体的艺术文化传统。

战国时期，地处南方的楚国盛行“南音”，诸如《劳商》《涉江》《采菱》《阳春》《白雪》等乐曲名，在楚辞中均有提及。东汉王逸《楚辞章句·九歌序》云：“昔楚国南郢之邑、沅湘之间，其俗信鬼而好祠，其祠必作乐鼓舞，以乐诸神。”流行于楚地的热烈而浪漫的祭祀歌舞，曾经为屈原创作《九歌》提供了丰富的养料。楚国乐歌已有了雅、俗之分，《阳春》《白雪》和《下里巴人》也因此成为雅乐和俗乐的代名词。显然，当周代宫廷雅乐随礼崩乐坏而日趋衰落时，民间乐舞仍蓬勃发展，南楚之乐、郑卫之音都是广受民众喜爱的民间音乐。

汉代百戏和相和歌十分流行。百戏融音乐、舞蹈、竞技、杂技、魔术等于一体，所谓“俳优歌舞杂奏”，折射出汉代兼容并包的时代风采。至迟在汉武帝时，朝廷专设掌管乐舞的机构，此即“乐府”。乐府机构庞大，全盛时多达千人，其职能之一是采集民间歌诗并加工演唱，使之成为统治者“观风俗，知厚薄”的重要渠道之一。于是，“赵、代、秦、楚之讴”兼收并蓄，经综合提高，形成乐舞史上著名的“相和歌”。相和歌最初的表演形式为一人唱，三人和，称为“但歌”，以后为适应宴会歌舞的需要，发展出由丝竹乐队伴奏，配以歌诗和舞蹈的大型歌舞曲，此即相和歌中的“大曲”。

魏晋南北朝时期清商曲和琴曲成就最高，前者流行于民间，后者为文人琴乐。由于政治中心的南移，北方的相和歌与江南吴歌、荆楚西曲结合，形成清商曲。清商曲辞多表现男女爱情，五言四句，语短情长，曲调则为新声艳曲，与宫廷雅乐的庄重肃穆相比，具有格调明快、清新婉丽的鲜明特征。清商曲在南朝盛行于长江中下游地区及汉水两岸的都邑城镇，据《南史·循吏传》云：“凡百户之乡，有市之邑，歌谣舞蹈，触处成群。”以清商曲为表现形式的民间情歌恋曲之发达，可见一斑。魏晋时文士对琴曲的喜好，促进了琴乐艺术的日趋成熟。当时琴的制作已基本定型，并有了记录琴曲的文字谱及理论探讨。“竹林七贤”中的阮籍、嵇康皆善弹琴。相传阮籍曾创作琴曲《酒狂》，嵇康善弹《广陵散》。嵇康的《声无哀乐论》是中国古代重要的音乐美学论著。

唐代国力强盛，经济繁荣，各民族间文化交流密切，这都给音乐、舞蹈的全面兴盛提供了条件：一是宫廷设有称为“教坊”的机构，排演歌舞戏和优戏，皇帝还亲自挑选坐部伎子弟习演“丝竹之戏”，称为“梨园弟子”。其中，唐玄宗对唐代乐舞艺术的发展做出了重要贡献，他将雅乐、俗乐分别隶属于不同的司乐机构，有利于提高这些艺术的表演水平；他还创制了不少新的乐曲乐舞，引领当时乐舞艺术发展的风潮，助推了整个社会形成普遍好乐的风气；他将“十部乐”整改为“坐部伎”和“立部伎”两部，并将胡部新声加入了坐部伎，推动了乐舞艺术的发展繁荣；他还教授乐人，组织乐团和舞队，培养了一大批歌舞艺人。他通过对乐舞艺术的有效管理，为其统治的合法性制造社会舆论，维护了社会稳定，实现了缓和与反对派矛盾的目的。教坊组织也非常完备，伎艺分工明确，如长安右教坊善歌、左教坊善舞。教坊中各类专职艺人人数众多，据《新唐书·礼乐志》云：“唐之盛时，凡乐人、音声人、太常杂户子弟隶太常及鼓吹署，皆番上，总号音声人，至数万人。”安史之乱后，部分宫廷艺人流向民间，促进了民间乐舞水平的提高。二是歌舞戏极其兴盛，它不仅保留了前代载歌载舞的艺术传统，而且有了初步的情节结构，从而为中国戏曲的形成奠定了基础。唐代歌舞戏曲的著名曲目有《霓裳羽衣曲》《秦王破阵乐》等，这类歌舞大曲集器乐、声乐、歌唱、舞蹈于一体，结构复杂庞大。白居易在其长诗《霓裳羽衣歌》中述及该曲达36段，曲式多变，所谓“繁音急节十二遍，跳珠撼玉何铿铮”。不仅乐声美妙，而且舞姿翩翩。三是宫廷燕乐的创作与演奏达到巅峰。燕乐又称“宴乐”，它是在隋唐统一中国后，将胡部乐和中原乐结合起来而形成的一种新乐。《旧唐书·音乐志》云：“自开元以来，歌者杂用胡夷、里巷之曲。”胡夷之曲指的是外族、外国的乐曲，里巷之曲指的是中原民间流行的乐曲。教坊曲是隋唐燕乐的典型代表，崔令钦《教坊记》所录曲名多达三百二十多个，都是当时流行的燕乐新曲。在中国音乐发展史上，秦以前流行的主要是雅乐，汉魏六朝流行清乐，隋唐的新乐即是燕乐。燕乐曲调丰富，乐器众多，旋律节奏变化多端。燕乐的广泛流播需要歌辞配合，而音乐本身的发展也要求歌辞形式有所更新。本来，唐诗入乐已是普遍的现象，情辞兼胜而又迎合大众审美需求的诗作往往被音乐人配乐演唱，王维、李白、王昌龄、王之涣、白居易等大家的不少名篇佳作当时就广为传唱。由于燕乐的旋律节奏更为繁复多变，从而促成词的诞生。唐五代曲子词大都出于《教坊记》中所录的曲名，表明诗与乐密切结合是中国传统艺术的一大特点。

宋词是音乐与文学完美结合的艺术，被后世称为宋代文学的代表。依曲作词，按谱填词，词与音乐同步繁荣。宋代不少词人精通音律，熟悉曲子，他们能不断地编配新曲，创造新词调，这种新创的词调被称为“自度曲”。柳永、周邦彦、姜夔、张炎等都是长于作词又娴于谱曲、配曲的大家。柳永的词采撷并加工市井俗乐新声，自制新腔，“一时动听，转播四方”，“凡有井水饮处，即能歌柳词”（宋代叶梦得《避暑录话》卷下）；辛弃疾“每燕（宴）必命侍妓歌其所作”（南宋岳珂《桯史》卷三）；吴文英一词填罢，即“命乐工以筝、笙、琵琶、方响迭奏”，以检验曲拍腔调是否完美（南宋吴文英《还京乐·序》)。这都表明，词为合乐、应歌而作，它与音乐是一种水乳交融的关系。

宋金时期市井文化繁荣，说唱艺术得到长足的发展，董解元的《西厢记诸宫调》是说唱艺术的杰出代表。诸宫调所取用的曲牌几乎包容了前代各种歌曲，唱词用韵文，说白用散文，对戏曲的成熟有很大的影响。北宋时，杂剧也已出现，发展到南宋，渐趋成熟。与南宋对峙的金朝则流行院本。宋金杂剧与院本，歌唱的成分不断增加，有说白，也有歌舞表演，并有多人组成的乐队伴奏。自北宋始，在浙江永嘉地区形成了南戏，南戏以歌唱为主要表演手段，曲、白、科介的综合运用，共同展开剧情。歌唱有独唱、对唱、轮唱和合唱等多种形式，音乐用五声音阶，风格婉丽。宋金时的诸宫调、杂剧、院本和南戏基本上属于叙事体，尚非成熟戏剧的代言体，但成熟的戏剧已酝酿其中，呼之欲出了。就音乐而言，中国古乐发展到宋金，已由隋唐的伎乐时代步入了更具世俗色彩的戏曲音乐时代。

元代吸收前代音乐、舞蹈、文学、美术和其他艺术文化的养料，将杂剧发展到鼎盛。杂剧通常由四折一楔子构成，折是音乐单位，一折中用同一宫调的一套曲子，四折也就是四大套曲子。在表演上由一人主唱，其余角色只说不唱。音乐用七声音阶，字多调促，风格豪迈遒劲，通称北曲，主要伴奏乐器有琵琶、鼓、笛、拍板等。

南方流行的南戏在元代也逐渐成为成熟的戏剧样式，并与杂剧南北呼应，各具风貌。南戏的体制结构灵活自由，不受每折一个宫调的限制，而且各类角色都能歌唱。音乐上南戏以唱南曲为主，字少调缓，风格委婉细腻。徐渭在《南词叙录》中对北曲、南曲的不同风格作过如下对比：“听北曲使人神气鹰扬，毛发洒淅，足以作人勇往之志，信胡人善于鼓怒也，所谓‘其声噍杀以立怨’是也；南曲则纡徐绵眇，流丽婉转，使人飘飘然丧其所守而不自觉，信南方之柔媚也。”在南北文化的交流中，杂剧与南戏又相互借鉴，彼此吸收，创造了“南北合套”的新形式，即将同一宫调中的南北曲牌连缀成为一套演唱，大大丰富了音乐的表现力。

元代杂剧和南戏的繁荣，标志着中国戏曲的完全成熟。“戏曲”一名由

“戏”与“曲”二字组成，表明音乐是戏曲的必备要素之一。同时，曲词充分发挥了古典诗歌语言凝练、声情并茂的特点，戏曲中的唱词十分讲究辞章之美，许多唱词如同一首首优美的抒情诗，如王实甫的《西厢记》就堪称一部情、采并茂的诗剧。

明清声腔剧种百花灿烂。被明人称作“传奇”的南戏与南方各地民间音乐结合，派生出种种新声腔调，著名的有昆山腔、弋阳腔、余姚腔和海盐腔。昆山腔后经魏良辅改造，唱法吸收了北曲技巧，伴奏加入了管弦乐器，使之集南北曲之大成。艺术上精致细腻，圆润悠缓，往往一字数转，细若游丝，时称“水磨腔”，因此一跃而“出乎三腔之上”。清中叶以后，地方戏雨后春笋般兴起，昆曲趋于衰落，逐渐分化为苏昆、武林昆曲、永嘉昆曲、高昆等，并融入各地方戏中。弋阳腔与各地民间音乐结合，演变为唱腔高亢直劲的高腔系列，主要有广东潮州高腔、湖南长沙高腔、四川高腔等。陕西一带则流行以梆子为板的梆子腔，风格高亢激越。清代乾隆以后，安徽徽调和湖北汉调传入北京，以它们为基础，又融合京腔、昆曲等多种音乐、唱腔和表演技巧，逐渐形成具有独特民族风格的京剧。京剧唱腔以二黄调和西皮调为主，伴奏乐器有京胡、二胡、月琴、三弦、鼓、笛、锣、铙钹等。角色分生、旦、净、丑四行。京剧唱、做、念、打结合，动作虚拟化，表演程式化，融声乐、器乐、舞蹈、文学于一体，是多种艺术形式综合化的结晶。

三、多民族乐舞交融

多民族乐舞的交流融合，是中国乐舞艺术发展的又一特点。早在周代已形成了以“六乐”为主体的雅乐体系，雅乐为宫廷乐舞，流行于贵族阶层。但统治者并不排斥俗乐，各地民间乐舞经采集进入宫廷。春秋战国随礼崩乐坏与文化下移，一方面王室雅乐向外播散，一方面世俗新乐赢得贵族阶层的喜好，大大促进了雅乐与俗乐的交流促进。

汉代乐府的职能不仅是将贵族、文人的诗歌编配成曲，用于宫廷演出，并负责采集、加工各地民歌及少数民族乐舞。乐府采用的曲种主要有相和歌和鼓吹曲。鼓吹曲就源于北方民族北狄，本是一种马上之乐，用鼓、钲、箫、笳合奏。鼓吹及其他域外音乐输入后，经改造融合有了很大的发展。鼓吹曲用鼓、饶等打击乐器和箫、笛、角、笳等吹管乐器演奏，较之于以钟磬为主打乐器的雅乐，具有演奏便捷灵活的特点，所以汉代的鼓吹曲广泛用于朝会、道路等场合。

魏晋南北朝时期，与民族大迁徙相伴随的是民族文化的大融合。北方相和歌与南方的吴声、西曲相结合，形成了清商曲。被统称为“胡乐”的各种西域音乐也相继传入内地，鲜卑族音乐经吸收被融入南朝宫廷演奏的鼓角横吹曲；龟兹乐与中原音乐结合，形成了西凉乐。这样，南方音乐的悠扬婉转与“胡乐”的刚健直劲结合，艺术上具有刚柔相济的新特点。从少数民族及域外传入的许多新乐器，也大大丰富了音乐表现力。随着佛教的流行，来自印度的佛曲在其流传过程中吸收了中土的民族音乐，形成融汇中外的宗教音乐，此即所谓“改梵为秦”，这也表明中国乐舞艺术多民族融合的特点。

唐代文化昌明，对各民族乐舞兼收并蓄。唐代乐舞汇集各种胡乐、俗乐和伎乐，经不断充实，至唐太宗贞观年间扩展为十部乐，它包括燕乐、清商、西凉、天竺、高丽、龟兹、安国、康国、疏勒及高昌乐。这是一个开放而多元的乐舞体系，囊括了汉族与少数民族、本土与域外的多姿多彩的音乐、舞蹈艺术。宋元以后，各民族间的文化交流进一步密切，少数民族统治者入主中原，带动了南北文化的融通。特别是市民文艺的蓬勃兴起，哺育出各地独具特色的民歌、说唱、歌舞、曲艺，它们交流融合，彼此促进，蔚成百花齐放的繁荣景象。

明清时期，中国与亚洲、欧洲各国在乐舞的交流方面，日益频繁。在日本，明清乐舞曾风靡一时。明清允许琉球、泉州互市，史书记载琉球的察度王已向中国朝贡，琉球人尚汉学。琉球人为迎接中国使节而准备大型乐舞《御冠船踊》。明清与日本的乐舞交流由宫廷移向民间，明末魏之琰曾去日本长崎上京宫廷演唱明代流行歌曲，很快传到民间，受到热烈欢迎。清乾隆三十二年（公元 1768 年），日本芸香堂刊印了工尺谱。清代俗曲也传入日本，因而“明清乐”风行日本全国。像《九连环》等江苏民间歌舞也传入日本。

明清与高丽的乐舞交流也甚为频繁。明宫廷有《高丽国俳》，清则设《朝鲜国俳》，明景泰五年（公元 1451 年），朝鲜李朝文宗元年撰修《高丽史 · 乐志》，书中记载了中国传去的“唐乐”《献仙桃》《五羊仙》《抛球乐》《莲花台》《春莺啭》等。

参考文献

一、参考文献

1.（清）纪昀等编纂：文渊阁《四库全书》影印本。

2. 国学整理社编：《诸子集成》（全八册），中华书局 1954 年版。

3.（日本）高楠顺次南、渡边海旭等编纂：《大正新修大藏经》（《大正藏》），（台北）财团法人佛陀教育基金会出版部 1990 年版。

4. 周振甫译注：《周易译注》，中华书局 1991 年版。

5. 康有为著，楼宇烈整理：《论语注》，中华书局 1984 年版。

6. 杨伯峻译注：《论语译注》，中华书局 1980 年版。

7. 杨伯峻译注：《孟子译注》，中华书局 1960 年版。

8.（清）王先谦撰：《庄子集解》，中华书局 1987 年版。

9. 陈鼓应注译：《庄子今译今注》，中华书局 1983 年版。

10. 梁启雄著：《荀子简释》，中华书局 1983 年版。

11.（清）孙希旦著：《礼记集解》，中华书局 1989 年版。

12. 朱谦之撰：《老子校释》，中华书局 1984 年版。

13. 逯钦立辑校：《先秦汉魏晋南北朝诗》，中华书局 1983 年版。

14.（清）严可均辑校：《全上古三代秦汉三国六朝文》，1958 年版。

15.（清）董诰等编：《全唐文》，中华书局影印本 1983 年版。

16.（清）曹寅、彭定求等编纂：《全唐诗》，中华书局 1960 年版。

17.（魏）王弼著，楼宇烈 校释:《王弼集校释》，中华书局 1980 年版。

18.（晋）干宝撰，汪绍楹校注:《搜神记》，中华书局 1979 年版。

19.（南朝 · 宋）刘义庆撰、郑晚晴辑注:《幽明录》，文化艺术出版社 1988 年版。

20.（北宋）司马光著:《资治通鉴》，中华书局 1956 年版。

21.（西汉）司马迁、（东汉）班固等撰:《二十四史》，中华书局标点本。

22. 鲁迅著:《中国小说史略》，上海古籍出版社 1998 年版。

23. 胡适著:《白话文学史》，东方出版社 1996 年版。

24. 郑振铎著:《中国俗文学史》，东方出版社 1996 年版。

25. 李中华注译:《新译六祖坛经》，（台北）三民书局 1997 年版。

26. 吕澂著:《吕澂佛学论著选集》（五卷本），齐鲁书社 1991 年版。

27. 马克思、恩格斯著，中共中央马克思恩格斯列宁斯大林著作编译局编:《马克思恩格斯选集》，人民出版社 1972 年版。

28. 钱穆著:《钱宾四先生全集》（五十四卷本），（台北）联经出版社。

29. 任继愈主编:《中国佛教史》第一、二、三卷，中国社会科学出版社 1988 年版。

30. 方立天著:《中国佛教哲学要义》，中国人民大学出版社 2002 年版。

31. 方立天著:《中国佛教与传统文化》，中国人民大学出版社 2010 年版。

32. 南怀瑾著:《南怀瑾选集》（十卷本），复旦大学出版社 2011 年版。

33. 牟钟鉴、张践 著:《中国宗教通史》，社会科学文献出版社 2003 年版。

34. 张曼涛主编:《佛教与中国文化》，上海书店 1987 年版。

35. 李泽厚、刘纲纪主编:《中国美学史》（第二卷），中国社会科学出版社 1987 年版。

36. 李泽厚著:《美学三书》，天津社会科学院出版社 2003 年版。

37. 冯天策著:《宗教论》，山东人民出版社 2005 年版。

38. 蒋述卓著:《宗教艺术论》，暨南大学出版社 1998 年版。

39. 汤一介著:《郭象与魏晋玄学》，北京大学出版社 2000 年版。

40. 吴照云主编:《中国管理思想史》，高等教育出版社 2010 年版。

41. 葛兆光著:《中国思想史》，复旦大学出版社 2001 年版。

42. 李中华著:《中国古代文学风貌与文学精神》，湖北人民出版社 2005 年版。

43. 陈文新著:《文言小说审美发展史》，武汉大学出版社 2002 年版。

44. 马积高著:《赋史》，上海古籍出版社 1987 年版。

45. 刘跃进著:《门阀士族与永明文学》，三联书店 1996 年版。

46. 陈允吉主编:《佛经文学研究论集》，复旦大学出版社 2004 年版。

47. 孙昌武著:《佛教与中国文学》，上海人民出版社 1988 年版。

48. 龚贤著:《佛典与南朝文学》，江西人民出版社 2008 年版。

49. 卿希泰著:《道教史》，江苏人民出版社 2008 年版。

50. 傅璇琮、蒋寅主编:《中国古代文学通论》，辽宁人民出版社 2005 年版。

51. 尹达主编:《中国史学发展史》，中州古籍出版社 1985 年版。

52. 张岱年主编:《中国文史百科》，浙江人民出版社 1998 年版

53. 郭齐勇著:《中国哲学史》，高等教育出版社 2006 年版。

54. 范文澜等著:《中国通史》(全 12 册)，人民出版社 2008 年版。

55. 朱天曙著:《中国书法史》，文化艺术出版社 2009 年版。

56. 陈师曾著:《中国绘画史》，中华书局 2010 年版。

57. 郑祖襄著:《中国古代音乐史》，高等教育出版社 2008 年版。

58. 中国文物学会专家委员会编著:《经典中国艺术史》，黄山书社 2009 年版。

59. 张维青、高毅清著:《中国文化史》(四卷本)，山东人民出版社 2002 年版。

60. 冯天瑜、何晓明、周积明著:《中华文化史》，上海人民出版社 2005 年版。

61. 冯天瑜、杨华、任放编著:《中国文化史》，高等教育出版社 2005 年版。

62. 吴小如主编:《中国文化史纲要》，北京大学出版社 2001 年版。

63. 阴法鲁主编:《中国古代文化史》，北京大学出版社 1989 年版

64. 白金贵、师全民主编:《中国传统文化概论》，郑州大学出版社 2003 年版。

65. 朱汉民主编:《中国传统文化导论》，湖南大学出版社 2000 年版。

66. 肖宏发著:《中国传统文化艺术及其演变》，广西民族出版社 2009 年版。

67. 张岱年、方克立主编:《中国文化概论》，北京师范大学出版社 1994 年版。

68. 薛明扬主编:《中国传统文化概论》，复旦大学出版社 2003 年版。

69. 商聚德等主编:《中国传统文化导论》，河北大学出版社 1994 年版。

70. 陈美东主编:《简明中国科学技术史话》，中国青年出版社 2009 年版。

71. 王双双编著:《中国古代科学技术》，北京大学出版社 2009 年版。

72. 孙熙国、刘志国著:《全球化与中国传统文化的现代转换》，山东大学出版社 2009 年版。

73. 叶朗、朱良志著:《中国文化读本》，外语教学与研究出版社 2016 年版。

74. 黄海波著:《中国传统文化与中医》，人民卫生出版社 2007 年版。

75. 廖奔、刘彦君著:《中国戏曲发展史》，中国戏剧出版社 2012 年版

76. 吕思勉著:《中国通史》，民主与建设出版社 2015 年版。

77. 卜宪群等著:《中国通史》，华夏出版社 2016 年版。

78. 柳诒徵著《中国文化史》，中华书局 2015 年版。

二、参考网络

1. 国学网

2. 哲学网

3. 春秋历史网

4. 中国民族宗教网

5. 中国儒学网
6. 中国宗教学术网
7. 中国佛教网
8. 道教网
9. 中国道教网
10. 中国传统文化网
11. 中国传统文化艺术网
12. 中国文学网
13. 武汉大学中国传统文化研究中心网站
14. 复旦大学精品课程古代文学史网站
15. 中国文化网
16. 中国知网
17. 中国科学技术史学会网站
18. 艺术中国——艺术类第一官方门户网站
19. 中国传统文化大观园
20. 中华书画网
21. 中国书法艺术网
22. 中国音乐史网
23. 中国知网
24. 百科探秘官网
25. 中国孔子网
26. 中国老子网
27. 中华文史网
28. 近代中国网
29. 中国国家图书馆・中国国家数字图书馆官网
30. CADAL 数字图书馆官网
31. 古籍馆官网
32. 古诗文网

33. 古籍电子书官网
34. 书林网
35. 国学导航
36. 汉典古籍官网
37. 传统文化网
38. 中国文化研究院官网